反垄断经济学

——兼并、协约和策略行为

〔美〕奥利弗·E.威廉姆森 著
张群群 黄涛 译

2014年·北京

Oliver E. Williamson

ANTITRUST ECONOMICS

Mergers, Contracting, and Strategic Behavior

中 文 版 序 言

我的《反垄断经济学——兼并、协约和策略行为》,英文版出版于1987年。这本书大部分重点研究的是美国的反托拉斯执法。然而,稍加变通,该书的许多内容即广泛适用于资本主义国家中的反垄断问题和反垄断执法。

对社会主义国家来说,情况又是怎样?我的推测是,《反垄断经济学》所论及的很多经验教训和这本书的许多内在意义同样适用。但是,在这里和其他地方一样,制度环境上的差异至关重要。既采用一般方法,又本着交易费用经济学的精神,坚持“放低身段、虽慢犹进、剥茧抽丝、清晰明确”,像蚂蚁啃骨头似的钻研这一问题,大有裨益。

假如风华正茂,我会乐于亲自承担这样的研究项目。既然已垂垂老矣,我就把这个任务交给后来人,并送上最美好的祝愿。我坚信,我们终将能够更好地理解中国的经济组织,尤其是更为透彻地理解中国的反垄断经济学。

奥利弗·E. 威廉姆森

加州大学伯克利校区沃尔特·哈斯商学院

埃德加·F. 凯泽教席商学、经济学和法学荣休教授

2013 年 12 月 24 日

美国加利福尼亚州伯克利

目　　录

第二部分 协约

第三部分　策略行为

第四部分 评论

英文版前言

过去25年里，人们研究产业组织学（反垄断经济学是其中一个组成部分）的兴趣大增，他们把更多的经济学才智运用于这个研究领域。仅仅是在最近这15年之前，人们对产业组织学的状况仍表达着种种苛评。因此，维克托·富克斯（Victor Fuchs）在他为美国国家经济研究局出版的那卷《产业组织政策问题与研究机会》（*Policy Issues and Research Opportunities in Industrial Organization*）所作序言中，开篇就质疑道："产业组织学何去何从？"他对此给出的回答是"这个一度欣欣向荣的领域现在毫无出路"（1972年，第xv页）。今天的回答则是，产业组织学现在继续存在且发展良好，成为了应用微观经济学的明珠。

在其间这些年里发生了许多事。截至1972年，产业组织学正在经历重大变化的迹象就已显露出来。一些经济学家提出了效率分析的主张，欲将盛行的垄断观倾向取而代之，由此导致60年代的市场支配力时代频频遭遇强烈的挑战。

关于市场支配力的这种先入之见和与此相联的轻视效率的

倾向，是把所有工商业企业——无论大小古今——统统描述为生产函数这个通行惯例带来的副产品。因此，更深入地探究企业的各种科层制组织形式的用途，就被看成没有必要，毫无益处。理论微观经济学和应用微观经济学二者的主导传统，都是认定企业是个“黑箱”。

尽管罗纳德·科斯(Ronald Coase)对那种观点提出了有力的质疑，但他的见解却广受忽视。不过，意见分歧仍在扩大。因此，弗农·史密斯(Vernon Smith)在1974年断言，旧式的微观理论已经陷入绝境，并且将由新的微观理论取而代之(或者至少是加以补充)；新的微观理论“一定要而且必须讨论组织与制度的经济基础，而这将要求我们掌握信息经济学，并对交易技术做出更为高明的阐述”(Smith，1974年，第321页)。

这样的事态发展已处于进行之中。其中某些进展需要新的效率推理形式，于是效率论证被用来研究比以前的适用范围更为宽广的问题。更早时期使用过度的进入壁垒推理也在受到挑战。但是，进入壁垒分析已被过分使用，并不意味着这方面一无是处。然而，清楚地说明这些问题要求创立一种更为严谨的关于“策略行为”的经济学。这也正在开始成形。

20世纪70年代和80年代这20年里，局部均衡福利经济学得到更广泛的运用，信息经济学有了长足的发展，在交易费用经济学方面取得了相关的进展，而且论述策略性行为的文献迅速增多。在这段时间里，产业组织学已吸引了许多最优秀的博士候选人，并已成为应用微观理论妒羡的对象。

同这样一个充满活力的领域结缘，这是我的幸运。本书中的各篇论文谈到了我所致力于研究的产业组织学方面的一些进展，重点强调了应用于反垄断的那些内容。

这些论文编成了四个部分。第一部分的四篇论文论述兼并问题。节省生产成本和交易费用的重要性是所有这四篇论文的共同特色。其核心问题是：成本和费用的节约应该怎样加以评价？它们采取了哪些形式？内部组织与节约生产成本和交易费用二者所采取形式的相关性是什么？以及反垄断执法带来的后果是什么？

第二组论文讨论交易技术问题。可直接或间接地作为协约问题来提出的任何问题，按照节约交易费用的思路来论述均有所助益。出人意料，大家所关注的反垄断经济学的大量问题就属于这个范围。

策略性行为问题在第三组论文中加以讨论。我对策略推理的使用和滥用两者都做出了说明。

针对过去的25年里演化发展所形成的反垄断执法的变迁，最后一组论文提出了评论。尽管我赞成已经发生的大多数变化，但我仍然为反垄断显示出行动过火的迹象而不安。讲求实际的反垄断执法才是目标所在。以今天过分的竞争推理来“抵消”较早时代的过分的垄断推理，这并不能很好地服务于公共利益。

奥利弗·E.威廉姆森

耶鲁大学

第一部分

兼　并

1 在本部分的第一篇论文运用局部均衡福利经济学的分析工具,评价了这样一种兼并情况,它同时带来预期的经济节约的好处,并且至少暂时地增强了市场支配力。这篇论文起源于我在1967年为美国司法部反托拉斯局局长起草的一份备忘录(那时我担任他的特别经济助理)。通行观点认为,较小的市场支配力后果会吞没经济节约的好处,与此相反,"素朴的模型"证明了对立的观点。对于认为兼并执法措施必须加以修改,以便为实现经济节约制定支持性规定的观点,尽管过去存在着相当大的最初的(甚至是持续不断的)抵制力量,现在这种态度已经逐步被人们接受。

第二篇论文讨论了我常常绕回来的一个主题:纵向一体化。我对这个问题产生兴趣也应该归功于我在反托拉斯局度过的那一年。那时,反托拉斯政策和有关部门以根深蒂固的怀疑态度看待纵向兼并甚至是纵向市场限制。为了更好地厘清这些问题,在返回宾夕法尼亚大学后接下来那一年,我开设了关于纵向关系的研究班课程。我和学生们爬梳文献寻找出路,尽管我们找到的大部分材料并不令人信服，但形成一种取而代之的前后一致的解决办法，也并非唾手可得之事。

两年之后，当我讲授讨论组织经济学的一门较为常规的课程时，我有机会回到这些问题的研究上来。在这第二门课程里，我和学生们花了相当多的时间研究市场失效方面的文献。市场失效的根源是什么？经济组织的衍生后果又是什么呢？

尽管科斯（Coase）和阿罗（Arrow）坚持认为，交易费用是解答这些问题的恰当途径，甚至是核心所在，但众所周知，使交易费用用于操作性的研究一直很困难。第二篇论文把比较协约研究法运用于纵向一体化的研究，其中以不同的交易费用为特色。投资属性特别是“资产专用性”条件，在比较协约讨论中起到了关键作用。

第三篇论文是为我在前言中提到过的美国国家经济研究局 2
学术报告会写的。该文认为，应该更普遍地运用比较协约研究法研究问题。不仅运用这些术语可以更好地理解纵向一体化，而且，在协约框架内，可以有效地考察经常受到贬低的联合企业组织形式和某些优势企业的后果。在每种情况下，把企业视为生产函数的观点都必须让位于把现代公司视为一种治理结构的观点。

最后一篇论文集中讨论纵向兼并指南。其中考察了在1968 年，即颁布最早的兼并指南和第一次对兼并指南加以修订的 1982 年之间，反垄断执法方面的变化。在指南方面所观察到的变化，不仅反映了人们对效率更加重视，而且具体地体现出交易费用推理的影响。

1

经济效益作为一种反垄断诉讼的辩护理由:福利权衡* 3

假设一种兼并(或者其他方式的合并)被声称可以带来经济效益,但同时使市场支配力增长,在这种情况下,法庭和反托拉斯机构依靠相应法律的字面意义进行处理是否合适呢?该法律禁止兼并的条件是“在任何商业领域或国家的任何地区,这种收购会显著地减弱竞争,或者有助于产生一种垄断”①。或者说,这种处理是否有造成严重经济损失的风险?在通常的兼并中这两种效应均不显著,这一问题并不存在②。但在偶尔出现的效

---

* 转载自《美国经济学评论》(*American Economic Review*),LVIII(1968 年 3 月),第 18 页—第 36 页,并由作者进行了修订,得到了美国经济学会的允许。

① 《公法》第 899 号,第 7.38 条,编号 731,由 15USC18 修订。

② 对此唐纳德·杜威(Donald Dewey)曾经观察到绝大多数的兼并“实际上既没有产生市场支配力也没有实现规模经济”(Dewey,1961 年,第 257 页)。杰西·马卡姆(Jesse Markham)赞同 1930 年以后垄断并不是兼并的主要目的这一点,但发现:“一些兼并毫无疑问是作为对重大革新的一种调整而出现的……兼并的第一次浪潮紧随着铁路快速修建的一段时间,20 年代的兼并风潮伴随的是小汽车、卡车运输和新的广告媒体、家用收音机的兴起。”(Markham,1955 年,第 181 页—第 182 页)简要地总结由合并产生效率的几种可能方式也许是有益的,其中包括误算、需

4 率和市场支配力效果并存的情况中，是否能因为认为总是要优先考虑市场支配力而将效益因素置之不理呢？如果回答是否定的，则对兼并问题的理智处理就需要弄清与兼并相联系的规模经济和市场支配力效应在配置上的意义。

最高法院在这一问题上的观点最早表现在依据克莱顿(Clayton)法案第7条的1950年修正案提交给它的第一个兼并案件上。在布朗鞋业公司(*Brown Shoe*)案件中，法官们达成了一致意见，法庭采取的态度是，不仅效率不能构成辩护理由，而且显示兼并会带来效率正可被用来攻击兼并，理由是小的对手将因此而陷入不利境地(*Brown Shoe v. United States*，1962年，第374页)。此后，还有一些机会使法院对这一态度进行重新考虑，宝洁公司案(*Procter & Gamble*)就是最近一个案例。

道格拉斯(Douglas)法官在陈述法庭的意见时，认为宝洁公

求转移、技术进步、无效管理层的撤换以及这些方式的混合。

作为误算的一个例子，假设两个企业进入一个市场，它们具有有效率的工厂规模，但错误地估计了支撑一个有效的分销系统所需要的产量，这时合并将导致效率但同时也可能产生一些市场支配力效应(减少了两者之间的竞争但可能加强了它们面对其他对手的竞争地位)。需求上显著、持续的衰退可能会导致生产能力过剩的情况，其中合并将会产生效益但同时具有市场支配力效应。正如在1.3节将要讨论的，需求的增长可能会导致从加工车间到生产线模式的转换，其中包含着纵向一体化的效果。与之相类似，技术进步可能会提供资源大规模重组以更有效配置的机会，电子计算机就是一个最近的例子。最后，兼并可能是将没有效率的管理层替换为更为有效的管理层最为迅速的方式——但其中的好处可能只是短期的。即使由于市场支配力后果的原因，兼并这条路被关闭，明显无能的管理层也很有希望用其他手段进行撤换。当然，兼并也有可能会产生不经济，我以往描述为“控制损失”的现象看来是企业规模的增函数(Williamson，1967年，第11页—第31页)，参见以下1.2节的H和I部分。

司“在对克洛罗克斯(Clorox)进行广告宣传时可以通过批发折扣而获得优势”,并进一步说:“经济效益不能作为对违法行为的辩护。议会认识到,减弱竞争的一些兼并可能会产生经济效益,但这打破了有利于保护竞争的平衡。”(*Federal Trade Commission v. Procter & Gamble Co.*,1967 年,第 1230 页—第 1231 页)。尽管对议会意见的引用可以减轻法庭进行权衡评价时的责任,但这没有完全解决这个问题。议会采用的何种权衡计算导致了这一结论?

在克洛罗克斯决策中同时存在另外一种态度,哈伦(Harlan)法官第一次暗示效率因素应该予以更多考虑,至少是对于联合大企业或产品扩展型兼并,“其中对兼并的反对来自于市场支配力增长的可能性(与之相对的显然是增长的必然性),进行兼并的公司可以尝试证明在兼并中具有相当可能性存在着经济效益,可以用来抵消负面影响”(*Federal Trade Commission v. Procter & Gamble Co.*,1967 年,第 1240 页—第 1241 页)。但在他看来,克洛罗克斯案件中的经济效益仅仅是金钱上的,而不是实业方面的,这种区别当然是有道理的,因此他的结论是该公司以效率为理由的辩护存在缺陷(第 1243 页)。

即使哈伦(Harlan)法官的观点被人们广泛接受,很明显效益因素也只能在一些结构性条件得到满足的有限情况中作为反托拉斯诉讼中可以接受的辩护理由。尽管存在广泛的相关经济学理论可供采用,却从未发展出关于这一问题的专门理论,因此这样的结果也并非出人意料。事实上,由于缺乏评价净效应的

5 手段，也只会使得法庭认为兼并的反竞争效果的重要性超过了任何直接效率上的获益。作为企业制度保护者的机构很难将它认为的长期竞争效果用短期效率收获来替代。

最高法院对兼并态度的意义在最近博克(Bork)和鲍曼(Bowman)对布莱克(Black)和琼斯(Jones)的辩论中完全体现出来(Black and Jones，1965 年 a，第 377 页—第 400 页；Black and Jones，1965 年 b，第 422 页—第 466 页；Bork and Bowman，1965 年，第 363 页—第 376 页；Bork，1965 年，第 401 页—第 416 页)。尽管这一对话直接对关键问题展开，但达不成一致意见的原因至少部分在于没有提供相关经济模型的基本情况这一事实。由于缺乏权衡关系，博克不得不声称："经济学分析不需要直接度量效率，知道在何种交易中效率可能会存在以及在何种交易中反竞争效应可能会存在也就够了。法律依此可以发展出目标标准，例如市场份额，以将交易划分[为主要是前一类或主要是后一类]"(Bork，1965 年，第 411 页)。但这明显没有解决最困难的混合情况。反之，布莱克和琼斯的结论是："主张具有经济效率并不能证明产生过分市场支配力的行为过程是合理的，维持一种自我监督市场的目标要求对所有此类主张均应加以拒绝"(Black and Jones，1965 年，第 427 页)。但"过分"市场支配力和"自我监督"市场的标准是什么？这些是绝对的还是反映了一种隐含的权衡计算？如果是后者，我们是否应该(如果能的话)将这种权衡关系明确表现出来？

事实上，这种权衡问题是不可避免的，不允许进行权衡只是反映出对净收益的一种特别严厉的先验判断。更进一步,由卡尔·凯森(Carl Kaysen)和唐纳德·特纳(Donald Turner)提出的目标层次结构在这里是否具有良好的性能是很值得怀疑的。按照他们以公式描述这一问题的方式,高层次的目标严格优先于低层次的目标,因而只有在不牺牲前者而达成后者的情况下才允许追求低层次的目标(Kaysen and Turner,1959 年,第 44 页—第 45 页)。由于他们将效率和进步的重要性置于降低市场支配力之上,根据他们的理论看来可以获得对兼并的一种强有力的辩护,也就是对于当前或者将出现的任何结构状态,能够表明或者经济效益的增长还有余地或者分离条件不能得到有效满足(不可分离性)(Kaysen and Turner,1959 年,第 44 页—第 46 页、第 58 页、第 78 页)。但对他们意图的这种解释可能过于狭窄,因为他们所特别关注的是产生巨大效率损失(Kaysen and Turner,1959 年,第 44 页、第 133 页)和涉及效能过大牺牲(Kaysen and Turner,1959 年,第 58 页)的反托拉斯行动。尽管
这种差别是重要的,但这也不是目标层次分析所适于完成的工 6
作。而相反,权衡分析正是为了处理这类问题而设计的。

在本章 1.1 节中建立了一种相关的局部均衡模型,这一模型刻画了在效率和价格效应之间进行权衡的特征,由无差异关系集合进行表现。1.2 节在此基本模型上进行了多种重要修改。1.3 节中给出进一步的扩展,最初是为分析横向兼并而建立起来,而后也用来处理解散问题以及纵向兼并和混合兼并。1.4 节则是结论。

1.1 素朴的权衡模型

带来经济效益但同时增长了市场支配力的兼并的资源分配效应可以在图1-1帮助下由一个局部均衡模型进行考察。标着 AC_1 的水平线表示合并前的两个(或更多)企业的平均成本
7 水平,而 AC_2 表示兼并后的水平。兼并前的价格由 P_1 给出,等于 $k(AC_1)$,其中 k 是兼并前市场支配力的一种指标,大于或等于1。兼并后的价格由 P_2 给出,假设为超过 P_1(如果小于 P_1,则兼并的经济效应将严格为正)[③]。为我们分析的目的,这里设兼并前的市场支配力可以忽略不计($k=1$)。

兼并的净福利效应由图中两个阴影部分的面积(近似)给出。标着 A_1 的面积是假设成本不变时我们所熟悉的价格由 P_1 上升到 P_2 形成的无谓损失(dead-weight loss)。但是由于兼并实际上降低了平均成本,标着 A_2 的面积就代表了节省的成本,也必须予以考虑。净配置效应由两个面积之差 A_2-A_1 给出[④]。

---

③ 这是一个简单而基本的论点。它反映出市场支配力是不受欢迎的价格效应存在的必要而非充分条件。如果价格对平均成本的比率增加($P_2/AC_2>P_1/AC_1$)的同时,兼并后的价格低于兼并前的水平($P_2<P_1$),而且1.2节所述的修正并不显著,则将前者作为反对兼并的理由是完全荒谬的。

④ 这里我对无谓损失的应用有些限制,没有效率也是一种无谓损失。不过,为便于说明,我将马歇尔三角形作为无谓损失,将它和兼并的成本节省(效率)方面进行比较。用马歇尔三角形来估计消费者剩余的值采用了通常的(且很有道理的)把握和价格变化相联系的收入效应的方法。特定成本—价格配置对应的净社会收益定义为总收益加消费者剩余减社会成本,其中社会和私人成本假定是相等的(外部性和生产者剩余均假设为零)。

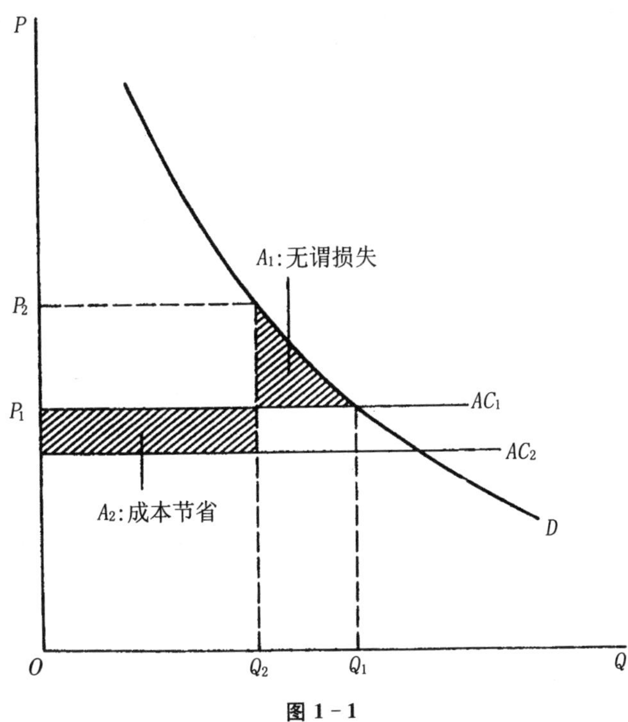

图 1-1

面积 A_2 由 $(AC_2-AC_1)Q_2$ 或者说 $[\Delta(AC)]Q_2$ 给出,而 A_1 近似由 $\frac{1}{2}(P_2-P_1)(Q_1-Q_2)$ 或者说 $\frac{1}{2}(\Delta P)(\Delta Q)$ 给出。净经济效应为正的条件是以下不等式成立:

$$[\Delta(AC)]\ Q_2-1/2(\Delta P)\ (\Delta Q)>0 \qquad (1.1)$$

将这一不等式除以 P_1Q_1,将 $\Delta Q/Q_1$ 用表达式 $\eta(\Delta P/P_1)$ 代替,其中 η 为需求弹性,注意到 $P_1=AC_1$,我们就得到了:

$$\frac{\Delta(AC)}{AC}-\frac{1}{2}\eta\frac{Q_1}{Q_2}\left(\frac{\Delta P}{P_1}\right)^2>0 \qquad (1.2)$$

如这一不等式成立，则兼并的净配置效应为正，如这一差值等于 0，则兼并是中性的，如不等式方向相反，则兼并的效果为负。

总的来说，不等式(1.2)说明，如果平均成本下降的比率超过了价格上升比率的平方、需求弹性的一半和最初与最终产出
8 比率三者的乘积，兼并的净配置效应就是正的(在没有其他因素影响时)。表 1－1 表现了对应不同的需求弹性值为了抵消价格上涨的影响所需要的成本降低额。

表 1－1　对应所选择的 η 值，足以抵消价格上涨百分比 ($\Delta P/P\times 100$) 的成本下降百分比 [($\Delta(AC)/AC$) × 100]

η / $(\Delta P/P)\times 100$	2	1	1/2
5	0.26	0.12	0.06
10	1.05	0.50	0.24
20	4.40	2.00	0.95
30	10.35	4.50	2.10

例如，如果价格将增长 20%，通过[$(\Delta P/P\times 100)$] = 20 这一行，我们可以看到，如果 η 为 2，则成本下降 5% 就足以抵消价格上涨的影响，如果 η 为 1，只需要成本下降 2% 就可以中和价格效应，而如果 η 为 $\frac{1}{2}$，则 1% 的成本下降就足够了。更一般地，显然相对适度的成本下降往往就能抵消相对较高的价格增长的影响，即便需求弹性高达 2 也是如此，而 2 可能是需求弹性

的合理上限。事实上，如果通过兼并可以获得平均成本5%至10%水平的下降，则要使净配置效应为负就需要在$\eta \cong 2$时，兼并将价格提高20%以上，在$\eta \cong \frac{1}{2}$时，提高40%以上。更进一步，应该注意到，如果兼并减少平均成本x%，兼并后价格上涨y%，则兼并后价格对平均成本比率的增长略高于$(x+y)$%，因此以兼并后的平均成本水平来表述价格将获得比以上表述的关系更为显著的效果。因此基本模型支持这样的命题：如果兼并获得了一定程度的实质性经济效益，则为使净配置效应为负，这种兼并必须产生显著的市场支配力和导致相对较大的价格上涨。

1.2 限定性条件

我们的局部均衡分析带有所有局部均衡构造均无法避免
的缺陷。将一个部门和经济的其他部分隔离开导致它不能考
察各部门之间的相互影响，某些经济效应可能因此而被忽略，
有时会出现这样的现象，一种行为在局部均衡分析中看上去
似乎产生了净经济收益，而在一般均衡分析中进行考察时结 9
论却是导致净损失。已经证明垄断跨越多个部门的经济中就
存在这种情况。因此，当局部均衡分析表明在任何一个部门
垄断价格的增长总是会导致损失的时候，从更一般的角度来看
却可能是，这种单独部门的价格上涨导致了资源更理想的重新

配置[⑤]。因而可以想象，一种具有垄断权力和成本节省效果的兼并可能两方面均带来好处[⑥]——尽管可能很难用规范推演来说明这种情况。难说就没有其他考虑能使得我们的局部均衡模型具有的误差是低估了合并的净经济收获。

不过，这并没有穷尽对模型进行修订的可能范围。以下是能够或者应该加以考虑的许多因素中的一部分：事前存在的市场支配力、判断和实施费用、时间确定、肇端、权重、收入分配、超经济的政治目标、技术进步和垄断权力对管理层自由处置权的影响。

A. 事前存在的市场支配力

我们继续使用传统的局部均衡福利函数，即，福利表述为 $W=(TR+S)-(TC-R)$，其中在适当的限制条件下，第一对括号中的项反映社会收益（总收入加消费者剩余），而第二对括号中的项反映社会成本（全部货币成本减内部边际租金）。假设 R 可以忽略不计，此式可以重新写为 $W=(TR-TC)+S$，或者由于 $TR-TC$ 为利润，可写作 $W=\pi+S$，其中 π 为利润。福利的任何变化即由下式给出：

$$\Delta W=(\pi_2-\pi_1)+(S_2-S_1)$$

---

⑤　这是熟悉的“次优”论点。对于垄断问题处理中次优修订的讨论和相关文献，参见弗格森（Ferguson）（1964 年，第 16 页—第 17 页、第 49 页—第 51 页）。

⑥　如果以下条件满足，则这更有可能出现：(a)所涉及行业中的要素市场是竞争性的；(b)参与兼并的企业完全为最终需求而生产；(c)与其中存在扭曲的部门之间的关系主要是替代性的而不是互补性的。

令 k 为事前存在的市场支配力参数，其中 $k=P_1/AC_1$。可以证明 ΔW 可以表述为：

$$\Delta(AC)\ Q_2-\left[\frac{1}{2}\Delta P+(k-1)AC_1\right]\Delta Q \qquad (1.3)$$

和(1.2)式相对应的检验是判断

$$\frac{\Delta(AC)}{AC_1}-\left[\frac{1}{2}k\left(\frac{\Delta P}{P_1}\right)+(k-1)\right]\eta\frac{\Delta P}{P_1}\cdot\frac{Q_1}{Q_2} \qquad (1.4)$$ 10

是大于还是小于零。

现在要讨论的问题是合理的 k 值是多少？与之相关可以参见乔·贝恩(Joe Bain)对市场进入壁垒的处理，将之分为几类："非常高"、"显著"、"一般或低"(1956 年，第 170 页)。

> "对这三种级别的市场进入壁垒赋予任何绝对数值都是危险的，但可以做出如下非常粗糙的猜想：(1)在'非常高'这一类别，已有企业可能能够在阻止进入的同时将价格在*最小*成本基础上提高 10 个百分点或更高；(2)对于'显著'的障碍，相应的比率可能在 7 个百分点上下；(3)在'一般或低'的级别，这一百分比可能不超过 4，向下直至 1 个百分点左右。"(着重号是本书引用时所加)

这就是说，k 一般应在 1.00 和 1.10 之间。表 1－2 显示了在所选择的几种需求弹性(设其在相关范围内保持不变)以及 k 值为 1.05 和 1.10 下，为抵消各种价格上涨百分比的影响而需要的成本降低百分比。

从表 1－1 和表 1－2 中可以看出，如果存在兼并前的市场支配力，抵消价格上涨所需要的成本节省明显要更大一些。因而，执法机构理应对垄断情形进行仔细考察。不过，兼并前市场支配力的存在本身仍不足以完全推翻基本模型的基本结论。

表 1－2　对应所选择的 η 值和 $k=1.05$ 与 1.10，足以抵消价格上涨百分比[$(\Delta P/P_1)\times 100$]的成本下降百分比[$(\Delta(AC)/AC)\times 100$]

	$\eta=2$		$\eta=1$		$\eta=\frac{1}{2}$	
$\Delta P/P_1\times 100$	$k=1.05$	$k=1.10$	$k=1.05$	$k=1.10$	$k=1.05$	$k=1.10$
5	0.78	1.31	0.38	0.64	0.19	0.31
10	2.15	3.26	1.03	1.55	0.50	0.76
20	6.82	9.23	3.10	4.20	1.48	2.00
30	14.28	18.27	6.21	7.95	2.90	3.57

11 **B. 判断和实施费用**

这里相关效应采用的形式是实质而不是货币效益形式。同时，由于对经济效益存在的主张进行评价本身就需要实际资源，所以在这样一种辩护构成之前加以净收益超过一定阈值的要求看来是合理的。这一点，和以下的修订 C 到 E 一起，看上去和唐纳德·特纳(Donald Turner)的观点相一致，即如果试图将经济效益作为一种辩护，则“法律自然会要求提供明确而有说服力的证据，以说明该项兼并将产生别的方法无法产生的显著效益”。(Turner，1965 年，第 1328 页)。由于对经济效益进行评价的手段逐步改进(而且一旦以效益为理由的辩护得到——即便只是原则上的——允许,进行这种改进的动机就很明显了),这一阈值应该相应降低。但对司法程序的保护可能是关键之处。

建议效益辩护的实行采取四阶段程序。最基本的是,反垄断机构和法庭原则上应该明确承认效益辩护的价值,尽管它们可以不允许将其作为实际辩护手段。这至少可以防止法律处理之前对效益因素的不当处理。即便是这样一种并不大的变化引起的效果也会是很可观的,正如凯森(Kaysen)曾指出的:“政策上的变化很大程度上来自执法机构选择和构造提交法庭和委员会裁决的案件与问题的方式。”(Kaysen,1968 年,第 85 页)

其次,尽管效益辩护不被允许,但可以为“解释的完备”的目的而引入⑦。这将很可能鼓励公司更完整地反映兼并的效率效果,这样允许效益辩护的重要性会得到更好的认识。司法过程得到了保护,而对其中隐含权衡的重要性会表现出来。

更为大胆但同时仍对法律程序提供了切实保障的行动是,允许为特定类型的兼并提供效益辩护。哈伦法官曾经建议应该允许为联合企业或产品扩展型兼并提供效益辩护(*Federal Trade Commission v. Procter & Gamble Co.*,1967 年,第 1240 页—第 1241 页)。经验积累之后,最后扩展到包含其他类型的兼并。例如,对于纵向一体化和横向一体化,兼并指南应该改写

⑦ 如博克所指出的,法庭有时会允许这一点(Bork,1966 年,第 390 页,注 40)。

以包含效益辩护可以得到允许的某种上下限：如高于一系列特
12 定的市场份额值，则不允许进行兼并；低于另一系列值，则可以进行兼并；在两者之间，可以进行符合适当阈值条款的效益辩护。以这种渐进方式前进看上去可以满足由鲍克（Bok，1960年，第348页—第349页）提出的目标：

> “在第7条的基本价值和目标由法庭或机构保持大致不变的同时，达成这些结局的手段和标准应该逐渐演化以跟上我们关于兼并特征和效果的知识的进展……现在的问题……基本上只是一个时间选择的问题；关键是我们是否*现在*就采用某些规则，这些规则寻求把握住由经济学复杂理论揭示的更为细致的关于现实的图像。”

最后（经过合适验证的）效益辩护应该相当一般地得到接受。不过，即使这一最后阶段永远无法达到，这一过程也值得开始进行。第一阶段仅涉及由反垄断机构和法庭对效益因素做出正面考虑的表示——这一步并不算过分的愿望，其中明显有好处而没有显著的成本。

C. 时间确定

一般来说，显著的经济效益如不是由兼并则最终会通过内部扩张而实现。需求的增长能有利于这种内部调整过程；为了达到有效规模而应将相关行业部分置换的需要，在增长市场上得到缓解。因此，尽管兼并可能具有正的直接净效应（成本节省超过了无谓损失），但存在内部扩张可能时，这种影响可能最终是负的（仍然能节省成本，但这总是可以达到的，而禁止兼并则可以避免无谓损失）。

将兼并的无谓损失效应记为 $L(t)$，节省成本记为 $S(t)$，这里采用的论点是 $S(t)$ 随着时间下降，而 $L(t)$ 的值则保持不变。因此，对于净收益的折现值（V）我们得到

$$V = \int_0^T [S(t) - L(t)] e^{-rt} dt \tag{1.5}$$

如果最初 $S(t)/L(t) > 1$，而最终 $S(t)/L(t) < 1$，则此值很容易变为负的。

为便于说明，令 P_3 为通过内部扩张具有一定滞后地实现效益而得到的价格，并且定义一个衰减因子 a，比率 $a = (P_2 -$ 13
$P_3)/(P_2 - AC_2)$。P_2 和 AC_2 为给定的；a 的值因此取决于扩张后价格 P_3。如果 $P_3 = AC_2$，则有 $a = 1$，内部扩张的结果是兼并如被允许将会产生的市场支配力效应被完全衰减；如果 $a = 0$，则不存在衰减；当 a 位于范围 $0 < a < 1$ 中时，发生的是部分衰减。

对 P_3（从而 a）所取的每一个值，问题就成为：为使兼并具有负的配置效应需要内部扩张多快发生？相关需要考察的效益和损失区域如图 1－2 所示。

再次令 S 为兼并的最初成本节省（标着 A_2 的长方形），L 为最初的无谓损失（标着 A_1 的三角形）。当内部扩张完成后，得到了价格 P_3，兼并的无谓损失变为阴影区域 A_3。令 T' 为转

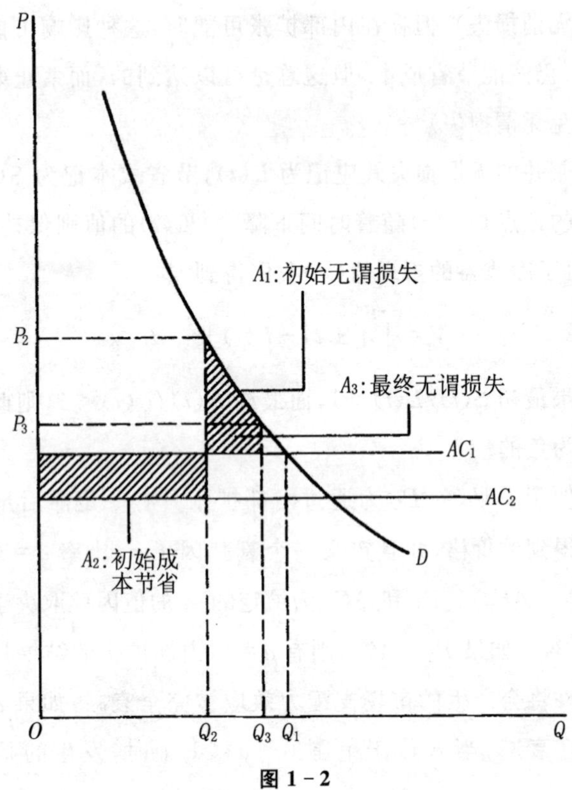

图 1-2

14 折点，对于配置问题，T' 使得采用内部扩张方式和允许兼并两者之间无差异，并且令折现率为 10%。将 $\overline{S}$，$\overline{L}$ 和 A_3 的值代入(1.5)式，关键值 T' 是使兼并净收益的折现值等于零的那些值，即：

$$V(T') = \int_0^{T'} [\overline{S} - \overline{L}]e^{-rt}dt - \int_{T'}^{\infty} A_3 e^{-rt}dt = 0 \qquad (1.6)$$

对于所选择的 $\overline{S}/\overline{L}$ 和 a 值，这一表达式对 T' 求解需要确定

最初价格增长的幅度和需求弹性的大小。为此，假设需要在相关范围内具有单位弹性，而兼并产生了10%的价格增长，这可能是一个粗略的上限。这些假设下所选择的 $\overline{S}/\overline{L}$ 和 a 值对应的转折（无差异）点在表1－3中显示出来。

表1—3　$\overline{S}/\overline{L}$ 和衰减因子(a)所选择值下的转折点(T')

a \ $\overline{S}/\overline{L}$	1.5	2	3	6
0.0	0.0	0.0	0.0	0.0
0.3	7.2	4.7	3.0	1.5
0.7	11.1	7.1	4.6	2.7
1.0	12.0	7.9	5.1	3.0

T'的值越低，为了使兼并具有负的净配置效应需要内部扩张实现效益的速度越快。和所期望的一样，早期内部扩张在最初成本节省对最初无谓损失的比率($\overline{S}/\overline{L}$)增加以及衰减因子($a$)降低时更为关键。粗略地说，出现在主对角线及以上的区域中的 T'值足够小，使得如果想要仅仅根据时间方面的考虑而禁止一种兼并，则需要对潜在效益会在其后几年内实现具有合理的信心⑧。

D. 肇端 15

同样关键的是，不仅要单独考虑任何单个兼并的市场支配

⑧　要注意 T'的解值取决于 $\Delta P/P_1$，r 和 η 值的选择——会随着 $\Delta P/P_1$ 或 η 的增加而增加，随着 r 的增加而减少。我的猜测是所选择的 r 和 η 的值比较接近，而 $\Delta P/P_1$ 倾向于是一种上限。因此，“典型”的 T'值会比所显示的要低一些。

力效应，而且也应该考虑到该兼并是否代表着一种趋势。如果可以合理地认为一系列类似的兼并将随之发生，则对是否允许任意特定合并的判断，就应该从一个行业的整体观点来进行考虑——其中就应该考察整个行业的预期效益和市场支配力效应。如果通过两个企业的合并可以获得效益，则往往更多企业的合并也能获得更大的效益，这常常是一种重要的考虑。因而肇端概念在对声称产生效益的兼并实施法律时很有关系。

将这一命题与博克和鲍曼(Bork and Bowman，1965 年，第 594 页)的观点相比较可能是有用的：

> "在一种趋向于更为集中状态的趋势刚刚开始时阻止它所遇到的问题是，这种趋势的存在本身就是社会需要更多集中的一种表面证据，这种趋势表明正产生着效率或者规模收益——或者由于工程和生产的发展或者由于新的控制和管理技术——这使得规模越大效率越高。这种效率增长对整个社会很有价值，因为它意味着更少的可用资源被用来产生同样数量的生产和分配。通过在这种趋势的最开始就打断它，趋势肇端的概念阻止了正是竞争理应鼓励的这些效率的实现。"

他们对趋势的社会需要的评价表现出对相关的规模经济—市场支配力权衡一定程度的漠视，而且他们对趋势意义的理解过于松散；它可能同时标示着正开始意识到市场支配力优势可以通过一系列的合并而实现[9]。更进一步，他们似乎认为禁止一项兼并就同时阻止了规模经济的实现，但一般来说，问题并不是是否会实现经济效益，而是何时实现和具有何种市场支配力效应。因此，博克和鲍曼可能在指责规模经济辩护在最近兼并法律实施中没有得到足够重视上是对的，但是他们对肇端问题的处理也失之草率。

E. 权重 16

一种兼并产生的效益一般严格局限于参与合并的企业中，而兼并的市场支配力效应有时会导致更多企业的价格上涨，当这种现象发生时，一种权重因子应该导入(1.2)式以反映这种情况，标准因此变为：

$$\left(\frac{Q_2}{Q_T}\right)\frac{\Delta(AC)}{AC}-\frac{1}{2}\eta\frac{Q_1}{Q_2}\left(\frac{\Delta P}{P_1}\right)^2>0 \qquad (1.2')$$

其中 Q_2 为进行兼并企业的产量，Q_T 为价格增长生效时行业销售总量。

F. 收入分配

对我们分析的另一种条件限制涉及收入分配效应。图 1－1

---

⑨ 这是乔治·斯蒂格勒(George Stigler)在论述《兼并形成的垄断和寡头垄断》(*Monopoly and Oligopoly by Merger*，1958 年)时所持有的观点。博克在他对布莱克和琼斯的回应(Bork，1965 年，第 412 页)中承认了这种可能性；但他主要强调趋势显示了经济效益正在出现，这可能是正确的。

由 P_2 和 P_1 分别在上方和下方，O 和 Q_2 在两侧围成的矩形代表了兼并产生的消费者剩余损失（垄断利润方面的收获）。对于以上提出的对福利效应进行判断的资源配置标准，这些利润的分配是一种不相关的问题。不过对于福利评价而言，我们并不总是对消费者和生产者的利益同等考虑——尽管可以认为，反垄断这种活动更适于提高资源配置效率而不是达到收入分配目标（收入分配目标在税收、支出和转移支付活动各领域中讨论更为合适），因此这种收入分配调整一般可以不予考虑。如事实不是这样，就需明确地表述出效率收获和分配损失之间的权衡关系。因而，当效益仍是一种辩护的同时，与市场支配力相联系的任何不受欢迎的收入分配效应均会用来反对兼并，而不是如基本模型所隐含的那样中性地进入模型。

由于收入分配往往总是和无谓损失的规模有很强的关联，对收入分配效应赋予即便是微小的权重有时就会显著地影响到整个评价。因此，将无谓损失$\left(L=\frac{1}{2}(\Delta P)(\Delta Q)\right)$表述为对收入分配效应（$I=(\Delta P)Q$）的比率形式，在这一比率中代入需求弹性 η 的表达式，就得到了比值 $L/I=\frac{1}{2}(\Delta P/P)\eta$。因而很显然，除非需求弹性“高”，无谓损失和收入分配效应的比率相对总是小的——肯定会小于 1。因此，如果一种可能很普遍的观点成立，即市场支配力增长带来的收入再分配被视为不受欢迎的，
17 则这一因素的适当权重就可以，至少是在某些时候，将基于资源配置理由而被认为是正的净评价推翻。

要注意，在这种联系中，所涉及的收入转移被视为不受欢迎的原因不仅是因为它以不令人满意的方式进行收入再分配（加重了收入规模分布中的不平等程度），同时也是因为它导致了社会不满。后者具有重要的效率方面的意义，而以上分析中没有明确加以讨论。这一点在博克和鲍曼对布莱克和琼斯的全部讨论中也被忽视了（Black and Jones，1965 年 a，第 377 页—第 400 页；Black and Jones，1965 年 b，第 422 页—第 466 页；Bork and Bowman，1965 年，第 363 页—第 376 页；Bork，1965 年，第 401 页—第 416 页）。无论如何，在这一方面将社会成本和私人成本区分开可能是对以私人效率收获为理由的主张采取批评态度的最基本的原因。

G. 政治考虑

对绝对规模已经非常巨大的企业之间的合并加以拒绝的一种理由可能是，这会引起具有政治意义的超经济问题。不过，尚没有任何明确的方法能够将这方面整合到分析中来。相反，尽管对财富的控制所蕴含的政治意义受到严重关注，但它是可以同因控制市场而产生的经济问题分离开的；两个问题的处理需要不同的计算。必要的政治判断在理想状态下应是由议会来做出。这可能会如卡尔·凯森建议的，采用禁止由最大的 50 家或 100 家公司通过兼并进行扩张的形式（Kaysen，1965 年，第 37 页）。

这里的问题超出了以上讨论的社会不满问题，因此，当社会不满至少在原则上可以简化为效率等价(净价值产品)形式时，对财富的控制所蕴含的政治意义涉及对民主政治中的生活质量如何受规模差别影响的判断。后者更不容易(或者甚至是更不适合)用效率方式进行表述。这一问题当然很重要，无法对此进行处理就无法对布莱克和琼斯所持有的观点做出回答。由于他们对博克和鲍曼的批评中阐述的几个反例看来是在超大型企业领域中精心选择的(Black and Jones，1965 年，第 427 页—第 429 页)，所以他们最感兴趣的可能是这一范围内的兼并。因此，对于效益是否允许作为辩护理由这个问题，由凯森提出的规则将对这种辩护进行一种限制，以便能够大致上减轻他们的这种担心。

18 **H. 技术进步和 I. 管理自主权**

限定性条件 H 和 I 的高度不确定特征使得目前还不清楚应该赋予它们多大的权重。不过至少不能肯定地说，它们的不确定性大到目前无法对这两种因素给予任何考虑。它们毫无疑问具有巨大的潜在意义，以致忽视它们会有犯严重错误的风险。考虑到这种潜在的重要性，进行能够更好地对它们的实际意义做出评价的进一步研究是有道理的。以下刻画两者对净效应估计产生影响的方式。

首先考察技术进步，对技术进步产生可预期影响的市场支配力增长应该加以考虑，如果这样做比较容易的话。目前的证据尚不丰富，但作为一般规律，一种行业的四个最大企业的研究开发费用从比例和生产力上来说均比不上紧随其后、小一些的对手们。[10] 不过这不能回答什么样的市场结构最能促进技术进步的问题，对此相关的证据比较混乱。[11] 但无论如何，以后的调查不太可能推翻基本命题，即，实际上在一个行业发展的每个阶段，至少竞争的一些因素会促进技术进步——即便只是考虑到
竞争趋于保证研究方法的多样性。地方或者区域垄断可能会提 19
供部分例外（这是由于这里所需要的多样性在全国范围存在，尽管缺乏竞争压力时创新实行的速度可能会被拖延），但是垄断，

[10] 关于规模，曼斯菲尔德（Mansfield）发现，在石油和煤炭行业中，创新对企业规模的比率在第六大企业中达到最大，而钢铁行业中这一排位还要低许多（Mansfield，1963 年，第 566 页）。在其他地方曼斯菲尔德报告说石油、医药和玻璃行业中最大的企业在 R&D 相对销售额的比率之上比某些更小的企业要花费得更少一些；在化工行业它们则花费得更多一些；在钢铁行业中花费得更少，但是差别在统计上不显著（Mansfield，1964 年，第 334 页）。谢勒（Scherer）在他对 1955 年《财富》杂志最大 500 家工业公司目录中选择的 448 家企业组的专利行为进行研究时，得到的结论是“没有证据支持公司的巨大特别有利于创造性高的产出这一假设”（Scherer，1965 年，第 1114 页）。对于生产率，曼斯菲尔德的结论是“在绝大多数行业中，给定规模的 R&D 项目的生产率似乎在最大企业中比有些更小企业更低”（Mansfield，1963 年，第 338 页）。科马诺（Comanor）发现医药行业中的规模不经济甚至在中等企业规模中就可以遇到（Comanor，1965 年，第 190 页）。最近关于这方面文献的综述，参见约翰逊（Johnson，1966 年，第 169 页—第 171 页）。

[11] 汉堡（Hamburg，1966 年，第 4 章）和霍罗威茨（Horowitz，1962 年，第 330 页—第 331 页）报告了 R&D 支出和行业集中程度之间的正相关。谢勒发现了弱得多但略微为正的联系（Scherer，1965 年，第 1119 页—第 1121 页）。肯德里克（Kendrick）对特莱克杰（Terleckyj）的数据进行考察后得到的结论是，在生产率变化和行业集中程度之间没有明显相关（Kendrick，1961 年，第 179 页）。斯蒂格勒在一篇早期研究中发现“有迹象表明更低集中程度的行业具有更高的技术进步速度”（Stigler，1956 年，第 278 页）。而我，采用曼斯菲尔德的数据，发现在四个最大企业导入的创新所占比重和行业集中程度之间的负相关（Williamson，1965 年）。

或者近似垄断，在相关市场是全国性的行业中就技术进步而言不像是最好的工具。

尽管缺乏其他证据，但无论集中程度如何，认为相对小规模企业之间的兼并很少对技术进步具有负效应（常常具有正效应）不能说是不合理的。这一判断可能对绝大多数中等偏下规模的企业也是成立的。因此需要对兼并对技术进步的影响加以特别注意的主要是相对大的企业，特别是在中等到高度集中的全国市场上的那些（当然，这也是市场支配力效应很重要的场合）。

无论效应是正还是负，模型需要进行的扩展是相同的。因此假设一项兼并计划涉及一种集中行业中的一个大企业，在产生效益的同时也预期会减缓技术进步的速度。这里暂时不考虑对价格的影响，技术进步速度变化需要多大才能抵消规模优势提供的效益？为了得到一种粗略的估计，令 θ 为兼并后那一刻对兼并前平均成本的比率（这样 $1-\theta$ 为平均成本兼并后马上得到的下降比率），g_1 为没有兼并时的生产率提高的速度，而 g_2 为兼并批准后的速度（其中 $g_1 \geqslant g_2$），$Q(t)$ 为时段 t 内的产量，并令 r 为社会折现率。这样兼并的影响为中性的条件是每种情况下的成本折现值相等，这要求以下给出的等式成立[⑫]：

---

⑫　这里的推论仅仅假设了 R&D 的收益受到合并的影响，而 R&D 支出不受影响。尽管任何支出差异均可能发生，一般可以期望更高的进步速度是和更高的支出流相联系的，这种情况下所指出的与进步更快的结构相关的配置优势会相应降低。

$$\int_0^\infty [(AC)Q(t)e^{-g_1 t}]e^{-rt}dt = \int_0^\infty [\theta(AC)Q(t)e^{-g_2 t}]e^{-rt}dt \qquad (1.7)$$

假设产量以指数 δ 增长，则 g_2 的关键值由下式给出：

$$g_2 = \theta g_1 - (1-\theta)(r-\delta) \qquad (1.8)$$

例如，如果 θ、g_1 和 $r-\delta$ 的值分别为 0.90，0.03 和 0.07，则 g_2 的关键值为 0.02。当 g_2 低于此值时，具有 10%经济效益仍 20
然不足以抵消和兼并有关的累积生产率损失，更不用说兼并产生的市场支配力效应。如果 g_1 和 $r-\delta$ 所选择的值确有代表性，则可预期的生产率进步速度上 1/3 或更多的下降就足以因此而禁止可以期望获得大到 10%效率优势的兼并[13]。

现在考察管理自由处置权问题，这里需要讨论的主要是产生效应的数量大小而不是效应的方向问题。相应的论点是，市场支配力使得一个企业有机会追求一系列非利润的目标。尽管这是一个“陈旧”的观点，它的持久存在至少说明它可能并不是没有意义的[14]。从定性角度来看，它的意义关键在于其行为假

---

⑬ 如果有利的规模经济只有参与合并的企业才能获得，而负的技术进步效应对整个行业均产生影响，则以上的结果低估了产生无差异所需要效益的数量大小。

⑭ 正如阿瑟·哈德利(Arthur Hadley)在 1897 年所观察到的：“垄断延迟工业进步引入的倾向是……比它倾向于允许不公平的速度更为严重的事。问题的这一方向很少得到恰当的注意。我们如此习惯于将竞争视为价格的调整者，却忽视了它的效率激励这一同等重要的功能。无论竞争是否存在，总是存在一种倾向满足于旧方法，虽然不能说就是懒惰的方法。除了少许的例外之外，这显然是一种普遍规律。”(Hadley，1897 年，第 383 页)

设，即产品市场中的竞争对生存不构成真正威胁时，企业的资源部分消耗于企业部分成员的团体消费，他们知道自主处置的机会，有强有力的地位，喜欢独断行事（威廉姆森，1964 年、1967 年）。在定量上，则取决于对浪费证据是否足够的判断[15]。

如果一个企业通过兼并获得市场支配力后预期会在最小成本问题上放松，则式(1.5)中的成本节省估计应该进行相应的调整，理论上可以获得的效益由于市场支配力的存在而不可持久或者难以实现。

1.3 模型扩展

尽管以上的分析仅是对横向兼并而言，但其中的论点可
21 以一般性地应用于存在市场支配力—效率权衡的各种问题。解散、纵向兼并和混合兼并均可以在这种一般框架中进行处理。

A. 解散

这里的论点很直接，在垄断化案件中仅满足两个基本条件还不足以使得解散就应该进行，这两个条件是：(a)存在持久垄断的情况（$p_1>AC_1$），和(b)解散后预期价格将会下降（$P_2<$

⑮ 目前这是这一论断中最薄弱的部分，关于最近的数据调查，参见莱本斯坦(Leibenstein)，1966 年，第 392 页—第 415 页。

P_1）。另外还需要，价格下降实现的收益足以抵消效益上的损失。相关的检验条件见式(1.3)——如果需要的话，用上述1.2节中讨论的限定条件进行修正。

B. 纵向兼并

在处理纵向兼并问题时，必须指出的是，纵向兼并的传统分析将一个行业的历史定义视为给定的，这常常会导致错误的结果。一个企业的逻辑边界并不必然是对以往的继承，而是由企业进行内部交易并不会比市场交易便宜这一条件决定[16]。这并不是一次就给定的，而是取决于市场的技术和范围两方面的变化。从而在一个行业的历史定义下被视为“纵向兼并”的可能在某些时候更精确地应该描述为重新组织为一种更有效的配置。例如，当技术进步演化出自动化更完全的生产流程，或者对一种商品的需求有足够增长以至于连续加工技术变得有利时，以往在分离的多个专门企业中进行生产，转化为单个企业中包含系列连贯工序的生产方式可能会产生合并效益[17]。部分是通过纵

---

[16] 正如罗纳德·科斯(Ronald Coase)曾指出的，“一个企业将趋于扩展直到将一种外部交易组织到企业中来的成本变得和通过公开市场上的交换手段而进行同样交易的成本或者在另一个企业进行组织的成本相等为止”(Coase，1952年，第341页)。

[17] 斯蒂格勒认为，市场容量的增长常常会导致生产的分散，原因是现在市场将足以支持一种专业化工厂(Stigler，1951年，第188页—第190页)。尽管这可能常常发生，但是也存在着相反的趋势以维持或者扩展一体化，其中面对着市场不确定性，各部分的协作是关键之所在——正如这常常是生产线作业被采用的地方。参见科斯的论述(Coase，1952年，第337页)。

向兼并完成的这种类型转换，可能在从序贯生产车间转化到流水线作业的商品生产中比较普遍。

22 纵向一体化能产生实质效益的原因来自于市场并不是无成本地进行交易这一事实。走向市场意味着搜寻成本、定约成本、错误信息成本、延迟成本、运输成本、交涉成本，诸如此类[18]。而这些必须和内部组织交易的各种成本相权衡，当后者超过前者时，“纵向一体化”就是应该采取的行动。但这当然只是表面意义上的纵向一体化：实际上它表示将企业理性化为一个最优经济单位。

行业的历史组织一般可以认为是反映了缺乏显著市场或技术进展时适当的基本效率。而即使在最近已经发生了这种变化时，效率辩护也不是自然而然的。更进一步，如果可以提出一种效率辩护，则纵向一体化产生的市场支配力后果也应该加以考虑[19]。基本的权衡计算再次由(1.3)式给出——必要时可用第二节中讨论的限定性条件进行修改。

---

⑱　科斯对其中一些情形进行了讨论(Coase，1952 年，第 336 页—第 337 页)。关于在一个公共法律诉讼中对走向市场的成本进行了考察的早期例子，可参见 *Hadley v. Baxendale*。另外，如果供应者掌握市场支配力，走向市场可能涉及原本可通过对供应活动逆向一体化而避免的货币支出。

⑲　斯蒂格勒识别出，作为纵向兼并潜在的一种反竞争后果，存在着表现为资本和/或知识要求有所提高这一形式的进入壁垒(Stigler，1951 年，第 191 页)。

C. 混合兼并

混合兼并产生效率的主要方式已经由阿德尔曼(M. A. Adelman,1961 年,第 241 页—第 242 页)和特纳(1965 年,第 1323 页—第 1339 页,第 1358 页—第 1361 页)给出[20]。混合兼并产生市场支配力的方式也由特纳进行了讨论。所有这些基本上仍然是要处理权衡问题。估计净收益的规则本质上仍是以上所讨论的。

1.4 结　　论

绝大多数兼并既不产生显著的价格效应,也没有显著的效率效应,这时本章的分析就没有多少意义。不过,当两种后果均发生以及如果没有兼并则向一种有效行业配置的转换很可能会既痛苦又迟缓时,效率辩护就值得加以考虑。这当然并不是说,仅仅存在效益就足够证明一种兼并是合理的。但是,由于要抵 23
消平均成本 5 个百分点到 10 个百分点的降低常常需要相对较大百分比的价格上涨,存在这种程度的效益具有足够的重要性,值得反托拉斯机构在禁止这样一种兼并之前想一想。

不过,正如第二节所指出的,各种限定性条件可能会在任何

[20] 关于最近对联合企业组织的效益和市场支配力效应的论述,参见威廉姆森(Williamson,1970 年)。

特定的案件中推翻这种一般性结论。因此这一论断不是绝对的；只能说是对相关因素的数量意义的一种粗略的鉴别[21]。

---

[21] 此外，这里的论断并不自称为无遗漏的。例如产品种类因素就没有进行讨论；由于兼并而产生的产品种类任何可预期的变化应该在福利评价中得到合适反映。不过，因为产品种类变化可能会是任一方向（产品种类的增加和减少都是可能的），也因为事前两种方向上的变化均不能明确确定，而且所产生的这类效应很可能较小，所以看来至少目前在分析中将产品种类视为保持不变是合理的。这是在绝大多数福利评价中通常采用的假设，也许是不明确的给出。关于最近产品差异文献中的贡献，可能会使得这一话题被视为操作上重要的因素而最终被应用到这些问题的分析上来，参见赖特（Wright，1969 年）。

2

生产的纵向一体化：市场失效的考察[*] 24

对纵向一体化的研究已在理论和政策两个分析层面上提出诸多难题。纵向一体化从来没有在价值理论中拥有稳固地位，这可归因于以下事实，即在传统假设下，它是一种异常现象：假如竞争性市场的运行成本为零，“正如在我们的理论分析之中通常所假定的那样”（Arrow，1969 年，第 48 页），那么为什么要一体化呢？

在有关纵向一体化的政策方面，人们一直主要是关心，一体化有可能被策略性地用以达到反竞争的后果。在缺乏更为坚实的理论基础的情况下，纵向一体化作为一种公共政策问题，通常被认为即使不具有公然的反社会性质，也具有暧昧不清的性质。

---

* 关于本章内容的研究一直得到布鲁金斯学会（Brookings Institution）的资助。这份研究成果是脚注①里提到的更大规模的研究的一部分。作者衷心感谢诺埃尔·埃德尔森（Noel Edelson）、斯蒂芬诺·费诺尔蒂（Stefano Fenoaltea）、朱利叶斯·马戈利斯（Julius Margolis）和阿尔马林·菲利普斯（Almarin Phillips）的有益评论。

本文原载《美国经济学评论》，第 61 卷，1971 年 5 月号，第 112 页—第 123 页。作者及美国经济学会（American Economic Association）惠允使用。

而技术上的互相依赖性，或者可能具有的观察经济（observational economies），则成为主要的例外事项。

技术上相互依赖性的论点，既最为人们熟知，又最为明确易懂：在时间和空间上自然而然密切衔接的连续不断的生产过程，强制性地规定了特定的有效生产布局；反过来，这些被认为具有共同所有权的含义。这种技术上的互补性，在采取流水线作业方式的企业（化工厂、冶金厂等）内，可能比在可分离的零部件制造业中更加重要。标准的范例是冶铁与炼钢的一体化，据说在这种情况下，通过实行一体化可获得热能上的节约。通常认为，在“一体化并不具有这种物理或技术方面特点”的情况下——“例如，把匹配零部件的生产与那些零部件的总成组装结成一体
25 就不是如此——一般来说，因一体化而节约成本的情况十分含糊不清”（Bain，1968 年，第 381 页）。

不过，有的研究者对这个论点存在着明显的不满情绪。这或许可以归因于一种怀疑态度，即就通常的规模经济和最低成本要素比例的意义而言，企业不仅仅是一种简单的效率工具，它还拥有有时优于市场的协调潜力。现有这一论点很难证实这个疑虑的正确性。在比通常所意识到的多得多的方面上，以内部组织替代市场交换，这种做法之所以富有吸引力，不是由于与生产相联系的技术经济（technological economies），而是因为被广泛提及的中间产品市场运行中的“交易失效”。这种内部组织对市场交换的替代将被称为“内部化”。

这个论点所依据的两项以前的主要贡献，是科斯（Coase）关

于《企业的性质》(1937年)的具有开创性的探讨,以及阿罗(Arrow)最近对市场与非市场配置的评论(Arrow,1969年)。本文将表明,我同意马尔姆格伦(Malmgren,1961年)的观点,即在完全静态条件下,交易费用分析索然无味,而只有在引入要做出未经规划的调整这种需要时,市场与内部组织相对立的问题才变得引人入胜。

但是,马尔姆格伦发现,企业的优长在于它在相互依赖的活动之中控制信息和实现计划一致性的能力,这可以被看作一种信息处理优势,而我则主要强调,企业与市场相比所具有的不同的激励和控制性质。这与其说意味着信息处理的考虑意见并不重要,不如说意味着,这些并没有完全概括有助于内部组织充当一种市场替代物的企业的特有属性。

2.1 内部组织:肯定性的方面

全面论述纵向一体化,要求对内部组织的限度以及力量做出评价。如果其他情况相同,由于和行政性协调相关的各种摩擦变得日益严重,求助于市场交换就变得更富有吸引力了。然而,考察纵向一体化的组织失效方面,超出了本章的范围。[①] 确切而言,简单地说,就是主要由于人们只具有有限理性,以及同

---

① 我在《市场与层级制》(1975年)一书中讨论了这个问题的组织失效维度。在那本书里,还考察了这个论点的政策含义。

26 官僚主义办事程序相比，人们对市场交换抱有更大信任，在市场可谓“运作良好”的情况下，市场中介一般来说被认为比内部供给更加可取。②

使内部组织成为一种市场替代物的企业特性，似乎可以概括为三种类型：激励、控制和可被广泛称为“内在的结构优势”的属性。就激励的意义而言，内部组织减弱了作为双方均不受对方控制的正常谈判关系之缩影的侵犯性的态度倾向。各种利益如果不是被完美地协调一致，至少也是免除了心胸狭隘的机会主义性质的种种表现；在任何一个能够独立生存发展的群体（企业就是其中的一种）里，可容许的组织内部行为的范围是由所有权让渡的因素划定的。因此，在能够合理地预料到某种交易的独立当事人之间将进行长期谈判的情况下，内部化变得富有吸引力。③

然而，企业最显著的优势也许是，在企业内部可用以强制实施的控制手段，比企业之间的活动种类更多，且更为灵敏（Williamson，1970 年）。不仅企业拥有立宪权威，具有获得必不可

② 如果现在和将来价格都是非垄断的，并反映着可接受的风险溢价，而且如果市场交换的交易成本低，并允许实现必不可少的节约，那么中介市场就将被认为运作良好。如果其他情况相同，在这些限定条件不成立的限度内，内部供给相对而言变得更有吸引力。

③ 当然，共同所有权本身并不能自动地保证目标的一致性。在控股公司组织形式中，采购者与供应者都是独立的部门，每个部门最大化各自的利润，这种形式并不解决问题。而且，仅仅规定联合利润的最大化本身也不足以自动地解决问题。需要使目标可以加以操作，这既涉及规则的制定（例如关于转账定价），也包括对有效的内部激励的设计。有关讨论可参见威廉姆森（Williamson，1970 年）。

少的数据资料的低成本途径，以进行比买者能够做到的更加准确的自身绩效评价（既有同期的也有事后的评价），而且，企业的奖励和惩罚手段（包括人员任用、职位晋升和工作报酬的选择性使用以及内部资源配置程序）也更为精细。

在这方面特别有意义的是，在出现冲突时，企业拥有一种比较有效的解决冲突的机制。举例来说，命令常常是一种解决较小冲突（如解释的不同）的比无休止争论或诉讼更为有效的途径。组织之间的冲突即使能够用命令来解决，这种情况也是十分少见的。首先，这要求不同的当事人就确定不偏不倚的仲裁者的问题达成一致，达成这个协议本身就要付出高昂的代价。这还要求建立有关证据和程序的规则。此外，如果组织间冲突采取这种解决办法的情况很常见的话，那么该组织形式结果会向纵向一体化靠拢，其裁决者即使名义上不是，实际上也变成了 27
经理。相比之下，组织内部以命令解决冲突更为普遍（Whinston，1964 年，第 410 页—第 414 页）。

企业还可能由于信息交换的经济而求助于内部化。信息交换的节约，其中某些可能是由于企业与市场二者之间的结构差异。然而，其余的最终则可归结为内部组织与市场组织之间的激励和控制上的差异。例如，人们广泛认为，共同的培训和经验以及在生产过程中发展起来的严密规范，可方便于有关复杂事务的沟通。重复的人际相互交往甚至可以使实现进一步的沟通经济（economies of communication）成为可能；在熟悉的环境中可以成功地表现和传达微妙的意思与情感上的细微差别，而在不熟悉的关系里,只有付出极大的努力,才能做到这一点。尽管如此,划定组织边界本身不必极力阻止熟悉的关系在组织之间的发展。换言之,倘若没有前面描述的目标与控制上的差异,在这一点上,内部组织优于市场组织的信息优势并非十分显见。因此,关于信息经济(informational economies)的主张应该在以下两个方面加以区分:可归因于信息流动本身(结构)的经济节约和由于独特的信息准确性效果而获得的经济节约(参见2.2节,D部分)。

2.2　市场失效的考察

这里所说的市场失效仅仅是有限意义上的失效,即涉及能够以内部组织替代市场交换使之减弱的交易费用的情况。讨论分成五个步骤进行。前三个部分概括从前到后越来越复杂的谈判环境的特征,在这样的环境中存在着小数目关系(small numbers relations,或译为“备选者数目极小的交易关系”)。后两个部分讨论企业与市场相比,或者是天然即具有,或者是由于通行的制度规则而拥有的特殊的结构优势。

A. 静态市场

让我们考察一下一个生产有多种零部件的产品的产业,假设这些零部件中有一些是专用性的(产业专用),并进一步假定,这些零部件里有这样一些产品,和市场相比,其生产的规模经济大。那么，该市场将仅仅维系少数几家达到效率规模的生产者生产这些零部件。

在这些条件下，人们普遍预期到，在市场采购的情况下，存
在着价格超出成本的垄断性余额——尽管正如德姆塞茨（Dem-
setz，1968 年）已经注意到的，如果在最初的合同招标阶段有大 28
量的供应者愿意并能够投标，不一定能获得这笔垄断余额。但
是，假设大量供应者的投标活动是不可行的。那么，这些假定的
条件就为成品装配者实行后向一体化，或零部件供应者实行前
向一体化，提供了一种“明显的”激励。可以区分两种不同的情
形：双边垄断（寡头垄断）和垄断性供给条件下的竞争性装配。
这里考察前者；后者在第 C 部分论述。

双边垄断要求必须就价格和数量进行谈判。自然，双方都坚持按照契约曲线，而不是远离契约曲线，进行运营获取收益——在这里这相当于联合利润最大化的数量（Fellner，1947 年）。但这仅仅确定了要进行交换的数量。按这个数量进行交换所要根据的价格条件仍需要加以决定。双方利润保持非负值对应的任何一个价格都是可行的。可以预料到，接着要讨价还价。价格条件方面的不休争论大概会持续下去，直到其中一方察觉到边际私人净收益等于零时为止。尽管这种讨价还价是共同的（和社会的）非生产性活动，但它却构成了私人金钱收入的一个源泉。虽然如此，因为这是一种共同的利润消耗，所以，如果在某种程度上能够解决这个问题，避免这些成本的激励也就形成了。

一种可能的调整是，通过实行纵向一体化使这项交易内部

化；但是，还可以通过谈判订立永久性的契约。在完全静态环境（即没有各种干扰的环境）中，这些办法可能被认为不存在差别：因为前者涉及零部件供给价格的确定，同时兼并也要求就资产评估达成协议。在每种情况下，讨价还价的技巧大概同样重要（的确，零部件的价格可以在资产评估条款中加以说明，反之亦然）。因此，尽管在这些条件下可以发生纵向一体化，但在该问题的性质中，并没有任何内容要求必然出现这样一种结果。

在这些条件下，类似的论点也适用于针对外部性进行的调整：联合利润的考虑要求受到影响的各方必须实现调和，但在一种完全静态环境中，一体化并不具有超出永久性契约的优势。

从双边垄断关系向双边寡头垄断关系的转变，拓宽了谈判选择的范围，但是因为这个缘故，通过谈判订立兼并协议同订立永久性契约相比较的情况，并没有受到不同的影响。显然，如果要得出不同的结论，关于这个问题的特性描述将不得不加以放宽。

B. 契约的不完备性

对上述条件加以丰富和深化，以包括以下条件内容，即所讨
29 论的产品在技术上是复杂的，并且作为对不断变化着的环境条件的反应，要对产品进行定期的重新设计和/或数量调整。为此，还要放松在最初的契约招标阶段众多供给者的投标活动不可行的假定。于是，可以考虑三种可供选择的供给安排：永久性契约、一系列短期契约和纵向一体化。

永久性契约带来的两难困境是:各个独立的当事人按照对其自身有利的方式来解释契约的含糊不清之处,各种分歧只能通过无尽无休的争论,或是最终通过诉讼加以解决,为了避免这种情况,就应该巨细无遗地规定好各种应急的供应关系。但是,假定详尽地做出规定是可行的,它本身也要付出高昂的代价。因此,尽管当已知生产函数时,可以推算出对最终需求或要素价格的变动应做出的适当反应,具体确定这些函数并保证协议的执行所要付出的极其高昂的成本,也会使这种努力望而却步。在变化着的技术提出了产品重新设计问题的情况下,这个问题甚至更为严重了。在这一点上,尽管付出极大努力和极高费用,合理地囊括了各种可能结果的契约性努力将会取得成功,这是令人怀疑的。于是,就要有一种适应性的连续的决策过程作为补救。然而,如果契约的修改或订正被当作进行机会主义式的讨价还价的机会,可以预料情况必将如此,那么,假如把契约的修订以复杂的组合形式作为整体提出来,其真正价值可以更好地加以掩盖的话,买方就将会把调整拖延下去并累积起来;某些调整可能被完全弃绝。最优的连续性决策过程在这些方面可能受到扭曲。

所以,便于进行适应性的连续决策的短期契约可能更受欢迎。然而,这些契约在以下情况下也会带来问题:(a)有效率的供给要求对专门用途的耐用设备进行投资,或者(b)最初契约的赢得者,比如由于“最早行动者”优势而开始具有成本优势(诸如独特的位置或学识,包括获得保密或专利技术与管理程序,以及专门的劳动技巧)。

情况(a)的问题是,最优投资的考虑有助于订立长期契约,以使供应方有信心摊销其投资。但是,如已指出的那样,长期契约造成了适应性的连续决策问题。因此,在这种情况下,最优投资和最优的连续性调整过程是相互冲突的。

有人会争辩说,情况(b)没有造成什么问题,因为最初的投标者在他们开始时的投标活动中将充分考虑所有相关因素。因此,尽管预期的下游成本优势(downstream cost advantages)(这里及随后使用的下游是指时间而不是空间的含义)将造成只有少数供给者竞争下游供给,但最初招标阶段的竞争足以确保在整个供给期间将只实现竞争性收益。所以,可以预料,出价低
30 的投标者在最初阶段会以低于成本的价格被选中,在随后各阶段把价格定在可供选择的供给价格水平上,并在总体上获得正常收益。在重新定约期间,可以很容易地进行适当的变化。

然而,这造成了许多潜在的问题。首先,除非规定好了全部供给的各项要求,否则,"以极低价格拿下合同"策略是有风险的。还有,与此相关的是,可供选择的供给价格,并不是独立于该购买者随后会向各竞争对手提出的各个条件。此外,可供选择的供给价格仅仅是一个上限;厉害的买主在每一轮谈判时,都会试图确定一个处于当前成本水平上的成交价格。可以预料,随之而来将是无休止的讨价还价。因此,在具有不同寻常的最早行动者优势的情况下,短期契约受到了可能十分严格的限制。

所以,考虑到长期契约和短期契约二者都容易受其制约的

这些问题,纵向一体化就可以很好地加以说明了。有效率的投资与有效率的连续性决策二者之间的冲突,因此得以避免。连续的调整成为做出合作式调解的时机,而不是进行机会主义式的讨价还价的理由;风险可以减小;前后连续的各个阶段之间的差异,可通过内部控制机制,很容易地加以解决。

涉及原本彼此可以分离的生产阶段之间流水作业程序经济(flow process economies)的技术相互依赖情况,这实际上是契约的不完备性论点的一个特例,注意到这一点有重要意义。契约的两难困境在于:一方面,要通过契约具体确定全部意外情况,并规定好各阶段之间适当的应对措施,这即使不是不可行的,也会不可避免地付出高昂的代价。另一方面,如果契约在这些方面十分不完备,一旦最初的谈判敲定下来,协约各方就被锁定在一种双边交换之中,可以预见,各方之间不同的利益将导致各自采取机会主义行为而造成共同的损失。因此,一体化的优势并不是非一体化的各企业不能获得技术(流水作业程序)经济,而在于一体化使各利益协调一致(或者常常是通过命令调和不同分歧),并使有效率的(适应性的和连续性的)决策程序可加以运用。更一般地说,支持取决于"供给可靠性"因素的一体化的各种观点,通常可归结为契约完备性问题。④

④ 有时有人提议说,违反契约的风险为实行一体化提供了一条额外的理由:其资产不足以补偿全部损害赔偿额的关键零部件的小型供应商,使购买方易于遭受损害。但这是一种不利于小型供应商的论点,它并不是很具有一般性地针对协约活动;大型的、产品多样化的供应商可以具有比一体化的企业更强大的风险分担能力。但是,契约不完备性的风险依然存在,并可能阻碍从大型的、产品多样化的组织进行采购。在这一点上,有关"理想"契约的讨论,可参见阿罗(Arrow,1965 年,第 52 页—第 53 页)。

31 **C. 策略性虚假陈述风险**

在存在事前的而不必是事后的不确定性的情况下，契约不完备性问题显露出来。在两个方面都存在不确定性的情况下，策略性虚假陈述的风险十分严重。不仅未来是不确定的，而且对于一个外部机构来说，除非付出极高成本，否则，要在事实发生后准确地确定发生了什么事情，这或许是不可能做到的。实行内部化的优势在于以下事实，企业事后获取相关数据资料的途径具有优势，它减弱了出于机会主义动机利用不确定性的激励，以及企业能够使之发挥作用的控制机制更具有选择性。

实行一体化的肯定性理由

可以确定由于策略性虚假陈述风险而实行一体化的三个肯定性理由和一体化的两个潜在反竞争后果。

1. **道德风险**。在这里该问题是因为不协调的激励和不确定性结合在一起而产生的，或者如阿罗所说的（Arrow，1969 年，第 55 页），它应归咎于“风险与决策的混淆”。为对此加以说明，让我们考虑一下其最终成本和/或绩效受制于不确定性影响的某种标的物的协约问题。一种可能是由供应方承受不确定性。但是，只有在价格上附加一个风险补偿额之后，他才会接受固定价格契约，以达到规定的结果，而其成本是非常不确定的。假设购买方认为这笔补偿额过大，并因为这一点而准备由他自己承担这个风险。该风险可以通过提出一种成本加成契约很容易地加以转移。但是，这削弱了供应者实现最低成本绩效的激励；供应者可以用这样一种方式重新配置其资产,即对从事其他工作有利,而对该成本加成契约不利。

因此,尽管若承诺本身具有强制力,把风险承担和契约履行的职能分开,在制度上常常是最有效率的(也就是说,成本加成契约将具有理想性质),但是,专业化受到利益差异的阻碍。至少,购买方会坚持监督供应方的工作。因此,与足以评估最终产品绩效的固定价格契约相比,成本加成契约因为使买方遭受着无效率(高成本)契约履行的风险,所以要求对投入和产出**二者**都要加以评估。

内部化并未消除进行投入评估的必要性。确切而言,就投入监督的目的来说,内部化的优势在于以独特的自然不拘的方式实施各种控制。按通行模式,一个外部机构缺乏求助于内部控制机制的手段:打算采取的补救办法,需要得到定约人的同 32
意,并随之受到很大约束;由买方对订约方的内部控制机制(包括人员任用、职位晋升和工作报酬的选择性使用以及内部资源配置程序)享有不受限制的使用权,很容易被拒绝。鉴于由局外人进行投入监督的成本和局限性,买方可能转而选择由自己来承担风险和从事这项工作。因此,买方通过后向的纵向一体化,对倘若没有不确定性则将转而通过市场进行的交易,实行内部化。于是形成了用于内部采购的一种成本型契约。

2. **外部性/归因**(imputation)。外部性问题可从两个方面加以考察。第一,是否已对财产权利进行了可靠、清晰和“适当”的归属?第二,归因成本和收益的会计成本是否很高?如果这些问题的答案分别是肯定和否定的，那么，各种可被侵吞挪用的问题就不会成为实行纵向一体化的理由。然而，在不满足这些条件的情况下，一体化就将成为解决问题的办法。

关于这个问题的权利归属方面，将在下面的E部分中加以考虑。这里假定已经进行了财产权利的有效归属，而只有归因成本和收益的费用悬而未决。而这的确常常容易成为更加严重的问题。阻碍了精确计量的高额归因费用，将模糊性引入交易中来。甲方是否影响了乙方？如果是的话，影响达到多大程度？由于缺乏客观的低成本的衡量标准，可以预料相互对立的利益相关者会对这些后果做出不同的估价。内部化使针对这些问题旷日持久（且代价高昂）的纷争得以避免，由于这个缘故，它可以成为解决问题的办法。

3. 可变比例扭曲。让我们考虑一下以下情况，即总装阶段将有大量的装配者；只在零部件供给方面出现极少数供应者。在这些情况下，垄断性的供给价格是否为实行一体化提供了理由，这既取决于生产技术，也取决于监督费用。在总装阶段的可变比例为非一体化的各个装配者用竞争性定价的要素进行替代，以适应垄断定价的零部件，提供了机会（McKenzie，1951年）。尽管可想象到，垄断的零部件供应者可能作为销售的一个条件加以规定，即装配中必须一律采取固定比例，但是，这样的规定的有效性是值得怀疑的——因为，一般情况下，隐含的实施成本将会十分高昂。在出现替代的情况下，将导致无效率的要素比例以及随之而来的福利损失。实行一体化，通过恢复有效率的要素组合以便降低总成本的私人(与社会)激励是显而易见的。

反竞争的后果 33

有两种类型的反竞争效应一般被归咎于一体化:价格歧视和进入壁垒(Stigler,1968 年,第 303 页)。

1. **价格歧视**。在这里问题是首先要发现不同的需求弹性,其次是要按适当方式安排销售,以杜绝转卖活动。以低价购买该商品的具有高弹性需求的用户,不可以像中间人那样,向缺乏需求弹性的顾客提供商品;所有的销售活动都必须是最终销售。尽管纵向一体化可便于发现不同的弹性,但主要是就不转卖的情况来说,它才被视为特别有效的。

虽然如此,一体化还是一种相对极端的反应。而且,在某些商品方面,没有求助于纵向一体化,却明显地实施了价格歧视(电力和电话服务就是证据)。用以区分的要素是什么呢?撇开合法性方面的考虑,它大概是实施(监督)有争议的契约条款的成本。某些商品明显具有自我强制实施的特性——具备这一特性可能是由于储存和重新包装成本高昂,或是因为安排转售活动无法避人耳目。缺乏自我强制实施(监督)的特性,使纵向一体化作为实现歧视的一种手段而具有了吸引力。

2. **进入壁垒效应**。生产的纵向一体化可以有效地用来阻止进入,这一点备受争议。博克(Bork,1969 年,第 148 页)认为,“一般来说,如果在某种产业内将获得比竞争性利润更大的收益,那么就必然发生进入,不论进入者开始时是否必须立即进入两个层次。我没听说过有任何关于资本市场缺陷的理论,会导致资本供给者避开高回报的领域,而去寻找低回报的领域”。但是,这个问题与其说是回避利润的问题,不如说它涉及成本的影响。当借款人在扩大其资金筹措的需要时,如果他们面临着越来越不利的利率,赫什利弗(Hirshleifer)指出,这是一种确实可能出现的情况(Hirshleifer,1970 年,第 200 页—第 201 页),那么,成本不可能与纵向结构无关。

假设纵向一体化具有提高资本必备条件的效应,关键问题是在多大程度上以及由于什么原因,资金供给曲线以假定的方式变动。作为部分解释,提出以下推测:除了以最简陋的方式之外,不能以任何一种方式来监督大型复杂组织的绩效,或者,除非以严重有损信誉的错误为根据,否则不能轻易实施管理层的撤换,所以,若其他情况不变,随着资金筹措需要额变得越来越大,投资者要求更高额的回报。因此,针对管理者将会以机会主义方式经营某个作为竞争对手的企业这种意外情况而付出的监督成本,按照这个论点,至少构成了资本供给曲线发生一般所认
34 定之变化的部分原因。鉴于这种事态,已有企业出于策略考虑,会运用纵向一体化提高资金必备条件,并且,作为成功进入的一个条件,当潜在进入者感到不得不采取这种通行的结构时,可以阻碍进入——如果该产业是高度集中的,已有企业就会这样去做。

D. 信息处理效应

正如在2.1节中所指出的,企业的优势之一是它实现了信息交换的节约。这些可表现为信息阻塞(information impactedness)、观察经济,或是马尔姆格伦(Malmgren,1961年)所提出的"预期的一致性"(convergence of expectations)。

信息阻塞

理查森(Richardson)提到一名企业家作为例子,说明信息阻塞问题。该企业家愿意提供长期契约(大概是以正常的收益率),但是其他人却不准备接受契约,因为他们不确信他"除了意愿之外",有"能力履行契约。他也许拥有足以令他自己确信情况确实如此的信息,但其他人不可能有"(Richardson,1960年,第83页)。他继续评论说,契约双方所认识到的风险,可能造成很难通过讨价还价达成提供给每一方相称收益的契约;在这些情况下,客观存在的风险因契约风险而加大。因为这个理由而实行的一体化近似于个人的自我保险。这样的个人了解自身是风险很小的保险对象,却由于他们无法以低成本向保险业者"显示"这种情况,而因保险收费过高,被挡在保险市场之外。

观察经济

正如拉德纳(Radner)所指出的,"信息的获得经常涉及'生产准备成本'(setup cost),即获取信息所需要的资源可能与运用这种信息的生产过程的规模无关"(Radner,1970年,第457页)。尽管拉德纳在头脑中明显有仅包含生产中一个阶段的企业大小规模的含义，但这一论点对于纵向一体化也具有重要意义。如果能够得到对于一系列相关的生产阶段具有重要实用价值的单独的一组观察资料，那么纵向一体化就可以是有效率的。

然而，或许有人会提出疑问，为什么要实行共同所有权？为什么不建立一个向所有需要者出售信息的独立的观察机构？或者，如果所需要的信息是高度专用的，为什么不建立合资企业呢？或者，是什么抑制了连续生产阶段之间按照契约进行的有
35 效的信息交换呢？无疑，与潜在可用的中间选择的范围相比，实行共同所有权似乎是一种极端的反应。有利于出现这个结果的因素是什么呢？

契约的问题之一是具体确定契约条款这个问题。但即使能够商定契约条款，仍然存在监督该协议的问题。举例来说，假设共同信息的收集责任根据契约被指派给一方当事人。那么购买方就要冒对方不诚实的风险：承担着信息收集责任的企业若为自肥，信息可以被过滤并可能受到扭曲。如果调查成本高昂而且难以证明违反契约的行为，那么契约性分享安排显然会经受到短期的限制。另外，如果只有少数竞争者，因此选择受到限制，那么契约性分享也会受制于长期风险。在这一点上，观察经济主要应归因于策略性虚假陈述风险，而不是不可分性。

预期的一致性

预期的一致性所表述的问题是，如果在连续性的生产阶段之间存在着高度的相互依赖，并且需进行调整的时机不可预见却又经常出现，那么，假如分离的各阶段独立运作的话，就可能

难以做出协调反应。马奇和西蒙(March and Simon)(1958年,第159页)在下面这段话里概括了这个问题的特征:

> 如果相互依赖的形式是稳定而固定的,那么相互依赖本身并不会造成困难。因为,在这种情况下,在设计每个子项目时可以考虑到同它相互联系的所有子项目。仅当项目实施因事先不可能完全预见到的意外情况而暂停下来时,才出现了困难。在这种情况下,就要求有协调活动,以确保用来作为行动依据的各个判断的一致性,或者向每一个子项目实施单位提供有关其他单位活动情况的信息。

在某些方面,这可归结为契约的不完备性这一论点。假如巨细无遗地规定视情况而采取的适当反应是可行的,那么协调就可能通过契约着手进行。但是,这要求过高了;面对着非常多变而不确定的环境,规划应做出的反应这种尝试易成为无效率的活动。若转而采取未经规划的(适应性的和连续性的)决策程序,而且,考虑到在这些情况下,长期契约受到严重的激励与控制上的限制(参见上述B部分),实行纵向一体化可以成为补救措施。

但是,短期契约的可能性又是怎样的呢?恰恰在这一点上,预期的一致性论点具有特殊的重要性。作为一个例子,假定或者由于投资抑制因素,或者由于最早行动者优势,短期契约并非存有缺陷。尽管如此,缺乏结构性约束仍可能造成这样的契约 36
无效,这是马尔姆格伦(Malmgren,1961年)的论点。谈判成本和仅仅依靠市场(价格)信号使该体制做出调整所需要的时间，和对连续性过程实行一体化，并同时采用行政性程序，或以此取代其他方法时所获得的效果相比，都倾向于极其耗时费力。

E. 制度调整

制度调整可区分为两种类型：纯粹经济性制度调整和超经济性制度调整。

纯粹经济性制度调整

正如其他人已经注意到的，纵向一体化可成为逃避中间产品营业税的一种手段，或是绕过配额制和价格管制的一个途径(Coase，1937 年，第 338 页—第 339 页；Stigler，1968 年，第 136 页—第 137 页)。但是，还可以是因为对财产权利的具体说明存在缺陷而实行纵向一体化。

尽管财产权利的适当归属是一个复杂的问题，但它可归结为(撇开公平方面的考虑)一条简单的标准：什么样的归属能带来最大量的总产出？(Coase，1960 年，第 34 页)这共同地取决于归因与谈判费用和对受补偿一方的激励。为了专门研究谈判费用这个方面，假定归因费用可以忽略不计，并暂时把激励问题撇在一边。⑤ 在这里将把财产权利的“适当”归属界定为，自动产生与所涉及的外部收益或外部成本数量相当的补偿费的归

⑤　正如科斯强调过的那样(Coase，1960 年，第 32 页—第 33 页、第 41 页)，补偿会削弱承受外部成本的受补偿一方采取适当的保护性措施的激励。确信可获得补偿的当事人将满足于像通常那样从事经营活动。这样一种惯常做法，很容易造成

属,而“不适当”的归属则是需要进行讨价还价以使当事人做出调整的归属。这样,若甲和乙是两个当事人,且甲的活动把成本加到乙身上,则适当的财产权利的归属就是要求甲补偿乙。若 37
相反,财产权利的界定是不要求甲补偿乙,而且假定外部性在边际上是存在的,则仅当乙贿赂甲以使其活动有所调整时,才会出现有效的适应性调整——这使讨价还价活动成为必要。只有当这样的讨价还价的成本被忽略时,才能说可供选择的各种对财产权利的规定是等效的。出于类似的理由,若甲的活动为乙带来了收益,对财产权利的适当规定将是要求乙充分补偿甲。通过纵向兼并把交易内部化,以此协调双方当事人原本存在分歧的利益,这使消除当财产权利未加以界定或规定不当时导致的讨价还价成本,具有了可能性。

其他制度调整

风险厌恶是指对货币结果的效用评价值表现出来的凹度。风险厌恶型的决策制定者将不仅关心预期价值，还会关心与各

比取消补偿时具有的社会成本更大的成本。因此,假如要对该体制加以充分的调整,就要求对于什么在广义上讲可以被视为促成这种后果的玩忽行为,具有一种敏感性。对于促成这种后果的玩忽行为的洞察力当然会使法庭得以向那些承受外部成本的人,提供必不可少的做出适当的调整行为的激励。然而,因为这种洞察力(或者甚至是不偏不倚的公正性)不能依常规擅做假定,所以,通过纵向一体化将该交易内部化也可以因为这个理由而成为解决办法。有趣的是,在外部性是收益的情况下,却并没有遇到对称性的问题。规定应付补偿导致米德(Meade,1952 年)讲到的果园种植者不仅要适当地扩展其生产,而且,若从社会来看是有益的,还要把种苹果改为种桃子。

备选方案相关联的各个结果的离散度:离散度越高,效用评价值越低。若其他情况相同,风险厌恶程度较小的决策制定者将可能担当风险承担职能。然而,即使对待风险的态度是一样的——意思是每一个体(具有任何一组既定的最初禀赋)将对某一方案做出类似的评价,人群中各个成员之间不同的初始资产状况也能够保证风险承担职能的专业化,并带来可能发生的企业与市场结构效应(Knight,1965 年)。

阿罗提醒注意社会行为的规范,包括伦理和道德准则。关于这一点,他评述说:“对彼此的话有某种信任,这对个人是有益的。在缺少信任的情况下,要就可供选择的制裁措施和担保人做出安排,将变得成本十分高昂,而且,许多互利合作的机会将不得不被放弃”(Arrow,1969 年,第 62 页)。所以,可以预料到,若其他情况相同,纵向一体化在一种低信任度的文化中将比在一种高信任度的文化中更为完全彻底。

2.3　结　　论

产品市场具有引人注目的协调特性,这至少在经济学家之中,是一个确凿无疑的论断。产品市场在许多方面易于失效,以及在这些情况下内部组织可以替代市场,如果说这多少有点不太令人熟知,它也绝不是新奇的东西。然而,对于和纵向一体化有关的市场失效的系统论述还没有出现。

这可部分地归因于人们对内部组织不加注意:使内部协调

区别于市场协调的企业值得注意的特性一直受到忽视。但是, 38
与纵向一体化有关的市场失效文献的不完整性也促成了这种状况;内部化具有吸引力的范围广大的多种多样的情况,往往得不到充分的重视。

目前的努力试图既提出内部组织问题,又要系统地梳理与纵向一体化有关的市场失效方面的文献。然而,这个论点并没有穷尽纵向一体化提出的各个问题。第一,关于市场失效的论点在某些方面可能是不完整的。第二,对于和纵向一体化有关的内部组织失效的原因和后果,需要做出类似的论述。第三,该论点严格地适用于生产的纵向一体化;尽管其许多内容对于延伸到原材料的后向的纵向一体化和延伸到分销的前向的纵向一体化,可能具有同样的重要意义,但在重要性方面可能不得不加以限定。第四,博弈论的考察意见一直受到忽视,这类研究可以限定所指出的备选者数目极小之谈判形势的不确定状况。最后,在现有分析中,没有任何内容证实,所观察到的纵向一体化的程度从社会福利的立场来看不是过高的。不过,用演绎方法推断,存在生产的纵向一体化的情形要比通常所承认的范围更加宽阔,这应该是显而易见的。

3

反垄断执法与现代公司* 39

我关于产业组织方面的政策问题与研究机会的讨论，主要关心的是对企业与市场结构的分析相互重叠之处的问题，特别是关注属于反垄断执法这个范围内的事项。我所持有的态度是，如果反托拉斯的分析者想要准确地评价现代公司及其在其中运作的市场的特性，就必须重新检查传统的企业与市场模型的隐含假设。在这一点上，依我看，反垄断经济学的研究者们采取以下研究导向可能是有益处的，即“制度失效”导向——包括对内部组织（行政管理过程）的失效以及产品市场和资本市场的失效做出评价。

其中加以检讨的问题之一是，产品市场失效（传统类型和非

---

* 关于这一章的研究得到了布鲁金斯学会的资金支持。这是同样由布鲁金斯资助的一项更大规模研究的一部分。文中所述均为笔者个人观点。

原载于维克托·R. 富克斯编：《产业组织政策问题与研究机会》，美国国家经济研究局，纽约，1972 年，第 16—33 页（*Policy Issues and Essays on Research Opportunities in Industrial Organization*, ed. Victor R. Fuchs. National Bureau of Economic Research, New York, 1972, pp. 16—33）。

传统类型的)对优势企业条件以及对纵向一体化的影响。我还考察了与联合企业组织有关的资本市场方面的失效。但是,如果不去注意内部组织的限度,对企业和市场结构的讨论就是不完整的。市场毕竟不是绝对失效,市场失效仅仅是与某种非市场性的选择相比较而言的(Arrow,1969 年,第 48 页)。我所尝试做出的对存在于企业和市场之内及其之间的交易关系的重点研究,尤其证明了,就许多用途来说,可把内部组织和市场过程看作可以相互替代;这样来认识问题,益处颇多。

这和一般的产业组织研究方法的区别须加以解释。企业的内部组织,包括在企业与市场二者之间的职能分派,对传统的分
40 析来讲,主要是在人们可以宣称其影响到“市场支配力”和“进攻性的经营行为”时,它才和传统的分析存在重要关联。我认为,上述说法并非讽刺。对比来看,我对待组织设计这个问题,则是把它视为本身即引人入胜,并认为组织设计问题和效率方面的考虑不可分割地联系在一起。各种企业成为种种手段,它们通过把原本可能由市场来做的活动内部化,来减轻市场摩擦(失效)。企业这些用途方面的局限性,当确实属于其局限时,随着组织形式的变化而有所不同。因此,关于组织创新的研究就会因具体的利益相关方的不同而有差异。总的来说,我提倡的方法是一种“比较性—制度性类型的交易分析”方法。而这与一般类型的“市场支配力分析”二者之间没有本质上的冲突(实际上应把它们视为可相互补充),但各自所提出的研究方案却十分不同。

我得出的结论是,在经济学中对优势企业问题的论述不完

整，已造成了法律上对垄断问题的特征描述不正确，而且，反垄断对于纵向结构和联合企业结构二者一直未加以区别对待。在比一般所承认的多得多的方面上，纵向一体化和联合企业组织使（产品市场和资本市场上各自的）交易失效得以缓解。

3.1 优势企业产业

A. 问题

反垄断在处理采取横向市场支配力形式的传统垄断问题时，乃是置身于其最为熟悉的领域。人们认为，在这方面隐含着的经济学理论相对而言发展良好，而且其适用性是显而易见的。尽管如此，法院和执法机构都还没有准备严肃认真地对表现为优势企业形式的先前存在着的市场支配力提出质疑。

按照现在对法律的解释，若有争议的结构可归因于“高档优质产品、经营才智或历史机遇”，则优势地位并不构成第二条规定的垄断违法行为。[①] 然而，实际上，法院可能从来没有明确地接受按照这些条文中的某一条对优势地位做出的辩护，而仅仅在原则上赋予它们以执法方面的重要性：执法机构被杜绝运用这些基于假设之辩护中的任何一条作为认定事实的肯定性理由。在这些情况下，将只能预料到，优势企业的抱怨主要在于被

① *United States v. Grinnell Corp.*, 384 US 563, 571 (1966).

指控犯有行为过错。然而，这经常使它们沦为生造的理由，而合法性问题却受到压制。

41 **B. 评价**

暂时把优势企业产业界定为优势企业的产量持续超过该产业总产量的60%的产业。在这类产业中的优势企业，通常会享有超常的收益率——即使实际上并非如此，至少具有这种潜在的可能性。② 在评价优势企业状况方面，有两个问题特别重要：优势地位是怎样形成的？假如有某种补救办法的话，应该求助于什么样的补救办法？

在绝大部分关于优势企业问题的论述中，若非明确也是隐含的一般假设是“竞争有效可行”——至少是在以下有限意义上是这样，即可以依靠现存的和潜在的竞争对手，通过对获取私人收益的机会做出适当反应，来履行自我管理的职能。但是，如果不是因为具备以下条件，即与市场有关的规模效益巨大，存在着专利保护，或者采取非法的业务活动，就不可能指望拥有带来垄断收益的持续的优势地位。尽管如此，最高法院提到的经营才智与历史机遇的辩护理由暴露了这种切合实际之论点的一个漏洞，而这可能恰恰需要更仔细地加以考虑。与众不同的专门知识技能和机遇事件的结果应该被看作是市场失效的表现吗？而

② 有时这些企业或许经营松懈，在这样的情况下，报告利润没有披露全部潜在的超常利润。

其政策含义又是什么呢?

这里提出的是,其意义和价值足以支撑优势地位的与众不同的专门知识技能,应被视为管理人才市场方面的一种失效现象。这可能表现为以下两种形式中的一种。第一,必不可少的人才可能恰恰是稀缺的。因此,尽管通常假定管理人才的供给完全能满足需要(Kaysen and Turner,1959 年,第 9 页、第 117 页),但至少有时这可能是不对的。马萨克(Marschak)在有关的上下文里把该问题表述如下:“存在着几乎是独一无二的、无法替代的研究工作者、教师和行政管理者;就像存在着建设电厂和港口的独一无二的选址一样。独特的或不完全标准化的物品的问题一直为教科书所忽视”(Marschak, 1968 年,第 14 页)。优势企业因为其管理层独特无双的本领而获得了支配地位的可能性,至少须加以考虑。

然而,这并不是唯一的可能性。优势企业可能没有表现出特殊的管理才干,但承担着自我管理职能之责任的现存的或潜在的竞争对手们,可能却是异乎寻常地无能。持续不断的这种类型的无能,是竞争行为的自我管理职能已经失效的一个表征。在一个产业发展的关键的成长阶段,主要竞争对手的这种可耻表现将被称为未尽到责任的失效行为(default failure)。 42

然而,未尽到责任的失效结果完全是一种假设的可能性——在理论上被承认是正确的,但在实际中却观察不到,这一看法或许是值得怀疑的。在这一点上具有重要意义的是内燃机车产业的经验,在这方面不仅可能而且已经提出一种论点,即通用汽车公司在内燃机车制造方面拥有优势地位，应该用蒸汽机车企业之间未尽到责任的失效行为加以解释。[③] 尽管对这种记载必须更为全面彻底地加以开掘并用文献进行证明，但我发现了证明以下判断的远不只是提示性的证据，即通用汽车公司在这个产业的优势地位，是蒸汽机车制造商方面的无能和潜在竞争对手中间缺乏感知力造成的结果。

现在让我们考虑一下历史机遇的辩护观点。我们把因为一连串不同寻常的运气带来的优势地位，称为机遇事件失效(chance event failure)。优势企业及其竞争对手可能都在以一种完全值得称道(而且没有例外)的方式从事经营，但优势企业因一系列异乎寻常的幸运事件而拔得头筹。

关于企业规模大小的随机性决定因素的丰富文献，在这方面具有重要意义。在这里一般的最简单的假设是，在某产业中所有企业预期都接近同样一个平均的增长率，其实际增长率以一个共同的概率分布随机地分配开来。在不存在序列相关关系的情况下，在一个时期经历了高增长的某个企业可能很容易在下一个时期“撞到”某个低增长率；它未必具有任何特殊优势。然而，偶尔有某个企业可能享受到一连串异乎寻常的机遇；于是

③　参见下述材料中奥斯本(C. R. Osborne)的证词，包括书证：*A Study of the Antitrust Laws*，Hearings before the Senate Subcommittee on Antitrust and Monopoly of the Committee on the Judiciary，84th Cong，1st Sess，Part 8，9 December 1955，Washington，D. C.，1956，pp. 3948—3997。

一系列超常的增长率连在一起。在发生这样事情的情况下，该幸运企业可能跻身于优势位置。而且，这个优势地位的结果一旦得以实现，就不可能被接续实施同样的随机机制轻易地消除："一旦最幸运的企业脱颖而出，各个落后者就难以重新振作并修复这种不平衡状态，因为根据定义，每一个企业——大型的和小型的——都以同样的百分率值拥有同样的增长机会"(Scherer，1970 年，第 127 页)。如果增长率的方差确实随着一个产业走向成熟和技术进步减缓而减小，那么，一度确立下来的优势企业的结果随后(在任意一个短时段内)被机会市场过程予以消除的可能性，相应地就减小了。

作为一个政策问题，把造成优势地位的未尽到责任的失效和机遇事件失效两者，都看作市场的自我管理特性在这些方面已彻底失效的迹象，这似乎是恰如其分的。政府以恢复 43
某种更具有竞争性质之结果的"剩余责任"为理由进行干预，可自圆其说。如此一来，执法机构就可获得新的根据，据以自动停止向法庭对并非排他地或主要地以行为过错为依据的违反第二条规定的某种违法行为提出证据。而且，在或是未尽到责任的失效或是机遇事件的失效被证实(而且并未获得对抗性的考虑意见)的情况下，结构性的法律补救方法可能被证明是正当的。总的来说，会出现针对优势企业产业的更加强硬的反垄断执法措施。

有人或许注意到，特纳(Turner，1969 年)最近已得出关于优势企业产业的一条相似的政策结论——尽管是根据稍微有点不同的理由。特纳在提出下述看法时提请注意"合理性"方面的考虑，即，倘若没有规模经济或未到期专利的辩护理由，"对于部分地是因为较早时期的成功而获得的持续性的垄断力，设定一个时间界限是恰当的，不论这项早期的成功是怎样取得的"（第1219页）。这个论点的长处是，在可以证明已经出现显著的未尽到责任或机遇事件失效的情况下，实施这样一项提议更富有吸引力。

波斯纳（Posner，1969年，第1596页—第1598页）关于持续性垄断的态度，也可以根据上述这个论点加以评价。波斯纳反对把第二条规定的分解做法作为处理持续性优势地位的一种方法，其根据是，并非由规模经济、掠夺性行为、高超技艺或放弃垄断收益支撑的垄断地位，通常将被市场过程消除。人们可以同意这种观点，尤其是在所规定的时间范围足够长时。然而，如果优势企业的地位一旦获得，只有费尽艰难才可能由市场过程本身加以消除，那么，在已经因机遇事件或未尽到责任的失效导致优势地位结果的市场上，等待自我校正措施发挥效力的政策，也许是过分消极被动了。当发生异乎寻常的事件时，非常性的措施就可能成为解决问题的补救办法。[④]

④　波斯纳在别处主张，鉴于"最近一项研究（Bro－，1970年）发现，一个产业之中高水平的集中度，往往会在平均10年的阶段之内，由于自然力量的作用而消失……[并且因为]涉及主要的地区性或全国性市场的垄断案件中，强制剥离处理程序的平均时间长度是8年……所以，消除集中的行政性方法将显著比市场更为迅

C. 研究机会 44

不管关于这项讨论的政策后果人们怎样说，一系列关于优势企业产业的受到集中关注的产业研究得以实施，这还是一个科学研究兴趣的问题。未尽到责任或机遇事件失效可以得到合理的证实吗？或者，优势企业结果是否可以始终如一地归因于规模经济、未到期的具有独创性的专利或非法经营行为？这个问题可以直接加以探讨，即考察该优势企业的主要竞争对手所采取的决策的特性（未尽到责任的失效）以及该产业的随机性经历（机遇事件），[⑤]并且，可以间接地加以探讨，即评价传统的规模经济、专利和经营行为状况。倘若没有重大的规模经济、专利或经营行为效应，或者，若不能证实管理优越性的说法，那么，就可能会推断出未尽到责任或机遇事件的失效。管理优越性的说法难以用任何一种简单的方法加以评价，但是，研究组织创新，特别是关注组织形式的变化，有时会使得出间接的推断成为可能（在这方面，可参见 Chandler，1966 年，以及 Williamson，1970 年）。

速地奏效，这看起来是不可能的”（1970 年，第 417 页，注释 50）。这个论点具有法律依据，但在极大程度上是以平均市场趋势为根据，就我们在这里所关心的非常高的集中度这种特殊事例来说，这可能是不确定的。它还把通行的司法惯例作为既定条件，而未顾及涉及这个问题的改革提议（例如可参见《尼尔特别工作组报告》[the Neale Task Force Report]，1969 年）。

⑤ 考察未预见到的技术与市场发展以及产品生命周期效应，这对于机遇事件失效的评价具有重要意义。

这都不要求涉及法律救助方法的问题。然而，如果作为一项政策问题，要认真考虑分解企业这一难题的话，那就更有必要考察优势企业之中的人力与物质资产。假如某项研究揭示，必不可少的管理能力与技术能力受到了不良的影响，而单独由市场过程本身不能轻易将这些聚集起来，那么，任何一项分解企业的工作，可能都应该尝试以足够确保分拆后的各个企业独立生存发展所需要的数量，转移人力以及物质资本。

3.2　纵向一体化[⑥]

A. 问题

对纵向一体化的研究已在理论和政策两个分析层面提出诸多难题。纵向一体化从来没有在价值理论中拥有稳固地位，这是因为根据传统假设，它是一种异常现象：假如竞争性市场的运行成本为零，“正如在我们的理论分析之中通常所假定的那样”(Arrow，1969 年，第 48 页)，那么为什么要一体化呢？

对有关纵向一体化的政策方面，人们一直主要是关心，一体
45 化有可能被策略性地用以实现反竞争的后果。在缺乏更为坚实的理论基础的情况下，纵向一体化作为一种公共政策问题，一般被认为即使不具有公然的反社会性质，其属性也是暧昧不清的。

---

⑥　在这一小节中的讨论均以本书第 2 章为依据。

而技术上的互相依赖性(如在流水作业操作过程中的情况),或者可能具有的观察经济,则成为主要的例外事项。

不过,这里存在着对这个论点明显的不满情绪。或许,这可归因于一种怀疑态度,即就通常的规模经济和有效的要素比例的意义而言,企业远不只是一种纯粹的效率工具,它还拥有有时优于市场的协调潜力。现有这一论点很难证实这个疑虑。

B. 评价

产品市场具有引人注目的协调特性,这至少在经济学家之中,是一个确凿无疑的论断。产品市场在许多方面易于失效,以及在这些情况下内部组织可以替代市场,这如果说多少有点不太令人熟知,它也绝不是新奇的东西。然而,对于和纵向一体化有关的市场失效的系统论述还没有出现。

这可部分地归因于人们对内部组织不加注意:企业具有区别于市场协调的内部协调的特性,这些特性值得注意,却一直受到忽视。但是,与纵向一体化有关的市场失效文献的不完整性,也促成了这种状况;“内部化”(内部组织对市场的替代)具有吸引力的范围十分广大,而这些多种多样的情况往往得不到充分的重视。

使内部组织成为一种市场替代物的企业特性,似乎可以概括为三种:激励、控制和可被广泛称为“内在的结构优势”的属性。就激励的意义而言,内部组织减弱了作为双方均不受对方控制的正常谈判关系缩影的侵犯性的态度倾向。各种利益相关方，如果不是被完美地协调一致，至少也是免除了心胸狭隘的机会主义性质的种种表现；在任何一个能够独立生存发展的群体（企业就是其中的一种）里，人们对遭受摈斥的顾虑划定了可容许的组织内部行为的范围。因此，在原本可以预料到，某种交易的独立当事人之间将进行长期谈判的情形下，内部化就变得富有吸引力了。

然而，企业最显著的优势也许是，在企业内部可用以强制实施的控制手段，比企业之间的活动种类更多且更为灵敏。不仅企业能够进行比买者能够做到的更加准确的自身绩效评价（既有同期的也有事后的评价），而且，其奖励和惩罚手段（包括人员
46 任用、职位晋升和工作报酬的选择性使用以及内部资源配置程序）也更为精细。此外，在出现冲突时，企业拥有一种比较有效的冲突解决机制。

举例来说，命令常常是一种解决较小冲突（如解释的不同）比无休止争论或诉讼更为有效的途径。组织之间的冲突即使能够用命令来解决，这种情况也是十分少见的。首先，这要求不同的当事人就确定不偏不倚的仲裁者的问题达成一致，达成这个协议本身就要付出高昂的代价。这还要求建立有关证据和程序的规则。此外，如果组织间冲突采取这种解决办法的情况很常见的话，那么，该组织形式结果会向纵向一体化靠拢，其裁决者即使名义上不是，实际上也变成了经理。相比之下，组织内部以命令解决冲突更为普遍（Whinston，1964 年，第 410 页—第 414 页）。

企业还因为通行制度安排中的缺陷而求助于内部化。例如,不完善的财产权利界定造成的机能不良后果,可以用共同所有权加以克服。企业还可以提供一种更为有效的沟通网络。

然而,同市场相比,企业也受到真正的限制。主要由于人们只具有有限理性,以及同官僚主义程序相比,人们对于市场交换的客观性抱有更大的信任,在市场可谓“运作良好”的情况下,人们一般更喜欢选择市场中介而不是内部供给。因此,问题就在于,何时可能预料到市场将表现出缺陷来?这把我们带到了市场失效这个问题上来。

该论点这个方面的内容,在别的地方曾用相当长的篇幅展开论述过。[⑦] 它归结为下述一系列命题:(a)因契约的不完备性风险变大,(b)因为企业之间交易中的策略性虚假陈述风险增大,以及(c)在市场交换受损于可称为“固有的无效率”的因素,特别是当这影响预期的一致性时,内部组织对产品市场交换的替代相对而言变得更有吸引力。交易者数目小、产品复杂和技术与市场不确定的因素加剧了这些条件,并因而促进了交易的内部化。

对纵向一体化的传统分析主要侧重于市场支配力的考量,通常其结论是,倘若没有据说可获得材料处理节约的流水程序作业,来自一体化的成本节约的原因就是“不清楚的”。相比之下,交易分析揭示了,纵向一体化可以使对于十分宽泛的各种类

⑦ 有兴趣的读者可参考第2章。

型活动的交易节约有可能得以实现。就政策而论，关键性的内
47 容是，鉴于可能出现产品市场失效的多种多样的情况，以及内部组织所具有的作为一种市场替代物潜在的富有吸引力的特性，仅从推论得出的存在纵向一体化的情形，要比通常所认识到的广泛得多。因此，与通常的假定相反，如果连续生产阶段之间的纵向一体化经常使实际成本的节约成为可能，那么，它在这方面的经济后果也不能漠视。纵向兼并指南，[⑧]并没有明确地顾及这些后果，却唯独聚焦于纵向一体化潜在的反竞争后果，所以，指南可能需要加以重新考虑。

C. 研究机会

假定上述这个论点是正确的，那么它也绝没有穷尽纵向一体化提出的全部问题。首先，对于和纵向一体化有关的内部组织失效的原因和后果，需要做出相对应的论述。[⑨] 此外，上述这

---

⑧　参见《司法部兼并指南》(*Merger Guidelines of the Department of Justice*, 1968 年)；也可参见斯蒂格勒(Stigler, 1968 年，第 302 页—第 304 页)。

⑨　在这方面特别有趣的是排斥他人权利(foreclosure)的问题。经常有人说，纵向一体化造成了一个反托拉斯的难题，即非一体化的企业被取消了对从事原本会敞开竞争的经营活动的保证。据说将形成有害的市场支配力，并具有不公平竞争后果。然而，对这些看法的经济理由的说明经常是不清楚的；其他研究纵向一体化的学者们已对排斥他人权利具有任何丝毫的有害经济后果表示怀疑。我认为，区分经济理性与官僚政治理性可帮助澄清这些问题。当从经济方面考虑时似乎缺少价值并随后不再考虑的行为，当作为一种官僚政治现象加以评价时，也许并不那么稀奇古怪。在考虑其他经营行为惯例当中，经济理性与官僚政治理性之间的这种区分也可能是有益的。从基本上讲，在机会集合大的情况下，官僚政治的偏好可能起主导作用。

个论点需要具备限定性条件，在这样的条件下，它严格地适用于生产的纵向一体化。尽管其许多内容对于延伸到原材料的后向一体化和延伸到分销的前向一体化，可能具有同样的重要意义，但我猜测，在涉及对原材料或分销渠道的控制的情况下，对于纵向一体化的肯定性理由常常可能较为不让人信服，延伸到这些阶段之一的纵向一体化，反竞争的潜在可能性尤为巨大。针对纵向一体化，有可能容易出现一种更有区别对待性质的研究方法——对这些问题所进行的研究，不仅仅依据市场份额，而且还要依据受到影响的经济活动阶段和组织的绝对规模大小。

对于理解纵向一体化也具有重要意义的是，对介于完全的一体化与相互之间不受对方控制的交易二者之间的中间性市场组织形式的研究。这样一种研究在揭示企业作为一种整合手段的限度方面，也许会特别富有成效。从组织和反托拉斯两个方 48
面来说，特许经营体制都特别有意思。使之成为一种富有吸引力的组织形式的激励和其他特性是什么？在何种类型的情况下，这种组织会出现？什么样的契约性限制（顾客、产品、地区等等）促进了有效的交换，并且可以适当地得到允许？以及何时这样的限制具有反竞争后果？把货币价格同[在贝克尔（Becker，1965 年）的意义上的]“完全价格”（full price）加以区分，这对于评价这类限制的垄断后果也许是必不可少的。

这个论点还可以用来研究在个别产业中纵向一体化（包括一体化的解体）的历史趋势。这些发展主要应该参照技术规模的经济与不经济（试比较 Stigler，1951 年）加以解释呢，还是应该用这里所提出[而且最初是由科斯倡导的(Coase,1937 年)]的企业之间与企业内部相对比的交易研究法(transactional approach)加以解释呢？最近在交易成本与市场失效研究中的进展,连同对新兴的使内部组织成为一种产品市场替代物的企业特性的重视,现在是否已使运用交易分析有效解释纵向一体化和相关企业与市场结构方面的历史趋势成为可能？换句话说,交易分析是不是已经迎来其辉煌时代的一种研究策略？

3.3　联合企业组织

A. 问题

至少自爱德华兹(Edwards)1955 年对联合企业这个主题的论述以来,产业组织专家们一直积极地关注着联合企业现象。在爱德华兹看来,联合企业的庞大规模以不知不觉却是影响重大的方式,提高了垄断能力。然而,斯托金(Stocking)在评论爱德华兹所描述的多种多样的和扩散性的后果时却发现,绝大部分所谓的反竞争后果可以追溯到原来某种传统类型的垄断能力。尽管如此,他承认,联合企业公司提出了传统理论无力解决的重大制度问题(Stocking,1955 年,第 358 页—第 359 页)。

最近,这个讨论继续成为高层行政管理评论的一项主题,该主题与司法部制定的兼并指南、讨论当前反托拉斯问题的两份总统特别工作组报告,以及一份联邦贸易委员会管理报告相关。

在较早时期的文献以及较晚近时期对这个问题的政策阐述当中，贯穿全部的重点一直都落在联合企业组织形式所谓的反竞争后果上。

如果作为一种效率问题，可以不偏不倚地看待企业与市场二者之间的职能分配的话，那么，如此目光狭窄的关注焦点也许才是合适的；于是，主要问题就可归结为把基本的（或扩展的）垄 49
断理论运用于纳入考虑的各种特殊情况。然而，如果内部化经常具有对效率的重大影响，那么，这样一种研究方法就可证明是过于狭隘了。[⑩]

B. 评价

鉴于纵向一体化包含了作为对产品市场失效的反应，由行政管理过程对市场过程的替代，联合企业可被视为主要是作为对资本市场中失效的反应，由内部组织对市场组织的一种替代。[⑪] 资本市场具有两项要履行的一般功能：资金的流量调节以及提供

---

⑩ 在别的地方我已指出，组织创新，联合企业是其最近的一种表现，常常已经具有（而且可预料到将具有）引人注目的效率后果（Williamson，1970 年）。这个论点至少适用于企业从单一制形式向多部门制形式的转变，它得到以下几方面的证实：关于管理复杂的、科层制的人类组织问题的演绎推理得出的理论的应用；小阿尔弗雷德·钱德勒（Alfred Chandler，Jr.）对二十世纪初期公司发展的历史考察（Chandler，1966 年）；自然选择方面的考虑意见；以及关于值得注意的证据的非正式评论。

⑪ 这种替代可预料到具备有效性的程度，取决于企业的内部结构和所采用的控制工具。这个论点在这里限定于，其战略决策职能（包括资源配置）被指派给强有力的总部，且已配备了灵敏的内部控制工具的实行部门化的联合企业组织。有关详细论述，参见威廉姆森（Williamson，1970 年）。

奖励和惩罚两种类型的激励。然而，资本市场进行资金流量调节的范围却受到通行的留存利润惯例的严重限制。鲍莫尔(Baumol)从他对这项功能的研究中总结道："股票市场极少被赋予直接控制全国绝大多数的主要公司的机会"(Baumol，1965年，第76页)。[12] 对资本市场激励特性的考察也揭示出缺陷。资本市场同企业的外部联系把它置于一种严重的信息劣势地位，并因此由于高额的归因成本，限制了选择性奖励程序的有效性。这种外部联系还妨碍了资本市场进行选择性的干预以校正局部状况。管理层的撤换是一种极端的校正反应，它带来了相当大的原始成本和间接成本。

联合企业对激励功能和流量调节功能二者都实行了内部化。作为一种拥有立宪权威、专门知识技能和低成本的获得必备数据资料途径的内部控制机制，它既能够采用外部控制代理
50 者无法获得的额外的奖励与惩罚工具，又能够以选择性和预防性的方式运用这些工具。作为一种资金流量调节工具，联合企业(理想地)以预期收益为依据来分配现金流量，而不是允许现金流量由产生它们的部门加以留存。因此，在这两个方面，联合企业(至少潜在地)[13]可以被视为一个小型的资本市场。所以，

[12] 在这一点也具有重要意义的是鲍莫尔等人(Baumol et al.，1970年)关于备选资金来源边际收益率的论文。很低的收益率与内部资本来源联系在一起的发现，进一步证实了正文中资本市场的资金流量调节功能未完全实现这个论点。

[13] 参见威廉姆森(Williamson，1970年)第10章中的限定性条件。

在缺乏尚未反映到现行针对联合企业兼并政策之中的对抗性考虑意见的情况下，并且，假定关于横向与纵向合并的兼并法规的执行将保持非常严格的状态，似乎应对联合企业组织采取一种更富于同情的态度。不仅在资金流量调节和提供激励方面的直接效率收益应受到重视，而且，活跃的公司控制权市场（Manne，1965 年）也受到了促进。

然而，关于联合大企业最近的政策建议，⑭看起来没有重视这些因素。以所谓的互惠和交叉补贴的危险，连同所体现的对于潜在竞争后果的忧虑为理由，这些建议已经试探性地提出了实施标准，其标准若加以执行，就会解除数百家大型企业在资本市场上的竞争力，而这样的竞争力可能应该得到支持而不是受到压制。在"商界权势集团"（business establishment）的成员是目标企业的情况下，由执法机构采取的旨在挫败接管努力的保护性工作措施，与此类似令人生疑。⑮ 唯独对产品市场上的竞争予以反垄断的关注（狭隘地加以考虑），而又对资本市场上的竞争予以忽视，这可能导致对强制执法过程的滥用。正如我在别处指出的那样（Williamson，1970 年，第 145 页—第 150 页），如果混合兼并主要是在涉及由早已规模庞大的企业进行收购的体制意义上，（在经济与社会政治两个方面）造成了真正的公共

⑭ 特别是《尼尔特别工作组报告》（Neale Task Force Report，1969 年）和《联邦贸易委员会管理研究》（FTC Staff Study，1969 年）。

⑮ 有关事例说明，参见威廉姆森（Williamson，1970 年，第 100 页—第 102 页、第 171 页）。

政策问题，那么，所指出的对混合兼并的执法措施就应明确限定在这一群规模庞大的企业范围内。

当然，在这些规模庞大的企业范围里，并非所有企业都会或者受到在3.1节中提到的那种类型的优势企业方案的影响，或者因为针对涉及规模庞大的企业的兼并采取了更为严格的政策而受到影响。因此，除非提出其他的经济理由，或者，除非反垄断将扩大其范围以包括非经济性的考虑，许多规模庞大的企业都会避开反垄断执法网络。有些人认为，不应该把反托拉斯转换成为出于社会政治原因用于重组企业规模的一种工具，对于坚持这个立场的人们来说，这样一种逃避完全是适当的。无论
51 人们对于这个问题怎么样看待，注意到反托拉斯并不是唯一可以用来倚重的政策工具，这具有重要意义。从这个意义上说，人们最近注意到的某些大型公司所从事的自愿剥离方案特别重要。[16]

这些自愿剥离行动，其中某些也许有许多是作为面临高利率的情况下压缩现金需要量的反应而采取的。然而，其他可能恰恰是出于承认大型规模和不断增生的多样化经营最终导致不经济而采取的。母公司组织由于这个缘故被引发了自愿地转移它的某些经营部门的股本——或者作为独立的经济实体，作为资产分派产生的新公司(其中保留了某些财务利益)，或者让其他企业来收购。这种“有丝分裂”(mitosis)的过程代表着多种

---

⑯　参见《福布斯》(*Forbes*)，1970年5月15日，第214页—第220页；也可参见《商业周刊》(*Business Week*)，1970年8月15日，第86页—第87页。

多样的组织自我更新，理应获得一种持同情态度的公共政策反应。它不仅保证了经营效率，并且仅因为这个理由，就应受到重视，而且，它还有利于解除对于最大公司之中财富集中趋势正当的社会政治方面的顾虑。

C. 研究机会

作为一项研究任务，需要根据动机和效果努力尝试对混合兼并活动进行分类。上述讨论强调了联合企业经济效率方面的内容，但它显然是比这更为复杂的一种现象。在这些问题中，有许多与税收和证券管理远甚于同产业组织本身的关联，而且，因此可能由其他专家进行研究会更好一些。对联合企业现象的全面论述仍要对这些其他因素做出评价。

对于产业组织专家们来说，更令人感兴趣的是内部结构对绩效的影响。关于产业结构对绩效的作用后果的研究，是产业组织理论需要承担的部分核心任务；证明产业结构与绩效之间必然联系的跨部门研究则是众所周知的。但是，这里提出的建议是，企业的内部结构（组织形式）应作为一个解释变量加以引入，而且联合企业应较少地被视为一种特殊的组织形式本身，应更多地把它视为，或者是多部门制结构，或者是不拘泥于传统方式的独创性结构一种多样化的表现形式（Williamson，1970 年，第 142 页—第 143 页、第 162 页）。

尽管组织形式分析本身正处在非常原始的发展阶段上（并

且因此只存在着最粗略的种类划分方案），[17]但在下述各方面考
52 察内部结构对绩效的影响，却是饶有趣味的：相互竞争的企业之间相对的增长率和利润率；可供选择的资金来源的边际收益率；关于懈怠（内部效率），尤其是涉及经营状况的证据；关于内部运营惯例诸如交叉补贴的证据；与“讨厌的”营销惯例诸如互惠有关的证据。[18] 为了进行这样的研究，可能绝对有必要考虑到企业规模效应。

令人产生相关兴趣的是多部门制形式的历史演化。钱德勒（Chandler，1966 年）以描述性的方式追述了大部分演化过程，但似乎应该对这种组织创新包括它的扩散做出更为正规的评价。具备什么样特征的哪些企业，在它们各自的产业内首先实行了多部门化？并且，哪些因素解释了竞争对手的仿效出现的迅捷程度？

揭示组织创新对总增长率的数量上的影响，这项工作可能是要求过高了，但并非必然是难以操作的。传统增长模型中剩余项的什么部分可以合理地归因于组织发展呢？

在这方面也让人感兴趣的是技术创新与组织创新二者之间的联系。在哪些方面组织创新类型的发展已经改变了技术创新

⑰　从一开始作出下述结构区分看起来是合适的：单一制形式、多部门制形式、不规则形式以及“其他形式”。有关讨论，可参见威廉姆森（Williamson，1970 年）。因关于内部结构的研究要继续进行下去，这就可能明显地需要提出另外的类别。

⑱　在脚注⑨中提到的经济理性与官僚政治理性二者的区分可能又是具有益处的。预计在这些方面的绩效将随着组织形式而系统地发生变化，这存在着官僚政治方面的理由，而关于形式的传统理论对于这些问题大部分避而不谈。

活动的轨迹，并具有什么样的绩效结果呢？在多大程度上以及在什么情况下，技术创新采取了组织之间的途径而不是组织内部的途径？企业之间的交换——具有特殊性质的不同企业从中参与分享发明、发展和最终供给阶段，是否确实可以独立地存在和发展？哪些因素削弱了其有效运作，以及政策含义是什么呢？[19]

自愿剥离处理的目的、轨迹、频率和强度，需要更全面彻底地用文献加以证明。还应该考虑藉以提供使自愿剥离更具有吸引力的激励手段；这或许是对企业巨人症本身这个问题最富有成效的解决之道。至少，现存的对自愿剥离的税收抑制因素应加以检讨。还应该考虑使公司控制权市场得以解脱羁绊。以此为手段，在其经营规模过大和业务种类过多时，在其急于预先阻止接收时，促使规模极大的企业缩减经营。这样，就可以诱导原本处于被动的企业自动采取抑制措施。但是，在这方面，对资本 53
市场上竞争的限度需要更为充分地加以评价。

还可以在制度失效的背景之中对跨国公司进行考察。在多大程度上，它是对所谓的资本市场上的不完善做出的反应？已经发育成了什么样的组织结构以支撑这种运营形式，以及它经受着什么样的局限（组织失效）？引起了什么样的现有和潜在的反托拉斯问题？并且，相应的反托拉斯强制执行机制的跨国延

[19] 关于在这一段中所讨论问题的详细阐述，可参见特纳和威廉姆森（1971年）。也可参见纳尔逊、佩克和卡拉切克（1967年）。

伸，是否是解决问题的补救办法？纵然由跨国公司提出的获取“世界优势地位”的规划，许多都被认为不切实际——因为它们体现着对内部组织的限度不够重视，至少在个别事例当中仍然可能造成严重的公共政策问题。

3.4　结　　论

本章表明，对企业和市场结构的研究以及反垄断政策在这个方面的运用，可得益于对市场失效原因和结果更系统的考察，以及对内部组织能力和限度更透彻的估价。具体来说，产品市场失效分析应该承认未尽责任失效和机遇事件失效的可能性——尤其是就优势企业产业而言。类似地，企业之间的交换受其限制的“交易的”局限性，证实了这些弱点对纵向一体化具有影响的解释。针对资本市场上的失效进行的内部组织的替代，特别是因为这关系到对联合企业组织的评价，同样值得人们加以注意。组织形式对企业绩效的影响，以及一般而言的组织创新对企业绩效的影响，也值得研究。特别能引起公共政策方面的兴趣的，是诱导或在其他情况下支持由规模庞大的企业自愿进行资产剥离的可能性。

对有关现代公司文献的系统考察揭示，产业组织专家一直主要是在当旁观者。这部分地可用这样一种流行观点加以解释，即产业而非企业是适宜的分析单位。但无论就某些研究目的而言，这可能有多么正确，就其他研究目的来说，它显而易见并非那么正确。如果说美国的资本主义最引人注目的特性之一，是其为了适应变化着的技术、市场与组织条件，创造有效率且可独立生存发展之组织形式的适应能力，那么，以传统的产业
术语概括该体制的特征，由于忽视了内部组织，就轻易地遗漏掉 54
了可以解释何以取得其最重大成就的大量事项。

4

纵向兼并指南： 55
对 1982 年改革的解释*

两部指南间隔了 14 年。原司法部《兼并指南》颁布于 1968 年 5 月 30 日，那是唐纳德·特纳(Donald Turner)作为反托拉斯局局长任期的最后一天，而 1982 年 6 月 14 日的《兼并指南》是在威廉·巴克斯特(William Baxter)任期第二年颁布的。因为兼并政策在反托拉斯执法方面发挥着至关重要的作用，所以，新兼并指南的颁布提供了评价该领域中变化的一条重要途径。鉴于十年时间看来是用以评价反托拉斯进展的有效间隔，①对最近的指南与较早时期的指南所作比较，应有助于揭示在这个时间区段内，在反托拉斯执法方面已出现(如果有的话)何

---

* 本文原载《加州法学评论》第 71 卷(1983 年 3 月号)。重印得到许可(Reprinted with permission from *California Law Review*, 71 (March 1983). Copyright © 1983 by California Law Review, Inc.)。

① 关于认为十年时间是衡量反托拉斯法方面各种变化的有效间隔的观点，请参见第 13 章。

种进步。

此外，考察最近的指南，可能有助于评价认为思想观念促成了反托拉斯法中的结果这种观点。② 在过去的十年里，经济学的学术成就已在很大程度上赋予对纵向一体化经济原理的阐述
56 以崭新的形式。③ 因此，对 1968 年和 1982 年的纵向兼并指南进行比较研究，在判定反托拉斯执法政策是否遵循了反托拉斯方面学术成就的问题上，应具有启发意义。

---

② 参见 O. E. Williamson，On the political economy of antitrust：Grounds for cautious optimism in *The Political Economy of Antitrust*，ed. R. Tollison(1980)，p. 77。斯蒂格勒对这个观点提出异议，可参见 G. J. Stigler，The economists and the problem of monopoly，*Am. Econ. A. Proc.* (May 1982)，pp. 1，7("经济学家拥有值得自豪的理由，但我相信美国反托拉斯法的主要部分并非其中之一")。

③ 主要的发展与贡献已被总结如下："最流行的[关于纵向一体化的论点]一直是，如果连续阶段之间的范围经济由于技术上或组织上的相互关联而足够大，那么这些活动就应该在共同所有权的条件下来提供(例如，Chandler，1996 年)。关于纵向一体化的其他一些观点是：避免被垄断市场上的要素扭曲(例如，Vernon and Graham，1971 年；Warren-Boulton，1974 年；Schmalensee，1973 年)；上游产品供给中的不确定性及随之出现的下游企业对信息的需要(Arrow，1975 年)；以及风险从一个经济部门向另一个经济部门的转移(Crouhy，1976 年；Carlton，1979 年)。此外，有人已明确指出，交易成本可能为实行纵向一体化带来了重要的动机(例如，Coase，1937 年，Williamson，1971 年、1975 年)。"参见克莱因多弗和奈普斯的文章"纵向一体化与交易专用性沉淀成本"(P. Kleindorfer and G. Knieps，Vertical integration and transaction-specific sunk costs，*European Economic Review*，19 [1982]，p. 71)。

在这里我的重点主要涉及这类文献的交易成本方面的衍生结果。关于具体参考的该领域中的相关文献，可参见下文中的脚注㉝—㉞。

4.1　1982 年的纵向兼并指南

A. 主要规定

1982 年的指南区分了两大类型的兼并,即横向兼并和非横向兼并。后一种类型既包括混合兼并,也包括纵向兼并。这是和 1968 年指南中的分类有所不同的一项变化,在原来的分类中区分了横向兼并、混合兼并和纵向兼并。

由混合兼并和纵向兼并造成的主要反垄断问题是,它们可能削弱实际的或被认为是潜在可能的竞争。根据现有证据来看,司法部认为潜在竞争问题是没有实质意义的,除非在被收购企业的市场中赫芬达尔—赫希曼指数(Herfindahl-Hirschman index,HHI)超过 1800,[④]并且被收购企业的市场份额超过 5%。[⑤] 因此,对混合兼并和纵向兼并提出质疑的临界点就被定在这些水平上。

依我看,若有人向司法部建议保持传统的兼并三分法,即分

---

④ HHI 值 1800 大约对应于 70% 的四企业集中比率。参见 US Dept. of Justice, Merger Guidelines, III (A), 47 Fed. Reg. 28. 493, 28. 497 (1982), reprinted in *California Law Review*, 71 (1983), pp. 649, 655—657(在下文中引证时无相互参照的情况下写作 Guidelines)。

⑤ Guidelines, IV(A), 47 Fed. Reg. at 28. 499—500, *California Law Review*, 71 (1983), pp. 660—662.

为横向兼并、纵向兼并和混合兼并，而不是只把兼并划分为横向兼并和非横向兼并，那样会更好。必须承认，混合兼并和纵向兼并主要在它们造成了潜在竞争问题的程度上，在反托拉斯方面
57 才是棘手的事情。[⑥] 但这只不过是次要问题。对于理解由这些兼并引起的反托拉斯方面的忧虑，远远更为重要的乃是它们会造成的竞争困难的原因。混合兼并和纵向兼并在这方面基本上是不同的——正如指南实际上所承认的，虽然模糊不清。所以，非横向兼并指南的操作性内容，与其说存在于共同的临界点水平上，而不如说存在于随后对非横向兼并的两部分分类，即区分了“对特定潜在可能进入者的排除”和“纵向兼并产生的竞争性问题”。[⑦]

进入壁垒

企业的纵向一体化，可通过使原本有条件竞争的非一体化的竞争对手企业，[⑧]更难于保持有效的竞争者地位，来设置进入壁垒。这些进入壁垒包括更大的协约困难、不利的规模经济效应和被提高的资本费用。

处在某产业一个阶段(阶段 I)上的一个竞争对手企业，可

---

⑥　若纵向兼并在下游市场提高价格，它们也会带来问题。尽管这并不是一种可能的结果。再者，联合企业组织可能会使互惠性购买变得更容易——尽管这又是用以反对联合企业的一条微不足道的依据。

⑦　Guidelines, IV(A), (B), 47 Fed. Reg. at 28.499, 28.500, *California Law Review*, 71 (1983), pp. 660, 662.

⑧　这一章从头到尾，“竞争对手”一词将是指或是指实际的竞争对手，或是潜在可能的竞争对手。

在另一个阶段(阶段Ⅱ)中订立契约购买其必需品[9]的便利性,取决于在阶段Ⅱ上非一体化生产能力是否大(或者是否可轻易得以提高)。如果在阶段Ⅱ上并没有足够的非一体化生产能力,而且没有特殊努力将不会出现相应的生产能力,那么,阶段Ⅰ上的竞争对手企业必然打算同时进入两个阶段。这样,通过兼并获得阶段Ⅱ上原先非一体化的生产能力,将迫使阶段Ⅱ上原本具备条件的竞争对手,在一体化的进入和完全不进入二者之间做出选择。于是,一体化的进入是否显著受到阻止,这将取决于资本费用和规模经济。

司法部注意到,只要可按同次级市场(secondary market)中风险水平相当的成本获得必需的资金,对附加资本的需要本身并不构成进入初级市场(primary market)(在这里是阶段Ⅰ)的壁垒,认识到这一点为司法部带来了荣誉。[10] 但司法部正确地认识到,包含不熟悉阶段在内的一体化进入倾向于要承担一笔风险补贴。这是因为贷款者可能“怀疑想要进入初级市场的 58
人,是否具备在次级市场并且因此在初级市场上获得成功所必需的技艺与知识。”[11]指南注意到,当在次级市场上有很高比例的主要资产是使用期长的资产,并且专用于那个市场时,这个问

[9] 这样的协约活动可能向后延伸到生产的较早阶段,在横向上延伸到在既定阶段上所需要的其他零部件,或是向前延伸到产品的制造和分销。

[10] Guidelines, IV(B) (1) (b) (i), 47 Fed. Reg. at 28.501, *California Law Review*, 71 (1983), p. 663.

[11] 同上。

题有所加剧，并且，因此而失败的话，其损失则难以挽回。

司法部还确认，如果一个企业因为另一企业已经在纵向上实行一体化进入次级市场，而被迫同时在两个阶段进入，那么规模经济就会设置进入壁垒。它设想了一种情形，其中在初级市场和次级市场中最小效率规模的工厂的生产能力显著不同。例如，如果在次级市场中最小效率规模工厂的生产能力，比在初级市场中这样的工厂的需要量大，那么，进入者将不得不在以下两者，即在次级层次上无效率的运营和在初级层次上比必需规模更大的运营之间做出选择。之所以会造成次级层次上的无效率，是因为该企业或者以无效的产出量运营有效率的工厂，或者从无效率的小型工厂中生产有效水平的产出量。如果该企业反而选择在次级层次上达到有效率，那么，它就会过度供给它的初级层次上的需要量。司法部总结道，每一种结果都会造成进入企业的运营成本显著增加。[12]

然而，司法部在一条脚注里对此作了补充："如果在次级层次上存在着一个相当大的外部市场，那么这个问题就不会存在。在那种情况下，进入者在两个层次上都可以适当规模的工厂来进入，并按照必要量在市场中卖或买。"[13]

---

⑫ Guidelines, IV(B)(1)(b)(ii), 47 Fed. Reg. at 28.501, *California Law Review*, 71(1983), p. 663.

⑬ Ibid, n. 47, 47 Fed. Reg. at 28.501n. 47, *California Law Review*, 71 (1983), p. 663, n. 47.

共谋

纵向一体化连同延伸进入零售分销的前向一体化，很有可能使共谋变得更加容易。因此，司法部关切的事情是，由于一体化的企业具有监控价格的能力，故极其可能导致在上游市场中的共谋。[14] 如果延伸进入零售分销的纵向一体化涉及面很广，而且，上游市场是集中的——超过1800HHI值水平的集中，即被认定将引起有关共谋的忧虑，这就是件棘手的事情。[15]

费率管制 59

由受管制的公用事业公司收购某个供应商，可能使该公用事业公司得以逃避费率管制，因为“兼并之后，该公用事业公司将会向自己本身出售，并且，或许能够随心所欲地抬高内部交易的价格”。[16] 对于管理者来说，这些活动可能难以监督。因此，尽管司法部对“名副其实的一体化经济”很敏感，但它将“考虑对为这类滥用行为创造了大量机会的兼并提出质疑”。[17]

B. 比较与解释

在1968年的纵向兼并指南中，司法部指明它将检查上游

---

⑭ Guidelines, IV(B) (2) (a), 47 Fed. Reg. at 28. 501, *California Law Review*, 71(1983), p. 664.

⑮ 最近的指南应该但并没有详细说明，为什么在HHI值为1800时，共谋成为一件严重关切之事。

⑯ Guidelines, IV(B) (3), 47 Fed. Reg. at 28. 501, *California Law Review*, 71 (1983), pp. 664—665.

⑰ Guidelines, 47 Fed. Reg. at 28. 502, *California Law Review*, 71 (1983), p. 665.

(供应)企业与下游(购买)企业二者的市场份额。司法部陈述说，它一般会反对在其市场上至少占10%销售份额的一家供应企业，与一家或多家总计在该市场上至少占6%购买份额的购买企业二者之间的兼并。[18]

1982年的纵向兼并指南没有作这种上游—下游的区分。相反，它们把注意力全部集中于被收购企业的市场。只有在一个集中的市场上，也就是说，只有在被收购企业的市场中HHI值超过1800的情况下，纵向的收购才会受到指责。当这种情况发生时，收购份额为5%的企业可能会受质疑。

只有当被收购企业是在一个集中的市场中运营时，纵向兼并才造成了反托拉斯问题，这项推定构成了纵向兼并政策中一个具有实质意义的转变。它是以下述论点为根据的，即在集中率低或中等的市场中，非一体化的竞争对手们将能够轻易地订立契约获得其必需品，并由此将不会处于劣势地位。因此，纵向兼并指南是与最近关于协约和策略性行为的经济学研究成果相一致的。这方面的成果表明，只有在进入困难的高度集中的产业当中，已有企业控制实际竞争并阻碍潜在竞争的努力才会带来麻烦。[19]

---

⑱　US Dept of Justice, Merger Guidelines - 1968, para. 12 (30 May 1968), reprinted in *Trade Reg. Rep.* (CCH)2 paragraph 4510, p. 6886 (1982).

⑲　参见Joskow and Klevorick(1979年，第213页、第245—249页)；Ordover and Willig(1981年，第301页)；第6章和第9章。尽管这类文献主要关注的是掠夺性定价问题，但同样的推理一般适用于策略性行为。

更一般地来看，最近的指南把重点放在了协约问题这个方面上，这就是说，交易费用因素被隐含地赋予了一种关键性的作用。[20] 这在上面所分析的资本费用的讨论之中尤为明显。[21] 60

仅仅是在阶段Ⅰ显示了胜任资格的企业，不是承担这些资本费用方面的损失，而是可能试图通过契约满足他们对阶段Ⅱ产品的需要。这个问题就变成了是否将可以按照竞争性的条件来获得阶段Ⅱ的产品。该产业的结构显然与此有某种关联。如果同非一体化边界的大小相比，规模经济巨大，并且，如果一体化的企业只有少数几家，且主要地或排他性地供应其自身的需要，那么，想要进入阶段Ⅰ的进入者，就会预见到以对等条件取得其第二阶段必需品时遇到的困难。

---

⑳ 参见 Guidelines, IV(B)(1)(b), 47 Fed. Reg. at 28.500—501, *California Law Review*, 71 (1983), pp. 662—663。参见下文中附有脚注㉜—㊻的正文。

㉑ 如果贷款者们“不相信”潜在的进入者完全具备资格，因为原先的本领只是在一个阶段上已经显示出来，那么贷款者就可能对这样的进入者提高资本费用。即使某个潜在的进入者可能在客观上具备进入某产业两个阶段的资格条件，这种情况可能由于其雇员和管理者的能力而出现。这里的问题是，对于在第二阶段上缺少成绩记录的具备资格条件的进入者来说，要显示他们的资格条件，其费用可能高得令他们负担不起。

在一个完全信息的世界里，这样一个客观上具备条件的企业仍会以低风险的条件获得资金供给。然而，在现实世界中，潜在的两阶段进入者为获得与第二阶段活动相关联的技术知识和操作技能，将会面临高额成本。假如相关的信息可以（从生产蓝图、工作手册等类似渠道）轻易地得到，并且，假如它可轻易地加以消化吸收，而不是深深地植根于熟练的工人队伍之中（其中，在团队配置中工人的调动成本高昂），那么潜在的进入者就不会处于相对于次级市场中现有两阶段竞争对手的劣势地位。

最近的指南也表明了这个复杂的论点，即在“次级市场中的主要资产使用寿命长且专用于该市场”的情况范围内，次级市场中的投资要冒风险。[22] 这种看法也和交易费用经济学中最近的进展一致，其中资产专用性发挥着关键作用。这里的这些问题在下面将稍加以更充分的论述。

4.2　沿　　革

1982年的兼并指南显著不同于1968年指南的对应内容。正如我在开始时提出的，如果反托拉斯的实施遵循了反托拉斯方面学术研究的成果，那么，在对纵向一体化的经济解释方面的变化，就应该出现在这个时间区段之内。因此，比较在产业组织文献中对纵向一体化1968年之前与1970年之后的解释，将是有所助益的。

61 A. 1968年之前关于纵向一体化的观点

1950年到1970年这段时间，一直被科斯(Coase)称为产业组织中的应用价格理论时代。[23] 主要的讨论题目[24]被先入为主地确定为“对企业的定价和产出政策的研究，特别是在寡头卖主

㉒ Guidelines, IV(B) (1) (b) (i), 47 Fed. Reg. at 28.501, *California Law Review*, 71 (1983), p. 663.

㉓ Coase (1972).

㉔ Bain (1968); Stigler (1968).

垄断的情况下(经常被称为对于市场结构的研究)”。[25] 出于这些目的,企业基本上被看成是生产函数。

这样一种技术性的研究方法,在前后相继的各个阶段因“物质或技术的理由”而被集合在一起的情况下,承认纵向一体化的长处。[26] 在这样一种技术上的联系不存在的情况下,各阶段的一体化相反即被视为造成了反托拉斯问题。在技术成本的节约不明显的情况下,人们就论证说反竞争的目的乃是驱动力。因此,易于得出结论,无论何时纵向一体化涉及“在生产过程的即使是一个阶段上可以察觉到的市场控制程度”,就应当引起公共政策方面的关切。[27] 具体来说,斯蒂格勒(Stigler)阐明,当一个企业拥有某产业至少 20%的产出量时,该企业从为它供应原料或向它购买产品的各企业收购超过 5%的产出能力,就可以推定这违反了反托拉斯法。[28]

1968 年的纵向兼并指南把界限定在 10%和 6%,该指南显然是本着这个精神制定的。它们或者是从这些方面的学术成果中获得了资料,或者是体现着这些成果,或者两者之间的对应是

㉕ 参见科斯(Coase),上文中脚注㉓,第 62 页。

㉖ 贝恩(Bain)明确地持有这种技术性的论点。参见贝恩,上述脚注㉔,第 381 页。斯蒂格勒提出了纵向一体化的生命周期观点,但在任何地方都没有从交易费用的意义上提出统一所有制优于市场交换的契约性收益。主要的论点反而以技术性的规模经济为中心,并且,接着把注意力集中在把一体化运用于逃避营业税并挫败配额制,以及非价格配给的其他方法方面。参见斯蒂格勒(Stigler, 1951 年)。

㉗ 参见斯蒂格勒的文章(Stigler, Mergers and preventive antitrust policy, *University of Pennsylvania Law Review*, 104 [1955], pp. 176, 183)。

㉘ 同上,第 183 页。

一种惊人的巧合。

B. 1970 年之后的发展

尽管这种对于纵向一体化的技术性观念取向过去在产业组织专家中占优势，但是存在着从交易费用方面看待企业的持异议者。科斯首先在 1937 年传达了这样一种观点。[29] 根据科斯
62 的论述，原则上，任何交易都可以或者通过市场采购来实现，或者通过内部采购来完成。一个企业是否应该为其自身的需要而进行生产或者是购买，这主要取决于和每种选择相联系的交易费用。具体地说，科斯阐明了，内部组织的行政管理费用比通过契约经交换解决的费用少的交易，将会被从市场上取消，并在内部加以组织。在相反的情况下，就会通过市场中介加以解决。

这种对纵向一体化非技术性的研究方法，由于两条理由仍置身于用于操作的微观经济学的主流之外。[30] 首先，大多数经济学家仍然未被说服认可交易费用经济学的优点。其次，那些认可了科斯系统阐述之长的人，只能在发生于其后者必然是其结果的逻辑谬误层次上，承认交易是和该系统阐述保持一致的。他们不能够运用它预测，哪些交易会在内部加以组织，以及哪些

---

[29] R. H. Coase, The nature of the firm, *Economica* 4, (1937), p. 386, reprinted in *Readings in Price Theory*, eds G. Stigler and K. Boulding (1952), p. 331.

[30] 科斯在其具有独创性的论文发表约 35 年之后慨叹，其论文“多次被引证而极少被运用”。参见科斯，上文中脚注㉓，第 63 页。

交易将由市场中介来进行。[31]

然而,在过去的十年间,交易费用经济学已经获得广泛应用,而且现在它是预测如何对交易做出安排的有效手段。下一小节将描述交易费用经济学及其分析产业组织问题的方法。接着将解释纵向一体化的交易费用方面的后果,并在最后评价这些发展与最近的纵向兼并指南二者之间的契合。

使交易费用经济学用于操作的工作

1. 交易费用经济学的前提假定。交易费用经济学是对可供选择的协约方式所作的一种比较性的制度评价。科斯曾相信,集中研究企业从事着什么样的活动,发现企业之内各种活动分组归类的特征,这会使我们对产业组织有更深刻的理解。他还认为,因为市场安排是相对于企业之内的组织的另一种选择,所以研究企业之间的契约性安排,诸如长期契约、多种多样的租赁和特许安排,这将是有所裨益的。[32]

用于评价企业决定是生产或是购买其必需品之决策的基本交易费用分析方法,其技术性细节最早是在 1971 年被阐明的。[33]从那时以后,这些方法的细节已经得到改进和详尽的阐述。[34]

交易费用经济学以三个命题为依据。第一,经济组织的研

---

[31] 阿尔奇安和德姆塞茨(Alchian and Demsetz,1972 年,第 783 页)。

[32] 科斯,上文中脚注[23],第 73 页。

[33] 参见第 2 章。

[34] Williamson(1975); Klein, Crawford and Alchian(1978, p. 297); *Journal of Economic Behavior and Organization*, 3 (1980), p. 233.

63 究要求社会科学家必须服从于可被称为“众所周知的人类本性”这个命题。[35] 第二，需要对交易“划分维度”，即，必须确定把各种交易区分开来的重要维度，并确定它们对交易费用的影响。第三，仔细地把治理结构(governance structures)(一般来说为企业和市场)同交易的各个特性匹配起来，由此可以导致交易费用节约(transaction cost economies)。

描述人类本性基本行为假定的起源应归功于组织理论(赫伯特·西蒙[Herbert Simon])和政治科学(尼科洛·马基雅维里[Niccolo Machiavelli])。尽管西蒙承认人类行为主体是“有意识地具备理性的”，这是经济学贯穿始终的通行假定，但他也坚持认为人类的能力是有限的。同所面对问题的复杂性相比，在人类的认识能力局限性很大的情况下，就出现了一种“有限理性”的状况。[36] 马基雅维里(Machiavelli)向他的君主劝谏道：“深谋远虑的统治者在信守诺言将会损害他的利益，以及在使他约束自己承担责任的理由不复存在之时，他就不应该守信。”[37] 他所描述的是一种可称之为“机会主义”的现象。

有限理性和机会主义为方便地构造无所不包的市场协约活动增添了巨大的负担。非市场的治理形式——非标准的协约形式、专业化的中介活动(诸如仲裁)以及复杂的科层制结构(行政

---

[35] 奈特(Knight，1965年，第270页)。

[36] 西蒙(Simon，1957年)。

[37] N. Machiavelli, *The Prince* (1952), New York, New American Library, p. 92.

管理组织)——是为应对这些局限性而产生的。

2. **确定治理结构**。新古典分析既没有考虑有限理性,也没有考虑机会主义。[38] 比较来看,交易费用经济学预先对两者做出了直截了当的规定。所以,鉴于新古典分析一般把经济活动的组织作为既定条件,因此忽视了对可供选择的协约方式进行比较性的制度评价,交易费用经济学明确地着重研究把各种治理结构分配给各类交易,这将节约交易费用。

比较性制度分析不仅要求把交易划分维度,还要求区分事前和事后的供给状况。传统微观理论严格地着重于研究前者。如果在开始时有大量具备资格条件的供应者投标索价,市场协约就被说成是有效的。与此相比,交易费用经济学既考察事前的供给条件,也考察事后的供给状况。如果标的物的生产必须
对交易专用资产进行重大投资,[39]就会在最初赢得承包权的投 64
标者和所有其他投标者之间形成一种契约性的不对称。买者和卖者之间的关系于是在契约履行期间和在每一次重订契约时,转变成一种双边交换关系。可以预料到,双边交易受到同契约履行期间的机会主义相关联的问题困扰,诸如只按契约的字面

---

[38] Diamond, Comments, *Frontiers of Quantitative Economics*, 1 (1971), p. 29[response to K. J. Arrow, Political and economic evaluation of social effects and externalities, *Frontiers of Quantitative Economics*, 1 (1971), p. 3].

[39] 交易专用资产是被专门用于协约当事人的耐用投资品。它们用于最佳替代性用途(或由替代用户使用)的价值远远低于用于其预期用途上的价值。比较而言,一般用途的资产被转向替代性用途或用户,则几乎没有价值损失。

条文行事,或者只有重新谈判条款才同意采取有效的调整。由于这个缘故,内部组织(统一治理)经常取代自发的协约(市场治理)。

再者,资产专用性对经济组织的影响并非全都相同。不同类型的资产专用性对于治理形式具有不同的影响。下面列出了资产专用性的四种类型:[40]

(a)场所专用性。当连续性的各个阶段相互之间被设置在非常接近的位置上时,一般就会产生共同所有权。出现这种情况是由于一种资产固定性条件,也就是说,一种位置状态的装置调试或重新定位费用高昂。因此,一旦把资产安置下来,它们的所有者们就在资产的使用寿命期限内,在一种双边交换关系当中进行运营。

(b)物质资产专用性。如果资产是流动性的,并且它们的专用性可归因于其物质特性(例如专用的模具),那么,假如买方拥有资产并招揽生产投标,市场采购仍然是可行的。资金搁死(lock-in)问题得以避免,因为若在买方和卖方之间出现契约上的争执,买方可重申对模具的权利要求,并重新开始竞价投标。

(c)人力资产专用性。产生这种类型资产专用性的条件,诸如干中学或者在团队配置中调动人力资产的问题,有利于实行

---

[40] O. E. Williamson, Vertical integration and related variations on a transaction cost economics theme (1982)(Unpublished manuscript)(University of Pennsylvania Center for the Study of Organizational Innovation Discussion Paper No. 129).

共同所有权。实行结成一体的所有权配合以长期雇佣关系,而不是进行自发的外部协约,这一般而言将用来治理这样的交易。

(d)**专用的资产**。在专用资产上的投资涉及为了某个特定的买主而扩建现有工厂。可以理解,买方不情愿专门拨款投资于其供应商的物质设施,并且,统一的所有权因此也是少见的。供应方所承受的贸易风险经常通过扩大契约关系实现“平衡”来 65
减轻。由于这个原因,有时出现了非标准的协约活动,诸如互惠或易货贸易。

因此,技术和交易费用推理思路有某种关联,但只是在技术是造成资产专用性条件的部分原因的程度上,情况才如此。由资产专用性投资支撑的交易是这样一种交易,其中各当事人对于维持交易的连续性有兴趣,以免这些资产的生产价值因过早地终止契约而损失掉。纵向一体化显然有助于保持复杂协约关系的连续性,而且,最好是把它理解为对这些潜在的连续性需要的一种反应。因此,得出以下结论是错误的,即如果不伴有较早时期的学术成果所提到的“物质的或技术的因素”,纵向一体化就造成了反托拉斯问题。[41] 这类技术性因素对于纵向一体化实现宝贵的交易费用节约来说,既不必要也不充分。

公共政策

交易费用研究方法证明,纵向一体化可以在较早时期的技

---

[41] 参见上述附有脚注㉖—㉘的正文。

术性/市场支配力研究方法所指明的更广范围的情形下，实现费用节约。因此，由于近期交易费用方面的学术成就，对纵向一体化的一种更为宽容的观点被证明是正确的。当用交易费用的思想方法来框定这些问题时，1968 年指南的 10%和 6%的限制没有找到一点根据。

尽管如此，对纵向一体化可能具有的反竞争后果保持警觉仍然是重要的。但是，这些后果还有着交易费用的起因。如果在高度集中的阶段Ⅰ上的领先企业打算实行一体化，延伸进入某种原本具有竞争性的阶段Ⅱ的活动，那么，该市场非一体化的部分就可能被缩减，以致只有少数几家具有效率规模的企业可以向阶段Ⅱ的市场供应产品。于是，进入就会受阻，因为潜在的进入者不得不同那些少数几家阶段Ⅱ上非一体化的企业进行备选者数目极小的谈判。而且，一体化进入的替代方案将不具有吸引力，因为，如果缺少阶段Ⅱ中活动经验的未来的阶段Ⅰ的进入者，本身要进入两个阶段，那么，他们就会承担高额的资本费用和起动成本。但如果阶段Ⅰ和阶段Ⅱ具有较低的或适中的集中率，那么，进入其中一个阶段的企业就可预计到，可能同另一个阶段中或是一体化的企业或是非一体化的企业达成交易，因为没有一家一体化的企业可在这样的交易中拥有某种策略优势，并且，因为对各个一体化的企业来说难以进行共谋。因此，反竞争后果有可能存在于高度集中的产业之中；而因为在低度
66 或中度集中的产业之中，一体化有可能增进效率，故它很少造成

反托拉斯问题。[42]

1982年的指南

1982年的纵向兼并指南在三个重要方面与上面所讨论的

---

[42] 在威廉姆森的著作中(上文中脚注[34],第115页—第116页)可找到完整的论述:

"受管制的企业实行后向的一体化延伸到设备供应,这需要在管制性环境的背景之中加以评价,除了这种非常特殊的情形以外,纵向一体化造成了两类反托拉斯问题:价格可能受到不利的影响,以及进入的条件可能受到损害。然而,需要重视的是,如果不存在重大的垄断程度,就不会有任何一种有害后果。所以,关于纵向一体化的反托拉斯措施的强制执行应该被限定在垄断性的小范围之内。在别的地方,所坚持的前提假设应该是,纵向一体化一直是出于在交易费用方面实现节约的目的而实行的……

在阶段Ⅰ中的领先企业实行(后向的或前向的)一体化,延伸到原本可以是竞争性地组织着的阶段Ⅱ的活动这种情况下,会产生两种类型的进入障碍。首先,该市场的剩余(非一体化)部分可能被缩减,以致只有少数几家具备效率规模的企业可以向阶段Ⅱ的市场提供产品。原本会准备进入阶段Ⅰ的企业,可能因预计到不得不冒着所有需要承担的风险,同这些少数几家非一体化的阶段Ⅱ的企业进行备选者数目极小的交易谈判(或译为小数目交易谈判——译者),而被阻止进入。另外,如果未来的阶段Ⅰ的进入者在阶段Ⅱ的相关活动方面缺少经验,并且,因此假如他们自身要进入两个阶段,将招致高额的资本费用,那么,一体化的进入就可能被搞得没有吸引力。如果切断纵向联系会在不损失规模经济的情况下,使竞争性的(交易谈判备选者数目极大的)阶段Ⅱ的活动可能发展起来,那么,由领先的企业对阶段Ⅰ和阶段Ⅱ实行一体化,至少在进入方面就是反竞争性的。

然而,在具有较低的或适中的集中程度的产业中,纵向一体化并不造成这些同样的问题。在这里,进入其中一个阶段的某个企业可预计到,会同处在另一阶段中或是一体化的或是非一体化的企业达成竞争性的交易。原因是,就这样的交易而言,没有一个一体化的企业拥有某种策略优势,而且,由各一体化企业(在供给方面或需求方面)集体采取的共谋难以实现。因此,除了因为所讨论的产业是高度集中的,或者,在集中度较低的产业之中,各企业对交易共同进行抵制的约定得到遵守之外,纵向一体化很少造成反托拉斯问题。倘若没有这类情形,纵向一体化就倾向于属于效率增进的类型。"

交易费用经济学方面的发展一致。第一，指南仅当被收购企业是在 HHI 值超过 1800 的产业之中运营时，才表示了对纵向兼并的竞争后果的关切。其假定是，非一体化的阶段Ⅰ的企业，可通过和处在 HHI 值低于 1800 之环境中的阶段Ⅱ上的企业商定竞争性的条款，来满足它们的阶段Ⅱ的需要。因此，指南把注意力排他性地集中在垄断性的产业范围上，这是和交易费用推理相一致的。第二，在指南中关于资本费用、(人为的)规模不经济和把纵向一体化用于逃避费率管制的反竞争的担心，完全符合
67 交易费用推理。㊸ 最后，指南明确提及资产专用性的重要意义，尽管这项分析远远没有如可以做到的那样充分地加以扩展。

尽管存在这种引人注目的一致之处，但指南并不完全符合交易费用推理。就无论何时 HHI 值超过 1800 即质疑 5％比例的收购来说，交易费用的原因阐释就不是不证自明的。此外，指南未就节约交易费用(economies)的辩护理由做出规定，即使是在显而易见资产专用性程度极高的情况下。在允许以经济作为辩护理由时，尤其是若必须在庭审时提出节约交易费用的证据，就存在着危险，这是正确的。㊹ 然而，如果在节约交易费用正显

㊸ 这种担心是，管理者将无法评价由一体化的供应者引起的成本和收取的价格的合理性，因为，相关信息的获得成本高昂且难以评价。假如管理者们无所不知(不受有限理性的限制)，或者假如受管制的企业会直言不讳地披露所有相关信息(不受机会主义的限制)，这类担心就会突然消失净尽。

㊹ 对其中某些内容在以下材料中作了讨论，参见 O. E. Williamson, Economies as an antitrust defense revisited, *University of Pennsylvania Law Review*, 125 (1977), pp. 699, 701—703.

而易见地消除着组织性后果的情况下,司法部拒绝就这样的情形提起诉讼,那么,这些危险就可得以减轻。㊺

4.3 结　　论

1968 年的纵向兼并指南体现着那时流行的对于纵向一体化的技术性观念导向。因为通常不具备必不可少的“物质或技术因素”,并且,交易费用经济受到漠视,所以,对纵向一体化的严格限制被看成是出于维护公共利益的需要。因此,由占 10%份额的上游企业收购占 6%份额的下游企业过去即可据以推定是违法的。

在 20 世纪 70 年代里,针对纵向一体化的技术性观念导向让位于交易费用经济学中固有的对协约的比较性制度评价。这种方法着重研究纵向一体化可适合的用途。在由于资产专用性条件,各当事人实际上被限定于双边交易的情况下,纵向一体化实现了交易费用节约。交易费用研究方法也识别了纵向一体化的反竞争性的滥用。由于策略性抢先(边缘市场被缩减,结果造成竞争对手被迫按照双边条件销售或获得供应),并且,因为如果竞争对手完全相同都是一体化的,那么,隐含的共谋契约更加易于实施,故会出现这类滥用情况。除非付出极高代价,管理者

㊺ 克莱因、克劳福德和阿尔奇安(Klein,Crawford & Alchian)描述了通用汽车公司在协约关系经历极度紧张之后收购费希尔·博迪(Fisher Body)公司的情况,上文中脚注㉞,第 308 页—第 310 页。

68 无法评价基本的费用状况，那么，在受管制产业中后向的纵向一体化也可能是可疑的。

1982 年的纵向兼并指南远远比 1968 年的纵向兼并指南更加宽容，可以证明，这体现着对比原先所承认的范围更大的效率益处的重视。在识别优势企业或高度集中的产业之中的纵向兼并会表现出来的问题方面，最近的指南也远比过去更加清晰准确。我不能肯定，假如在中间这些年里并没有从市场支配力分析向效率分析的转变，最近的指南是否会这样行文。所以，尽管我不想就“一次观察”做出过多的评论，但这一条证据是和思想观念促成了反托拉斯法中的结果这个猜测相契合的。[46]

---

[46] 关于有关的论点和证据，可参见上文中脚注①、②。也可参见 Bork (1978)；Liebeler (1978, p. 1231)；Muris (1980, p. 381)；Posner (1979, p. 925)；A. Fisher and R. Lande, Efficiency considerations in merger enforcement (Unpublished manuscript, forthcoming in *California Law Review* 71 [1983], pp. 1580—1696)。

第二部分

协　约

69 在本部分的第一篇论文里，我关于交易费用经济学可以就反垄断中许多关键性问题发表意见的观念，按照比较协约的思考方法得到了进一步的发展。具有特殊重要意义的是把协约研究方法应用于考察寡头垄断。在开始时，我相信，把纵向一体化看成是对中间产品市场交换的一种内部协约替代方法，颇多益处。联合企业（具有适宜的内部结构）可以被视为微型的内部资本市场，这自然而然是接下来的一个步骤。但是，运用交易费用推理似乎不易解释卖方寡头垄断。

然而，在运用协约的思想方法系统阐述寡头垄断问题的基础上，我发现可以识别决定同盟（coalition）完全成功或不那么成功的关键性因素。这种系统阐述有另外一个优点，即可以根据它们的治理/协约功效，把优势企业同寡头垄断者区分开来。

第二篇论文阐述对纵向市场限制——搭配销售、大宗预订、互惠、特许经销权等等的交易费用的原因解释，并进一步确定了这类限制出现问题时的环境条件。我以施温（*Schwinn*）案作为例子，说明了这个问题的两个侧面。有趣的是，施温案是我于

1966 年 9 月加入反托拉斯局时被要求接手处理的第一桩反托拉斯案件。尽管我提出了与政府的案情摘要中所持论点内容相左的建议，但这份建议提得太迟了，或是没有说服力，或者这两个因素同时并存。然而，令人高兴的是，施温案的案件裁定理由，在十年以后由 GTE－西尔韦尼亚案（*GTE-Sylvania*）予以撤销了。

本部分最后一篇论文考察了可用于研究契约的垄断研究法和效率研究法，特别强调了交易费用经济学。我设计了一种简化的协约图示，借以展示相互影响着的契约各关键要素——技 70
术、价格与治理。还讨论了对“作为一个整体的协约”的研究。最后，我提出了深奥的、没有解决的契约谜题之一：人为的契约不协调问题，但对此几乎没有加以阐述。关于这个问题非常需要开展更多的工作。

5

反垄断经济学:交易费用的考察[*] 71

经济分析通常有些专断随意地被区分为宏观经济分析和微观经济分析两种类型。前者关注的是非常总量性的经济问题——诸如国民收入、就业以及通货膨胀,而后者则是研究个体消费者、企业以及市场的行为。人们想到经济学与反垄断分析和政策有关联,在此范围内,经济学家和律师同样认为,被普遍接受的微观理论的企业和市场模型提供了重要的根据。①

---

* 本文作者保留版权。关于本章的研究得到国家科学基金研究补助金的资助。本章的若干部分以 1974 年 1 月 10 日在洛杉矶加州大学所做的一次演讲连同"重要问题讲座系列"项目《变动社会中的大型企业》为基础。本文原载《宾夕法尼亚大学法学评论》1974 年第 122 卷(*University of Pennsylvania Law Review* 122 [1974], pp. 1439—1496. ©1974 by the University of Pennsylvania)。

① 当然,在把这些模型应用于特定的反托拉斯问题之前,有时对它们加以修改以适应需要。被普遍接受的微观理论应用于反托拉斯问题的例子,请参见 E. Singer, *Antitrust Economics* (1968), Englewood Cliffs: Prentice Hall; W. Baxter, Legal restrictions on exploitation of the patent monopoly: An economic analysis, *Law Journal*, 76, p. 267。也可参见第 8 章。

虽然我总的来说同意这种态度，但我认为，被普遍接受的微观理论有时需要通过引入交易费用的考量加以扩充。未能或者拒绝考虑交易费用，在可以证明这些并非可忽略不计的环境条件下，就会造成差错。不仅对这些问题的理解受到损害，而且有时将开出不正确的政策药方。

72 交易费用方法[②]富有吸引力的特性之一是，它在本质上可归结为一种对协约的研究——这意味着，可以利用律师们在其他背景中发展起来的协约专门知识。诸如下述问题可得到解决：何时一系列相关交易通过企业之间（经由市场）商定契约将最有效地得以完成？何时兼并或一体化（内部组织）将更为可取？若有的话，在什么方面先前存在着的企业和市场结构，阻碍或促进了新企业为获取劳动力、资本、原材料和中间产品，以实现成功进入而通过谈判达成必要的市场契约的能力？运用交易费用分析工具，这些类型的问题可以按照并不复杂的方式加以处理，而被普遍接受的微观理论模型，其中去掉了交易费用，却

---

② 更一般地说，所提出的这些问题涉及对市场与科层制的评价。有关这些问题的讨论，参见 O. E. Williamson, Markets and hierarchies: Some elementary considerations, *American Economic Review*, 63, May 1973, p. 316; O. E. Williamson, Markets and Hierarchies: Analysis and Antitrust Implications (August 1973)（作者未发表的论文）。这种方法类似于康芒斯（Commons）在其《制度经济学》（J. Commons, *Institutional Economics* [1934]）中所提倡的方法，他持这样一种观点，即交易构成了最基本的研究单位。然而，康芒斯不得不独自创造许多他使用的交易性概念，而在 40 年以后，我能够利用经济学理论和组织理论两方面的远比那时更加丰富的文献。这是一个相当大的优势。

常常是不适用的,且有时会导致错误的结论。

在阐述交易费用方法的基本要素之前,我首先对被普遍接受的微观理论作一下简要的评论。从交易费用观点出发对纵向一体化、寡头垄断和联合企业组织的考察建议采取的反垄断政策,有些不同于由运用传统微观理论方法的学者所提出的政策。尽管并未详尽无遗地阐述交易费用方法在反垄断问题研究上的各项应用,[③]本章还是会满怀希望地为读者提供这样一种观念,即这种方法对于反垄断领域具有重要意义。

5.1 基本方法

人们普遍认为,“理解反垄断问题所需具备的经济学功底,很少要求细致地掌握经济学的精妙形式”[④]——这大概意味着,在中级微观理论教科书中找得到的关于企业与市场的标准经济学模型,一般足以服务于研究反垄断问题的目的。我不能肯定 73
情况真是这样。传统的分析有时必须加以扩充,而且在另外一些时候,则需要由明确的对交易问题的考量取而代之。

③ 例如反托拉斯局反对的阿诺德和施温公司的营销惯例,就可以根据交易费用思想方法有效地加以考察。参见 *United States v. Arnold, Schwinn & Co.*, 388 US 365 (1967)。

④ P. Areeda, *Antitrust Analysis*, 4 (1967).

A. 公认的微观理论[⑤]

需求曲线(平均收益曲线)、平均成本曲线以及画到每一条这些曲线上的边际收益曲线和边际成本曲线,构成了用于大多数关于企业和市场的反垄断论述的基本建模工具。在这种模型之中隐含两种效率假定。第一,假定企业从每一种可行的要素投入(主要是劳动力和资本)组合中,实现了产品的最大产出量。这也就是说,企业是按照其生产函数来运营的。未能按照生产函数运营就意味着对投入的浪费使用;这种情况被假定是不存在的。第二,已知生产要素的价格,假定企业为每一种可能的产出量水平,选择最低成本的要素组合。按照这种方法构造了总成本曲线,平均成本曲线和边际成本曲线是从这条曲线推导出来的。

同市场的大小相比,规模经济效益大,在这种情况下,据说可能存在一种自然垄断(或者也许是寡头垄断)的条件。在这样一种市场上供应物品或提供服务的独占垄断者或寡头垄断者,将具有足够大的规模,以致它们在产出量上的小比例变动就将会明显地影响到市场价格。价格因此受制于策略决定。但是,

---

⑤　在阐述我所认为的传统方法与交易方法二者之间的主要区别时,我在开始时即承认,我对被普遍接受的微观理论的讨论是非常简化的。正是这种企业理论出现在传统的中级价格理论教科书当中。由于在评论研究现代公司行为的其他人的工作成果时,我经常发现这样一种策略是相当大的不满情绪的根源,我采用它有些不情愿。我的辩护理由是,简化的描述是揭露这些问题的一种简约有效的方式。

若同市场容量相比,较小规模的企业就已经耗尽了经济效益,在这种情况下,每个企业都将把价格视为既定[⑥],并将具备一种竞争性的市场供给条件,其中价格将等于边际成本。

对中间类型的市场诸如双寡头垄断或寡头垄断,则是通过对技术和所形成的企业间关系的性质,做出适当的假定而建立起模型来。[⑦] 依靠所采用的潜在的技术和行为假定,可以简洁地推导出与可供选择的市场结构相关联的价格和产量。而且, 74
按照适当的社会福利思想方法,通过对所讨论的结构产生的收益和成本进行特性描述,可以确定每一种结构的社会福利含义。[⑧] 在同时具备垄断力量和生产节约(production economies)这两者的情况下,反垄断必须处理的各种类型的权衡,接下来就可以用一种相对而言直截了当的方式加以展现。[⑨]

在大多数这种分析中,贯穿始终地隐含着,企业的性质——例如,就它将生产什么和购买什么而言,被简单地当作给定的情况。内部组织的各种问题(科层制结构、内部控制程序)同样被忽略了。企业由此被归结为只不过是承担着利润最大化目标的

⑥ 这假定了所讨论的各个企业以一种独立的(非共谋的)方式行事。

⑦ 在用于这些用途的主要类型的模型之中,有古诺(Cournot)模型及其变形形式,以及进入壁垒模型,它们考虑到了潜在的竞争。有关对古诺模型的简要评论及扩展,可参见 L. Telser, *Competition, Collusion, and Game Theory* (1972)。关于进入壁垒模型的经典范例是莫迪利亚尼(Modigliani,1958,第 215 页)。

⑧ 关于局部均衡福利经济学的讨论,可参见 A. Harberger, Three basic postulates for applied welfare economics: An interpretive essay, *Journal of Economic Literature*, 9 (1971), p. 785。

⑨ 参见第 1 章。

一个生产函数。结果企业和市场的许多有趣问题被遮蔽或受到忽视，出现这种情况或许毫不奇怪。

B. 交易费用研究方法[10]

可以简洁地对交易研究法作如下阐述：(a)市场和企业是用以完成一系列相关交易的可供替代选择的工具；(b)一系列交易应该在企业之间（经过市场）进行，还是在企业之内完成，这取决于每种方式的相对效率；(c)经过市场签署和履行复杂契约的费用，一方面随着与契约有关的人类决策制定者的特征，另一方面随着市场客观特性的不同而有所变化；(d)尽管妨碍企业之间（经过市场）交换的人为因素和交易因素同企业之内的情况表现有些不同，但同样一组因素都适用于两种情况。因此，对交换的对称性的分析要求，应该既承认内部组织的交易限度，也承认市场失效的交易根源。而且，正如在评价市场中交换的有效性时，市场结构是重要的一样，在评价内部组织时，内部结构也是重要的。

交易费用研究方法具有跨学科性质，它广泛利用了经济学和组织理论两方面的贡献。市场失效、[11]相机要求权协约
75 (contingent claims contracting)、[12]最近的组织设计[13]文献提供了必不可少的经济学背景资料。行政管理人（administrative

⑩ 本小节中的讨论利用了第 2 章以及威廉姆森，上文中脚注㉓。

⑪ 例如可参见阿罗（Arrow，1969 年）。

⑫ 例如可参见 J. Meade, *The Controlled Economy*（1971），London：Allen & Unwin，pp. 147—188。

⑬ 例如可参见赫维奇（Hurwicz，1972 年，第 297 页）。

man)[14]和策略性行为[15]文献则是组织理论方面的主要贡献。

在此基础上,交易费用研究方法试图确认一系列市场或交易性因素,这些因素连同相关的一系列人为因素解释了这样一些情形,在此条件下,涉及相机要求权的复杂契约,其签订、实施以及强制执行将是成本高昂的。面对这样的困难,并考虑到简单因而是不完备的相机要求权契约造成的风险,[16]企业可能决定避开市场,并求助于科层制组织方式。在其他情况下可能在市场中进行的交易就会在内部来进行,并受到行政管理程序的治理。

不确定性和备选者数目极小的交换关系(或译作小数目交换关系,small numbers exchange relations),其中一方当事人对交换伙伴的选择受到限制,这二者是造成市场失效的交易性因素。然而,如果不和相关的一系列人为因素相结合,这样的交易性条件并不必然阻碍市场交换。不确定性与有限理性的配合以及备选者数目极小的交换关系与我所提到的机会主义结合是特别重要的。

首先,让我们考虑有限理性与不确定性的配合。有限理性原则已被赫伯特·西蒙(Herbert Simon)定义如下:“人类头脑用于系统阐述和解决复杂问题的能力,同现实世界当中必须以

⑭ 例如可参见西蒙(Simon,1957 年)。关于对内部组织的限度的讨论,可参见 O. E. Williamson, Limits of internal organization, with special reference to the vertical integration of production, in *Industrial Management*: *East and West*(1973), p. 199。

⑮ 例如可参见 E. Goffman, *Strategic Interaction*(1969). Philadelphia: University of Pennsylvania Press。

⑯ 对于由内部组织取代市场来说,这仅仅是一个必要但不充分的条件。把某个交易从市场转变到企业,要求证明存在净效率收益。

客观的理性行为加以解决的问题数量规模相比，乃是非常之小的……"[17]，它既是指在无差错地接收、存储、检索和加工处理信息能力方面的神经生理学限度，[18]也是指语言之中固有的释义

---

⑰ 西蒙(1957年)，第198页(着重号系原文所加)。

⑱ 把有限理性和不确定性结合在一起的契约性意图的含义，在下述对决策过程的描述中得到了说明："即使是对于复杂程度适中的问题来说……也不可能画出整个决策树。情况之所以如此，有几个原因：第一是决策树的大小。在复杂的决策问题当中，可供选择的路径数目非常大……第二个理由是，跟国际象棋不同，在大多数决策情形当中，可供选择的路径或产生这些路径的规则都无法获得……第三个原因是估计结果的问题……对许多问题来说，备选方案的结果即使并非不可能，也是难以估计的。就大多数有趣的决策问题而言，无所不包的决策模型是不可行的。"

费尔德曼和坎特的文章(J. Feldman and H. Kanter, Organizational decision-making, in *Handbook of Organizations* ed. J. March (1965), Chicago: Rand McNally & Co., p. 615)描述无所不包的决策树，并在所有结点做出事前的最优选择的不可行性，或高得承担不起的费用，意味着除了难以置信地简单的情况以外，共谋协议必定是非常不完备的文件。

汽车电石公司(Electric Autolite Company)总裁戴维斯(R. H. Davies)在福特—电石两公司兼并时的说明，提供了大型公司中有限理性的一个具体例证。他在证词中作了如下说明："汽车电石公司感到'不安'，因为头牌火花塞公司(Champion Spark Plug Company)于1958年'股票上市'时，'透露出的数字非常大——显示着非常大的利润额'，而且'这个时候福特公司看到那些数字，并看出其中存在着多少利润'。汽车电石公司'意识到'，大量利润流到某个供应商那里去的根本实质，会足以使福特公司按照一体化的思想方法考虑问题。"

《被告方福特汽车公司出庭备忘录》(Trial Memorandum for Defendant Ford Motor Co., pp. 14—15, *United States v. Ford Motor Co.*, 286 F. Supp. 407, 435 [E. D. Mich. 1968][violation of Clayton Act found], 315 F. Supp. 372 [E. D. Mich. 1970][divestiture ordered], aff'd 405 US 562 [1972])。这个例子之所以有趣，是因为它暗示着，像福特汽车公司这样的大型成功企业，虽有其工程师、成本会计和财务分析师队伍，仍未能觉察出火花塞制造业的潜在赢利性，直到头牌公司的股票上市为止(头牌公司是第一家股票上市的火花塞企业)。在一个无限理性的世界里，要引起福特公司的兴趣，透露这样的事实是不必要的。

的限度。如果因为有这些限制，确认未来的各种意外情况，并在 76
事前规定相应所采取的适当调整措施，成本会十分高昂或者根本无法做到，那么，长期契约就可能被内部组织取而代之。交易求助于内部组织，使对于不确定性的调整，有可能在每个问题出现时由行政管理程序予以完成。因此，不是从开始时企图预测所有可能出现的意外情况，未来的发展可以是敞开的。在价格并非“充分的统计量”[19]，而且不确定性巨大的情况下，内部组织以这种方式充分利用了决策制定者的有限理性特性。

然而，在长期的相机要求权契约被认为有缺陷（成本过高或者也许不可行）时，与其求助于内部组织，为什么不转而采用短期契约呢？那样的话，就可以在契约重订的间隔时期，对变化着的市场环境条件采取适当的调整，由此避免在事前详细规定契约各种具体事项的高得承担不起的费用。然而，机会主义与备选者数目极小的交换关系的结合对市场交易造成了其他障碍。

阐述这一系列问题稍稍涉及在别的地方对形成纵向一体化的协约问题类型的讨论，有兴趣的读者可参考这些讨论。[20] 在这里注意到下述几点就够了：(a)机会主义是指在交易中缺少坦率或诚实，包括以欺诈手段寻求自身利益；(b)只要具有竞争性 77

⑲ 然而，在价格是充分的统计量的情况下，可参见 T. Koopmans, *Three Essays on the State of Economic Science*, New York: McGraw-Hill (1957), pp. 41—54。依靠价格体系，足以在有限理性方面实现节约。可参见 Hayek, The use of knowledge in society, *American Economic Review*, 35 (1945), p. 519。

⑳ 威廉姆森，上文中脚注⑩。

(备选者数目极大)的交换关系,机会主义倾向就几乎不会给交易伙伴造成风险;(c)许多在开始时涉及大量符合资格条件的投标者的交易,在契约履行过程中改变了性质——经常是由于规模经济和可归因于成功的投标者在从事其工作时,对该工作学得更多的东西(干中学)累积而形成的成本优势——以致在该契约重订间隔时期,实际上具有的是一种备选者数目极小的供给条件;以及(d)当加入机会主义和备选者数目极小的关系时,短期协约成本高昂、风险甚巨。在本章其他小节中,对这个论点将进一步加以阐述。

考虑到长期契约和短期契约两者都会遇到的问题——首先是由于有限理性和不确定性,其次是由于机会主义和备选者数目极小的关系的结合,内部组织可以用来取而代之。就内部组织而言,问题是随时出现随时处理,而不是从一开始就以制订详尽无遗的应变计划方式加以处理。㉑ 结果带来的适应性、连续性的决策过程,是内部组织对应于短期协约的部分,而且适于减小有限理性的不利影响。机会主义对于这种内部的、连续性的供给关系,之所以没有造成同通过市场进行谈判时一样的困难,乃是因为:(a)内部各个部门并不拥有对利润流的优先索取权,

㉑ 这一点过度简化了。内部组织也通过提出所说的"工作规划"(performance programs)为各种意外情况作准备,工作规划有时相当周详。由于正文中给出的那些理由,这类规划比企业之间的契约,更易于适应于各种未预见到的意外情况。有关工作规划的讨论,可参见 J. March and H. Simon, *Organizations* (1958), New York: John Wiley。

相反是在共同的所有权和监督的条件下运作,更接近于最大化联合利润,以及(b)内部的激励和控制机制与在市场交换中可以获得的手段相比,显得丰富精细得多。[22] 企业从而能够更好地在投资方面采取长远的观点(并由此更有准备适时设置专业化的车间和设备),且与此同时,以一种适应性的连续性的方式针对变化着的市场环境做出调整。

说到这儿,我要赶紧补充说,虽然内部组织常常减少了有限理性和机会主义的问题,但它并没有消除其中任何一个条件。在这个方面,有两个命题具有特别重要的意义:(a)在组织形式
保持不变的情况下,[23]内部组织在有限理性和机会主义两个方 78
面的局限性,都直接地随着企业规模的大小而有所不同,但是,(b)组织形式——也就是说,企业内的各种活动按照等级体系进行安排的方式,事关重要。[24] 这后一个命题的含义将在5.4小节对联合大企业的讨论中加以阐述。

而且,在企业与市场二者之间的选择不应该被看作一成不变。企业和市场两者都随时间推移而发生变化,可能使最初由企业或市场承担交易变得不再合适。和所讨论的交易相关的不

---

[22] 威廉姆森(1970年),第120页—第135页。内部组织提供了两个更进一步的益处:它有助于克服一方当事人拥有另一方不付出一定代价(信息阻塞)就无法获得的信息的条件,因为内部审计比外部审计更加充分有力,而且,有时能够通过促进形成一致性的预期减少不确定性。这两者都是重要的。但对于现在这个论点来说,不如内部组织在有限理性和机会主义方面的效果更为基本。

[23] 参见威廉姆森,上文中脚注⑭。

[24] 参见钱德勒(1962年);威廉姆森,上文中脚注㉒。

确定性程度可能降低；市场成长可能促使大量的供应商彼此相互竞争，而且，当事人之间的信息差异常常会减小。还有，可能出现技术上的变化，改变有限理性限度适用的程度。因此，由等级制结构或市场完成交易的有效性，必须定期地进行重新评价。

C. 例子：价格歧视

被普遍接受的微观理论和交易费用研究方法二者之间的差别，可以通过考察价格歧视这个熟悉的问题加以说明。我们将会证明，交易费用研究方法并没有抛弃公认的微观理论模型，恰恰相反，倒是扩展了它。

对该例证假定所讨论的市场是这样一种情况，其中相对于市场容量，规模经济效益较大，在此情形下，平均成本曲线在相当大的产量范围内是下降的。特别是，假定需求和成本状况如图 5－1 中所示。既使其利润最大化，又以某个单一的统一价格向所有顾客销售其产品的不受管制的垄断者，将把产量限定在边际成本等于价格的社会最优量[25]（在图 5－1 中以 Q^* 表示）[26]以下。垄断者反而将只生产到边际成本等于边际收益这一点（Q_m），结果获得了价格超出边际成本的一个余额。

然而，有时有人认为，价格歧视会校正在垄断情形中的配置

---

[25] 在这里及本篇论文通篇均假定不存在所谓的"次优"(second best)问题。

[26] 为了当产量定在 Q* 时，将不造成盈亏平衡问题，我假定在达到这一产量值之前，规模经济效益即已被耗尽。

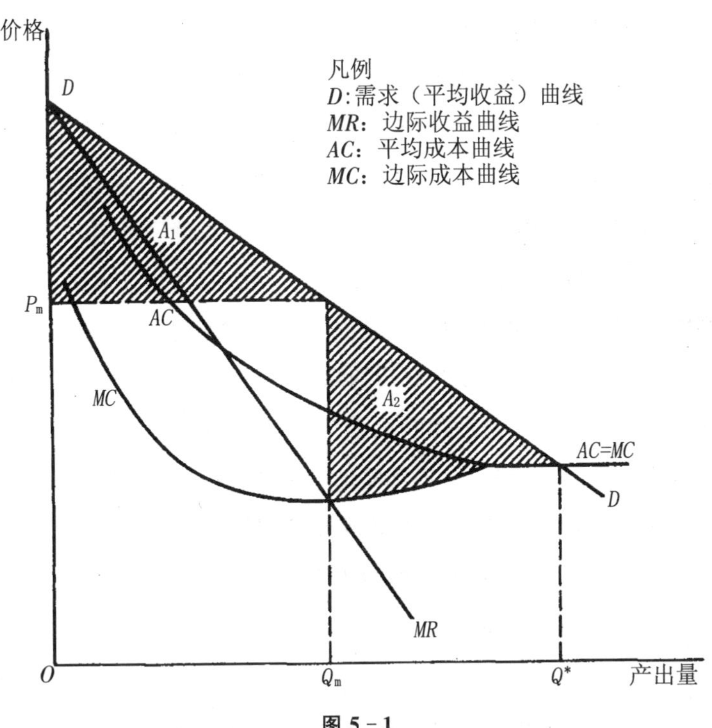

图 5－1

效率扭曲。能够以这样一种方式分割其市场,使每个顾客为每一单位产量支付其全部评价值(由需求曲线给定)的垄断者,具有增加后续的各单位产量的激励,直到为所出售的最后单位商品支付的价格恰好等于边际成本为止。因此,这将导致完全实 79
行歧视的垄断者把产量从不实行歧视的垄断者的限定位置(Q_m)扩大到社会最优点(Q^*)。尽管在此过程中,收入分配将(以可能令人不快的方式)受到影响,但产量扭曲被消除了,而且配置效率收益得以实现。[27]

评价这种配置效率的主张为我们提供了对照公认微观理论的传统分析与交易费用研究方法的绝佳机会。隐含在上述传统微观理论观点之中的是这样一条假定，即发现顾客对产品真实评价值的成本和实施针对转售的限制(以便杜绝套购活动)成本是可忽略不计的，并且，可以不予考虑。然而，仅当或者是(a)顾客将诚实地自我揭示偏好，并自我实施不转售的承诺(无机会主义)，或者(b)卖者是无所不知的(极强的无限理性)，这类成本
80 才会等于零。由于两种类型的假定显然是不现实的，自然会产生这样一个问题：假如发现真实的顾客评价值以及/或者监督不转售的限制必然导致重大的交易费用，那么是否存在配置效率收益呢？遗憾的是，对公认的微观理论来说，在引入这些交易费用时，结果是不确定的。

为了理解这一点，假定(为简便起见)实现完全的价格歧视的交易费用不依赖于产量水平：费用或者为零，在这种情况下不做任何价格歧视的努力，或者是 T，在这种情形下变得完全了解顾客的评价值，而且，针对欺骗行为的措施是充分彻底的。[28] 如

---

[27] 如果所讨论的这个产业的产出是用作中间产品，而不是严格地用作最终产品，那么就可能引起其他生产阶段上的要素扭曲。可参见麦肯齐(McKenzic，1951年)，第785页。为简便起见，假定这些都不存在。

[28] 通过把察觉真实的顾客评价值和监督转售限制的交易费用，表示为产量的一个连续函数，可把该分析一般化，这相对容易但收效甚微，而简化的假定却并非如此。(应注意到的一个区别是，实行价格歧视的产量将小于社会最优值 Q^*。)这个分析同样可以把价格歧视的精确程度作为一个决策变量，加以一般化处理。

果可以证明存在一个净利润收益——当额外收益(在图 5-1 中以两块阴影区域 A_1 和 A_2 表示)超过实现歧视的成本 T 时即将获得,那么,价格歧视当然会对垄断者具有吸引力。从社会福利评价方面来说,有趣的是,只有在超过 Q_m 的产量上,才实现了增量的总福利。这一收益由下面的三角形(A_2)表示。结果,仅当 A_2 超过交易费用 T 时,净社会福利结果才将是正的。由高额的交易费用引起了配置效率损失,但私人垄断却获益,这起源于把价格歧视运用于即使没有实行歧视也会生产出来的产量上(这一收益增加额以 A_1 表示)。这种情况,因此和在达到歧视性结果时,引起重大交易费用的情况下,实行完全的差别定价是一致的。更准确地说,当 T 小于 A_1 与 A_2 之和但只大于 A_2 时,垄断者将准备承受实现歧视性结果所必需的顾客信息和监督费用,因为**他的**利润将得以增加($A_1+A_2>T$),但同样这些支出将导致一个净**社会**福利损失额($A_2<T$)。[29]

当然,在 T 为零或可忽略不计的情况下,这个矛盾不会出现。但公认的微观理论的结论却是以这样一条假定作为关键性的依据。可以证明,如果不满足这一假定,则必须首先明确地考虑交易费用,然后才敢做出福利评价。 81

---

[29] 正文中的讨论隐含地假定,实行统一定价的垄断者可把价格定在 P_m 而不引起进入。然而,如果预先防止进入的价格($\bar{P}$)小于 P_m,那么,应加以评价的初始位置,就对应着比上面所讨论的位置更大的产量值和更低的价格值。就固定的 T 值来说,价格歧视的福利收益会进一步降低(极有可能,某种进入威胁也将减小私人收益)。

5.2　纵向一体化

在上一小节中关于市场交换与内部组织相比较的讨论表明，在长期契约不可行的情况下，因为契约的各种意外情况超出了受制于有限理性的当事人受到约束的规划能力，并且，在短期契约造成风险的情况下，由于机会主义与备选者数目极小的交换条件的结合，内部组织具有值得注意的特性。因此，预期的企业之间协约的困难是实行一体化决策的原因。应用于纵向一体化的这样一种交易研究方法的技术性细节，已经在别的地方被证明是有效的。[30]

然而，应该充分意识到，这在经济学家们中间，一直不是对纵向一体化的通行的原因解释。更常见的则是从技术性的考量着手进行这项讨论。下面考察了两种这类观点，并为选择交易研究方法而予以否定。接着探究纵向一体化可能抑制潜在进入的可能性，并简要考查实行一体化作为一种藉以规避政府控制（税收、配额）之手段的动机。我以这个讨论在反托拉斯实施方面含义的说明结束本小节。

A. 生命周期分析

乔治·斯蒂格勒（George Stigler）从他对亚当·斯密（Ad-

---

[30] 威廉姆森，上文中脚注⑩。

am Smith)的定理,即劳动分工受到市场范围大小限制的解释推断,纵向一体化同产业的生命周期有关:在新兴产业的企业当中,纵向一体化广泛存在;随着产业的成长,将观察到一体化的解体;而随着产业逐渐走向衰落,将出现重新采取一体化的现象。[31] 这些生命周期效应是以某种多道工序的产品为例加以说明的,其中每一道工序涉及一项可分离的技术,并由此具有其单独的成本函数。[32] 这些工序中有些表现为下降的成本曲线,另一些曲线持续上升,而其他一些表现为U型成本曲线。

斯蒂格勒接着问道,企业为什么不通过扩大减少成本的活 82
动,利用这些活动成为垄断者呢？他以下面这个评论作答,即在开始时,不断下降的成本函数可能"太小而不能支撑一个或多个专业化的企业"。[33] 但是,除非这个论点必须限定于全球垄断或地方性的垄断,而该论点也没有做出这种表示,否则,凭借专业化的企业这一点并没有穷尽各种可能性。假定至少存在若干家企业处在经营之中,为什么其中某一家企业没有为了所有各方当事人的共同利益,通过为这群企业生产全部必需品,利用可以获得的节约生产成本的经济效益(economies)呢？本人认为,其原因乃在于企业之间竞争行为之中固有的交易费用。

㉛ G. J. Stigler, The division of labor is limited by the extent of the market, *Journal of Political Economy*, 59 (1951), p. 185.

㉜ 斯蒂格勒为方便采用了可分离性假设;放宽这个假设会使这个一般性论点变得复杂,但并没有改变这个论点。

㉝ 斯蒂格勒,上文中脚注㉛,第188页。

例如，如果涉及各方之间专业化信息的交换(斯蒂格勒专门称之为“市场信息”，作为减少成本的可能性之一)，那么就带来了策略性虚假陈述问题。这里的风险是，专业化的企业将以一种不完备的和扭曲的方式向其竞争对手透露信息。因为购买信息的一方，只有付出极高的成本，可能是通过由他们自己收集原始数据资料的办法，才能确定其准确性，所以，这项交换就不会谈妥。然而，假如竞争对手没有机会主义倾向，策略性扭曲的风险就会消失，而且，技术上有效的信息专业化就可以继续进行下去。

在长期契约和短期契约两者都造成预期的交易困难的情况下，成本逐渐下降的实物零部件的交换同样受到阻碍。长期契约主要是受到有限理性因素的妨碍：可明确加以考虑的不确定未来事件的范围——就可以估计采取恰当调整的成本并以契约进行规定的意义而言——是完全有限的。既然考虑到机会主义，可以预料到不完备的长期契约会造成各方当事人之间的利益冲突，那么，就容易去寻求其他的安排。

现货市场(短期)协约是一种显而易见的替代选择。然而，如果只存在着数目极少的供应者，这(根据假定)对斯蒂格勒所描述的情况来说是成立的，那么，这样的契约就是担风险的。接着，在后来某个时候，购买方即遭受到所购买的产品或服务将按照垄断性的条件来提供的结局。而且，如果所涉及的标的物，对其生产过程而言，干中学十分重要，并且，如果人力资本市场是不完善的，那么，产业成长并不必然消除备选者数目极小的交易

谈判这种紧张状况。[34] 考虑到在后来这个时候采取自行生产的
学习成本,推迟自行生产,直至自己的必需品足以达到规模经济
程度,这样做将会导致巨大的交易成本。在这些条件下,对每个 83
企业来说,从开始就生产其自己的必需品,或者作为替代性的选
择,受到影响的企业进行兼并,这可能更有吸引力。[35] 然而,若
没有所描述的现有或预期的各种交易费用,为了所有企业的共
同利益,由其中一个企业实行专业化(垄断供给)的情况大概就
会出现。换句话说,技术并不是协约的障碍;恰恰是交易方面的
考虑才具有决定性。

上述讨论的各个方面可以借助图 5-2 加以说明。由某个
专业化的外部供应者在时点 1 供给所讨论的该标的物的平均成
本由曲线 AC_1^S 表示。已处于该产业之中的各企业可以由 AC_1^X
表示的平均成本供给同一种标的物。曲线 AC_1^S 在各个点上均
位于曲线 AC_1^X 之上,因为已处于该产业之中的各企业避免了某 84
个专业化的外部供应者将会承担的装配调试成本。该产业之中
的每一个企业在时点 1 对该标的物产生 Q_1^i 的需要量。整个产
业在时点 1 的需要量为 Q_1^T。

斯蒂格勒在他对纵向一体化的解释中所做的隐含比较是 A

---

[34] 关于干中学的讨论,可参见 P. Doeringer and M. Piore, *Internal Labor Markets and Manpower Analysis* (1971), Boston: D. C. Heath。

[35] 兼并会使所涉及的企业有可能在讨论到的减少成本的活动方面实现规模经济。然而,这样的兼并也可能导致形成市场支配力。这样的兼并就私人获益而言具有吸引力,这是显然的,但并非必然获得社会净收益。可参见威廉姆森,上文中脚注⑨。

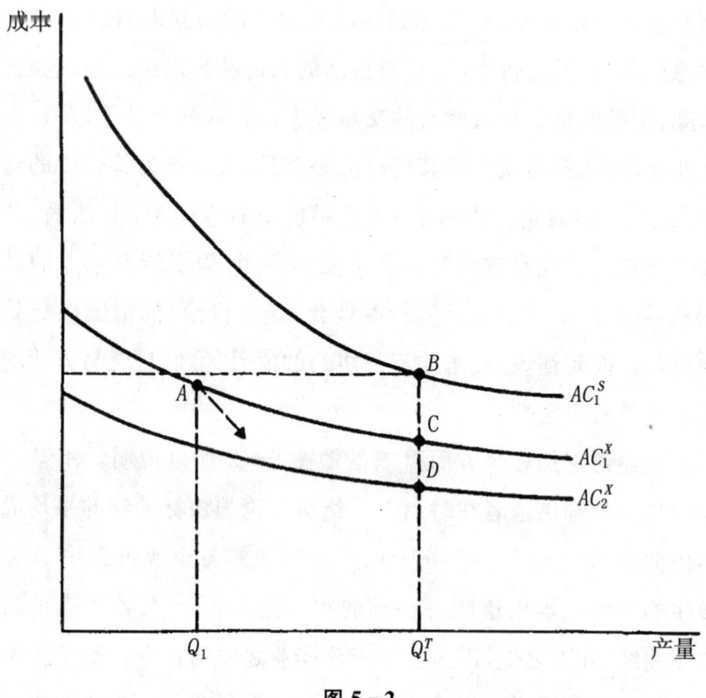

图 5－2

点与 B 点的对比。所以，尽管有某个专业化的供应者为整个产业提供产品（生产 Q_1^T），会使规模经济可能得以更为充分地利用，但是，降低成本的优势不足以抵消装配调试成本。因此，专业化供应商的平均成本（位于 B 点）超过了每一单个企业自行供给其必需品会导致的平均成本（位于 A 点）。然而，我的观点是，A 点也应该同 C 点加以比较——C 点表示由已经处于该产业的其中一家企业为整个产业供应必需品的平均成本。这样一个企业并不担负使外部专业化的供应商处于劣势地位的那些装配调试成本。考虑到斯蒂格勒假定的降低成本的技术,位于 C 点的平均成本必定低于 A 点的平均成本。那么,为什么没有已处于该产业之中的一家企业既供应其自身,又向所有其他企业供给必需品呢?本人认为,其障碍是上面已经描述过的企业之间协约(既有长期类型的,又有现货市场类型的)的各种风险。

而且,这项比较可加以扩展,包括考虑曲线 AC_2^X 的情况,该曲线代表了在从时点 1 到时点 2 的间隔期内一直连续供应的某个企业在时点 2 所承担的平均成本。由于从干中学获得的优势,曲线 AC_2^X 在每一点上均低于曲线 AC_1^X。在这样的学习优势不与他人分享或者不可能与他人分享的限度内,[36]它们将仅仅在所谈到的这个时段里已采取自行生产的企业之内累积而成。因此,如果在该产业中的某一个企业在时点 1 成为对所有其他企业的垄断供应者,并且,如果在时点 2,其他企业变得不满于该垄断供应者的条件,那么,买方的各企业就不可能在后来的某个时候以成本相等的条件采取自行供应其自身必需品的办法,因为他们已经不具备干中学的益处。

最后请注意从 A 点指向 D 点的箭头。如果预计该产业可能会成长(显然在斯蒂格勒所描绘的条件下是这种情况),并且,如果预计该产业之中每一个企业可能会随之成长,那么每个企业,假如它在时点 1 供应其自身必需品(Q_1^I)并担负 A 点的平均

---

[36] 这又一次是因为人力资本市场是不完善的。X 企业不可能简单地把 Y 企业经验丰富的雇员雇过来,而不负担非常可观的转换成本。干中学的知识因此是嵌生在 Y 企业之中的。

成本，就会既由于成长又因为干中学，而能够预期降低自我供应
85 的成本——也许降低到每个企业都真正达到可以获得规模经济的程度。既然供应其自身必需品避免了从仅有少数几个交易伙伴的市场上采购其供应品的交易性风险，若生产这类产品的技术使成本不断下降，则这类产品的纵向一体化，就越发被认为是必要的了。

B. 技术上的相互依赖

在已经提出来的对纵向一体化各种不同的原因解释当中，技术上的相互依赖观点既最令人熟悉又最简单易懂：自然而然在时间和空间上紧密相随的各道连续工序，强制规定了某种有效率的生产布局；这些反过来被认为具有共同所有权的含义。这种技术上的互补性在连贯工序运转方式之中，诸如化工和冶金企业，可能比在可分离的零部件制造业中更为重要。标准范例是冶铁和炼钢的一体化，据说，在这种情况下，通过一体化可以获得节约热能的效益。人们通常认为，在“一体化不具备这种物质性或技术性方面”的情况下，“例如，在把配套零部件的生产与那些零部件的总装结成一体时，情况就是如此，从一体化当中节约成本的理由通常是非常没有把握的”。[37]

然而，我认为，这种技术上的相互依赖，对于借助一体化实现的成本节约来说，既非绝对必要，在大多数被结成一体的活动

---

[37] J. Bain, *Industrial Organization* (1968), New York: John Wiley, p. 381.

中也非典型。让我们考虑一下亚当·斯密的制针的例子。⑧ 针的制造包括一系列在技术上具有不同性质的工序,诸如金属丝的拉直、切割、削尖和磨光。从理论上说,这些活动的每一项都可以由一位独立的专家来做,而工件可以凭借契约在各加工点之间传送。而且,在每一加工点引入缓冲存货会降低对协调的要求,并由此减小契约的复杂程度。于是,每位工人可以按他自己的速度着手进行工作,仅仅受到他必须将其缓冲存货保持在某一最低水平这个条件的限制。因此,一系列独立的企业家,而不是每个人均受某种权威关系统辖的一组雇员,将会从事所谈到的各项工作。

然而,交易费用会对这样一种工作组织产生不利影响。首
先,通过使整个这一群人在诸如工作休息和可变的生产进度这
类事情上,在共同指挥下像一个单位那样行事,来节约缓冲存
货,这或许是可能的。尽管可事先制定出规则,并在契约中清晰
地加以规定,或者做出这样的决策的权力可以在该团队各成员
之间轮换,但协调工作可能被指派给一位“老板”,由他监督整个 86
运转过程,而且,他能够更容易地判断在这一群人中的疲劳状况
及相关的工作态度,这样来进行协调更有益处。

然而,以某种雇佣关系取代自发协约更为紧迫的理由,乃是出于适应能力方面的考虑。假定其中一个人生了病(真病或是

⑧ A. Smith, *The Wealth of Nations* ed. Cannan (1937), London: Methuen, pp. 4—5.

装病),或者受了伤。由谁来提议并选择换人,或是在有人装病的情况下着手查出这种懈怠情况,而且,怎样决定赔偿呢?就这样的事项达成协议,与有一位老板在该群体的各个成员之间重新分派工作,或是为了该群体的利益做出其他的临时性安排相比,倾向于耗费相对较高的成本。类似地,如果某个人拒绝向下一个加工点交付必需数量或质量的产品,那应该做什么呢?怎样决定惩罚措施?诉讼易于造成高昂成本且耗费时间,而且,如果这个人缺少用以补偿因其异常行为所造成损失的必需资产,这又有什么用处呢?在某种雇佣关系下的补救措施和调整,可能仍会更为迅速,且花费较少成本即可实行,在这种关系下,单个人对某个工作岗位只有极其微弱的财产索取权。

更一般地说,这个问题是,如果要求进行调整的未预见到的事件频繁发生,尤其是各方当事人如有机会主义倾向,那么,在备选者数目极小的情况下,自发的协约就充满了困难。若每个人至少在短期内均拥有垄断地位,那么,当一系列双边契约要在这样一群个人之间谈判商定时,企业与其忍受可预见到将会发生的成本,不如将这些相关活动结成一体。对各个工作岗位的集中所有权和工人与企业家之间的某种契约关系会使调整更加容易。[39]

[39] 风险承担和策略性决策的专业化,也可能有利于实行共同所有权,并以某种雇佣关系取代自发的协约。

C. 进入的条件

斯蒂格勒评论说:“纵向一体化有可能通过增加从事几个类型的操作工序,而不是依赖提供供应品的竞争对手或市场所必需的资本和知识,增大新企业进入的困难。”[40]然而,其他人反对这种观点。例如,罗伯特·博克(Robert Bork)认为:“总的来说,如果在某产业中将获得比竞争性利润更大的利润,进入就会发生,无论进入者是在两个层次都进入还是并不都进入。我知道,没有任何关于资本市场中的缺陷的理论,会导致资本的供应者避开高收益的领域,去寻求低收益的领域。”[41]类似地,沃德· 87
鲍曼(Ward Bowman)评论说:“使 X 能够提供一种象征性的诱因(它拥有一笔资金)并且阻止其竞争对手做出反应(他们没有资金,而且尽管提供这样的诱因是一种重要的经营战术,但因某种理由,他们借不到这笔钱)的使用资本市场的困难……终将得以显示出来。”[42]我希望表明,属于公认微观理论类型的这些论点和相关论点,仅当交易费用方面的考虑意见受到压制时,才被人们接受。有限理性和不确定性的配合,以及机会主义和某种“信息阻塞”状况(在此情况下,交易的一方享有信息,而交易的

---

[40] 斯蒂格勒,上文中脚注[31],第 191 页。

[41] 博克(1969 年),第 139 页、第 148 页。

[42] 参见 W. Bowman, *Patent and Antitrust Law: A Legal and Economic Appraisal* (1973), Chicago: University of Chicago Press, p. 59。本小节中的讨论遵照了威廉姆森:“书评”(Book Review, *Yale Law Journal*, 83 [1974], p. 647)。

另一方如若可能，只有付出一定费用，才能获得这样的信息）的结合，是被忽略的因素。[43]

要加以解释的现象，不仅仅是斯蒂格勒所指出的资金需要量的增长，还有可以获得资本的条件发生不利改变。企业为了给新增车间和设备提供资金而进行借贷，当然和消费者为购买住房而借款不一样。企业在预计实现预期收益流量的情况下借入资金。这些预期收益连同考虑之中的资产转售价值，被用来维持所说的贷款。比较而言，自己拥有住房者通常不能通过购买住房扩大其收益。因此，尽管连续地扩大其抵押贷款规模的房主最终要承担不利的资本费用，因为违约的风险更为巨大，但是，企业却并非必然同样受到妨碍。那么，如果资本市场存在缺陷的话，为什么由现有企业实行纵向一体化会因资本市场的“缺陷”，而使预期的进入者处于劣势地位呢？

阐述具体的替代选择方案将使对这些问题的评价变得容易。假定在所讨论的这个产业中，可以确定两个具有不同性质的生产阶段（分别称为阶段Ⅰ和阶段Ⅱ）。进一步假定，在该产业中阶段Ⅰ实质上是垄断的，而阶段Ⅱ可以实行一体化，或者也可不实行一体化。现在的问题是，已经开发出某种在技术上令人满意的阶段Ⅰ的替代方案，并在同阶段Ⅰ相关的活动方面已确立声望的潜在进入者，是否不会受到阶段Ⅱ一体化状况的影

---

[43] 在本小节及随后几个小节中，提供了信息阻塞的几个例子。关于具体说明，尤其可参见下文5.3节中关于在不确定性条件下的实施这一小段的正文。

响。尤其是要考虑下述截然不同的条件状况:(a)垄断性的阶段Ⅰ的生产者未实行一体化,在这种情况下,预期的新进入者只能进入阶段Ⅰ,并将其产品出售给阶段Ⅱ的生产者(若必要或吸收额外的阶段Ⅰ的生产量,其生产规模得以适当扩展),以及(b)垄断性的阶段Ⅰ的生产者实行一体化,延伸到阶段Ⅱ,结果或者 88
(i)这个新的进入者本身必须两个阶段都进入,或者(ii)各个独立的新进入者同时出现在两个阶段。若博克和鲍曼是正确的,则资本费用应该和这些条件状况无关。

认为在条件 b(i)下的融资条件和在条件 a 下的情况是相同的,这意味着,资本市场对于新进入者从事阶段Ⅱ活动的资格条件,和对于已经在经营上富有经验的企业,抱有同等的把握。除了有经验的企业明显不合适的情况之外,这等于是说经验毫无用处。然而,对于涉及大规模互不关联的投资而不是重复提供资金的交易而言,这似乎不合情理。所以,尽管一系列小规模反复发生的交易可以合乎情理地以事后经验为依据,加以有效监督,但要解决确定融资条件问题,对于大规模互不关联型的交易来说,却远远不是这么轻而易举——这正是这里考虑的交易类型。在确定涉及大规模、个别提供资金的交易的融资条件时,声誉也就是说原先的经验,具有特别重要的意义。

贷款人和投资者对声誉的重视,其原因可部分地追究到有关申请融资者信息的不完全性。面对不完全的信息,资本供应者容易受到机会主义表现的损害。由于无法把那些具备成功实施项目的能力和意愿的陌生候选者,与坚称他们同样具备资格,而实际上(从全知视角来看)并非如此的机会主义者二者区别开来,融资条件就朝着对全体不利的方向加以调整。进而,对于眼下这个问题具有特殊重要意义的是,如果贷款人并非无所不知,由于在两个申请融资的候选者之间,二者由全知的评价者判断,具有实施项目同样的能力和意愿,但其中仅一个具有有利且广为人知的经营业绩记录,那么,不知名的候选者就将发现自己处于劣势。[44]

而且,在两个候选者都同样受到怀疑,但其中一个可使用内部融资渠道,而另一个则不具备此条件的情况下,需要外部融资的候选者就可能无以为继了。在这方面,时机选择具有关键性
89 的重要意义。如果一家企业逐步转到了一体化的结构,并以内部资金提供给这项任务,而第二家企业在后来意识到这个市场机会,为了可独立地生存发展,它必须迅速地转而采取同样实行一体化的结构,那么,第二家企业可能不得不为不利的资本市场费率勉力奋争。

早先所提到的干中学的条件状况,[45]也和评价比较实行一体化与非一体化的新进入者的赢利机会,有密切关系。依据假

㊹ 正如马尔姆格伦(H. B. Malmgren)在有关的上下文中已经注意到:“某些企业将看到机会,却不能以有利的方式把他们自身的信息和预期传达给银行家,并因此无法获得资金支援,或者必须为所借入的资本支付一笔较高的费用。银行家和资金的投资者反而将会被那些已在过去表现出有效认识和利用新机会的能力的企业吸引,这对仅能用其言辞来表达他们认为好的确实好的新企业来说,就是不利的。”引自 Malmgren, Information, expectations and the theory of the firm, *Quarterly Journal of Economics*, 75 (1961), p. 117。

㊺ 可参见上文中附有脚注㉞和㊱的正文。

定,预期的进入者在阶段Ⅰ的生产过程方面,十分具备资格条件。如果干中学带来了重大的成本优势,并且,如果这个预期的进入者在阶段Ⅱ的生产过程方面,不具备特殊的资格条件,那么,若由于其竞争者的一体化,他现在必须两个阶段都进入,他进入的动机是否将更弱了呢?我认为,如果从经验中慢慢积累起来的知识是紧密结合在一起的,也就是说它一般不为缺少经验的人所知,或者无法轻易地让他们加以认识,并且,如果把必不可少的有经验的员工从一体化的企业中雇过来,要付出非常高的成本,[46]那么,预期的进入者就完全处于一种劣势地位。因此,信息阻塞和不完善的劳动力市场结合在一起,从而解释了同有经验的企业相比,在其他情况下具备资格条件的新进入者的成本劣势。假如垄断性的阶段Ⅰ的生产者尚未实行一体化延伸到阶段Ⅱ,结果预期的进入者可只进入阶段Ⅰ,并可以依靠已经具备经验的阶段Ⅱ上的企业,获得必要的资本以适当地进行扩张,并为其在阶段Ⅱ的需要提供产品供应,那么,资本费用就会比较低,并且,进入的获益可能性由此增大。[47]

而且,若新的进入者只在阶段Ⅰ上进入,并且依赖出现独立进入阶段Ⅱ的新进入者[条件 a(ii)],这些问题并没有消失。由于缺少上面所提到的经验,不仅资本费用会被朝着对潜在的进

---

[46] 如果有经验企业的知识优势分散在某个个人的团队之中,那么,把该团队雇过来的谈判,就可能是费用高得使人望而却步。

[47] 这假定了,在其他条件不变的情况下,资本费用直接随着增量投资的可察觉的风险而变化。

入阶段Ⅱ的新加工者不利的方向加以调整，而且，由于“不一致的预期”[48]，同时但独立地进入两个阶段可能受到妨碍，结果在两个阶段之间的互相依赖的决策，将不能以协调一致的方式制定出来。在相互独立的阶段Ⅰ和阶段Ⅱ的专门经营者之间，在他们面对的市场机会以及对其他当事人真实投资意向和契约可靠性的疑虑方面，缺乏共同的信息，这对有效的协调来说是明显的障碍。然而，这些问题最终可归因于在5.1节中所论述的人为因素与交易的因素。

90 毫无疑问，除非所考虑的这个产业已是非常集中的，[49]或者，在较不集中的市场上，具备有效的共谋，包括集体拒绝交易的条件，这个论点对于垄断力量的分析没有特殊的重要意义。然而，在这样的情况下，企业之间的竞争本身无法指望以有效确保达成竞争性结果的方式自行监督这个市场。所以，潜在的竞争具有应发挥出来的重要的市场监督作用。如果潜在的进入者把通行的纵向结构的限制，视为对成功进入的可能性所构成的重要影响（因为他们可能处在高度集中的产业里），那么，需要由具备较少经验的企业而不是具备较多经验的企业筹措资金的纵向限制，就可能阻碍进入。

于是，资金筹措问题就不是资本市场有悖常情地避开了赢利机会的问题，这是博克（Bork）提出的检验结果，或者是在无

[48] 马尔姆格伦，上文中脚注[44]，第401页、第405页。

[49] 这里暂时规定，我把非常集中的产业界定为四家企业集中比率超过80%的产业。

论什么样的条件下,都无法就资金筹措做出安排的问题,这是鲍曼(Bowman)提到的情况。确切而言,资本费用才是有待解决的问题。如果某个预期的新的进入者自筹资金进入一个阶段(或者也许由于在此运营阶段上已被证实的能力,可以按合理的条件筹措到资本),但缺乏在第二阶段上进入的自筹资金(而且,若他企图筹措资本,则会承担不利的条件),那么,进入的条件显然会受到先前存在着的纵向限制的影响。[50]

D. 规避管制

正如罗纳德·科斯[51](Ronald Coase)和乔治·斯蒂格勒(George Stigler)[52]两人都已指明的那样,纵向一体化有时被用作藉以逃避营业税、配额制和其他非价格定量配给方法的一种手段。既然由政府采取的这些干预价格机制的措施一般适用于市场媒介的交易,而不适用于内部交易,所以,这类交易从市场转移到企业就有利于规避这些管制性的计划方案。[53] 这完全是简单易懂的,而且,是产生于公认的微观理论,并未借助交易费用方面的参考意见。

---

[50] 如果垄断者已实行一体化延伸到阶段Ⅱ,则在阶段Ⅱ上的规模经济也可成为一种进入障碍,参见威廉姆森,上文中脚注㊷,第 656 页。

[51] 科斯(1952 年),第 338 页—第 339 页。

[52] 斯蒂格勒,上文中脚注㉛,第 190 页—第 191 页。

[53] 关于私人运输与州际商务委员会(ICC)管制的公共汽车运输系统对比的讨论,可参见 Schwartz, *Free Enterprise and Economic Organization* 4th edn(1972), St. Paul, Minn Foundation Press, pp. 359—362。

传统微观理论也可用以处理以下问题：在供应某种最终物品或服务时，仅被允许获得“应得的”收益率的受管制企业，是否
91 能够通过实行一体化向后延伸到其自身设备的供给，有效地逃避这种管制性限制呢？正如大卫·戴安(David Dayan)[54]已经证明的那样，如果或者是设备内部转账结算价格，或者是该设备供应阶段上的收益率是不受管制的，那么，这样的后向一体化将使该受管制的产业赢得垄断利润。

虽然我并不想贬低在个别产业之中这样的因素的重要性，但我认为，这些是相当特殊的情况，并且，实行纵向一体化的主要动机是，一体化有利于节约交易费用，而且/或者一体化是出于阻止进入的策略性意图而加以采用的。在5.1节和本节前面几小节里，关于交易研究方法的讨论中所提出的几种类型的问题，是实行一体化的根本原因。

E. 政策含义

纵向一体化只有在本来具备资格条件的现有或潜在竞争对手，可以确定因它而处于不利地位的情况下，才会产生严重的反托拉斯问题。可能有损于竞争对手的两种情形是，优势企业(或在其他情况下非常集中的)产业和已成功实施共谋的中度集中的产业。因为在5.3节中提供的几点理由，这样的共谋通常难

---

[54] Dayan, Vertical Integration and Monopoly Regulation, December 1972 (Unpublished PhD dissertation, Princeton University).

以实现。所以,其绝大部分生产由一体化的企业占据的非常集中的产业,构成了反托拉斯政策的主要关注范围。

即使在集中的产业里,也不应认为纵向一体化本身就要加以反对。可以区分两种情况。最易于处理的情况是,如果没有由处于该产业阶段Ⅰ上的主要企业实行的纵向一体化,阶段Ⅱ就会以竞争性的方式得以组织。在这里对纵向一体化的反对是双重的。首先,阶段Ⅱ市场的剩余(非一体化的)部分被缩减,以致只有少数几家具备效率规模的企业,可为阶段Ⅱ市场提供产品。在其他情况下会打算进入阶段Ⅰ的企业,可能因此而被阻止进入。因为它们预料到将不得不承担进入带来的所有风险,同这些少数几家非一体化的阶段Ⅱ上的企业,进行备选者数目极小的交易谈判。而且,如果预期的阶段Ⅰ的进入者,缺少在阶段Ⅱ的相关活动方面的经验,并且,假如他们两个阶段都进入的话,就会因此承担高额的资本费用,那么,一体化的进入就可能变得失去吸引力。如果切断纵向联系,会在不损失规模经济的情况下,使竞争性的(备选者数目极大的)阶段Ⅱ的活动可能得以发展起来,那么,由领先企业对阶段Ⅰ和阶段Ⅱ实行的一体化,至少在进入方面就是反竞争的。

第二种情形是同整个(不仅仅是剩余的)市场容量相比,在 92
两个阶段上的规模经济都较大的情况。在这些情况下切断纵向联系的优点是,潜在的进入其中一个阶段的进入者,将较少受到进入那个阶段的阻碍,因为他们也将不必承担被附加于在不熟悉阶段进入的不利的资本费用。然而,能否由此会带来一笔福利收益则取决于两种抵消因素。首先，在每一阶段只有少数企业时，可以预料到，在阶段Ⅰ的企业和阶段Ⅱ的企业之间，关于契约条款的频繁的讨价还价，为每一方造成了预备性成本和谈判成本。但是，即使没有这些交易费用，预期的可能情况也将是不按边际成本价格在两个阶段之间转移物品和服务。[55] 假定所谈到的技术属于具有可变比例的类型，那么，结果会出现无效率的要素使用情况。[56] 于是，问题就是这两种类型的成本，是否被通过切断纵向联系实现的更容易的进入所带来的收益，大大地抵消掉了。

然而，在具有低度或中度集中程度的产业中的纵向一体化，却未造成这些同样的问题。在这里，进入其中一个阶段的企业，能预料到可以同另一个阶段上的各企业进行竞争性的交易谈判，无论那些企业是一体化的或非一体化的。[57] 其原因是，没有一家一体化的企业，在这样的交易方面拥有某种策略优势，而且，由各个一体化的企业集体（在供给方面或需求方面）实施共谋难以实现。所以，除了当所考虑的产业是高度集中的，或者是在较不集中的产业里，察觉到了集体拒绝交易的情况以外，纵向

---

[55] 然而，如果进入供给阶段的条件是容易的，那么，备选者数目极小的情况本身将不会引来垄断性的价格。参见斯蒂格勒，上文中脚注㉛，第 188 页。

[56] 麦肯齐（McKenzie，上文中脚注㉗）。

[57] 企业可预料到会进行竞争性的谈判，这当然并不保证它将赢得“正常”利润。这取决于供求状况。然而，在一个成长着的产业当中，非一体化的但在其他情况下具备资格条件的进入者，应该能够不费气力地为自己确保一个适当的位置，尽管其利润率可能比一体化的企业的利润率更多地随着商业周期发生波动。

一体化很少造成反托拉斯问题。[58] 若没有这类情况,纵向一体化就倾向于属于效率促进的类型。[59]

5.3 寡头垄断 93

在本节中对寡头垄断的论述较少是对寡头垄断本身的分析,而更多的是解释为什么人们会认为寡头垄断(oligopoly)可能在重要方面上和独占垄断(monopoly)有所不同。尽管这种不同可能看起来是显而易见的,但它并不总是这样;人们普遍持有这样一种观点,即对于独占垄断来说,分解成为寡头垄断局势并不是补救办法。[60] 唐·帕廷金(Don Patinkin)认为,如果不存在"从这种分解中得来的足够多的独立的企业,使竞争的运作成为可能……那么,我们就将以某种寡头垄断情况取代独占垄断,并且,极有可能我们会和在独占垄断条件下一样

---

[58] 这里假定阶段Ⅱ的进入并不容易。

[59] 我认为,在一个阶段之内的纵向一体化未给任何人造成任何问题。在这儿其理由就是在上述谈制针例子的上下文中提供的解释。在看起来是一个不集中的产业里,各阶段之间的纵向一体化经济是否得以实现,这倾向于依赖产品差异化方面的考虑。企业生产差异化的产品所需要的某些零部件,可能非常具有企业专用的性质,在这种情况下,真正的备选者数目众多的供给条件就可能是不可行的了。然而,在可以预见到存在竞争性供给条件(既是现在的又是预期的)的情况下,自我供应就没有可取之处(关于这一点,可参见威廉姆森,上文中脚注⑮)。

[60] 例如,加尔布雷斯(J. K. Galbraith, *American Capitalism* [1952], Boston: Houghton Mifflin, p. 58)认为严格的寡头垄断和独占垄断是等价的这种观点,在非产业组织专家中间尤为流行。

景况不妙”。[61]

我非常反对那种立场。它没有考虑到内部组织与协约相比在适应性方面上的长处，而且，它没有对使内部组织区别于企业之间组织的不同动机以及相关的欺诈倾向，给予充分的重视。

A. 交易研究方法的经济学背景[62]

费尔纳论具备条件的联合利润最大化

威廉·费尔纳(William Fellner)认为，依据从技术数据和效用函数得出的需求函数和供给函数，不可能就寡头垄断市场推断出确定的价格和产量。[63] 确切而言，其本身几乎没有一个不确定性大小的范围。因此，尽管被普遍接受的价格理论有益于确定这个不确定的区域，但需要“凭推测的相互依赖(conjectural interdependence)”的概念，以弄清在这些限度之内是怎样做出选择的。按照他的理解，“所有关于凭推测的相互依赖的问题，本质上都是谈判问题——如果我们在更宽泛的意义上解释谈判，包括‘隐含的’类型的话”。[64]

---

[61] Patinkin, Multiple plant firms, cartels, and imperfect competition, *Quarterly Journal of Economics*, 61(1947), p. 184.

[62] 我想提醒注意，但在这里没有讨论的两个关于寡头垄断的重要论述是特尔泽(L. Telser)，上文中脚注⑦以及舒比克(Shubik, Information, duopoly, and competitive markets: A sensitivity analysis, *Kyklos*, 26 [1973], p. 736)。在某种程度上，两者都是本着我提议的交易研究方法的精神，而且，二者提出了有助于评价这些问题的一种有用的建模工具。

[63] 费尔纳(Fellner, 1949 年，第 9 页—第 11 页)。

[64] 同上，第 16 页。

在这种不确定的范围之内,费尔纳确定了决定相对谈判力 94
量的四个因素。前两个因素与对交易谈判的社会限制和政治限制有关,并且,在这里我们不必为之耽搁时间。后两个因素情况更加明确具体:在陷入僵局时各方当事人承受损失和把损失强加给对方的能力;在不愿屈服让步方面的韧劲。[65]

他注意到,作为对各方当事人之间相对力量转变的反应,准协议(协定)将发生变化,而且,变化着的市场形势使寡头垄断性的竞争者有必要对其行为做出适当的调整。[66] 并且,这类准协议“通常并不处理构成总收益决定条件的**所有**经济变量”。[67] 尽管这部分地是由于“管理的境况”,在这些境况模糊不清的情况下,“它主要还是由于不同的人和组织预料到他们自身未来的状况,而采取措施造成的不确定性的一种结果……就那些在处理时需要技巧和智谋的变量(诸如那些与广告、产品更新、技术变革等等有直接关系的变量)来说,情况尤其是这样”。[68] 后来他指出,这些类型策略性变量的使用需要创造才能,[69]并指明,由于各方当事人的相对力量有待确定,“这种创造力的未来流量的现值无法以足够的精确度加以计算”。[70] 反过来,这阻碍了相应的准协议的达成。然而,随着一个产业“成熟起来”,特别是如果

[65] 费尔纳,1949 年,第 27 页—第 28 页。

[66] 同上,第 34 页。

[67] 同上,第 34 页。

[68] 同上,第 34 页—第 35 页。

[69] 同上,第 183 页—第 184 页。

[70] 同上,第 185 页。

新的进入者没有出现，在非价格变量方面的竞争程度可能被减弱。[71]

费尔纳指出，在(a)该产品是无差异的，以及(b)所有企业均具有同样的平坦的成本曲线的情况下，要在那些寡头垄断情形中实现充分的联合利润的最大化结果，利润共享(profit pooling)并不是必要的。[72] 在这些条件下，简单的市场分享协议将足以实现这一结果。然而，这样的条件代表着一种非常特殊的情况。而且，即使在这时，仍需要就针对变化着的需求条件要做出什么样的调整问题而达成协议。谁来决定？怎样调和分歧呢？

在存在成本差异和/或产品差异化的更一般的情况下，联合利润的最大化要求在企业之间存在现金流动。在这些情况下，
95 完全的共享意味着："不注意每个参与者直接从市场上赢得了多少利润，而只留意各参与者赢利的总量是多少。每个参与者根据其所占份额从赢利的共用总额中获得补偿。"[73]然而，利润共享被认为是危险的，这既是由于反托拉斯的原因，而且，甚至更是因为，"假如该协议被中止，且活跃的竞争得以恢复"，某些企业将处于"相当不利的地位"。[74] 结果，预计只有寡头垄断者之间具备条件的联合利润最大化才可能存在。

---

[71] 费尔纳，1949年，第188页—第189页。

[72] 同上，第129页。

[73] 同上，第135页。

[74] 同上，第133页、第196页。

斯蒂格勒论寡头垄断

斯蒂格勒把寡头垄断者希望通过共谋最大化联合利润视为既定,(75)并试图确定影响这种渴求的有效性的因素。虽然他承认,"共谋企业必须就适于他们准备确认的交易类型的价格结构达成一致意见",(76)但他的分析完全集中于监督这样一种共谋协议的问题上。"具有某种复杂性的价格结构",(77)即为产品与买者的异质性和激发潜在进入者的危险,预先做好"适当"安排的价格结构,被简单地归因于寡头垄断者。(78)

斯蒂格勒注意到,暗中违反这样的协议,一般会使寡头垄断的个别成员可能获得比他们在严格遵守该协议时所获得的更大的利润(79),这就需要有一种强制执行协议的机制。在斯蒂格勒看来,强制执行行动"基本上是由查明显著偏离一致同意的价格的行动构成。一旦被查明,偏离现象就将趋于消失,因为它们不再是秘密了,若不被取消的话,合伙的谋反者就将与之配合"。(80)相应地,某种微弱的密谋活动,则是其中"价格的削减只是查得缓慢而不彻底"的共谋活动。(81)

---

(75) G. Stigler, A Theory of Oligopoly, *Journal of Political Economy*, 72 (1964), p. 44.

(76) 同上,第 45 页。

(77) 同上,第 45 页。

(78) 斯蒂格勒简单地假定:"共谋已经达成,而且,已经就价格结构达成一致意见。"出处同上,第 46 页。

(79) 在这里,利润是作为预期的贴现值来表述的。

(80) 斯蒂格勒,上文中脚注(75),第 46 页。

(81) 同上。

既然对由卖者报告的交易价格进行审计是非法的，而且，在任何一种情况下都可能是不可靠的，[82]所以，为了查出秘密的削价行为，就需要了解由买方支付的交易价格。斯蒂格勒认为，在这个方面，统计推断技术是发现这种价格削减行为的一般方式。
96 特别是，查明价格削减者的基本方法是，他正在经营着在其他情况下不会获得的业务。[83] 这种对寡头垄断的统计推断研究方法的含义包括：(a)在买者正确地报告所支付的价格（如在政府出价当中）的市场上，共谋更为有效；[84](b)如果买者的身份连续不断地变化（如在建筑业当中），共谋受到限制；[85](c)在别的地方，共谋的有效性随着卖者的数目、买者的数目和新买主的比例呈反向变动，但随着卖者当中企业大小规模的不平衡程度呈正向变动。[86]

B. 交易分析的法律背景

特纳论有意的一致行为（Conscious Parallelism）

唐纳德·特纳（Donald Turner）对有意的一致行为的基本看法是，这种行为本身并不意味着协议。若认定是协议，就必须有另外的证据加以支持，即所观察到的一致行为不单纯是“一群

[82] 斯蒂格勒，1964年，第47页。
[83] 同上，第48页。
[84] 同上。
[85] 同上。
[86] 同上，第48页—第56页。

处于类似境地的竞争者,对同一组经济事实采取相同的却没有关联的反应”。[87] 他提出了一种“极端的假设”,用以阐明这个论点,在这种假设中只存在两个或三个供应者——每个都是同样大小,以同样的成本生产某种相同的产品,而且市场是静态的。[88] 在这些条件下,他认为,“每一个卖者的‘最佳’价格恰好是相等的,所有卖者都会知道这个价格是一样的,并且,认为其他人也将同样定价并有绝对把握,会毫不犹豫地采用这一价格”。[89] 尽管他对此未作详述,但看起来他在头脑中想到的这个价格是联合利润最大化(垄断)价格。[90]

特纳接着继续注意到,该假设是非常不现实的。产品很少 97
是完全同质的,一般会存在成本差异,而且,需要对变化着的市场条件状况做出调整。[91] 他相应地认为,“因为要出现某种类型的非竞争性定价……需要有我们可以称之为‘意见一致’的情

[87] Turner, The definition of agreement under the Sherman Act: Conscious parallelism and refusals to deal, *Harvard Law Review*, 75 (1962), pp. 655,658.

[88] 同上,第 663 页。

[89] 同上,第 663 页—第 664 页。

[90] 如果这种解释是正确的,那么特纳就是认为,这样一种价格并不是共谋性的。然而,显然,它是共谋性的——至少是在它并非独立行事的古诺双寡头垄断者(或三寡头垄断者)将会确定的价格的意义上。给定线性的需求和保持不变的边际成本,在不考虑价格相互依赖关系的情况下(即推测变差项为零),对每个企业来说,古诺均衡产量(q)为 $q=\left[\frac{1}{n+1}\right]\bar{Q}$。其中 n 为该产业中的企业数目,而 $\bar{Q}$ 为竞争性产量。比较而言,对每一个这样的企业来说,联合利润最大化的产量(q^*)为 $q^*=\frac{1}{2n}\bar{Q}$。显然,当 $n>1$ 时,$q^*<q$。(当 $n=1$ 时,两个计算式都得出垄断产量值。)

[91] 特纳,上文中脚注[87],第 664 页。

况，而这样的叫法并非不合情理”。[92] 然而，他拒绝把这种情况视为非法。没有明确的共谋，这仅仅是根据所有市场事实进行的理性的价格决定：[93]“如果独占垄断和垄断定价本身并不是非法的，那么，在没有通常类型的协议的情况下，寡头垄断和寡头垄断定价本身都不应该是非法的。”[94]

因为所考虑的这种行为无法以禁令加以纠正（“具体应该禁止什么呢？”），[95]所以，可以推测法律补救方法将不得不采取分解或剥离的形式。[96] 然而，这就将承认其根本问题是结构，而不是可予以纠正的行为。如果结构性的独占垄断不应该受到分解的限制，那么，可以推测结构性的寡头垄断就应该获准保持。尽管特纳在 1962 年拒绝对其中任一情况提出某种结构性的补救措施，但此后他已改变了他对两者的看法。[97]

---

⑨② 出处同上。正如在上文中脚注⑨⓪里指出的那样，要再次注意，独立运营的古诺双寡头垄断者并未收取竞争性的价格，但也并没有在任何通常的意义上采取共谋。特纳似乎隐含地认为，独立定价将获得竞争性的结果。由此，任何超过竞争性价格的价格，都被看作是已实现的相互依赖的一个迹象。波斯纳（Posner）似乎也持有这种观点。参见后文中附有脚注⑨⑧—⑩⑦的正文。

⑨③ 特纳，上文中脚注⑧⑦，第 666 页。

⑨④ 同上，第 667 页—第 668 页。

⑨⑤ 同上，第 669 页。

⑨⑥ 同上，第 671 页。

⑨⑦ 参见 Turner，The scope of antitrust and other economic regulatory policies，*Harvard Law Review*，82 (1969)，p. 207。关于有关的讨论，参见 Williamson，Dominant firms and the monopoly problem：Market failure considerations，*Harvard Law Review* 85 (1972)，p. 152。

波斯纳论寡头垄断

理查德·波斯纳(Richard Posner)反对特纳的看法,特纳认为某种自然的和非共谋型的寡头垄断性相互依赖解释了寡头垄断产业中的价格余额。[98] 相反,备选者数目极小的条件被认为仅仅是出现这样的价格余额的一个必要条件,而不是充分条件。[99] 因为"相互依赖理论并没有解释……寡头垄断性的卖者是怎样确定超竞争性价格的",[100]也包括对变化着的市场条件做出的调整,所以,波斯纳建议,对寡头垄断的研究应该转而按照卡特尔理论的思想方法继续进行下去。[101]

波斯纳的基本论点是,"使罕见的寡头垄断市场条件转变成 98
非竞争性定价的情形,由卖者采取自发行动是必要的"。[102] 而且,要完成有效的卡特尔行为成本高昂;必须完全承担交易谈判、调整和强制执行的成本。[103] 结果是,因为"策略性共谋或非竞争性定价在寡头垄断性市场结构之中是**非固有的**,但像传统的卡特尔的组成一样,需要由卖者采取另外的自发的行为",[104]所以,根据《谢尔曼法案》第一条[105]之规定,采取某种行为补救措

[98] Posner, Oligopoly and the antitrust laws: A suggested approach, *Stanford Law Review*, 21 (1969), p. 1562.

[99] 同上,第 1571 页。

[100] 同上,第 1568 页、第 1578 页。

[101] 同上,第 1568 页—第 1569 页。

[102] 同上,第 1575 页。

[103] 同上,第 1570 页。

[104] 同上,第 1578 页(着重号是后加的)。

[105] 15 USC,第 1 条(1970)。

施就被认为是合适的了。[106] 波斯纳总结道，一旦寡头垄断者面临着因共谋，默示的或非默示的，而遭受严厉惩罚的未来可能性，理性的寡头垄断者通常会决定不采取共谋行为，但将扩大其产量，直至实现竞争性的收益。[107]

C. 交易费用研究方法

为把注意力集中在我认为应属关键问题的内容上，最初我要假定，既然不存在对共谋的法律限制性规定，寡头垄断性协议就是合法的，但寡头垄断者在强制执行寡头垄断性协议的条款方面，无法诉诸法庭求得帮助。然而，假如那些禁止诽谤或破坏财产的法律得到遵守，那么，寡头垄断者就可采取惩罚性的行动，以使离经叛道的成员符合规范。假定进入是困难的；我还将假定，允许实行利润共享，但企业之间的横向兼并则受到禁止。[108]

我将论证，在这些条件下，寡头垄断者在达成、实施和强制执行协议方面一般会遇到困难，但是，这个论点并不意味着关于寡头垄断的法律不具有重要价值。在这方面，横向兼并受到禁止，以及共谋性的协议在法院看来是不可强制执行的这两条规

---

(106) Posner，上文中脚注(98)，第 1578 页—第 1593 页。

(107) 同上，第 1591 页。然而，这个结论似乎未被证实，因为独立运营的古诺寡头垄断者没有生产出竞争性的产出量。可参见上文中脚注(90)。

(108) 特尔泽，上文中脚注⑦，未做这最后一条假定。部分由于这个原因，他的分析与我的不同。

定,都是重要的。然而,如能证明,即使在法律允许共谋时,垄断性的结果也难以实现,那么,独占垄断(优势企业市场)与寡头垄断二者之间的绩效差异,就不应该主要归因于寡头垄断者之间的共谋的不合法性。[109] 自然可得出,如果对寡头垄断者来说,明 99
确且合法的协议难以达成和履行,那么默示的协议就是实现共谋极其不可靠的手段。

在下述的情况下,两个或多个当事人之间的协议将具有吸引力:(a)涉及的商品、服务或行为易于以书面形式加以规定;(b)有可能从集体行动中获得共同收益;(c)在面临不确定性时,协议的履行并不引起成本高昂的不休争论;(d)监督协议成本并不高;以及(e)被查出的不遵守协议的情况,以低额的强制执行费用带来数量相称的罚金。让我们考察一下,把在5.1节中提议的交易费用研究方法应用于寡头垄断协议中的上述各项条件。

条款的规定

请记住寡头垄断性的共谋被假定是合法的。共谋协议的各方当事人因此可公开地商谈,并以书面形式明确该协议的各个细节,而不会使他们自身遭到起诉。在这时要加以评价的问题是,这样所赋予的回旋余地是否使某种无所不包的共谋协议有可能被确定下来。

---

[109] 然而,我并非有意暗示禁止共谋的反托拉斯法律条文没有用处。它们无疑使典型的寡头垄断的问题复杂化了。

我认为，除非在极其特殊和不大可能发生的情况之下，由于交易费用，最大化联合利润(但不需要兼并)的无所不包的协议将很少是可行的。这种类型的无所不包的陈述，将需要关于每一个企业的成本和产品特征、每个企业之内各决策变量之间的相互作用结果，以及企业之间各决策变量相互影响结果的海量的知识。不仅要获得相关信息成本高昂，而且，更不用说整理信息和设计每一个企业应采取的恰当调整措施，但是，假如要写出接近于完备的某种协议的话，就必须在事前对整个一系列意外的未来事件，做这种信息收集和分析工作，而绝大部分这类事件将永远不会成为现实。

问题在于联合利润的最大化，即使作为一道抽象的练习题，一旦人们离开了最简单类型的教科书上的习题，也是非常难以实现的。同质的产品、相同的线性的和平坦的成本曲线以及静态的市场构成了“典型”。既然联合利润最大化的条件易于表示，在面对变化着的需求时，维持这些产品和成本假设不变，并不使这种抽象分析大大地复杂化，但是，在面对下面将加以讨论的不确定性时，运算上的问题稍微变得更加困难了。[110]

100 在更为现实的条件下，包括差异化的产品、产品和工艺创新、组织形式[111]变化以及销售费用和财务策略方面的修正，结果导致的复杂性与计划者的有限理性相比大得令人难以置信。另

[110] 可参见“不确定性条件下的实施”小节。

[111] 参见威廉姆森，上文中脚注㉒，第109页—第181页，在那种意义上。

外,此时最优化问题被置于不确定性条件下的一种多时期框架之内,抽象分析失去了作用。[112] 所以,可得出结论,缺少对共谋协议的法律上的禁止规定,并非阻碍无所不包的共谋的因素。[113] 相反,它乃是受阻于对有限理性的基本考虑。[114]

联合收益

在论证过程中,假设明确规定联合利润最大化的策略是可能的,那么,各方当事人会准备签署这样一种协议吗?我认为,倘若不是上面所提到的教科书上的简单情况,各方当事人通常会拒绝接受这种利润共享型的无所不包的联合利润最大化。

正如费尔纳(Fellner)所认为的,由于各方当事人之间在评价未来收益前景时,对应使用的合理折现率存在分歧,在一定程

[112] 关于在一个多产品的企业中,在(a)各产品线是各自独立的,(b)仅仅尝试探索法而不是完全的最优化方法,以及(c)仅仅考虑财务决策的情况下的联合利润最大化问题在运算上的处理,可参见 W. Hamilton and M. Moses, An optimization model for corporate financial planning, *Operations Research*, 21 (1972), p. 667。他们的模型包含近 1000 个变量和 750 个常量,出处同上,第 686 页,并检验了策略变量的不是一种而是多种配置格局。以企业之间的协议复制这样一种安排令人为难。进一步包括相互依赖的产品(这自然是在寡头垄断中的实际情况)和在正文中所讨论的全部各种决策变量,使该分析复杂化,这显示了试图无所不包地最大化联合利润有明显的不可行性——即使采用探索模拟方法,更不用说采用确定的书面协议方式了。

[113] 然而,在上文中脚注[109]里所表达的观点又一次适用于此。

[114] 当然,可能寡头垄断者会在市场的某些方面比在另一些方面更容易达成协议。面对着他们为得到协议所做努力的递减边际收益(交易费用),他们可能谈妥某一范围不那么全面的协议。然而,也有可能因各当事人无力就某些事项达成一致,而会使无论任何一种协议都无法达成,即使是就若他们独自考虑时可能确定下来的事项,也无法协商确定了。

度上会出现意见不一致。然而,无疑更为基本的问题则是利润共享带来的风险和监督费用。正如费尔纳注意到的,如果要实现联合利润最大化这一结果,某些当事人就必须同意削减相对产量并收缩企业相对的大小规模。然而,这是担风险的。作为该协议的一个结果被授权相对扩张的企业,在日后某个时候将处于要求重新商定协议安排的有利地位。惟恐出现这样的机会
101 主义,被指示实行紧缩的企业将从开始时即拒绝接受某种全面的利润共享安排。而且,即便撇开这样的顾虑,由于机会主义和信息阻塞的结合,监督这种利润共享协议的成本也将是高昂的。这将在下面加以讨论。[115]

不确定性条件下的实施[116]

在不确定性的条件下,实施某项协议要求各方当事人在出现环境变化时,应当对形成了什么样的新事态达成一致意见。如果从对事态的任何一种真实描述来说,存在下列情况,那么,就会出现问题:(a)若所宣称的事态与实际情况不符,某些当事人将实现获益,而且,或者(b)有关事态的信息分散在各方当事人中间又必须共同使用,或者(c)不论所有各方当事人是否拥有同样的信息,都仍然必须达成最后的协议。

让我们考虑一下信息条件(c)。即使所有各方当事人拥有关于真实环境状况的同样信息,他们也未必对实际上已达到什

[115] 可参见下文中"监督协议的履行"一小节。

[116] 和前面与后面的各小节不同,在这里的讨论假定并不试图实现联合利润的最大化。

么样的事态达成一致意见。如果各方当事人没有完全约定应怎样把观察资料解释为对事态的描述,那么,就可预见到会出现意见上的分歧。如果某些当事人坚持要求在协议中宣称某一种事态,以从中获益,但若协议中所断言的是另一种事态,则其他当事人将会获益,而且,如果每一方都可为其立场找到貌似有理的理由,那么,就可预见到将存在支持每一种结果的机会主义表现。于是,必定为出现的不休争论付出高昂的代价。

举例说明如下,假定已知在 t 日的需求仅仅是 $t-1$ 日的平均气温的函数:若 $t-1$ 日的平均气温超过 T_0,则 t 日的需求属于 D_1 型;否则,它属于 D_2 型。再假定所有企业都可以自由地获得 $t-1$ 日在早晨 4:00、中午 12:00 和晚上 8:00 的气温读数。如果在 t 日,前一天几个气温读数的单位加权平均值远高于或远低于 T_0,那么,就可毫无困难地断定需求的类型。但假定 $t-1$ 日气温的单位加权平均值恰好稍大于 T_0,而以 0.95、1.10和0.95的权重计算,则将把平均值降到 T_0 以下。如果当需求被断定属于 D_2 型时,尽管它实际上是 D_1 型,某些当事人获益的话,那么,他们就会坚称,"众所周知",在计算每日的平均气温时,午时的气温值应被赋予一个较大的权重。于是,可能必然出现长时间的不休争论。而且,在事态是多方面的这种通常的情况下,出现这样的争论的机会自然而然就会增多。[117] 102

---

[117] 如果事态是以具有 n 个分量的一个向量描述的,每一个分量只取两个值中的一个,那么,可能的状态的数目就是 2^n。当 $n=8$ 时,这几乎构不成一种复杂的事态描述,则可能状态的数目是256,此数目大得惊人。

若具备(b)条件，这些问题就变得复杂化了。此时确定真实事态的必要信息是分散的，而且需要数据资料的共用。如果各方当事人选择性地披露或扭曲他们已经优先获取的信息，那么，关于如何解释数据资料的协议，就没有多少用处。因此，机会主义和信息阻塞的结合，对寡头垄断者造成了严重的实施问题。

监督协议的履行

正如斯蒂格勒指出的，而且，也是被广泛认可的，如果寡头垄断者相信，作弊(cheating)至少在一段时间内将不会被查出来，他们就会产生在价格固定协议上弄虚作假的动机。既然卖者准确地了解销售的条件是什么，但考虑到不确定性的情况，其竞争对手们并不知道，并且，只有付出一定费用才能确定这些条件，假定关于个别销售的信息是阻塞的，个别卖者就能够经常把价格削减到商定水平之下，以不利于采取共谋行动的其他当事者。机会主义(此处表现为作弊)与信息阻塞的结合使寡头垄断性的协议难以监督。

而且，这个论点在除价格外的各项因素方面，也适用于寡头垄断性的共谋。要说有什么区别的话，对于准备遵守协议的非机会主义的当事人来说，同意在营销费用、研究与开发努力以及类似业务活动方面实行共谋，甚至比价格共谋更要承担风险。尽管按照事实易于确定某个竞争对手已做出了重大的设计变革，或者违反协议推出了某种新产品，但这样的信息可能来得太迟了。如果从例如可归因于某种“非法”创新的市场份额的巨大变化之中恢复过来,其费用极高,那么,查明这样一种违反行为,就将是没有多大帮助的——当然,除非所有企业都保持针对这样的意外情况的防御立场,在这种情况下,几乎无法确定这些非价格方面的共谋是有效的。

正如上面所提到的那样,利润共享也受到了监督问题的限制。[118] 即便各企业准备考虑这样的协议,其中所有利润被汇集到一起,而且每个参与者被分给总额中的一份,但仍然存在着决定每一个企业对共享总额的分担额应该是多少的问题。个别企业在这些条件下具有少报真实利润额的动机。

而且,仅仅审计每个企业的赢利,即使达到完全揭示收益和 103
成本的**所有**根源的程度,仍不足以避免扭曲。还必须做出对个别费用项目的评估。在这里审计者面临的这些问题,近似于在监督成本加成(或更具一般性地,成本分摊)防务契约时,各防务机构面对的那些问题。[119] 除非能确定某些类型或数量的实际成本是没有正当理由的,并由此将不予承认,每一个企业都具有导致过高成本的动机。

费用过高可表现为以下几种形式中的任意一种。或许最简单的形式是允许某些工序运作松懈,结果该企业内的管理者和

---

[118] 可参见上文中“联合收益”一小节。

[119] 关于防务协约的讨论,可参见 F. Scherer, *The Weapons Acquisition Process* (1964), Boston: Harvard Graduate School of Business 以及 O. E. Williamson, The economics of defense contracting: incentives and performance, in *Issues in Defense Economics*, ed. R. McKean, New York: National Bureau of Economic Research, p. 217。

工人们就以在职闲暇形式获得部分报酬。第二种形式是允许工资迅速上升，在这种情况下，将导致全体个人消费支出额超过从利益最大化的观点来看应达到的水平。第三种也是最重要的形式是，各企业可能承受在未来时期使他们处于某种策略优势地位的当期成本。开发新的和改进型的技术或培训劳动者队伍是这种成本的范例。在这几个方面评价个别企业的绩效，至少是比简单审计收益和成本流量更加困难的一项重大任务。因此，利润共享造成了严重的强制执行问题，即便是假定这项协议本身是合法的。

处罚违反行为

请记住我们曾假定，虽然共谋协议并不是非法的，但这样的协议的参与者却无法请求法院帮助强制执行协议。相反，必须由该契约的各方当事人来断定违反者并执行惩罚。于是，出现了与惩罚有关的两种类型问题。第一，若加以实施，这些惩罚是否对想要违反协议者构成了一种威慑力量？第二，即使可以设计具有效力的惩罚措施，共谋的各方当事人会不会准备施以惩罚呢？

因为参与共谋者没有法定起诉权，诸如罚金和监禁刑罚之类传统处罚手段就可能无法运用。确切而言，在市场中迫切需要使违反者面临异常不利条件的处罚手段。于是，配合以削减价格甚至是实行低于竞争价的售价，抢夺市场。通常类型的企业之间的合作（例如零部件的供应）被暂停下来。重要的雇员可能会被挖走。然而，除非是在关键供应品方面，离经叛道的企业高度依赖于各竞争对手,这样的市场对抗反应可能正是该违约企业打算冒险承受的反应。

首先,该契约违反者并不是因在市场中规定这些处罚手段 104
而将受到不利影响的唯一的企业。给予惩罚的企业也要承担成本。[120] 其次,与此相关,要确保惩罚该违反者所必需的集体行动这一点可能是难以做到的。因此,尽管所有企业可能一致认为已经发生了某件违反行为事件,而且,该违反者应当受到惩罚,但并非所有企业都可能打算参与执行惩罚。背叛者(例如那些或许愿意以高价为离经叛道者供应必不可少的零部件的人),也就是说机会主义者,即拒绝承担惩罚该违反者所付成本的人,自然降低了被查明违背协议的成本。在这样的背叛行为被认为可能出现的情况下,共谋协议的可行性就更小了。[121]

---

[120] 惩罚性的市场反应措施要求,各企业怀着阻止未来的骗子并使现在的骗子重回原组织的希望,承担短期的利润牺牲。

[121] 尽管所描述的这种机会主义行为,主要反映了对该集团不利的实现短期个别收益的一种进攻性的尝试,但企业出于防御性的理由也采取这样的行为。防御性的机会主义体现着对该集团其他成员的可靠性缺乏信心,并不愿意冒被置于策略不利地位的风险。

虽然无论在一个产业中企业的"成熟"程度有多大,无论何时任何一个特定企业的独立生存发展能力受到威胁,就可以预料到会出现进攻性的或武断的机会主义,但防御性的机会主义将随着成熟程度呈反向变动。因为防御性的机会主义若被广泛采取,对彼此都是不利的,并且,因为这对各方当事人而言是不言而喻的,所以,可预料到通常会有组织学习(organizational learning)。其中,易于形成在不存在进攻性的意图时,将不致遭到误解的宣布意图的方式或意图信号传递的方式。所以,如果该产业不是经常出现新的进入者的产业,没有对于企业之间的学习和通融的明显的破坏性结果,那么,出现防御性的机会主义的机会就可能将随着一个产业走向成熟而减少。

D. 政策含义：优势企业与寡头垄断性相互依赖的对比

独占垄断者（或优势企业）在调整方面拥有优于寡头垄断者的优势，因为他不必通过签订书面契约确定各种未来的意外情况，并在那里设计恰当的调整措施。相反，当各种意外情况发生时，他可以直接面对这些情况；船到桥头自然直，而不必在事前决定怎样过预计要面对的所有桥梁。[122] 换句话说，独占垄断者可以运用一种适应性的连续决策程序，该程序大大地降低了对有限理性的要求，从而使自身免于遭受契约不完备性的风险，而一组策划共谋的寡头垄断者却要面对这种风险。企业之内的调
105 整（与企业之间的情况对比），也因各方当事人之间有效的尽管经常是非正式的沟通规范，和一种相关的信任关系有了更加充分的发展，而得到促进。[123] 因此，虽然我的意思并不是暗示不存在任何要消除的成本，[124]并且，相应地并不是提议把它作为一种自动的补救办法，但认为寡头垄断者将能够仿效独占垄断者的（联合）利润最大化策略，这种看法完全无法自圆其说。即使就某个特定的协议作弊不成问题，但仍然存在着在寡头垄断者之间达成该特定协议的需要。详尽无遗地完整地规定协议内容的高额成本，妨碍了欲达到无所不包程度的努力——在这种情况

---

[122] 关于适应性的连续性的决策制定，可参见 H. Chernoff and L. Moses, *Elementary Decision Theory* (1959), New York: Norton, pp. 166—194。

[123] K. Arrow, *On the Limits of Organization* (1974), New York: John Wiley.

[124] 参见威廉姆森，上文中脚注[97]，第 1528 页—第 1530 页。

下,因为实际的寡头垄断契约属于不完备协调的类型,所以可以预料到会形成一种非价格型的竞争。

再者,假定寡头垄断者们会自愿遵守他们达成的无论多么有限的协议,这显然是不合情理的。作弊是寡头垄断性共谋的一个可以预料到的结果;文献记载中充满了这样的例子。[125] 机会主义与信息阻塞的结合解释了这种状况。

相比之下,独占垄断者并未面临同样的削弱机会主义的需要。即使是在已经形成自主经营的部门,每个部门都作为一个利润中心来运作的独占垄断企业之内,由于以下原因,在协议上部门之间的弄虚作假也将比企业之间的作弊情形少得多:(a)收益远远不能完全由背叛的部门侵占,(b)查明作弊所遇到的困难远远小得多,而且,(c)内部组织可以使用的处罚手段(包括解雇心胸狭隘的部门经理)更有效力。和所有权相互独立的各寡头垄断企业不同,各经营部门对其利润流量并不拥有完全的优先索取权(所以作弊的倾向较弱),而且,不同于寡头垄断,他们受到细致的审计包括内部效绩评估的限制。还有,在各寡头垄断者通常只能通过由他们自身承担成本(例如,通过相同幅度或比之幅度更大的价格削减)来处罚背叛者的情况下,独占垄断企业可以运用有力的且设计精妙的内部激励体系,该体系并不要

---

[125] 关于作弊和寡头垄断性共谋破裂的若干讨论和例子,可参见帕廷金(Patinkin),上文中脚注[61],第 200 页—第 204 页;波斯纳,上文中脚注[98],第 1570 页;R. Smith, *Corporations in Crisis* (1966), New York: Doubleday, pp. 113—166。

求它承受价格削减型的市场处罚方法。[126] 它可以用一种准司法的方式给予企业内的集团和个人以处罚，并以这种方式，承担着法制体系的某些职能。总之，威胁着寡头垄断者之间协议的机会主义，对优势企业而言并不是那么严重的问题。

106 更一般地说，我的论点可归结为：**在任何综合意义上**把寡头垄断者视为共同的独占垄断者是天真的——尤其是如果他们拥有差异化的产品，具有不同的成本经验，在市场方面由于规模大小不同而处境各异，并且，除了最原始类型的协调手段之外，显然缺乏实现和强制实施寡头垄断性协调赖以借助的机制。所以，除非是在生产同质产品的高度集中的产业之中，存在着重大的进入壁垒，并处于某个成熟的发展阶段上，否则，寡头垄断不可能造成适于采取分解补救方法的反托拉斯问题。在一般的寡头垄断情况中，实现共谋的尝试不可能成功，或者即便可能取得成功，也将需要各共谋参与者之间有充分明确清晰的沟通。对此，针对价格固定的正常法律补救措施，包括禁止共谋的禁令，就将足以满足要求。

然而，在该产业属于刚刚描述过的特殊类型的情况下，被认可的相互依赖性可能足够广泛地存在，以致使默示的共谋可能取得成功。正如特纳(Turner)注意到的，在这种情况下，禁令性的法律补救措施不解决问题。[127] 于是，分拆应该积极地予以

---

[126] 可参见威廉姆森，上文中脚注[22]，第 54 页—第 73 页、第 109 页—第119 页。

[127] 特纳，上文中脚注[95]。

考虑。最近由反托拉斯局对石膏业中的主要企业提起诉讼的案子,提供了一个通用范例,在这种情况下,假定可证实指控成立,即可证明分拆的正当性。[128] 比较而言,由联邦贸易委员会提起诉讼的谷物案件,就不是看来能进行全面共谋的案例。[129]

然而,这并不意味着谷物业没有造成任何一种公共政策问题。仅仅因为共同的独占垄断模型不能很好适用,并不意味着公共政策的顾虑就消失了。但我竭力主张,应把注意力集中在该产业中那些被认为会引起反对的特定惯例上。例如,如果可合理证实在谷物业中广告活动过度,那么,就可以直接予以处理。需要做的是,有选择地注意造成浪费的具体做法,而不是笼统的共谋理论。

这个讨论的一个相关含义是,分解优势企业并不是一种徒然无益的经济活动,这么做仅仅是为了政治或社会目的而削弱大型公司权力的聚合体,却不可能产生显著的经济效果。由于上面提出的所有理由,几个独立的实体无法在价格与非价格方面的政策之间,实现像一个单独的企业能够做到的同样程度的协调。[130] 而且,可预料到会出现的价格与非价格差异[131]一般将对 107

[128] *United States v. United States Gypsum Co.*, Crim. No. 73—347 (W. D. Pa., filed 27 Dec. 1973); cf. *United States v. United States Gypsum Co.*, Crim. No. 1042—1073 (DDC. filed 27 Dcc., 1973).

[129] In re Kellogg Co., No. 8883 (FTC, filed 24 Jan., 1972).

[130] 可参见上文中脚注[112]。

[131] 凯森和特纳(1959 年),第 114 页—第 115 页。

消费者的利益产生影响。(132) 相应地，在优势企业的分解方面，就必须施行一种更加强硬的反托拉斯政策。(133)

(132) 然而，有时可观察到在实行产品差异化的各寡头垄断者中间造成浪费的销售支出或产品开发支出。假如要把某个优势企业分拆成几个独立的有差别的部分，就可适当地采取具体步骤以限制这种现象。

(133) 可参见上文中在脚注(97)引证的资料来源。

在这一点上，读者会发现对交易研究方法及其之前的研究方法做个总结是有益的。这些方法经常相互契合，但存在着许多悬殊差别。按照交易费用研究方法，正如按照费尔纳的方法一样，寡头垄断问题是被作为一种已确认的相互依赖问题予以处理的。还有，如对费尔纳而言，相互依赖问题的多维度性质得到强调；特别是在具有差异化产品的产业当中，价格协调仅仅是该问题的一个组成部分。但是，鉴于费尔纳把相互依赖问题归因于折算不确定的未来价值的复杂性和共担风险中的复杂性，我按照关于相机要求权的"协约"的思考方法来说明这个问题。虽然这些方法并不是彼此无关的，但后者强调了达成协议和强制执行协议的问题，这使我们可以明确地利用在5.1节中概略提出的交易费用研究框架。从而提供了对寡头垄断性共谋问题的一个更充分的评价。

斯蒂格勒(Stigler)的分析几乎完全是按照价格思路进行的。而且，他把共谋协议本身视为既定，转而把注意力集中于作弊和用于查明作弊者的统计推断技术上。虽然最后提到的这一点非常有用，并以一种有趣的方式提醒注意其他人相当忽视寡头垄断问题的几个方面内容，但它也是非常不完整的。在第C小节中的讨论显示出，监督仅仅是寡头垄断性共谋的一系列步骤之一，而且，显然不是应受到最大程度关注的一个步骤。

特纳(Turner)和波斯纳(Posner)两人在其对寡头垄断的讨论中，主要关注的也是价格。但他们彼此之间的相似之处仅此而已。尽管特纳强调了已确认的相互依赖型的默示共谋，并发现禁制令的法律补救措施将不起作用，但波斯纳认为相互依赖理论不解决问题，并转而把寡头垄断作为一种卡特尔问题来讨论，得出的结论是禁制令的法律救济方法是适宜的。

我的讨论的实质有些近似于波斯纳的卡特尔分析，但具体细节显然不同。我按照可实现什么样一种合法的卡特尔的思路，重述了这个问题。还有，我远远比波斯纳更加关心成功的企业间协议的细节与障碍。最后，我同意特纳的观点，即在高度集中的、有同质产品的、进入受阻的成熟产业当中，禁制令的法律救济措施不可能是有效的。相反，在这种情况下必须施行结构性的法律救济措施。

5.4 联合企业组织

A. 公认的微观理论与交易性解释的对比

正如前面引述的博克(Bork)和鲍曼(Bowman)的话清晰表明的那样，[134]被人们普遍接受的微观理论不愿意承认资本市场的运作可能会存在摩擦。部分由于这个理由，人们仍坚持着，经理人员会以实现完全的利润最大化方式经营企业这个虚构想象。人们认为，由心胸狭隘的经理人员采取的，以损害公司的赢 108
利能力为代价，促进其自身目标实现的任何企图，都会通过资本市场遭到干预。对公司的有效控制会被转移到那些意识到差错的当事者身上；于是会很快地恢复利润最大化行为。

负责查明和校正企业内异常行为的当事人，自然要分享改组后的管理阶层将会实现的更大利润。然而，这个分享额并不大。一个理由是，根据假定，现任的管理阶层很少有造成无效率或出现渎职行为的机会，因为，任何趋于刚愎自用的倾向会很快被查出来，并不必耗费多少成本即被消灭掉。相应地，由接管带来的增量利润收益额将是小的。而且，据推测，公司控制权市场是这样一种情况，其中以非共谋的形式组织着大量的具备资格条件的接管代理者。竞争性的报价确保了把接管收益大部分转

[134] 上文中附有脚注㊶—㊷的正文。

移给各个股东。

肖里·彼得森(Shorey Peterson)关于公司行为的乐观观点大致属于这种类型。他概括道不理会利润目标的自由是“小的”,[135]并继续评论说:“远远不是一种普通的选举,代理权的较量是一种灾难性的事件,其唯一的可能性乃是一种威胁,并且,当事态处于引人注目的紊乱状态时,并不是一种遥不可及的威胁。”[136]实际上,甚至“小股东们……也会被严重的假公济私的证据激怒”。[137] 根据法律禁令的效力“不应以被发现的犯罪行为,而应以被阻止的犯罪行为”做出评判的原则,他得出结论,这样的单位尽管罕见,但在帮助监督公司体制方面却可能已有很多建树。[138]

虽然我并非有意暗示这样的威慑因素一直并不重要,但彼得森的评论在我看来是和这样一种论点一致的,即如果现任的管理阶层倾向于抵制接管行动,传统的资本市场就会受到严重的信息阻塞问题的困扰,并招致重大的撤换成本(displacement costs)。为什么还提到灾难性的事件、引人注目的紊乱状态以及严重的假公济私呢?设计精妙的控制体系正为之运作的体制,哪能是使用这些词所描述的体制呢?! 正如最近的军事史所

---

[135] Peterson, Corporate control and capitalism, *Quarterly Journal of Economics*, 79 (1965), pp. 1, 11.

[136] 同上,第 21 页(着重号是后加的)。

[137] 同上(着重号是后加的)。

[138] 同上。

表明的那样，只有当某种冒犯行为达到极大程度时，涉及对该体系进行一次大型的个别冲击的控制才是适宜的。相应地，机会主义的范围要比彼得森似乎准备承认的更加宽阔。

以资本市场对管理绩效进行的传统控制之所以相对粗陋， 109
是因为企业的内部状况不被广泛了解或不易于发现(信息阻塞)，而且，寻求获得企业控制权的那些人(接管代理者)，可能以机会主义的手段狠狠地占股东们的有限理性的便宜。信息阻塞意味着，除非费尽气力，局外人无法对企业已经背离利润最大化的标准做出可信的判断。企业是一种复杂的组织，并且，其绩效是外生的经济事件、竞争对手的行为和内部决策共同作用的结果。相应地，难以做出原因推断，因此，要查明机会主义则代价高昂。而且，一旦查出来，使有利害关系的股东们确信应该支持撤换的努力，也会遇到难题。由于股东们的时间和分析能力并非免费物品(这也就是说由有限理性造成的限制必须予以重视)，想要接管企业的代理者简直无法罗列他的所有证据，期望股东们予以评价，并得出"恰当的"结论。相反，任何对股东们的恳求，都必须以对事实的高度节略简化的解释方式做出。尽管这有助于克服股东们的有限理性问题，但它造成了另外一个问题:有利害关系的股东(或其代理者)怎样区分真诚守信的接管代理者和机会主义的接管代理者呢?

这些评论的要旨是，与彼得森所描述类型的、用以监督管理的、*传统*资本市场过程相关的交易费用是相当大的。相应地，向现任管理阶层敞开的自由决定的行为范围，比彼得森和其他赞同无摩擦的资本市场这个想象的人们所承认的要宽得多。[139]

(适当类型的)[140]联合企业组织形式一个更诱人的特性是，它有助于克服传统资本市场的某些上述局限性。我将在下面阐发的论点，在本质上可归结为这样一种看法，即(适当类型的)联
110 合企业起着微型资本市场的作用，其资源配置结果总的来说是有益的。

然而，这造成了下面这个悖论：传统假设认定，更多的选择总是比较少的选择更为可取，根据这一点，银行业体系就此而言应该具有比任何一种微型的模拟体系优越的资源配置特性。换言之，究竟为什么微型的资本市场会比真正的资本市场更加可取呢？正如可能预见到的那样，交易费用方面的考量提供了答案。如果决策制定者可以容易地获知比以往更大范围的备选方案，并从中明智地做出选择，那么，就没有必要取代传统的市场。但是，显而易见，在必须评价复杂事件的情况下，会很快达到信息处理的最大限度。结果，扩大选择的范围不仅可能是毫无用

[139] 斯迈利(Smiley)估计，“每股的交易费用约为在成功的[投标]报价之后该股票市值的14%”，并认为这样一种费用水平证实了“对投标报价在约束经理人员按照其股东们的最佳利益行事方面有效性的怀疑意见”。参见 R. Smiley, The Economics of Tender Offers (July 1973), pp. 124—125 (Unpublished PhD dissertation, Stanford University)。

[140] 这假定联合企业的等级结构和内部控制过程满足了我在别处规定的必要条件(威廉姆森，上文中脚注㉒，第120页—第153页)。尽管当然存在着其他类型的联合企业，但那些缺乏某种基本的效率原因解释的(与暂时的金融方面的原因阐释不同)，从长期看大概将被区分开来。那些造成了金融问题的，由证券交易委员会(SEC)做出了最好的论述。我的讨论回避了这些内容，并侧重于反托拉斯问题。

处的,而且会造成净不利后果。这就涉及在信息的宽度与信息的深度二者之间的平衡,从前者来看,可以认定银行业体系具有优势,而后者则是专业化企业的优势。[141] 可把联合企业看作一种中间形式,从理论上说,它在宽度—深度的平衡方面实现了最优。[142] 尽管由联合企业管理部门考虑的备选方案数目是有限的,但它关于每个方案的知识仍然是相对深刻的。由于它像一个内部控制机构那样运作,它的审计能力更加全面,而且,它的控制手段比外部控制机构可以运用的手段更具有选择性。结果,减小了信息阻塞,而且,在此过程中,机会主义受到削弱。

B. 反对联合企业的理由

我认为,公认的微观理论未把企业的内部组织视为值得关注之事,这是造成波斯纳(Posner)所说的"联合公司之谜"[143]的原因。然而,这个谜团并没有阻止那些主要依据公认微观理论

---

[141] 然而,随着专业化的企业规模变得非常庞大,会出现信息深度的问题。可参见威廉姆森,上文中脚注㉒,第 14 页—第 40 页。

[142] 关于对联合企业的有些类似的解释,参见阿尔奇安(Alchian)与德姆塞茨(Demsetz)(1972 年),第 777 页—第 795 页。关于使用计算机扩大企业有效处理更大范围的一组投资选择方案最高限度的研究,参见汉密尔顿和摩西(Hamilton & Moses),上文中脚注[112]。关于对联合企业的一项跨部门研究(然而未做组织形式的区分),可参见 Weston & Mansinghka, Tests of the efficiency performance of conglomerate firms, *J. Finance*, 26 (1971), p. 419。

[143] R. Posner, *Economic Analysis of Law* (1972), Boston: Little, Brown, p. 204.

的人大胆地表达这样一种看法，即联合企业没有反竞争的意图
111 或潜在可能性，而且，不应该成为反托拉斯起诉的对象。[144] 但是，还必须根据公认的微观理论，提出对联合企业的肯定性的原因解释。[145]

反对联合企业的平民主义批评家们没有让这个差错逃过他们的眼睛。罗伯特·索洛(Robert Solo)的观点也许具有代表性。他认为，“当面对着一种真正危险的现象时，诸如 20 世纪 60 年代的联合企业兼并，这是由于金融操纵者们为谋利炒作证券而造成的，职业反托拉斯经济学家们对此缄默不言。像现代企业的其他事实一样，这种大概将颠覆世世代代的管理有效性和组织依据的现象，超出了他们的概念框架”。[146]

在这方面应当讲清以下若干事项。第一，出于对反托拉斯经济学家们的辩护，我想指出金融操纵并不是他们主要关切的事情。这是证券交易委员会而不是反托拉斯局的主要工作。尽管索洛可能有理由反对说，经济学家们过于眼界狭窄，不过，因

---

[144] 关于探讨这种立场的报告，可参见《美国总统特别工作组谈生产力与竞争》(*US President's Task Force on Productivity and Competition*)。

[145] 有人认为互惠具有诱人的效率特性，因为在原本存在刚性价格的情况下，它方便了价格酌减。虽然我承认可按这种方式运用互惠手段，但我并不觉得它是联合企业的一条特别令人信服的经济理由。无疑，整个联合企业的活动不应该从这些方面来解释。还有，我认为，认识到互惠可能具有无效率的后果是有益处的。一旦开始运用，也许是作为一种价格酌减技巧，那么，它就会被继续下去，因为它适合于销售人员的官僚主义偏好。

[146] R. Solo, new maths and old sterilities, *Saturday Review*, 22 Jan. 1972, pp. 47—48.

为目前工作事项是分担开来的,所以,恰恰是证券专家们可能负有责任。第二,更重要的是,索洛的全盘指责完全没有指明联合企业现象的具体危害。第三,我同意,要想认识联合企业就要求对传统框架加以扩展。不过,我认为值得注意的是,反对联合企业的平民主义批评家和公认的微观理论家一样,都几乎没有注意到内部组织以资本市场替代效应形式表现出来的资源配置结果。最后,联合企业表现出多种多样的形式,并具有多种多样的用途。相应地,任何对联合企业的抨击都应该是有选择的,而不应该漫无目标。

对组织创新的反应各不相同。竞争对手企业和金融分析家的最初反应,一般是漠视这样的变化。这部分地是因为"重组"是正身处窘境的企业所采取的一种通常的反应。在最开始时很难分清这种反应是意在根除官僚主义积弊,或是通过给人以已采取正确行动的印象,从股东那里赢得时间,或者(相反或此外),它是否代表了应受到更加普遍注意的一种真正具有根本性的结构变迁。[147] 若用交易费用的术语来表述,这个问题就是人 112
们无法轻易地把机会主义的结构性变化和源于信息阻塞与有限理性的根本性结构变化区分开来。考虑到无力传达和抽象地评价组织变化的重要性(或这样做成本高昂),其趋势是将等待和

[147] 关于这一点,注意到下述情况很有意思,在20世纪20年代,通用汽车公司的管理人员们花了相当大的努力,告诉整个商界他们所设计的多部门结构的特征和重要性,但却没有多少效果。

观望组织变化在绩效结果方面会有什么样的表现。由于绩效是除组织结构一个因素之外的许多因素的函数,要区分出组织变化的效果是困难的。所以,通常可以看到在根本性的创新与普遍的仿效二者之间存在一种长时间的认识滞后现象。[148]

平民派的公共政策分析家们倾向于把组织创新看作具有反竞争的意图。他们很少想到这样的创新具有可能的效率结果,这主要是因为,人们认为效率存在于技术性因素,而不存在于交易性因素。哈伦·布莱克(Harlan Blake)受到普遍赞赏的对联合企业的评价及其政策含义,就是遵循这种技术传统。[149] 像索洛的论述一样,他所做出的往往是总括性的论述而不是有所选择的论述。他提到的这样一段话就是轻率的:“其反竞争的潜在可能性如此普遍地存在着,以致可以恰如其分地说,这样的兼并对经济体制全局——在商界的每一个行业、在这个国度的每一个地区,都造成了影响。”[150]通过对这种抨击加以限定,我们会更好地增进对联合企业现象的认识。[151]

首先,应该做出组织形式的区分,而布莱克完全未做区分。把大小规模方面的考虑置之不顾,他把所有的联合企业当作一个没有差别的群体。但有迹象表明,即使是某些法院或许也要

---

[148] 参见钱德勒,上文中脚注㉔。

[149] H. Blake, Conglomerate mergers and the antitrust laws, *Columbia Law Review*, 73 (1973), p. 555.

[150] 同上。

[151] 关于限定这种抨击的尝试,可参见在下文中第C小节里的讨论。

比他更有识别力。[152] 更一般地说,关键的一点在于,恰恰因为市场结构影响到市场绩效,所以,同样应该考虑内部组织影响企业绩效的可能性。[153]

尽管布莱克认识到联合企业对公司控制权市场可能已经具 113
有了鼓舞人心的作用,[154]但并不把它在内部使资产从较低收益向较高收益的用途进行重新配置的能力,看作一种值得肯定的因素。甚至还不如说,他似乎暗示着,内部的资源重新配置同资本市场中的重新配置相比,是对社会有危害的。[155] 然而,在这样一种经济体当中,即其中由资本市场返还资金并重新配置资金导致了重大的交易成本,并且/或者,其中专业化企业的经理人

[152] 因此,在国际电话电报公司—哈特福德保险公司一案中,地方法院由于组织形式方面的因素,准备不再考虑政府持有的互惠观点。参见 *United States v. International Tel. & Tel. Corp.*, 306 F. Supp. 766, 779, 782—783, 790, 795 (D. Conn. 1969) (hold separate order); *United States v. International Tel. & Tel. Corp.*, 324 F. Supp. 19, 45 (D. Conn. 1970) (judgment for defendant)。

[153] 有关从新英格兰制造业企业在 20 世纪最初十年的末期实行的"内部协约",到因为交易费用的理由而进行的纵向一体化的转变的解释,可参见威廉姆森,上文中脚注②,第 322 页—第 324 页。

[154] 布莱克,上文中脚注[149],第 562 页—第 563 页、第 572 页—第 573 页。

[155] 同上,第 571 页—第 572 页。关于这一点,布莱克评论说:"反托拉斯政策的一个目标是要维持一种竞争性体制——一种经济结构,其中不受管制部门中的所有经济单位,都受到竞争性市场力量持续不断的控制的制约。其中关于资源使用的决策因脱离这些力量而受到损害的巨型联合企业独立团体的产生,背离了反托拉斯政策的基本宗旨。"出处同上,第 574 页。

本人认为,内部的资源重新配置导致了较高的社会收益连同私人收益——当把投资从边际赢利水平较低的活动转移到较高的活动时,这通常可预料到是可能实现的,在这样的条件制约之下,反托拉斯政策的一个主要目标正在得以实现。

员具有留存收益的机会主义偏好，把资源用于获得较高收益的用途的内部重新配置，这正是联合企业同构成相似的专业化企业相比最为可取之处。[156] 在这些条件下，联合企业承担着属于一种充满活力型的微型资本市场的职责。布莱克对于这样的结果并没有留下深刻印象，他的评价和信念说明了这一点的原因，其评价（在这方面他与传统微观理论看法相同）[157]是，只有具备技术性起因的效益才值得加以考虑，并且，他坚信，以内部组织取代"竞争性市场力量"，无论这些力量可能是多么地微弱，都是反竞争性的。[158]

布莱克觉得联合企业是令人讨厌的，这也是由于"证实在商界已不再是新鲜的理论——而且是人们普遍持有的信念的确凿证据，这种信念是在几个市场上彼此面对的大型联合企业和地区性或较小规模的企业相比，在价格方面往往没有竞争力。"[159] 这个论点存在两个问题。首先，我绝不会认为布莱克所依据的证据是"确凿的"。布莱克引述的部分证据是谢勒（Scherer）对

---

[156] 有关讨论，可参见威廉姆森，上文中脚注㉒，第 143 页—第 144 页。关于在一个重要公司内，对正发挥着作用的内部资源配置过程的一项非常有趣的研究，可参见汉密尔顿和摩西，上文中脚注⑫。我承认，由国际公用事业公司发展并运用的这种体制，代表着在联合企业之内的内部资源配置能力的领先水平，但它并不是一个孤立的事例。多年来，像国际电话电报公司之类的企业，已经具有一种类似的解决内部资源配置问题的方法，尽管这种方法不那么正规。参见 Address, Management Must Manage, by Harold Geneen, before the Investment Group of Hartford, Conn. 15 Feb, 1968。

[157] 布莱克，上文中脚注⑭，第 566 页、第 578 页。

[158] 同上，第 574 页、第 579 页。可参见上文中脚注⑮。

[159] 同上，第 570 页。

"影响范围假说"的讨论。[160] 但谢勒非常仔细地以迥异的方式描 114
述该证据的特性,他注意到,即使是就战前的国际化工业而言,这是除海运卡特尔之外他列举的唯一西方的例子,证据也是不完整的。关于其他产业,他总结说:"关于影响一致的范围,证据不足。"[161]

其次,对联合企业的界定需要引起注意。是否所有在地理上分散开来的市场之中,经营着类似的工厂或商店的专业化企业(如布莱克早先提到的全国茶业公司[National Tea])[162],都真的应被视为联合企业?把联合企业的定义扩展到包括在地理上分散但在其他方面属于专业化的企业,这种做法把非联合的大型企业的数目减小到了微不足道的地步。假如"联合企业"是根据产品的多样化来加以界定的,那么,布莱克(和联邦贸易委员会)本应从产品多样化的企业领域创立滥用联合企业结构的范例。假如作为替代,所有在多个市场上经营的大型企业,无论其产品专业化比率有多大,都属应予反对的范围,那么,就应该以这种方式来明确清晰地确认受到怀疑的企业,而不应该把它们称为"联合企业"。

尽管我和布莱克都对非常之大的产品多样化的企业(这是联合企业更狭义的定义)的行为抱怀疑态度,但是,仍然必须对事实做出评价。按照现在的情况看,我们无法把这类企业的价

[160] 谢勒(1970年),第278页—第280页。

[161] 同上,第279页。

[162] 布莱克,上文中脚注[149],第557页,脚注[13]。

格竞争性和其他大型跨市场经营组织做出不利的区分。

就互惠而言，作为论据的事实稍好一些。在这方面，布莱克推测说："假如可以做经验研究的话，就会证明互惠是普遍的联合企业结构不可避免的一个结果，如同价格刚性是寡头垄断结构不可避免的结果一样"[163]——在这里，显然后者连同前者都被认为是广泛存在的。杰西·马卡姆(Jesse Markham)最近关于联合企业的研究成果——这是布莱克过去无法得到的，却不这样认为："高度多角化经营的公司和大型公司相比，一般并非更多地倾向于实行互惠，甚至可能更少表现出这一倾向。"[164]

布莱克的主要政策建议是，超过某个规定的规模水平的企业(应受限制企业的范围并未清晰地加以确定，但布莱克几次提
115 到最大的 200 家企业)[165]所进行的混合收购，应当伴之以同量资产的资产分派(spin-off)。[166] 他进而规定，不应允许在新市场中获得立足点的行动成为例外。他反对立足点例外情况(toehold exception)的论点是，小型独立企业比大型联合企业更加易于从事价格竞争——这第二次依据了上面提到的据称是"确凿的"证据，而且，满足了下面的想法，即"以规模大小为依据做出推定的理由，通过使内部增长成为缺乏促进竞争效果或不具备特殊

[163] 布莱克，上文中脚注[149]，第 569 页。

[164] J. Markham, *Conglomerate Enterprise and Public Policy* (1973), Boston: Harvard Graduate School of Business, p. 176.

[165] 布莱克，上文中脚注[149]，第 559 页—第 569 页。

[166] 同上，第 590 页。

效率表现的最大型公司唯一可以获得的方法,会有助于恢复这样一种思想,即内部增长是正常的和从社会来看最有效率的产业扩张方法”。[167]

然而,正如已经指出的那样,布莱克依据的证据是非常有限的。而且,他拒绝为初步立足点的例外情况(toehold exception)留有余地,其理由实际上是不清楚的。就其本身而论,收购一家很小的企业几乎对大型企业的成长起不到多大作用。相应地,要求大型企业无论何时进行了获得初步立足点的收购(toehold acquisition),都须释放等量资产,这简直就是一种妨害行为。[168]此外,为确保随后将得以扩张的地位而进行的取得初步立足点的收购,这正是布莱克赞同的那种类型的内部增长。要么布莱克关于初步立足点的论点没有什么道理,[169]要么他是认为,由小企业进行的扩张,从社会角度来看,比大型企业从事类似的投资更为可取。

在论证过程中,假定无论小企业是否被收购,都将进行同样的投资,则很容易同意布莱克的观点——尽管我还要重申,关于和实行多角化经营的大型企业的产品部门相比,小型企业的行

---

[167] 布莱克,上文中脚注[149],第590页—第591页。

[168] 出于规模控制的意图,在规定的时间区段之内进行了一系列获取立足点收购活动的大型企业,若收购的那些资产总量超过了某个绝对价值,该企业就会被要求分派出同收购资产总量数量相当的资产。在某些产业中(例如石油业),即使是小比例的头寸也可能代表着非常大的绝对资产价值。在这些条件下,个别的获得立足点的收购就可能超过了,比如说1亿美元的绝对资产额起算点。这就可能必须进行资产分派。

[169] 然而,可参见上文中脚注[168]里的限制性条件。

为更具竞争性的证据，大概不是决定性的。但是，确实会出现同样的投资这一点是令人怀疑的。这提出了转让过程的问题。

对这些事项的一项调查说明，小型企业在技术创新过程的早期和开发阶段，明显地拥有一种比较优势。[170] 比较来看，地位稳固的大型企业在大规模商业化生产和分销阶段显示出比较优势。[171] 不仅小型企业的管理部门可能缺少转入商业化阶段所需
116 的资金来源，而只能循序渐进，因为除非以不利的利率筹资，否则，其信用等级使它不可能筹措到相当数量的大宗资本，[172]而且，小企业的管理人员也许不能很好地完成这个转变。和较早阶段上的需要相比，把一个项目成功地推入大规模的商业化开发阶段，要求具有不同的管理技巧和知识。如果出于和上述5.2节中所描述的那些情况类似的管理经验和团队方面的考虑，促进内部扩张必需的人才无法在不耗费多少成本的情况下，予以确认并召集起来，那么，把该项目转让给已经拥有必备人才的某个地位稳固的企业，就可能是更为划算的选择。又一次，是交易而不是技术决定了这种结果。从这些方面来说，不能肯定初

---

[170] 可参见特纳和威廉姆森(1971年)，第127页。

[171] 尽管这随着组织结构的差异而有些各不相同，但预计仅仅有小规模商业化前景的项目，则一般不是大型企业很适合于从事的项目。关于一种新的组织性的"解决办法"，可参见 S. Sabin, At Nuclepore they don't work for G. E. anymore, *Fortune*, 8, Dec. 1973, p. 145。

[172] 从样品阶段转入商业化阶段，通常涉及在组织基础设施方面的重大投资，如果该企业失败，大部分这种投资将毫无价值。因为缺少为人熟知的绩效记录和确保这项投资的有形资产，除非是在连续投资的基础上，否则贷款者会对投资感到担心。考虑到信息阻塞，人们会觉得机会主义的风险过大了。

步立足点的观点是不是就无法走出困境了。

我仍然对以下这种看法抱同情态度,即规模业已属于大型之列的企业被其他大型企业收购,这应当伴以对等量资产的强制剥离。正如理查德·霍夫施塔特(Richard Hofstadter)已经观察到的那样,对反垄断执法的支持,很少依据经济学家中间关于其效率增进特性的一致意见,而更多地是依据美国经济中的权力应当是分散的这样一种政治和道德判断。[173] 这种平民主义社会观与政治观的智慧,由国际电话电报公司在国内和国际事务中的不幸遭遇做出了说明。[174] 布莱克对联合企业不抱幻想,其很大成分似乎可归因于对庞大规模与政治弊病呈正相关的忧虑,[175]而我想呼吁,这种情况应该按照上述思路来加以清晰地表述。如果是特大企业而不是所有联合企业是应予以反对的对象,那么,就应该把注意力严格地限定于这些企业。

要求规模非常大的企业,在进行了比站稳脚跟所需规模更大的收购时,自行剥离等量资产的规定,还得到这样一种期望的支持,即希望这一政策将有助于控制与非常之大的规模相关联

---

[173] R. Hofstadter, What happened to the antitrust movement? in *The Business Establishment* ed. E. Cheit (1964), New York: Wiley, p. 113.

[174] 参见 A. Sampson, *The Sovereign State of ITT*. New York: Stein and Day (1973)。

[175] 布莱克,上文中脚注[149],第 574 页、第 576 页、第 578 页、第 579 页和第 591 页。庞大的规模获得政治的庇护,这并不意味着原子式的组织(例如农场主)是受到袒护的另一种经济主体。然而,常常对于后者来说,这种庇护更为可能是显而易见的。

的官僚主义弊端。尽管这样的资产剥离有时自发地发生,[176]但
117 可以预料,这样的努力将遭到官僚主义的抵制。然而,如果这样的剥离通常具有一种组织自我更新型的有益效果,那么,规定必须履行剥离就几乎不会遭到反对。它仅仅会帮助那些在企业之内急于预先防止出现官僚主义停滞委顿局面的人。没有这样一条规则,就可能难以保证关于剥离的内部意见达成一致;拥有既得利益的各方将提出很难拒绝考虑的偏颇的(机会主义的)抗议。然而,若有这样一条规则作为前提,则总裁办公室可以此作为理由简单地提出,它别无选择,只得剥离(假定将进行一次大规模的收购)。总裁办的优先选择,反映了有利于提高整个联合企业效率的意见,因而可以彻底占据上风。

C. 政策含义

对联合企业的交易性解释,强调了资本市场在监督公司管理方面的局限性,揭示了(适当类型的)联合企业并非完全没有社会方面的好处。如果认为维护公司控制权市场[177]一般来说是有益处的,如果把资源从较低收益的项目重新配置到具有较高净私人收益的项目上去,通常同时也获得了社会净收益,并且,如果反托拉斯执法机构想要在横向兼并和纵向兼并方面维持一

---

[176] Coase, Industrial organization: A proposal for research in *Policy Issues and Research Opportunities in Industrial Organization* ed. V. Fuchs (1972), pp. 59,67.

[177] 关于公司控制权市场的讨论,可参见曼尼(Manne),1965 年,第 110 页。

种严格的政策，那么，在混合兼并方面采取一种温和的政策，就是理所当然的了。特别是，在混合收购方面的公共政策应着重于：(a)在潜在竞争受到有意损害情况下的兼并，和(b)由特大企业进行的未伴之以等量资产的资产分派（或其他处置）的兼并。第二种类型的收购，上面已做过讨论。[178] 所以，让我们考虑一下潜在竞争的问题。

正如我已经指出的那样，布莱克关于潜在竞争的观点是非常宽泛的。[179] 然而，法律似乎正在转变到更严密地解释潜在竞争问题的方向上来。丹尼森(Dennison)委员在最近联邦贸易委员会关于比阿特丽斯食品公司案（*Beatrice Foods Co.*）的裁决中，代表全体意见一致的委员会讲话，谈到证明潜在的竞争已经或可能将受到限制所需要的事实证据：

> 控方律师实质上试图仅以集中比率的存在作为其案情陈述的依据。查明因排除某个潜在竞争者而造成的侵害行为的检验标准并不简单。任何对某个潜在竞争者损失的分析须考虑额外的因素。其中有：该市场中的集中倾向；广泛存在的进入壁垒；失败的潜在竞争 118

---

[178] 上文中注释[152]—[159]以及对应的正文。尽管我怀疑不存在由已经具备特大规模的企业赋予被收购企业的多少真正的成本优势，稍微不那么庞大的企业不可能同样（或更为）有效地赋予成本优势，但是，为了维护公司控制权市场，完全不禁止这样的收购可能是有益处的。如果要求该规模庞大的企业自行剥离等量资产，有益于预先防止企业内部出现官僚主义的停滞委顿局面，并具有有利的政治结果，那么，看来就已经得出了合乎情理的结论。

[179] 参见上文中附有脚注[150]—[157]的正文。

> 者确实会进入该市场的高概率;这个失败的潜在竞争者是不是仅有的几个这类潜在竞争者之一,以及假如他业已进入该市场,其新的竞争是否会对价格和质量具有某种显著的影响。尽管竞争企业的数目和集中倾向,可能不必再有更多理由,就足以证明许多市场之中现有竞争对手之间的横向兼并是违法的,但是在处理排除某个潜在竞争者的问题时,新企业的进入条件状况以及上面提到的这些其他因素必须加以考虑。[180]

这里论及进入的条件,证实了后来新的发展。

正如特纳充分有力地论证的那样,如果几个最有可能成功的潜在进入者中的一个,收购了超过站稳脚跟所需程度的某个企业,那么,潜在的竞争就易于受到损害。[181] 如果所讨论的这个产业是高度集中的,因此,若没有潜在竞争的威胁,就将不会可靠地获得竞争性的结果,那么,竞争的质量就因几个"最有可能成功的潜在进入者"中某一个的失利而降低。我要竭力主张,"最有可能成功的潜在进入者"这个称谓,只有在确实存在进入所讨论的该产业重大壁垒的范围内,才具有名副其实的经济学含义,这和短暂无常的商业含义截然不同。

应当在以下两者之间做出反托拉斯上的区分,即一类是(由于短暂的理由)可能已经显示有在该产业中进行收购兴趣的企

---

[180] Beatrice Foods Co.[1970—1973 Transfer Binder] Trade Reg. Rep. paragraph 20,121 at 22,103,22,109(着重号系原文所加)(FTC 1972).

[181] 特纳,1965年,第1313页。

业,另一类是尽管存在进入壁垒(非短暂的因素),但在战略上处于要进入的境况的企业。因为第一种类型企业的兴趣不可能持续不变,这取决于诸如最高决策者的当前利益、一时的现金余额和即期的损益表等因素,所以,禁止这类企业通过收购来进入没有多少积极的经济效果。并未由此获得对于潜在竞争的长期益处。相反,其主要后果是将缩减收购市场,由此既损害公司控制权市场,又损害对企业家们投资于新企业的激励。

然而,如果所考虑的这个产业具有重大的进入壁垒,而且,证明有收购兴趣的企业,是对其来说重新进入或获得立足点的进入将是非常容易的少数几家企业之一,那么,形势就十分不同了。关于这一点,让我们考虑一下由乔·贝恩(Joe Bain)确定 119
的进入壁垒条件,即和市场容量相比数量巨大的规模效益、绝对成本优势和产品的差异化。[182] 尽管贝恩论述这些壁垒时未提及具体的企业,但显而易见,在可能的进入者中间,壁垒的高度是各不相同的。因此,尽管和市场容量相比,规模效益可能数量巨大,但对于那些拥有密切互补的生产过程和销售组织的少数企业来说,这个障碍的性质并不那么严重。类似地,少数几家企业可能在绝对成本优势方面境况很好。尽管专利可能构成了一种严重的进入障碍,高品位的矿床或许供给不足,或者也许必须有专业化的劳动技能,但是,少数企业由于以下原因,易于从所有其余的企业之中脱颖而出——由于某种互补性的技术,这种技

[182] 贝恩(1956年)。

术促进了以现有专利为基础的发明创造，因为他们拥有中等品位的矿床，或者因为，其劳动者队伍以干中学的方式已经获得了必备的专业化技能。对那些销售相关类型的消费品和他们本身享有品牌认可的企业来说，产品差异化优势同样被削弱了。若其他情况相同，则对其而言这些壁垒最小的那些企业，就是可以称之为最有可能成功的潜在进入者的企业。

然而，在所有这样的进入壁垒都可忽略不计的情况下（规模效益不大；专利和专业化的或在其他情况下稀缺的资源微不足道；产品的差异化并不牢靠），可以说没有任何一小撮企业拥有某种策略优势。在那种情况下，试图确定一组最有可能成功的潜在进入者，对其中任何一个企业的收购所造成的损失，都会显著地损害潜在竞争的质量，这种做法乃是愚蠢之举。[183]

5.5　结束语

被普遍接受的微观理论为分析者提供了某些非常有力的工具，但它也是不完善的。其中，正如彼得·戴蒙德（Peter Diamond）强调的那样，标准的“经济学模型……把个人[看成]是按

---

[183] 然而，有的人会希望通过由“优势企业”进行收购来阻止进入，“优势企业”的存在妨碍竞争行为（由于雄厚财力的原因），并在其他方面以不确定的方式改变市场的性质。马歇尔（Marshall）法官已经按照这些思想方法描述了宝洁公司（Procter & Gamble）对克洛罗克斯公司（Clorox）的收购的特性。参见 *United States v. Falstaff Brewing Corp.*，410 US 526，558—559 (1973)（Marshall，J.，concurring）。

照他们遵守的一成不变的规则玩着游戏。他们只购买他们自己能付得起的那么多的东西,他们不侵吞钱款,他们不抢劫银行”。[184] 按照在第5.1节中所介绍的语言来表述,即个人不是机 120
会主义者。正如西蒙(Simon)反复强调过的那样,标准的模型还把相当大的计算和分析的能力强加给经济行动者[185]——这也就是说,人们很少想到有限理性会造成某种难题。交易费用研究方法放宽了这两个行为假设。

尽管不存在必然的联系,但那些仅仅以公认微观理论企业模型为依据的人们,易于对竞争的有效性表现出相当大的信心。备选者数目极小的供给问题和对不确定性有效地做出调整的问题,他们倾向于拒绝考虑,或是以一种相当肤浅的方式予以解决。其结果是,关于经济组织的许多有趣问题,或者被巧妙地应付过去,或者是以一种教条主义的方法加以处理。

交易费用研究方法关注经济体制的运行成本,尤其是针对不确定性条件有效地进行调整的成本。它明确地考虑到人类决策制定者的基本特性——特别是有限理性和机会主义,而且,可按公认的微观理论未能采用的方法,对这些条件的含义加以探究。

然而,这并不要求拒绝接受公认的微观理论。交易费用分析与其说是对公认的微观理论的替代,不如说是对它的补充。

---

[184] P. Diamond, Comment, in *Frontiers of Quantitatitve Economics*, ed. M. Intriligator (1971), Amsterdam: North Holland, pp. 29, 31.

[185] 西蒙,上文中脚注⑭,第198页—第199页。

它适合于研究存在于体制之中的种种摩擦，这些摩擦可能使公认的微观理论的含义无法让人接受。这个中心焦点使之尤其适宜于帮助划清反托拉斯执行机构所关注的公共利益政策问题的界限。而且，比较而言，交易费用分析是价值中立的：它对于和除去镣铐的市场相关联的各种组织方式，既不偏袒也不抱偏见。

也许这种交易费用研究方法最简单的应用，就是应用于对价格歧视问题的研究。不仅交易费用分析提醒注意要实现价格歧视代价高昂这一事实，对任何一个对该问题进行了认真思考的人来说，这已是显而易见的事情，[186]它还确定了形成这种事实的原因，并使另外的效率含义得以引申出来。与实行统一价格的垄断相比，实行完全歧视的垄断改进了配置效率，这种通常的看法受到质疑。当把交易费用明确引入净收益的计算时，显然可获得私人净收益，但却导致了社会净损失。

关于纵向一体化，交易费用研究方法提出了警告。宣称纵
121 向一体化（以及更一般地说，所有种类的纵向市场限制）完全没有反竞争潜在可能性的那些人更加刺耳的主张，被证明是言过其实的。如果资本市场不是无摩擦地运作的——在这个上下文里，意思是说它不是无所不知的，那么，在高度集中的产业之中，纵向一体化会具有阻碍进入的后果。然而，在所讨论的产业不是高度集中的这种情况下，这一同样的反竞争潜在可能性远远

[186] 例如 A. Pigou，*The Economics of Welfare*，4th edn（1952），London：Macmillan，pp. 280—282。

不是那么严重。若不存在共谋,认为纵向一体化无害或有益的推定就是恰当的。

交易费用研究方法还揭示了,不应不加鉴别地把寡头垄断问题和优势企业问题等同起来。和人们通常认为的情况相比,商定无所不包的共谋协议要困难得多,而且,要实现联合利润最大化的结果,存在着更多的难题。所以,应当以怀疑的态度来看待各种有关"共同垄断"的看法。某种经济上合理的反托拉斯政策,大概会首先对付具备优势企业的产业,并在可行的情况下,在继续进攻寡头垄断之前即实行分解。与有时所说的情况相反,把优势企业产业转变成为寡头垄断性产业**存在着**预期收益。

某些人针对联合企业提出的猛烈抨击似乎夸大其词。这再次证明资本市场中的摩擦极具重要性。如果没有阻碍接管的资本市场的摩擦或现任管理者以赢利进行再投资(或在其他情况下以机会主义方式行事)的倾向,那么,联合企业就似乎没有从社会来看起到补偿作用的令人信服的经济效果。既然热衷于公认微观理论的人们,一直不愿承认还存在着公司控制权的问题,他们在对联合企业的原因阐释方面,就提不出多少东西来。但是,一旦承认这样的摩擦,显然就有理由促进或者至少是不阻碍,具有减轻管理层自由处置型内部组织扭曲的潜在可能性的组织创新。在我反复强调的关于组织形式的限定条件的限制下,由于以下两方面原因,联合企业具有了吸引人的特性,即它使公司控制权市场更加有效可靠,由此导致了本来会按机会主义行事的管理人员之间的自我监督,而且,它促进了资源向高收益用途的重新配置。所以，除了在规模庞大的企业之间，严重地造成了抵消性的政治扭曲风险的情况以外，就反托拉斯执法机构而言，对联合企业抱有一种更加同情的态度，看来是有根有据的。

唐纳德·杜威（Donald Dewey）把经济学家在反托拉斯方面的作用描述如下："在法官和行政官员们不得不根据他们认为的商界'实际上'像个什么样子来制定决策的意义上，对垄断的控制中的重要问题是'经济学的'问题，而且，经济学家们通过研
122 究和批评要完成的任务，是为他们提供越来越准确的图景。"[187]
同样令行政官员和法官们感到惊愕的是，由被普遍接受的微观理论提供的这幅图景有时模糊不清，而另一些时候则是过分简单化了。交易费用分析想在这样的情况下补充公认的微观理论。

[187] D. Dewey, *Monopoly in Economics and Law* (1959), Chicago: Rand McNally, i.

6

对纵向市场限制的评价： 123
交易费用研究方法的反垄断影响*

在制造商对分销商施加纵向限制时，是否造成了棘手的反托拉斯问题，长期以来人们对此一直争论不休。尽管对这些限制的后果做出评价要进行经济分析，但这种分析却采取了多种多样的形式，而且，并未对这些问题表达出同一种意见。可想而知，有缺陷的经济推理得出了不利于实现经济效率和采取合理公共政策的结论。在美利坚合众国诉阿诺德和施温公司案（*United States v. Arnold, Schwinn & Co.*）中，[①]当特许经销权的限制被裁定具有反竞争性时，情况就是这样。

---

* 本章得益于行为科学高级研究中心（the Center for Advanced Study in the Behavioral Sciences）提供的资助、古根海姆基金会（the Guggenheim Foundation）提供的研究基金以及国家科学基金会（the National Science Foundation）提供的资助。作者谨对艾坦·马勒（Eitan Muller）、切斯特·斯帕特（Chester Spatt）和戴维·蒂斯（David Teece）的评论深表谢忱。本文原载于《宾夕法尼亚大学法学评论》第 127 卷（Reprinted from *University of Pennsylvania Law Review*, 127 [April 1979], pp. 953—993. © Copyright 1979 by the University of Pennsylvania Press）。

① 388 US 365 (1967).

本章提出，未能明确地考虑交易费用方面的考察意见是在该领域中出现错误公共政策的原因。② 交易费用研究方法既适用于对产生于纵向限制的效率收益（如果有的话）的估价，也适用于对伴随着这些限制的策略性意图和后果（如果有的话）的评价。在阐述纵向市场限制的正当理由和偶尔发生的反竞争后果之后，我将提出建议联邦反托拉斯政策采取的指导方针。6.1节概述一般性的交易费用研究方法，并推断出，如果在产业之内不存在特定的结构条件，则反托拉斯执法机构和法院应当假定
124 纵向市场限制是增进效率的。6.2节讨论策略性行为和促成策略结果必须具备的产业结构特征。只有存在这些条件时，纵向限制才会造成棘手的反托拉斯问题。6.3节考察19世纪末期美国销售体系的发展，并得出结论，节约交易费用的努力在某些制造商延伸进入销售环节的前向一体化中，发挥了核心作用。6.4节把我的经济分析应用于研究施温案的事实和法律问题，并推断出，未能认识到并考虑交易费用是导致公共政策失误的原因所在。6.5节把研究纵向限制的其他可供选择的方法前提假设与交易费用研究方法的前提假设作了对比。可从交易费用研究方法推论得来的法律原则在6.6节中做了总结。当根据这些提议采取的法律原则加以评价时，可以看出来，最高法院最近

② 关于交易费用研究方法的讨论，可参见下文中脚注⑤。交易费用研究方法在纵向市场关系的背景中特别有用。可参见 Phillips, Schwinn Rules and the "New Economics" of vertical relations, *Antitrust Law Journal* (1975), p. 573（交易费用理论是关于纵向市场关系的"新经济学"）。

在大陆电视机股份有限公司诉GTE—西尔韦尼亚股份有限公司案（*Continental T.V.，Inc. v. GTE Sylvania Inc.*）[③]中的裁决，和施温案的裁决相比，依据了更为合理的理由。

6.1 节约交易费用

A. 背景

经济分析的适宜单位各不相同，这取决于所要考察的行为。当研究的目的是要解释可替代的组织方式时，分析的基本单位就是交易。[④] 这样一种研究方法认识到，企业和市场都不是开始就以预先限定的形态产生出来的。相反，二者是以彼此之间齐头并进的方式演化而来的。撇开策略性的意图，这种演化发展的目标是达到节约交易费用的某种互补性的格局。[⑤] 研究经济惯例与制度的这种基本方法，只是最近才被应用于反垄断经

---

③ 433 US 36 (1977).

④ 参见R. Commons，Institutional economics，*American Economic Review*，21 (1931)，p. 648.

⑤ 参见O. E. Williamson，Economies as an antitrust defense revisited，*University of Pennsylvania Law Review*，125 (1977)，pp. 690，723（在下文中引述时称为"节约作为辩护理由"）。这有些过分简单化了，因为它把技术当作是给定的。撇开策略性的意图，经济组织的更一般性的目的是设计出节约生产成本和交易成本总和的各种安排。

交易费用研究方法的基本宗旨在第5章里做了简要的阐述。

济学。[6] 反托拉斯执法中重大和微小的失误皆可归因于其原先的疏漏。在纵向市场关系领域之中,其疏漏已经造成特别严重的后果。

125 在别的地方,我已经从交易视角考察了连续生产阶段的纵向一体化。[7] 其论点可总结为以下结论:(a)生产中的纵向一体化主要是以交易费用方面的考虑因素加以解释的,而不是借助技术上的限定性;[8](b)尽管纵向一体化通常实现了交易费用的节约,但偶尔产生了引起反托拉斯关注的策略性结果;[9](c)反托拉斯的实施应该更多地做出区别对待,并把其注意力限定于可以证明出现了策略性后果的情况;[10](d)尽管纵向一体化有助于克服限制企业之间交易的某些不利条件,但对另外的交易连续实行一体化,最终造成了它本身运作上的缺陷。[11]

本章讨论生产阶段与销售阶段二者之间的纵向市场关系。当评价生产—销售联系时,在我对生产的纵向一体化的研究中得出的每一个结论都是成立的。然而,应当认识到某些具体的差异,而且,根据其自身的条件考察生产与销售二者之间的接合

---

⑥ 第5章。

⑦ 参见威廉姆森(1975年),第82页—第131页;第2章。

⑧ 参见威廉姆森,上文中脚注⑦,第82页—第105页;威廉姆森,上文中脚注⑦,第112页—第117页。

⑨ 参见威廉姆森,上文中脚注⑦,第106页—第116页;威廉姆森,上文中脚注⑦,第117页—第119页。

⑩ 参见威廉姆森,上文中脚注⑦,第115页—第116页。

⑪ 同上,第117页—第131页。

部位具有启发性。在企业考虑实行延伸进入销售环节的前向一体化时，出现了两个新问题，而当一体化发生于中间产品市场时，这两个问题都是不存在的。

第一，最终消费者一般远远不如工业购买者了解情况。由于这个原因，“帮助”消费者的具体努力——有时采取产品差异化的形式，可能证明是有道理的，而且，可以观察到这种情况。第二，如果没有纵向限制，分销商们促进局部赢利目标的努力有时就会损害分销商系统的完整性。这经常被归入“搭便车”效应的论题之内，[12]但更普遍的现象则是造成不利系统后果的追求子目标的现象。[13]

毫无疑问，追求子目标是造成竞争性市场的“理想”结果的原因。由每一个当事人独立地追求利润，这是众所周知的看不见的手的全部内容。经营同一品牌的一群分销商之间的竞争，是怎样得到比销售相互竞争品牌的独立自主企业之间的竞争更
差的评价呢？如果在一种背景下竞争实现了社会收益，那么，为 126
什么在另一种背景下就实现不了呢？把竞争推理不加鉴别地从企业之间的背景扩展到制造商—分销商的联系，这无疑是造成纵向限制领域内许多混淆的原因。

在阐述交易费用研究方法所依据的主要行为假设之后，我提出了下面这个论点，组织创新通常表明要实现效率收益的尝

---

⑫ 参见下文中脚注㉖。

⑬ 我用“追求子目标”一语，指的是可能有损于全局目的或系统宗旨的促进局部目标或个体目标的努力。

试。然而，这仅仅是一种推定：在特定的策略性条件得到证实的个别情况下，它可以被驳倒。[14]

B. 有限理性和机会主义

有限理性和机会主义是交易费用研究方法所依据的最重要的行为假设。有限理性不应被混淆于非理性，它指的是人类行为主体“打算是理性的，但仅仅是有限地做到了这一点”[15]这样一种状况。换句话说，它指的是普通的、词典上这个词本意上的理性——“符合理智；不荒唐、不反常、不过分、不愚蠢、不空想等等，以及诸如此类；明智、合乎情理”[16]，而不是在微观经济学教科书中通常所使用的超理性意义上的理性。[17] 因此，有限理性的经济行为主体只能接收、存储、检索和处理有限数量的信息。这样的行为主体通常被提供给他们的远远超过其有效运用能力的大量信息湮没。相应地，在研究的议事日程当中，关于注意力的经济意义是一项重要内容，但却受到普遍忽视。[18]

---

⑭ 参见下文中附有脚注㉗—㉛的正文。

⑮ H. Simon, *Administrative Behavior*, New York: Macmillan 2nd edn (1961), p. xxiv.

⑯ *Webster's New International Dictionary of the English Language*, 2nd edn (1959), p. 2066.

⑰ H. Simon, Rationality as process and as product of thought, *American Economic Review*, May 1978, pp. 1, 2—3.

⑱ 同上，第13页。西蒙认为，注意力即我们考虑和处理一条给定信息的能力，是稀缺的资源。为了规定以理性和富有成效方式集中注意力的程序性含义，他强调：“在一个注意力是一种重要稀缺资源的世界里，信息也许是一种昂贵的奢侈

机会主义把通常的自利性行为假设扩展为考虑采取欺诈手段的自利性。因此,有限理性表明决策的制定并不像通常的超理性假设那么复杂,而机会主义则表明工于心计的行为比通常简化的自利性假设更加复杂。机会主义是指“做出虚假的或虚张声势的,也就是连自己都不相信的威胁或许诺”,[19]为了秘而不宣的个人利益取巧走捷径,掩盖行为方式等等,以及诸如此类。尽管它是个最重要的假设,但不必所有的经济行为主体都按这种方式行事。然而,关键之处在于,某些行为主体以这种方式行事,而且,要把那些机会主义的行为主体和并非如此行事的那些人区分开来,则须付出高昂代价。 127

长期以来,人们已经认识到,在有关公共物品的背景[20]、信

品,因为它可能把我们的注意力从重要的事情上转移到不重要的事情上。”出处同上。有限理性还应当和“最低限度的正常理智的人”(least reasonable man)方法区分开来,某些营销专家把后者和联邦贸易委员会用于广告业的研究方法联系在一起。可参见 R. Cunningham and L. L. Cunningham, Standards for advertising regulation, *Journal of Marketing* (October 1977), p. 92。那种方法的中心是认为“公众——包括无知者、不动脑思考的人以及轻信者在内的一大群人,在决定购买时,并不停下来进行分析,而是受表面现象和总体印象的左右”。出处同上,引自 *Florence Mfg. Co. v. J. C. Dowd & Co.*, 178F. 73, 75 (2d Cir. 1910);参见 *Charles of the Ritz Distribs. Corp. v. FTC*, 143F. 2d 676, 679(2d Cir. 1944)。毫无疑问,在风险严重且沟通困难时,这样一种审慎的标准是有长处的。然而,大概这些都是例外情况而不是普遍情况:通常应该采用正常理智的人的标准(a reasonable-man standard)。

⑲ E. Goffman, *Strategic Interaction* (1969), Philadelphia, University of Pennsylvania Press, p. 105.

⑳ P. Samuelson, The pure theory of public expenditure, *Review of Economics and Statistics*, 36 (1954), p. 387.

息的交易之中[21],以及在保险市场上,[22]机会主义造成了经济上的问题。但形成机会主义是一种到处都存在着的普遍经济问题的认识,却花费了更长的时间。彼得·戴蒙德恰在七年之前评论说,通常的假设是经济行动者不说谎、不欺诈或不偷盗。而他们的行动是公开的,且协议具有约束力。[23] 然而,对简单的自利性的信赖已经发生了变化。就在最近,杰克·赫什利弗(Jack Hirshleifer)评论说,"一种交换模式可独立存在的"关键问题,"……是对弄虚作假的控制"。[24] 而斯蒂文·萨洛普(Steven Salop)则把理性的经济人的特性描述为:"根据两种策略的相对收益选择说真话或是作出虚假陈述,而不受任何道德限制的妨碍。"[25]这是在短短七年时间里发生的引人注目的转变。

考虑到有限理性和机会主义,企业必须正视而且社会必须认识到下面这个组织设计问题:以在有限理性方面实现节约而

㉑ 例如可参见 K. J. Arrow, Economic welfare and the allocation of resources for invention, *National Bureau of Economic Research*, *The Rate and Direction of Inventive Activity*: *Economic and Social Factors* (1962), Princeton: Princeton University Press, pp. 609, 614—616。

㉒ K. J. Arrow, *Essays in the Theory of Risk-Bearing* (1971), Chicago: Markham, p. 142.

㉓ P. Diamond, Comments, *Frontiers of Quantitative Economics*, ed. (1971), M. Intriligator, Amsterdam: North Holland, pp. 29, 31.

㉔ J. Hirshleifer, Economics from a biological standpoint, *Journal of Law and Economics*, 20 (1977), p. 1, 27.

㉕ S. Salop, Parables of Information Transmission in Markets 6—7 (April 1978)(Unpublished discussion paper no. 21, Center for the Study of Organizational Innovation, University of Pennsylvania).

同时保护所考虑的交易免受机会主义之害这样一种方式来组织交易的需要。关于生产——销售接合部尤为有趣的是,制造商 128
不仅关心中间各方的有限理性,同时还关心最终消费者的有限理性。因此,设计出在消费者的信息需要方面实现节约的交易,就是一项主要的考虑。机会主义在两个方面也属关切之事。制造商既关注其分销系统的完整性应得到保护,防止免费搭车者[26]的破坏,又顾虑其产品的质量不应受到贬损。尽管这些通常是相互联系着的,但分别对每一项加以处理则颇有益处。如果观察到了其中一种类型的危险,那么,也许就应当采取纵向市场限制。

C. 纵向市场限制通常增进效率的推定

交易费用分析适用于生产和销售某种商品或服务的每一个单独活动阶段。每一个单独阶段是否是独立自主的并不重要。每一阶段和市场契约都可用以使连续的接合部位的活动做出调整。然而,这样一种契约的激增会造成高昂代价。交易费用研究方法的基本推定是,连续的接合部位是以节约交易费用的方

㉖ 销售由他的一个竞争者促销的产品的零售商就是免费搭车者的例子。他得益于这种促销活动,但因为这并没有让他付出任何代价,所以,他可以按低于搞促销活动的竞争者的价格销售这种产品。由该产品的制造商施行的地区性限制可以防止这种搭便车行为,由此鼓励零售商们推销该制造商的产品。关于对维持零售价格背景下免费搭车者现象的讨论,可参见 R. Posner, *Antitrust Law: An Economic Perspective* (1976), pp. 149—150, 160, 185; L. Telser, Why should manufacturers want fair trade, *Journal of Law and Economics*, 3(1960), p. 86。

式被组织起来的。这样一种方法和普通法评价经济活动的传统是一致的。[27]

反托拉斯原则典型地坚持着一种颇具怀疑性的立场。考虑到法制体系依赖对抗性程序，毫不奇怪，一位司法部反托拉斯局前局长会说：“我并不是按照普通法的传统友善地对待地区限制和顾客限制，而是按照反托拉斯法的传统不友善地予以处理。”[28]
129 这样一直盛行的观念导向主要问题在于，提出质疑者完全是在不友善传统的势力范围内玩着强制执行的把戏。[29] 不是肯定性地提出理由，证明在交易费用节约方面的情况，被告一直主要是

㉗ 关于最近有关普通法当中的效率推定的一些观点，可参见 L. Rubin, Why is the common law efficient? (1977), *Journal of Legal Studies*, 6 p. 51; Priest, The common law process and the selection of efficient rules, *Journal of Legal Studies*, 6 (1977), p. 65。理查德·波斯纳在他关于法律的内容广泛且颇有影响的研究中一贯强调效率。例如，可参见 R. Posner, *Economic Analysis of Law* (1972)。

㉘ 这句引语据斯坦利·鲁宾逊(Stanley Robinson)认为乃是出自唐纳德·特纳(时任负责反托拉斯局的副检察长)之口。参见 *1968 N. Y. St B. Assn*, *Antitrust Law Symposium*, *29*。

㉙ 罗伯特·博克(Robert Bork)表明了一种类似的看法，他着重提到在大陆电视机股份有限公司诉 GTE—西尔韦尼亚股份有限公司案(*Continental TV Inc. v. GTE-Sylvania Inc.*, 433 US 36 [1977])中，最高法院指导思想上最近的变化具有重要意义：“反托拉斯原则现有的扭曲面目，在很大程度上应归咎于最高法院把商务活动的效率，或者看成无足轻重，或者视为有害的习惯……问题在于，不充分尊重生产和销售的有效方法意味着，几乎没有任何受到指责的商业惯例可以继续存在下去。这样的惯例可能带来的独特益处被裁定为不值一提，而只考虑可能带来的危害……”

“法院对西尔韦尼亚公司的裁决依据的理由，不仅把效率看作是对受指责的商业惯例的支持，而且是以一种不落俗套的方式这样做的……这种方法——对消费者福利的关注和对受指责商业惯例的效率潜在状况的明智探究，能够改变反托拉斯法院裁判规程的整个基础，现在这个基础正亟待予以修补。”参见 Bork, Vertical restraints: Schwinn overruled, 1977 *Sup. Ct. Rev.* (1978), pp. 171, 172。

提出理由证明不存在有害的后果。[30] 这种认为具有(真实的或想象的)反竞争后果的先入之见,所造成的一个结果是,交易费用节约虽构成了许多纵向市场限制的起因,但以此为依据的积极辩护方法一直没有发展起来。美利坚合众国诉阿诺德和施温公司案(*United States v. Arnold, Schwinn & Co.*)[31]就是一个范例。

我认为,普通法的传统是以合乎情理的前提为依据,而且,当面对一种新型的组织安排时,反托拉斯执法机构和法院的直接反应不应该是认定其具有反竞争的效果和故意。[32] 相反,他们应当审查,是否可以把效率收益与考虑之中的这种安排联系在一起,把二者联系在一起看来是否有道理。只有完成了这项必须做的事情,才应该提出反竞争的弊病问题。

坚持效率推定的主要理由是,这种推定符合现实。如下一节中所述,仅当存在非常特殊的结构条件时,才会出现反竞争后果。当存在这些条件时,就应保持警惕。然而,坚持一种普遍的不友善态度,则促使执法机构按照反事实的方式行事,并以怀疑甚至是抱有敌意的方法来解释无害和有益的发展。

必须采用效率推定以弥补原来的传统思想给执法程序造成

---

[30] 例如,*United States v. Arnold, Schwinn & Co.*, 388 US 365 (1967)。

[31] 388 US 365 (1967).

[32] 这种强调反竞争后果,甚至达到把纯粹的效率当作一种反竞争优势的无中生有倾向的一个极端例子,乃是联邦贸易委员会在佳杰乳业股份有限公司案(*Foremost Dairies Inc.*, 60 FTC 944, 1084 [1962])中所持的论点。

的扭曲。然而，尽管各项推定反映着最重要的倾向并提供了框
130 架，但它们也受到质疑。这就促使我们考虑策略性意图与卖方寡头垄断关系的问题。

6.2 可能具有的反竞争后果：策略性行为与卖方寡头垄断性相互依赖

通常不会招致反对并且确实可证明是有效率的惯例，在某些系列条件下应进一步予以详查，且也许应加以禁止。具体来说，在所考虑的行为促成了策略性效果或卖方寡头垄断性相互依赖的情况下，就应保持警惕。这两种后果之间的区别是：在实际竞争受到削弱的情况下，策略性类型的活动可使小型竞争对手和潜在进入者处于不利地位；相比之下，卖方寡头垄断性相互依赖的形成，则需要在已有的寡头垄断者之间保持相互依从，并避免对彼此造成不利的企业间竞争行为。因此，策略性行为是指向外部的，意在控制实际的和潜在的竞争对手，而卖方寡头垄断性相互依赖则是对准内部的，关注的是主要现有企业之间的竞争行为。

A. 策略性行为与进入障碍

我对策略性行为的讨论是有选择的而不是无所不包的。这些讨论仅仅论述纵向限制可用作进入障碍的情况。掠夺性定价、抢先投资、策略性的研究与开发以及其他类型的策略性行为

则被忽略——尽管这些全都是同一家族的成员。[33]

博克与波斯纳的观点

罗伯特·博克认为,反托拉斯的许多毛病起因于对"进入壁垒"一语使用不严谨,[34]我同意此看法。为了避免继续误用,博克建议此后应把商业惯例划分为效率增进性的或掠夺性的。[35]假若考虑到在一种背景下有效率的行为,当被拥有较大市场份额的企业运用时,可具有排他性的这种可能性,我就准备接受这种方法。由于博克明确承认排他性的行为应当作为意外发生的情况加以考察,[36]在我们之间似乎不会存在重大概念上的差异。 131
然而,由于他界定排他性惯例的狭义性,我们的观点的确存在分歧。

尽管博克一度认为,优势企业可通过扰乱最优销售形式使竞争对手处于不利地位,[37]但他按照相当受限制的思路详细阐述了这种情况,并在此之后指出:"现有企业为了蓄意提高进入

---

[33] 参见 S. Salop, Strategic entry deterrence, *American Economic Review*, 69 (1979); A. M. Spence, Entry, capacity, investment and oligopolistic pricing, *Bell Journal of Economics*, 8 (1977), p. 534; Williamson, Predatory pricing: A Strategic and welfare analysis, *Yale Law Journal*, 87 (1977), p. 284。

[34] 博克(1978年),第310页。

[35] 同上,第160页、第329页。

[36] 同上,第156页—第157页。博克举出排他性经营协议,作为显示出非常弱的掠夺可能性和非常强的效率可能性惯例的一个例子。尽管他关于这种惯例合法性的观点是明确的,但这隐含地承认了存在例外情况的可能性。"法律不可能准确地察觉在**所有**单方面实施的销售形式变化之中的掠夺性行为。"出处同上,第156页(着重号是后加的)。

[37] 同上,第156页—第158页。

的资本条件可能实行纵向一体化这种看法没有什么内容。”㊳明显地使他感到忧虑的“蓄意掠夺的情况”㊴是联合抵制、㊵个别的拒绝交易㊶以及经由政府运作程序的掠夺。㊷ 他以为所有的纵向限制全然都是合法的。㊸

理查德·波斯纳也针对过分关注进入壁垒主张提出告诫。因此，他建议：“进入壁垒通常用来指新的进入者为获得在市场中的稳固地位必须克服的某种东西，诸如以有效规模进入市场的资本费用之类。这是……毫无意义的……因为显而易见，新的进入者必须承担进入市场的成本，正如其先行者……原来所做的一样。”㊹

一种不同的观点

出于下面阐述的理由，我无法相信，资本市场障碍不会因纵向限制而出现，或者前后进入者所面对的成本条件是同样的。然而，我要阐明，只有在优势企业产业（dominant firm industries）以及可能在实行共谋的寡头垄断之中，才出现了我和博克与波斯纳的观点分歧。在其他情形下，采取策略性行为的做法

㊳ 博克（1978年），第323页。

㊴ 同上，第329页。

㊵ 同上，第330页—第344页。

㊶ 同上，第344页—第346页。

㊷ 同上，第347页—第364页。

㊸ 同上，第288页；博克，上文中脚注㉙，第173页—第180页、第181页—第182页。

㊹ 波斯纳，上文中脚注㉖，第59页（着重号是后加的）。

将违背自身的利益。相应地,在其特性既非优势企业又非严格的寡头垄断的产业当中,对策略性行为的担忧就不复存在了。

为了说明作为纵向一体化的结果,会形成某种资本市场障碍,假设某产业具有两个阶段,生产阶段和销售阶段。假定不论 132
这两个阶段是否是一体化的,该产业同样是有效率的。[45] 另外,假定制造业(阶段Ⅰ)是被垄断的,而且,该垄断者已实行前向一体化进入销售阶段(阶段Ⅱ)。最后,假定某个具备生产经验但毫无销售经验的潜在进入者,随后开发了一种与之竞争的产品,它可以按照具有竞争力的成本生产这种产品。要处理的问题是,这个竞争对手是否因该垄断者早些时候实行一体化的决策而处于不利地位。

通过比较潜在进入者在下述非一体化和一体化两种情况下所面临的条件,对这个问题的评价将变得更加容易:

> (1)居于垄断地位的阶段Ⅰ的生产者不是一体化的,在这种情况下,未来新进入者可只在阶段Ⅰ进入,并利用阶段Ⅱ生产者提供的便利……(若必要,适于进行扩张),[或者]……(2)居垄断地位的生产者是一体化的,延伸进入阶段Ⅱ,结果或者是(a)新的进入者本身在两个阶段都进入,或者是(b)彼此独立的各个新的进入者同时出现在两个阶段上。如果博克(Bork)的看法……[是]正确的,那么,资本费用应该与这些条

---

[45] 应当注意到,纵向一体化可能是一种效率较低的组织交易的方式,但因为策略性的动机仍然可能被采用。

> 件无关。
>
> 认为在条件(2)(a)下的融资条件与在条件(1)下的情况相同意味着,资本市场对于新进入者从事阶段Ⅱ活动的资格条件,与它对已经在经营中具备经验的企业抱有同样的信心。除非有经验的企业明显不合适,否则,这等于是说经验无关紧要。然而,这对于涉及大额、互不关联的资金提供承诺,而不是涉及小额、却是重复进行的提供资金承诺的交易来说,则是不合情理的。尽管后一种类型的交易可以事后的经验为依据,合理有效地加以监督,但对于大额、离散型的交易而言,这却远远不是那么容易——而这正是这里考虑的类型。声誉,也就是说原先的经验,在确定涉及大额、离散型资金承诺的交易融资条件方面,具有特别重要的意义。[46]

而且,若(2)(b)的情境展现开来,则问题会更加严重。因为同条件(1)相比,想要进入阶段Ⅱ的进入者大概既因为缺乏经
133 验,又因为在(2)(b)背景中不趋同的预期[47]造成了更为严重的

---

[46] 威廉姆森,上文中脚注⑦,第111页。

[47] 当每个企业以同样一组事件和信号作为其预期的依据,并得出同样结论时,各企业的预期趋于一致,从整体上在市场中形成均衡。是否可以实现这样的市场均衡取决于几种因素,其中有企业之间相互依赖的程度、关于未来确定性的水平、要考虑的变量数目、企业适应变化的能力以及企业可获得的信息的数量。参见Malmgren, *Quarterly Journal of Economics*, 75 (1961), pp. 399, 405—411;威廉姆森,上文中脚注⑦,第120页。

问题,而处于不利地位。后者的理由是,现有阶段Ⅱ上的加工商可变通或予以扩张的能力,和要求在阶段Ⅱ上相互独立的分销商同时发生新的进入时的情况相比,可以极其容易地为在阶段Ⅰ上新的进入提供方便。由于对市场持有不同的看法、激励上的差异,并且,因为企业之间的意向可能难以进行信号传递,所以,这就产生了由新的相互独立的实体进行相互依赖性投资方面的难题。这些风险可能会反映到资本费用上。结果,第 2 种类型的两个设想都和第 1 种类型的条件不同。博克认为纵向一体化不会影响资本费用,因此不会影响进入条件的不加限制的看法,根据现有证据来看是过分夸大了。[48]

现在让我们考虑一下波斯纳处理的成本问题。按照他的表述,问题似乎是,早先的进入者是否由于某种未知原因能够避免后来进入者所承担的成本。他断言不会,我同意这种论点。但这并没有回答时间选择的差异是否会造成不同的成本负担结果这个问题。这与上面所讨论的不同的资本费用问题有关联,但超出了其范围。

潜在进入者是否会因为先前的一体化而处于不利地位,这取决于(a)干中学的重要性;(b)干中学效益(learning-by-doing economies)由雇主和雇员共同分享的程度;(c)专业化的人力资产会被别人出钱挖走的难易程度;(d)价格追随成本的

㊽ 参见凯夫斯和波特(Caves and Porter,1977 年),第 241 页、第 246 页—第 247 页(纵向一体化有可能提高资本费用进入壁垒)。

程度。[49] 假定价格以完全合乎常规的形式追随最低成本供应商的当期成本，并且，难以从现在的雇主那里花钱挖走有效的团队安排之中的专业化人力资产，则干中学效益越重要，且这些学习效益(learning economies)被雇员们侵占得越不彻底，潜在进入者就会因为先前的一体化而越发严重地处于不利地位。

其要旨在于，对需要在特异性的人力或物质资产方面进行投资的活动实行一体化的决策，会影响到随后进入的难易程度。然而，这个论点是否具有反托拉斯方面的含义，则要视情况而
134 定。首先，如果实际的竞争已经是有效的，那么，进入的条件相对而言并不重要。即使是在这一点有疑问的情况下，也只有在使用已有的分销渠道行不通的范围之内，才可以说存在着由于一体化造成的附加的进入障碍。这反过来取决于剩余(非一体化的)市场的大小，以及通过实行一体化的企业的分销渠道进行销售是否现实可行。从实际的竞争和市场进入机会两个视角来看，应受到严密的反托拉斯监督的产业范围，缩小到其特征可概括为具有已对销售实行了全面一体化的优势企业和严格的寡头垄断的产业。

即使是在这一点上，还须解决前向一体化或纵向限制是否产生了净收益的问题。同反竞争的后果相比，收益是主要的呢，还是微不足道？这番审查的结果会随着产业所处的发展阶段而各不相同。因此，在实施限制之后直接实现的经济收益不可能

㊾　参见威廉姆森，上文中脚注⑦，第 216 页—第 217 页。

无限期地持续下去。换言之,尽管在一个产业发展的早期阶段上,为了保证独立生存发展,"人为操纵的销售"可能是必需的,但是,一个更加成熟的产业在没有限制前向一体化的同样需要的情况下,或许能够支撑必不可少的分销系统。因此,尽管前向一体化可能表明了在一个阶段上通过所带来的经济好处实现私人收益的努力,但它在后来的阶段上可能成为一种不必要的限制,并且,若持续下去,确实可能是出于策略需要,用来使竞争对手处于不利地位。

尽管上述论点主要是按照纵向一体化的思想方法表述的,但我也是指纵向限制。后者的范围应当加以限制性的规定。在排他性经营、地区限制和顾客限制之中,只有第一种纵向限制构成了一种可能的进入障碍,并且,这仅仅在结构性优势或严格的寡头垄断的特殊情况下才有可能。[50]

更一般地说,除了因为寡头垄断性相互依赖受到促进之外,[51]博克关于地区限制和顾客限制不应受到禁止的观点[52]令我信服。制造商们仅仅因为预计这些限制会削弱对子目标的追求

---

[50] 我已把优势企业产业定义为,最大企业的市场份额至少为60%,而且进入市场并非易事的产业。严格的寡头垄断的特征不大容易描述。它主要易于出现在以全都相同的成本条件生产同质产品,并具有重大进入壁垒的、成熟的、高度集中的产业之中。寡头垄断性相互依赖在其他情况下之所以难以保持,其根源在于达成和监督共谋协议的交易成本。大体可参见威廉姆森,上文中脚注⑦,第234页—第247页。

[51] 参见下文中附有脚注57—62的正文。

[52] 参见上文中脚注40。

135 并提高效率，才会采用它们。[53] 但是，除阻碍进入的可能性之外，排他性经营具有会招致反对的后果，这种可能情况又是怎样的呢？若确实存在，这些后果出现在什么样的情况之下，而且，对反托拉斯执法的派生影响又是什么呢？

假定进入未受影响，但排他性经营使某些顾客获益（例如通过使某种产品得以有效地实现差异化），同时，却使他人处于不利地位。例如，边比较价格边采购常常因把商品并置一处的考查而变得更加容易；排他性经营排除了这种情况。如果遇到排他性经营，希望证实产品差异化是否值得为之付出一笔价外加付款的边际顾客，将不大可能轻易做出明智的判断。对此应怎样加以评价呢？

或者假定，尽管这项限制本身对进入条件的影响微不足道，但其他因素阻碍了进入，而且，普遍运用这种限制有效地排斥了，确信他们对（在排他性经营限制下并不单独提供的）附加服务评价极低的顾客，获得不包含服务的这种产品。

博克以下面这个论点应对这些类型的反对意见，即“当这种销售技术……不允许两组顾客的偏好都得以满足时……制

[53] 普雷斯顿(L. Preston)评论说：“单独加以考虑的顾客—地区性限制……并不是削弱最终市场上品牌间竞争的原因，也没有起到进入壁垒的作用。”参见 Preston, Restrictive distribution arrangements: economic analysis and public policy standards, *L. & Contemp. Prob.*, 30 (1965), pp. 506, 520。而且，“在供应商有利可图或规模相对较大的情况下，反对顾客—地区性限制的理由，似乎是依据这些限制与对一个分销商销售的产品范围的平行限制即排他性经营二者之间的某种联系”。出处同上，第 520 页—第 521 页(脚注略)。

造商将选择满足数目较大的一组",他把这视为应该做的有效率的事情。[54] 说实在的,我则预计制造商会向更有利可图的一组提供服务——最近的研究成果表明,这通常将是但不必然是较大的市场。[55] 更为棘手的问题是,即使在决策是向较大的市场提供服务时,用来决定提供何种产品组合的某种赢利计算方法,它所带来的益处也有可能和福利收益不相符。

然而,由于产品组合计算方法上的这类缺陷在实践中难以查明,而且,因为排他性经营并没有明显有害地左右这些选择,所以看来把排他性经营限制和产品多样化问题分离开来是审慎的。相应地,除非产生了进入障碍的后果,对于排他性经营限制,通常看来应采取一种宽容的态度。[56]

B. 寡头垄断性相互依赖与价格的规范化 136

尽管波斯纳对纵向限制的策略性(指向外的)使用不感兴

---

[54] 博克,上文中脚注[29],第 181 页。

[55] 参见 A. Dixit and J. Stiglitz, Monopolistic competition and optimum product diversity, *American Economic Review*, 67 (1977), p. 297; A. M. Spence, Product differentiation and welfare, *American Economic Review*, 66 (1976), p. 407。

[56] 请注意,所有上述问题都直接或间接地决定于交易费用方面的考虑。因此,投资者为投资于新企业要求获得一笔额外支付的款项,这是因为(a)评估投资方案的价值代价高昂(无法在不耗费多少成本的情况下展示和评价相关数据资料),(b)存在着机会主义的危险。人力资产的特异性也反映着一种信息阻塞状况,在这种状况下,无经验的企业处于不利地位。边比较价格边采购具有长处,这是因为无法用客观的措辞恰当地描述相互竞争的产品的特性,以使人们得以做出抽象的比较。这是有限理性的一种反映。而把产品和服务不可分割地一起提供,这是因为制造商不能做到完全实行价格歧视,而且,无法依靠顾客准确地揭示真正的偏好——这分别是有限理性和机会主义的表现。

趣，但他指出这些限制可被用于强化经销商卡特尔。[57] 然而，只有在“制造商拥有非常大的市场份额时，或者……[在]市场中所有或大多数制造商对其经销商施加了全都相同的限制，以致（在其中任何一种情况下）经销商们在名副其实的经济意义上的市场中拥有了垄断地位时”，[58]这才是令人担心的。在所有其他情况下，纵向限制显然没有造成反托拉斯方面的忧虑。

尽管我同意经销商卡特尔的问题应受到反托拉斯监督，但是纵向限制可被用来巩固制造商卡特尔的可能性在我看来更加棘手。因此，和博克相反，纵然经销商卡特尔不是容易对付的反托拉斯执法对象，[59]但我怀疑经销商是否经常处于一种要把限制性条件强加给不情愿的制造商的地位。在他们并非如此时，我们可以肯定，制造商将不会故意地采取其效果是把钱从他们的口袋转移到其零售商们腰包里去的策略。[60] 所观察到的限制因此可以假定为将增进制造商的利益。

我所指的这种更加棘手的可能情况——即纵向限制可被用来支持制造商卡特尔，取决于规范化的交换通常起着稳定脆弱

---

[57] Posner, The rule of reason and the economic approach: reflections on the Sylvania decision, *U. Chi. L. Rev.*, 45 (1977), pp. 1, 17.

[58] 同上。波斯纳大概运用了“推理裁定”的方法，“把名义上是由制造商强加的，实际上是把制造商作为其实施代理者的经销商们出于垄断意图想要获得的限制，隔离开来并宣告这是不适当的”。

[59] 博克，上文中脚注㉞，第 292 页—第 293 页。为使“经销商卡特尔的反对理由”适应于他关于所有纵向限制都应被裁定为合法的建议，博克认为，不仅经销商卡特尔难以揭露，而且，制造商强加的限制，仅仅影响到品牌之内的竞争，对于经销商卡特尔来说即使有用，也只有有限的应用价值。

[60] 参见博克，上文中脚注㉙，第 188 页。

联系的作用这个命题。制造商们的卡特尔的一项关键性操作事
务是，设计出可借以有把握地推断出各方遵守了卡特尔政策的
信号。消除错误的行动，或消除若被误解就会造成卡特尔解体 137
的不够明确的行动，这具有特殊的重要意义。

避免定价的模糊不清尤为关键。当各零售店归制造商所有或受其全面控制时，通常可假定零售价格的变动反映着制造商们的意向。相比之下，在经销商是完全独立自主的行动者的情况下，定价变动的责任就不大清楚。这样的经销商之间在定价上的回旋余地，使制造商们更加难以达成卡特尔协议，因为在随后的协议执行当中缺乏事前的信任，在这个程度上就可预料到制造商们会努力消除“多余”的自由。即使有协议，价格的多变性也会造成对卡特尔成员正在背叛协议的怀疑，这反而可能导致卡特尔的解体，在此时也会出现和上面同样的情况。

博克认为，制造商卡特尔对纵向限制的反对理由是“软弱无力的”，而且，“仅仅适用于转售价格的维持”。[61] 我对其特征的描述却稍有不同。尽管我同意规范化的价格是主要的反托拉斯关切之事，但是，可被用来促进定价控制的是纵向限制，而不是转售价格的维持。运用纵向限制来加强寡头垄断性相互依赖可能具有吸引力，但仅仅是在具有同质产品的产业之中才是如此。[62]

---

[61] 博克，上文中脚注㉞，第 294 页。

[62] 参见 P. Newman, Strategic groups and the structure-performance relationship, *Review of Economics and Statistics*, 60 (1978), p. 417。关于和实现寡头垄断中严格的相互依赖有关问题的讨论，可参见威廉姆森，上文中脚注⑦，第 234 页—第 247 页。

此外，值得注意的是，在同质产品的市场当中，难以提供证明这样的限制为正当的节约（economies）理由。相应地，证明在同质的、寡头垄断性的产业之中纵向限制正当的负担，就沉重地压在了实行纵向限制的企业身上。在这样的情况下，通常的效率推定是没有正当理由的。

6.3　美国分销体系的历史发展情况

小阿尔弗雷德·钱德勒（Alfred Chandler, Jr.）最近描述19世纪末期营销发展情况的专著，[63]为以下论点提供了有力的支持，即交易费用数量可观，足以影响产业结构，有时成为企业实行一体化从制造业向前延伸进入零售阶段的动机。在以下几小节中，将首先描述钱德勒关于效率增进行为与策略性行为的研究结果，接下来将从交易费用的视角加以分析。

138 A. 效率与前向一体化

钱德勒的研究结果

钱德勒关于美国制造业企业实行前向一体化进入销售领域的描述，区分了基础设施的发展和诱致性的分销反应。在19世纪后半叶，铁路系统和电报与电话系统的出现使更广阔的地理

[63] A. Chandler, *The Visible Hand: The Managerial Revolution in American Business* (1977), Cambridge: Harvard University Press.

区域可以用可靠及时的方式获得服务。“新的交通运输系统和通信工具的可靠与迅捷”,使更大的规模效益有可能在工厂组织内得以实现。[64] 从技术有待开发的意义上来说,在工厂层次上的这些规模效益是潜在的。然而,因为事关重大的不是制造成本而是送货运输成本,所以,只有在出现了某种低成本的分销体系时,实现这些规模效益才变得有利可图。也就是说,由于运输费用高,最有效率的为各市场供应产品的方式就是把工厂分散地设置在各地。

一旦具备了新的交通运输和通讯基础设施,就搭好了舞台,就看作出什么样的分销反应了。一个关键性的问题是,怎样设计出一种协调一致的制造—销售反应。从理论上讲,两个阶段本来都可以一直保持独立自主:制造商本来可以保持专业化,并兴建规模更大的工厂,而专业化的分销商本来可以或者根据他们自身的首创精神,或者按照契约,通过建立必不可少的分销网络,同时作出反应。然而,在许多产业之中,“现有的运销商没有能力销售和运送生产出来的那么大数量的产品……一旦现有运销商的不足之处变得清楚无疑,制造商就实行前向一体化,进入了运销阶段”。[65] 这显然需要在行政管理方面增加一大笔预算费用。[66]

---

[64] 钱德勒,上文中脚注[63],第 245 页。

[65] 同上,第 287 页。

[66] 关于对汽油销售中实行前向一体化进入销售阶段的一段有趣论述,可参见 D. Teece, *Vertical Integration and Vertical Divestiture in the US Oil Industry* (1976), Washington: American Enterprise Institute, pp. 40—44。

然而，并不是所有的产业都实行了前向一体化，而且那些确
实实行前向一体化的产业这么做所达到的程度也不尽相同。某
些产业只把广告和批发与制造联结在一起；并没有企图实行零
售的一体化。近来已采用流水线加工机器的非耐用品行业——
香烟、火柴、谷类食物制品和罐装商品即是例子，属于此种类
139 型。[67] 更费力也更有趣的则是需要“专业化的营销服务——演
示、安装、消费信贷、售后服务与修理”的用于生产的耐用品和耐
用消费品，以及现有中间商“既无兴趣又无设施提供”的服务。[68]
属于这种情况的例子包括缝纫机、农用机械、办公设备和大型电
气设备。

交易费用的解释

新的交通运输和通讯基础设施使制造商可能以某种低成本的方式供应更加广大的市场。在图 6－1 中，[69]展示了这些基础设施的发展对工厂规模大小的影响。

曲线 APC 表示生产的平均成本随着工厂规模的增大而呈
140 现的状态。由于所假定的规模经济，这些平均成本额在较宽的
范围内呈下降态势。曲线 ADC_1 表示从某工厂运送产品的原

[67] “这类企业家发觉现有的运销商无法做到足够迅速地运送其产品，或足够有效地为它们做广告宣传，以使他们进行大批量生产的生产设施平稳地运转。”参见钱德勒，上文中脚注[63]，第 287 页。

[68] 参见钱德勒，上文中脚注[63]，第 288 页。

[69] F. Scherer, A. Beckenstein, E. Kaufer, and R. Murphy, *The Economics of Multiplant Operation: An International Comparison Study* (1975), Cambridge: Harvard University Press.

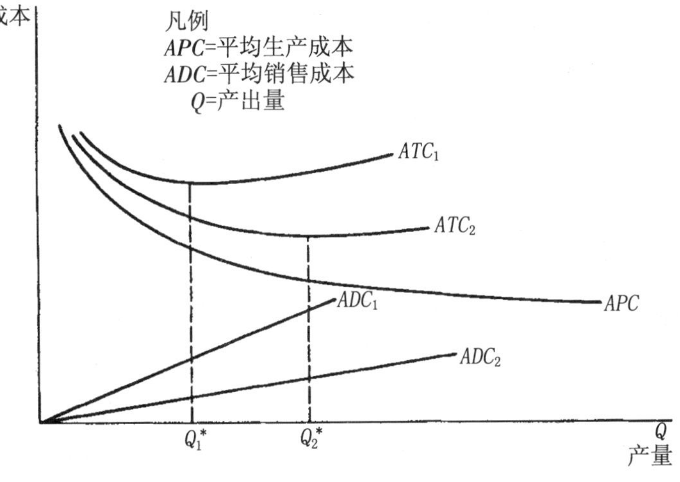

图 6－1

来的平均销售成本。这条曲线始终是上升的,因为更大数量的销售要求向更大范围的地理区域组织运销。曲线 ADC_2 表示具备了新的基础设施之后的平均销售成本。它在各点上均低于 ADC_1,但也始终是上升的。ATC_1 和 ATC_2 是平均总成本曲线:二者是 APC 分别与 ADC_1 和 ADC_2 纵向求和得到的。平均总成本在 Q_1^* 和 Q_2^* 达到最小值,此时考虑到所规定的平均销售成本上的变动,Q_2^* 必然比 Q_1^* 大。这样就简要地说明了工厂规模的扩大和输送产品的服务向更广大的地理区域上各个市场的扩展。

然而,这种成本曲线工具并没有解决实现手段的问题。制造与销售之间的联动是怎样形成的呢?它们并不是自动地被创造出来的。如果现有的中间商对于新的交通运输和通讯基础设施提供的机会做出的反应慢慢腾腾、犹犹豫豫，那么，所设置的这个舞台就是由别的什么人，在这种情况下是由制造商，来试验新的组织结构了。

这些问题恰恰属于交易费用型的问题，而不属于生产成本型的问题。尽管对钱德勒所说的“现有运销商的不足之处”[70]的定性分析可能需要做进一步的研究，但我猜测，这些分销上的困难是由于“趋同预期”[71]的失效，这是和由独立自主的各方当事人之间备选者数目极小的供应关系所造成的危害联系在一起的。[72] 趋同预期的问题主要可归因于有限理性。过去习惯于在地方市场体系内经营的运销商，难以认识到将降临到他们身上的机会。而且，依靠分散化的定价并不存在传递这些机会信号的明显途径。[73] 再者，纵然制造商和分销商两者都察觉到了新的交通运输和通讯基础设施提供的机会，并且，即使每一方都信赖其他各方并独立地做出反应，但如果每一方对数据资料的记录或解释各不相同，还是会出现相互背离的问题。而且，这种预期存在差异的情况，既会存在于总量的层次上，又可能出现在非总量的层次上。

从理论上说，制造商可能采取了主动行动，并通过契约实现

---

⑦⓪ 钱德勒，上文中脚注⑥③，第287页。

⑦① 参见马尔姆格伦（Malmgren），上文中脚注④⑦，第405页—第411页。

⑦② 关于对这些交易费用问题的讨论，参见威廉姆森，上文中脚注⑦，第86页—第95页。

⑦③ 参见马尔姆格伦（Malmgren），上文中脚注④⑦。

了预期的一致性。然而,双方在某种陌生的处境当中进行谈判,且在协约风险巨大的情况下,以契约进行协调要付出高昂代价。141 我所指的风险在别的地方已在特异性交换的背景当中讨论过。[74] 当为了以经济节约的方式完成交易而需要在专用性的人力和/或物质资产方面进行投资时,就会产生这样的问题。就钱德勒所担心的事情而言,当对耐用消费品或用于生产的耐用品的大批量生产和销售作周密考虑时,这些问题尤其严重。正在考虑之中的分销商可能必然会被劝诱进行专用的(产品专用的和品牌专用的)投资,而一旦进行了这样的投资,制造商与分销商此后就会经常在本质上是一种双边交易安排的框架之内彼此打交道。[75] 考虑到在这样的情况下出现的机会主义的危险,双方都不愿依靠自发的协约完成投资,并治理持续性的交换关系。

由制造商延伸进入销售领域实行前向一体化,是针对这些协约难题做出的组织反应。在此过程中,不仅实现了利润,还节约了社会成本。除此之外,没有可以相信的任何其他理由,在出现这样的组织创新时,就自然而然地获得了净社会收益和净私人收益。

---

[74] 威廉姆森,上文中脚注⑦,第 60 页—第 64 页;瓦赫特和威廉姆森(Wachter and Williamson, 1978 年,第 549 页、第 556 页—第 557 页。

[75] 参见威廉姆森,上文中脚注⑦,第 89 页—第 95 页。

B. 策略性行为和前向一体化

钱德勒的研究结果

钱德勒把在进入方面的深远影响归因于上面所描述的美国制造业企业做出的前向一体化决策。因此他评论道：

> 为使新的生产过程和销售过程实现一体化而建立的行政管理网络，赋予领先的企业以极大的竞争优势。尽管按照资本对劳动力投入的比率来说，新的机构是资本密集型的，但它并不是那么破费钱财。进入[制造业]的绝对成本并不高，在多数产业里专利也并不是一种进入壁垒……
>
> 在这些产业里给人印象最深的进入壁垒，是这些先驱者们已经建立起来的为销售和运送他们以新的方式大批量生产出来的产品的组织。拥有技术的竞争者，如果打算从已经占据重要营销渠道的一两家企业那里抢来生意，他就不得不创建一种包括管理人员、采购员和推销员在内的，全国性的并且经常是全球性的组织。而且，先行者可以为扩展因大批量运作而缺乏
> 142 流转现金的最早出现的这种组织提供资金，在这种情况下，后来者在大批量的产出降低单位成本并产生现款收益之前，不得不建立与之竞争的网络。[76]

[76] 钱德勒，上文中脚注[63]，第298页—第299页。

交易费用的解释

关于钱德勒的结论有四个方面值得注意。第一,在他看来,常规类型的进入壁垒并不重要。第二,主要的壁垒是制造与销售的联系造成的。第三,对于早期进入者来说,后进入者处于不利地位,这并不是因为先进入者能够避免承担成本,而是由于在后来进入要承受有差别的成本负担后果。这恰好是前面讨论的暂时成本差异问题。(77) 最后,尽管制造与销售的联系可以证明具有策略性后果,但最初进行一体化的决策并不是出于某种策略性的意图。确切而言,所造成的进入后果看来并非故意的影响。

这些非故意的影响应该和掠夺性定价或掠夺性投资形成对照,后者显然具有某种惩罚性的或先发制人的意图,并分明造成了反托拉斯问题。出于善意的历史决策后果,是否也应该受到反托拉斯的审查呢?另外,反托拉斯法是否应该对这样的后果实施法律补救措施呢?

关于第一个问题,似乎显而易见,不可忽略地促使形成了持久的优势企业或共谋性寡头垄断的任何发展,无论是在历史上

---

(77) 参见上文中附有脚注㉞—(56)的正文。

钱德勒的论点的实质是,"最早行动者"的优势可影响到其他人后来所面对的进入条件。关于这种现象的一般性讨论可在我的《市场与科层制:分析与反托拉斯含义》(*Markets and hierarchies: Analysis and antitrust implications*)一书中找到。参见威廉姆森,上文中脚注⑦,第34页—第35页。

发生的，或在其他情况下发生的，都应该加以鉴别和分析——免得它不必要地重复发生。但是，法律是否应试图消除对商业机会做出的一度合法的反应所造成的有害结果，这却是一个更难以回答的问题。该问题涉及两种基本价值观念之间的冲突。

支持法律干预的肯定性理由是以下面这个前提为依据，即除了在涉及合法的专利时，或在干预会导致不经济时以外，任何类型的持久性垄断力量都导致了直接和间接的经济损失。直接的损失包括由于价格过分超过成本造成的纯粹的配置效率消耗，以及产业内竞争行为活力的下降（可能既损害加工方法的创新，又损害产品创新）。间接的损失属于代际间类型的损失，在这种情况下，较晚时期的世代发现，机会选择空间因较早时期的事件而明显受到了限制。

143 反对的论点是，规定优胜者应受处罚违背了企业体制的实质，并将有损于进行创新的动机。然而，这些论点的效力大概随着垄断性的结果保持不受挑战的时间延长而减弱。在只保持5年的无人竞争的优势地位之后，干预的收益是否超过损失也许是含糊不清的。但无限期的僵化做法显然不是最优的。保持12年到15年不受挑战的优势地位可能是十分合理的，[78]尽管甚

[78] 以15%的折现率计算，在未来第12年或第15年赚得的1美元的折现值分别为19美分和12美分。以20%的折现率计算，相应的现值降低到11美分和7美分。每年永远赚得K美元的项目的现值，若以15%折算为7.1K，而若以20%折算为5.5K。这些价值的80%分别是在前11.5年和前9年里实现的。认为如果在某一天垄断结果受到挑战，投资激励就受到了严重削弱的看法，应服从于这种理论计算。

至对这一点也存有异议。优势企业的结果只不过造成了一种令人遗憾的公共政策上的两难困境——在这样的结果可归因于抢先的信号传递和投资时,公共政策面临的困境就更加严重了。[79]

6.4 从交易费用角度对施温案判决的评论

关于纵向限制的法案似乎是试探性的且未按法律处理。[80]其变化多端的特征,在最高法院以下三个案例里所采用的法律原则和标准前后不一致的情况当中清楚可见,这三个案例是:怀特汽车公司诉美利坚合众国案(*White Motor Co. v. United States*),[81]美利坚合众国诉阿诺德和施温公司案(*United States v. Arnold, Schwinn & Co.*),[82]以及大陆电视机股份有限公司诉 GTE—西尔韦尼亚股份有限公司案(*Continental TV Inc. v. GTE-Sylvania Inc*)。[83] 其中,施温案最有效地表明了以有缺陷的经济推理作为法律判决之依据的危害。尽管西尔韦尼亚案朝着弥补由施温案造成的损害的方向取得了进展,但我认为,如果提出纵向限制理由的交易费用特性,则可以取得更大的进步。

---

[79] Spence, Investment strategy and growth in a new market, *Bell Journal of Economics*, 10 (1979).

[80] 参见博克,上文中脚注[29],第 171 页;V. Goldberg, The law and economics of vertical restrictions: A relational perspective (1978) (Unpublished paper on file with the *University of Pennsylvania Law Review*)。

[81] 372 US 253 (1963).

[82] 388 US 253 (1967).

[83] 433 US 36 (1977).

研究反托拉斯问题的交易费用方法完全适用，[84]并有力地阐明
144 了与纵向一体化和纵向限制有关的问题。[85] 我希望对过去失误的系统批评有助于推进形成更好的反托拉斯法的进程，因此，在这一节里，我将讨论和在施温案中所发现的同样的纵向限制效率方面与策略性方面的内容。在施温案中占上风的不友善的经济推理，在以后之所以一直被认为是不可信的，其原因之一是，人们日益认识到那时受到压制的交易费用问题才是核心所在——既是施温案最关键的问题，也是更宽泛地理解经济组织的中心问题。

A. 交易费用效率

假设某生产商具有某种特色商品或服务，且意识到公众或其中某一部分人将准备购买它，若该生产商能做到以下几点，他们就可能付出一笔超过替代品价格的加付款：(a)让人们认可使该商品区别于别的商品的特性，(b)在这些特性方面保持质量控制，(c)保持成本控制以使该产品能补偿其全部成本的价格不

[84] 参见“交易费用的考量”(Transaction cost considerations)，上文中脚注⑤，第1439页。

[85] 蒂斯(Teece)，上文中脚注[66]，第7页—第25页；W. C. Liebeler, Integration and competition, in *Vertical Integration in the Oil Industry*, ed. E. Mitchell (1976), Washington: American Enterprise Institute；菲利普斯(Phillips)，上文中脚注②。当纵向关系问题按照协约术语得到系统阐述，而且，可供选择的协约方式的性质在其交易费用的特性方面进行研究时，其他研究方法怀着困惑或者甚至是敌意看待的现象，就自然而然变得清清楚楚了。

致过分高昂。具体来说，假定考虑之中的这种特色商品是自行车，其特色表现在质量和服务方面，而且，这种自行车的品牌名称为施温。

如果消费者们知识足够渊博，或者可以不费成本地被告知所有产品的所有相关特性，那么，施温公司就可以简单地宣布，它正在供应具备这些性质的自行车，这项通告会在潜在的购买者中间被记录下来，消费者可以证实这些条件确实存在（尽管在完全信息的世界里核实工作是一件繁琐的操作任务），而且，那些看重这些特性的消费者可以评判加付款是否合适。在无限理性的世界里，产品差异化因此会以一种顺利平稳且完美无缺的方式继续进行下去。

然而，消费者们并不具备这些本领高强的属性：他们接收、存储、提取和加工信息的能力是有限的。由于这些限制，施温不仅面临着向人们传达其独特性能的问题，它还遇到让人们相信其形象的问题。因此，如果消费者曾偶尔上当受骗，因为他们有时被告知一件事情，却失望地了解到那是假的，并且如果对其他潜在买主来说，不付出代价就不会了解诈欺或诓骗的情况，以致无法使最新信息马上准确无误地体现到声誉上，那么，当卖方告知消费者其品牌的产品具备“优越”性能时，消费者们就会采取 145
审慎的态度。

在一个具备有限理性的消费者的市场上，施温面临着三个相互关联的信息问题。第一，它必须使消费者注意到它意欲提供的独特属性。第二，它必须提供一种将防止这些特性被贬低的制度性基础结构。第三，它必须以一种经济划算的方式实现这些目标。

假定对施温公司来说，发动一场大规模的宣布其产品优越性的广告战并不划算。此外，假定因为质量和服务是相互关联的属性，施温公司确定实现其产品差异化目标的最有效途径是通过经授权的经销商进行分销，作为给予特许经销权的一个条件，这些经销商同意提供所规定的最低限量的服务（广告、组装、维持自行车和替换部件的库存储备量、提供合格的修理人员等等，诸如此类）。由于这些服务的提供要付出成本，若其他情况相同，由经授权的经销商出售并提供服务的施温自行车所定价格，将包含一笔加付款。[86] 进一步假定，如果这组最低限量的服务没有可靠地得到提供，则施温公司的产品差异化努力将受到破坏。[87] 最后假定施温公司的特许经销方案获得了成功，因为在对特许经销人的适当限制之下，其形象吸引了足够数量的顾客，使之切实可行。

此时出现了若干经济问题。第一，哪些顾客将为这样一种形象所吸引？第二，为什么施温公司会想到要防止非特许的销售？第三，如果不允许纵向限制，施温公司是否将实行前向一体化进入零售业？其中每个方面都提出了交易费用问题。

就对顾客的吸引力而言，会被施温吸引的买主可能将是那

---

[86] 此外，施温公司为了实现其质量目标而在制造阶段导致了附加费用，这笔加付款还将增大到这一程度上。

[87] 造成这个问题的可能原因将在下面讨论。

些对他们来说时间的机会成本极高的人，或是那些自己动手组装和提供服务的能力相对较差的人。因此，要求顾客按小时付费的收费极高的律师和其他顾问，为了理发将付出高于现行收费几倍的价钱，经常光顾根据预先约定理发的理发店，而不是按照依次等候的秩序去排队。⑧ 这种观点可扩展到耐用消费品的采购。如果顾客不必搜寻具有必备性能的某种品牌，而且能够 146
轻易地找到备有该品牌产品的零售店并登门察看，时间就可以节省下来。并且，如果在近便的零售店，这种商品预先已组装好，价钱公道没有什么麻烦，并能提供可靠的服务，这就又节省了额外的时间。

这样一种品牌的自行车对于尽管其单位时间机会成本可能低于平均值，但在自己动手组装和修理方面特别力不从心的顾客来说，也将具有吸引力。在这种情形下，虽然单位成本低，但总的机会成本高——因为这是单位成本高且耗费时间的产品。因此，有两类顾客会对施温的形象做出积极反应：能力差的那些顾客和能力虽强却具有极高的单位时间机会成本的那些顾客。

然而，这仅仅证实了施温自行车的特许销售能吸引某些顾客。它并没有触及施温公司应否出售给所有求购者，允许经销商们决定是否提供使他们取得特许经销人权利的那一系列服务

⑧ 参见 G. S. Becker, A theory of the allocation of time, *Economics Journal*, 75 (1965), p. 493。

的问题。假如施温公司要这么做的话，具备上述特性的顾客就可能去被授予特许权的零售店；不具备上述特性的顾客就会去别处。因为在无限理性的世界里，有更大的自由度——在这种情况下，具有更多的销售规划方法，必定比较小的自由度更好，所以，合乎常情的政策倾向应该是，对这个问题应让消费者们自己拿定主意。

然而，可阐明以下几条正当理由支持特许经销权限制：第一，若无销售限制，施温的质量形象可能受到贬损；第二，即使质量形象未受损害，特许经销权的独立存在能力也会取决于销售限制；第三，在混合型的分销体系中，履行销售契约的成本增大了。[89] 施温的质量形象部分地取决于客观的考量：从经授权的经销商那里买到的施温自行车，即随之具有了有保证的一系列销售和服务特性。但其形象也可能受到口头传递的信息的影响，假如潜在顾客听说："我买过一辆施温自行车，那是件蹩脚货"，但未被告知那辆自行车是从一家折扣商店里买来的，而且组装不当，并且施温的商品使用保证失去效力，那么，顾客对施温的信赖就轻易地受到了损害。换句话说，质量信誉只有当商

[89] 尽管可以证明不适用于施温案例，但第四条正当理由可以展示成本的不公平配置情况为依据：顾客可能在特许经销商那里挑选物色施温自行车——决定要买什么样的款式、特色等等，而接着到折扣商店去购买，在这里在很大程度上避免了展示成本。在所销售的是诸如汽车之类更为昂贵的商品时，这可能成为一件更加严重的令人担心的事情。

品和服务是在限定的条件下出售时,才可能得以维护。[90] 关于 147
这一点,请注意,使交易处于制度性基础结构之中,以此对商业信誉进行投资,这样做的动机仅仅出现在有限理性的世界之中。[91]

纵然特许销售工作的质量形象没有受到非特许销售的损害,取决于经营数量方面因素的特许经销商的商业生存能力,也应当加以仔细研究。假设特许经销商为了保本必须销售某一最低数量的自行车,这是确定无疑的。进一步假定施温公司详细地查明了,其特许经销商们都认识到了这些盈亏平衡的要求。[92] 最后,假设该体系一开始就能够生存和发展,但折扣销售随后出现。此后,收益仅敷支出的临界的特许经销经营者,不久就变得无法生存下去。结果,便捷的施温服务零售店的保证就被置于危险境地。顾客的兴趣下降,而其他可独立生存发展的特许经

---

[90] 经施温公司授权的营业收入的20%是由未提供服务的零售店——古德里奇(B. F. Goodrich)、五金与百货商店创造的,这一事实或许被看成是上述危害没有实质性的"证据"。参见 Brief for the United States at 43—44, *United States v. Arnold, Schwinn & Co.*, 388 US 365 (1967)。但存在三条缓和性的考虑意见:(a)虽然20%拒绝提供服务的销售额或许是可以容许的,但40%可能就不可以准许;(b)所谈到的零售店具有和折扣商店极不相同的信誉特性,并由此可能更全面彻底地"支持"销售工作;关于这些问题,商业上的评价有资格获得一定程度的绝对尊重。

[91] 在无限理性的世界里,真实的特性大概为人熟知,或可不付成本地予以确定。若觉得这一点令人困惑,我劝读者仔细研究一下米德(J. E. Meade)在下面一书中的一劳永逸的时间与环境的拍卖出价程序,参见 J. E. Meade, *The Controlled Economy* (1971), London: Allen & Unwin。

[92] 可以预料到这是完全可能的。在预计可能获得大于竞争性收益的回报的情况下,授予特许者通常将通过拍卖,售出指定地区的特许经销权,除非这样的拍卖活动运行成本过高。

销商变成了收益仅敷支出的临界企业。这种恶化局势连同上面描述的受到损害的质量形象，造成了将使这种特许经销模式变得无法生存的风险，而且，这种差异化为其带来了净收益的顾客们，将只能在无差别的市场之中进行交易。

赞成实行特许经销限制的第三点理由涉及监督成本。在这一点上论点是，监督简单的系统比监督更加复杂的系统付出的成本少。在复杂系统中，事件的起因（责任）难以查究（归结）。如果很少可以提出什么"借口"，那么就更加不必进行真实性的核查。尽管我的意思并不是说，这是施温公司的一项主要考虑，但它对于其他营销系统的设计可能是关系重大的。这又是只有在一个有限理性的世界中才会有的问题，因为无摩擦的系统是自我监督的。

最后让我们考虑一下，如果对未授予特许权的零售店的销售限制受到禁止，施温公司是否将实行一体化进入零售业。假如施温公司实行一体化销售的成本和其特许经销商的成本是相等的，那么，就可能会出现这一情况。然而，存在着确信情况并非如此的几条理由。首先，经授权的特许经销商并不是排他性地仅仅经营施温自行车的销售和服务业务；它们还经营其他品牌的自行车。[93] 另外，许多特许经销商还从事非自行车类的销

[93] 施温公司要求其特许经销商"放在跟任何一种与之竞争的自行车同等的和同样突出的位置上"来陈列施温自行车。参见 Brief for Arnold, Schwinn & Co, Appendix 1, at 57 n. 89, *United States v. Arnold, Schwinn & Co.*, 388 US 365 (1967)。

售业务。假定对于分销商们来说，为了保本经营，从事多种品牌 148
和多种产品的销售业务是必需的，则前向一体化就会要求施温公司从事多余的且可能是无效的销售活动。[94] 实行多样化经营，销售施温公司没有专业知识或不熟悉的其他产品，这是多余的活动。而且，存储其他品牌的自行车可能带来有效性方面的困难，因为其他自行车制造商可能有充分理由怀疑，如果由施温公司的雇员销售的话，他们的品牌会受到轻视和贬损。

此外，即使这些类型的不利条件都不存在，但仍然存在着施温公司是否可为实行一体化销售的零售店的管理人员，提供带来和采用特许经销时同样绩效的激励的问题。必须处理在胡萝卜和大棒两方面要考虑的事情。与官僚主义组织模式相关联的激励上的限制，[95]成为由施温公司实行前向一体化的一个更深一层的障碍。

其要旨在于，如果出现了最坏的结果（也就是说特许经销体系瓦解，施温公司无法以经济上划算的方式实行前向一体化，并且施温品牌形象风光不再），那么，禁止特许经销限制就造成了在图 6－2 中所示类型的真正的经济损失。施温自行车的需求曲线在这里是由 $p_2 = g(q_2, \bar{p}_1)$ 给定的，其中 $\bar{p}_1$ 是其他自行车出

---

[94] 不然的话，施温公司就会亏本经营分销阶段。然而，令人怀疑的是，产生于制造的利润会不会足够弥补这些亏损。可参见上文中附有脚注⑮—㉖的正文。关于对实行前向一体化进入销售阶段的抑制因素的讨论，可参见 Preston, Restrictive distribution arrangements: Economic analysis and public policy standards, *Law and Contemporary Problems*, 30 (1965), pp. 506, 512。

[95] 参见威廉姆森，上文中脚注⑦，第 118 页—第 129 页。

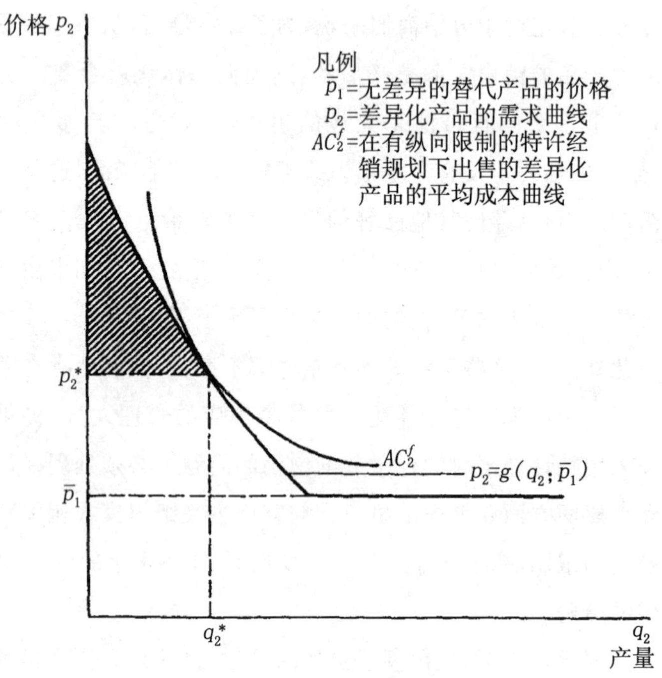

图 6－2

售的价格(视为已知)。曲线 AC_2^f 是授予特许经销权的各零售店的平均销售和服务成本。如图所示,特许经销活动恰在价格和数量分别为 p_2^* 和 q_2^* 的一点达到盈亏平衡(补偿了其所有成本,包括应得收益率的收入)。假定供给无差异的自行车的成本并未因施温的特许经销活动而增大,则通过提供(取消)施温品牌产品实现的净福利收益(损失)就能以用阴影表示的消费者剩余区域来说明。

B. 不存在策略性后果

证明了限制性的特许经销安排可能产生交易费用效率之后，这项分析的下一个步骤是要探究，这种特许经销体系是否促成了反竞争后果。具体来说，问题在于施温公司是否独自地或
与其他大型的自行车制造商一起，推行了置竞争对手或顾客于 149
某种策略性不利地位的纵向限制。[96] 政府显然是把这些限制看成是反竞争性的，而且，其司法报告提出了关于这个案例的下述看法：

> 在产品高度差异化的产业之中，某一特定品牌的产品——如施温自行车，经常拥有其自己的一个市场，在这个市场之内[品牌内部]的竞争对消费者来说非常重要，而且应当加以保护……施温公司费力地不让未经授权的零售商销售其自行车的努力表明，若没有这些限制，销售这些商品的零售分布范围会更为广阔，从而带来零售竞争的公共收益（包括更低的价格）。[97]

在政府的案情摘要中重复提到了类似的观点： 150

> 施温公司特许经销方案的前提是，施温是一个值

---

[96] 最高法院在怀特汽车公司诉美利坚合众国案（*White Motor Co. v. United States*, 372 US 253, 263 [1963]）中认识到这样一种探究的重要意义（产生限制的“经济和商业要素”及其“实际影响”，对于裁定存在某种反托拉斯违法行为关系重大）。

[97] Jurisdictional Statement for the United States at 14, *United States v. Arnold, Schwinn & Co.*, 388 US 365 (1967).

得付高价的独特品牌——也就是说，它享有免受其他品牌竞争的保护所带来的赢利。在这个前提有效的程度上，显然只有对施温自行车的零售价格充分有效的控制，才是通过施温的经销商和销售者之间的竞争实现的结果。(98)

政府还透露出它对待产品差异化所怀有的敌意：

要么施温自行车实际上是消费者愿意多付钱的一种高档产品，在这种情况下，就没有必要以阻止销售该产品的价格上的竞争这种人为手段塑造质量形象；要么它并不具有优异的性能，而消费者却因其居于高位的统一零售价格，被骗相信它质量优越。在两种情形下，制造商在维持高价形象上的私利，都不应成为证明严重损害竞争的后果正当的理由。(99)

而且，政府表达了它对纵向一体化相对于纵向限制的可取之处的看法：

纵然在本案的条件下，实行一体化的威胁并非完全没有确实有效性，但我们想强调，这并不是对商业价格限制的一条恰当的辩护理由。首先，对待本身承担销售职能的制造商比对那些强加给独立分销商限制的制造商更加宽大的法律原则，仅仅反映了以下事实，即

(98) Brief for the United States at 26, *United States v. Arnold, Schwinn & Co.*, 388 US 365 (1967).

(99) 同上，第47页。

> 虽然销售上的一体化有时可能因导致成本节约而使经济获益,但维持转售价格,或强加无限期的地区限制,或这里涉及的这种类型的商店限制的协议,却从未被证明产生了类似的效益。[100]

政府关于产品差异化和特许经销限制的观点,因此可归结为下述三个命题:(a)差异化的产品可被分成两类:应付一笔价外加付款的差异化产品和不应付这样一笔加付款的差异化产品;(b)无论差异化是实际就有的还是人为的,品牌之内的竞争对于保护消费者的利益都是绝对必要的;(c)尽管纵向一体化有 151
时实现了经济节约,但就纵向限制而言,却不能说取得了同样效果。这些前提中每一个都不可忽略地存在着使之无效的缺陷,而且由于这个原因,政府的反竞争后果的论断本来就是不成立的。[101]

---

[100] Brief for the United States at 26, *United Stares v. Arnold, Schwinn & Co.*, 388 US 365 (1967), p. 50.

[101] 波斯纳是"在施温案中为政府提供案情摘要和支持理由"的人,他认为他在那个时候对这些问题的分析"反映着那时经济学同行们对受限制的销售的普遍想法"。参见波斯纳,上文中脚注57,第3页。尽管我同意,过去存在着(现在也有)和在施温案的案情摘要中阐明的观点一致的经济思想,但我倒觉得,也许不该把它说成是经济学同行的想法。由于该案情摘要对于其经济推理的资料来源表达不清楚(普雷斯顿的文章是这份案情摘要中引述的唯一一篇论述纵向限制的经济学论文。Brief for the United States at 49, *United States v. Arnold, Schwinn & Co.*, 388 US 365 (1967)。而且,普雷斯顿明确讨论了纵向限制可以适用的一系列合法的经济用途,参见普雷斯顿(Preston),上文中脚注53,第507页—第519页),因为特尔泽关于限制的合理性的研究成果在那时公共领域之内为人熟知,参见特尔泽(Telser),上文中脚注26;Telser, Abusive trade practices: An economic analysis, *Law and Contemporary Problems*, 30 (1965), p. 488。而且,因为我在这份案情摘要起草过程中,明确地表示了异议,所以,波斯纳对原因的归结可能失之于过分地不加保留了。

政府的第一个前提，即对在客观上优于竞争对手的产品来说，“没有必要塑造质量形象”，该前提取决于无限理性的假设。然而，显而易见，顾客并不是天生具有完美无缺的认知过程。相应地，“帮助”顾客并因此在有限理性方面实现节约的努力，就有可取之处。可靠性形象适合于这种用途。由于施温公司的特许经销方案没有实行排他性经营，不能说实际的竞争对手或潜在的竞争对手已经遭受到任何有害的影响。然而，为了讨论的目的，假设已经牵涉排他性的权利。关于反竞争后果的问题于是取决于施温公司的市场份额和进入的条件。然而，这份政府的案情摘要却一点也没有注意到市场结构。

简单的事实是：施温公司的市场份额在1951年是22%，在此前一年它推行了引起争议的营销方案，在随后的十年里市场份额持续下降，在1961年降至13%。[102] 显然，施温公司在此期间的任何时候都不是优势企业。

---

[102] 下表显示了在1951年至1961年期间自行车产业中四家最大企业的市场份额和外贸进口的市场份额：

四家最大国内生产商与外贸进口的市场份额，1951年—1961年

	四家最大国内生产商 %	外贸进口 %
1951	63	8
1953	52	22
1955	34	40
1957	46	28
1959	49	28
1961	49	30

资料来源：Brief for Arnold, Schwinn & Co., Appendix 1, at 8, n. 21, *United States v. Arnold, Schwinn & Co.*, 388 US 365 (1967)。

若可能存在其中的主要企业全都实行了排他性特许经销的 152
严格的寡头垄断,情况又是怎样呢?尽管自行车产业中的集中率在1951年处于高度—中度范围(high-moderate range)之内,四企业集中比率那时是63%,但接下来的十年是激烈竞争的十年。外贸进口量1951年占市场的8%,1955年上升至高达40%。关贸总协定(GATT)的例外条款是在1955年8月予以实施的,[103]而此后自行车的进口下降——在随后的年份里保持在30%左右。[104]

在这段时间里,不仅四家最大企业的市场份额急剧下降,而且,在它们之间市场份额有相当大的变动。施温公司在1951年是最大的企业,拥有22%的市场,在1961年降至第二位,拥有市场的13%。AMF公司是1951年时居第二位的企业,当时占市场16%,1961年降至第三位,市场占有率为8%。1951年时居第三位的企业哥伦比亚公司(Columbia),1961年降到第五位,前后市场份额分别是12%和5%。然而,1951年时居第四位的企业墨里公司(Murray),从12%的份额激增至1961年的22%,在此过程中跃居首位。[105] 在这十年期间,四家原有的自行

[103] 参见 General Agreement on Tariffs and Trade, 30 Oct. 1947, art. XIX, 61 Stat. pts. 5 & 6, TIAS No. 1700。美国在1955年8月19日实施了这一例外条款,提高了进口美国的自行车的关税税率。参见 GATT Doc. L/433(1955), reported in *General Agreement on Tariffs and Trade, Analytical Index*, 2d rev. (1966), p. 104。

[104] Brief for Arnold, Schwinn & Co., at 5 n. 15, *United States v. Arnold, Schwinn & Co.*, 388 US 365 (1967).

[105] 参见上文中脚注[102]。

车生产商被收购，其中两家被 AMF 公司收购，这是一家实行多角化经营的大型消费品和工业品生产商。[106] 这个记录因此揭示了，在现有的国内生产企业之间和与国外竞争对手之间存在着激烈竞争。

最后，政府的第三个前提，即因为纵向一体化常常带来了在限制企业之间的关系时不会产生的补偿性的节约（economies），所以，企业内部的限制（纵向一体化）和企业之间的限制相比不那么让人反感，这纯粹是一种幼稚的看法。如前文所述，[107]在这种市场和其他市场中的纵向市场限制经常可以带来节约。此外，纵向一体化并不是一种节省成本的万应良药。[108] 政府对企业之间交易限制的敌视，反映着赞成官僚主义组织形式、反对市
153 场组织形式的一种偏见，这种偏见不仅没有道理，而且对社会福利有害。

概括地说，施温公司推行的特许经销权限制不但具有某种看起来合理的效率理由，而且，此外没有任何反竞争后果可以归因于这些限制。它们不是某种排他性经营方案的组成部分；即便涉及排他性的权利，单单是施温公司一家的市场份额也是过小的，不应引起反托拉斯方面的担心；竞争对手们并未从事特许经销活动，更不用说从事排他性经营了；而且，自行车市场的特

---

[106] Brief for Arnold, Schwinn & Co., at 2 n. 5, *United States v. Arnold, Schwinn & Co.*, 388 US 365 (1967).

[107] 参见上文中附有脚注⑫—㉚和86—94的正文。

[108] 参见威廉姆森，上文中脚注⑦，第 82 页—第 131 页。

征可以概括为存在活跃的竞争。在实际的竞争是有效的，并且，可以证明将继续是有效的这种情况下，对于潜在竞争的忧虑就是没有根据的。政府反对施温公司的理由完全是出于想象。

6.5 不同于交易费用研究法的其他研究方法

除了前文中提到的不友善的传统以外，不同于交易费用研究法的主要其他方法部分或大部分是对这种方法的补充。然而，其中没有一种方法如此全面地处理了纵向限制提出的最重要的问题，并且因此没有一种最合适的替代方法。

A. 不友善的传统

支持不友善传统的人们回避了对普通法推理的依赖，却反而强调真实或想象的后果。[109] 不仅没有关于商业惯例一般是以效率用途为其动机的推定，而且，甚至没有积极考虑这种可能性。相反，注意力集中于这样一种可能性，即某种反竞争后果，无论其因果关系多么疏远，都会和所考察的这种惯例联系在一起。这种类型的观念取向和推理对企业组织形式怀有敌意，并通常导致有害的公共政策论点和结果。[110]

---

[109] 参见上文中附有脚注㉘的正文。

[110] 例如可参见 *United States v. Arnold, Schwinn & Co.*, 388 US 365 (1967)；*Brown Shoe Co. v. United States*, 270 US 294 (1962)。

B. 平民主义的研究方法

平民主义研究方法赞同注重公平，且几乎不以经济分析为依据。某些提倡平民主义研究方法的人，似乎把经济分析看成不仅没有益处，而且不明智。因此，平民主义研究方法的特征被沙利文(Sullivan)教授概括为，把配置效率看成和“反托拉斯政
154 策的指导原则一样地没有意义”。[111] 价值观念而不是效率反而承担着某种关键性的职责：

> 在反托拉斯与我们一直相伴的八十多年间，在执法方面的关注对象经历了潮起潮落，这都和国民生活中其他的进展息息相关。其价值观念直到最近才极其强烈地体现在政策表述之中，其起因一直是平民主义的，而且，具有诸如财富与权力从工业利益集团向农业利益集团的转移、经济权力与相关政治权力的下放和分散、对小企业家进入工商业的有利机会的保护、价格的削减以及对不正当竞争手段的禁止之类目标。[112]

沙利文反对运用局部均衡福利经济学的论点是，关于“次优”的考虑意见证明了效率主张是毫无意义的。[113] 当在其他部

---

[111] Sullivan, Book Review, *Columbia Law Review*, 75 (1975), p. 1214.

[112] 同上。

[113] 沙利文的前提是，“除了作为某种一般均衡分析的一个组成部分之外，对竞争性市场和被垄断的市场相比的配置效率的标准理论证明……不具有福利含义”。参见沙利文，上文中脚注[111]，第 1219 页(脚注略)。因此，“仅当做出以下预先假定时，即，第一，所有其他产业都已按竞争性的方式组织起来，以及第二，不存在其他偏

门中继续存在价格扭曲时,减弱一个部门中的价格扭曲"恰恰如同"它将带来某种效率收益一样,"可能……使配置情况更差——或者使配置情况和价格扭曲的情形同样糟糕"。[114]

尽管这是一种对于次优方面文献的常见解释,[115]但它却不是一种正确的解释。要证明在面对别的地方的扭曲时局部的校正会带来整体的损失,这是一种关于实际存在的情况的论点。它不涉及任何关于可能性的内容,而关于可能情况的论点则是 155
一种甚为有力的说明。沙利文从关于实有之事的主张跳到关于可能之事的主张是没有正当理由的。正如鲍莫尔(Baumol)指明的那样,次优限定性条件在政策上的重要性取决于相互依赖的程度:"经济之内大量的相互关联关系微弱得足以忽略不计。

离最优状态的情况……此时,当把某个垄断市场转变成竞争性市场(在不损失规模经济的情况下)时,消费者福利(以消费者将为商品和服务支付的总额来衡量的)会得到改善这个理论上的结论才证明是有道理的"。出处同上,第1219页。沙利文从这一前提做出推断:"在不同时满足最优配置的所有条件的情况下……**经济学理论没有告诉我们关于如何改善资源配置的任何东西**……经济学完全没有提供例如做出如下判断的根据:结束制鞋业中的垄断或终止电气设备制造业中的价格卡特尔(或者这两件事情都做),能改善资源配置并提高总福利。考虑到其他偏离情况(其他的垄断、卡特尔、关税以及扭曲的赋税)的持续存在,假定消除任何一种或多种偏离最优状态的情况会改进效率,是完全没有根据的。"出处同上,第1220页(着重号系原文所加)。

(114) 沙利文,上文中脚注(111),第1220页(着重号是后加的)。

(115) 正如博克强调的,次优理论"并没有把注意力放在出现有害结果的可能性上,而只是把它说成是一种可能出现的结果"。参见博克,上文中脚注㉞,第113页。所以,把"次优的可能情况当作消除了法律的消费者福利准则的合理性(它并未消除),并且,因此使法院摆脱这条准则,根据其他社会的和政治的价值观念制定新的法律原则……这完全是荒谬的"。出处同上,第114页。

因此，就所有实际的用途而言，对于大多数商品的需求可能仅仅依赖于对少数几种商品的需求……于是，或许可能用比某些人所怀疑的更有效的方式，把经济划分开来。”[116]这样就可以明确考虑强烈的相互作用后果，而在别的地方，次优的缺憾就应当赋予律师们所称的“属于极不重要”的权重。

另外，沙利文的评论似乎完全限定于（由于“垄断、卡特尔、关税以及扭曲的赋税”[117]导致的）价格扭曲。但在成本因素方面，配置上的无效率情况更加易于出现，这些方面包括规模不经济、未能做到以最低成本方式运营资产以及导致了相当数量的交易成本。在这些方面中的任何一个方面带来了成本节约的组织变化，若未伴有抵消性的价格扭曲，则一律将产生社会收益。因此，沙利文既夸大了在评价相对价格扭曲时应赋予次优论点的重要性，又没有考虑在成本节约问题上的配置效率分析。

这种研究方法存在的更深一层的问题是，它很容易和不友善的传统联系在一起，在这一传统当中，在每一种商业主动行动的背后都发现潜藏着反竞争的意图。然而，平民主义研究方法具有其他方法不具备的要求注重过程的可取优点。尽管这最后一点经常受到漠视，但它却是平民主义思想取向的独特长处。正如理查德·泽克豪泽（Richard Zeckhauser）在他关于“过程的

---

[116] W. J. Baumol, Informed judgment, rigorous theory and public policy, *S. Econ. J.*, 32 (1965), pp. 137, 144.

[117] R. Zeckhauser, Procedures for valuing lives, *Pub. Pol'y* 23 (1975), pp. 419, 446.

重要性”的讨论中所说的:“许多分析者过于急躁,不再考虑拥有某种公平合理且被公众普遍接受的过程的重要意义。”[118]就许多社会决策而言,“制定决策的程序或许和花费的实际钱款数额同样重要。……〔所以〕可用于其他商品的款项可能给人以一种完全不切实际的福利印象。人们怎样看待他们生活于其中的这个社会极其重要”。[119]

毫无疑问,过程的值无法轻易地用数量表示,而且其定性的方面可能引起争议。然而,当过程值接近极限时,关于过程方面的考量常可用来打破束缚。此外,在公平被认为是最重要的问题的情况下,过程值应被赋予甚至更大的权重。然而,为了不使 156
支持分散的经济权力的论断被人不负责任地运用或操纵,这类主张应当专门用于它们明显重要的情况。另外,布朗鞋业公司诉美利坚合众国案(*Brown Shoe Co. v. United States*)表明,当某案件的事实不适合时,以这些论据为依据造成了种种危害。[120]

C. 结构—行为—绩效研究方法

结构—行为—绩效研究方法也补充了交易费用研究法。请记住,尽管交易费用研究方法采用了效率推定,但这可以用关于

---

[118] R. Zeckhauser, Procedures for valuing lives, *Pub. Pol'y* 23 (1975), pp. 419, 446.

[119] 同上,第 419 页、第 446 页、第 459 页。

[120] 370 US 294 (1962).

策略性意图与后果的陈述予以反驳。[121] 后者的陈述要求证明，所考虑的产业其特征可概括为存在某个优势企业或共谋性寡头垄断。这需要考察传统的结构与行为的关系。

然而，结构—行为—绩效范式关于技术特征的先入之见，一直制约着其本身的发展。纵向一体化主要是一种交易费用现象，它在过去如此之久的时间内仍是一个谜团，这恰恰是由于这种技术性观念取向。[122] 由于这一原因，结构—行为—绩效范式起到了强化不友善传统的观念取向的作用——因为，如果交易费用节约是微不足道的，那么，就很容易、的确是自然而然地持有这样一种怀疑观点，即认为新出现的商业惯例的动机是反竞争意图。不过，在这种研究方法方面最近的研究成果[123]已经不再坚持这种技术性观念取向。

D. 新的模型设计研究方法

直至最近，[124]在过去关于经济过程的各种形式化模型之中，机会主义大部分受到漠视，但现在这种情况已在发生变化。在我所强调的交易费用问题和形式化的策略分析之间似乎正在形成某种趋同现象。这种趋同将会发展到什么程度仍有待于观察。我的意见和西蒙一致，他认为："比较各种离散型结构性选

---

[121] 参见上文中附有脚注㉗和㉘的正文。

[122] 参见利伯勒(Liebeler)，上文中脚注㊵。

[123] 例如可参见凯夫斯和波特(Caves and Porter)，上文中脚注㊽。

[124] 参见上文中附有脚注⑲的正文。

择方案的定性制度分析”,经常可以依靠“仅仅是非常适度地简单应用数理分析”继续进行下去。[125] 不过,与此同时,关于策略性行为所做的缜密的模型设计的特性,既令我欢欣鼓舞,又给我 157
留下了极深的印象。纵然形式化分析仅仅证实了定性的制度论点,但以不同的语言表述同样的论点也是有益处的。而且我常常期待着,正规模型将得出更加清晰甚至有时是原来所没有的含义。[126]

E. 非策略性的传统

我所说的非策略性传统,指的是起源于艾伦·迪雷克托(Aaron Director)在芝加哥大学执教和研究的反托拉斯研究的重要流派。杰出的代表人物是博克和鲍曼,而最近是波斯纳。正如我在别的地方曾指出的那样,法律经济学(Law and Economics)方面的反托拉斯专家永远受惠于这一传统,该传统一贯强调,复杂的政策问题应当以讲求实际的经济学方式加以评价,其中种种基本问题是用严格的微观经济学术语来阐述的。在此过程中已揭穿了不够严谨的反托拉斯推理的逻辑错误,而且已经显示出对所谓反竞争性惯例的经济益处有了更为深刻的领悟。

在这种研究方法中我发现的主要问题是,其倡导者经常漠

---

[125] 西蒙,上文中脚注⑰,第 6 页—第 7 页。

[126] 例如可参见 Dixit and Norman, Advertising and welfare, *Bell Journal of Economics*, 9 (1978), p. 1; Nelson and Winter, Forces generating and limiting concentration under Schumpeterian competition, *Bell Journal of Economics*, 9 (1978), p. 524; Schmalensee (1978), p. 305。

视交易费用，并且几乎不承认策略性的考虑有时发生影响。这些显然是相互关联的：如果交易费用为零或可忽略不计，那么，策略性的意图就被排除在了这个核心问题之外，因为它们不会起作用，而且简单的微观理论模型是适用的。运用这种“无摩擦的”研究方法的典型例子是鲍曼关于价格歧视的观点[127]和博克关于纵向市场限制的观点。[128]

在价格歧视方面，无摩擦的观点是，除了有悖常情的弹性条件情况以外，如果准许垄断者实行价格歧视，就能得到配置性效率收益。[129] 该论点取决于这样一条假设，即无论试图做到什么样的程度，实现歧视是不费成本的。然而，一旦考虑发现顾客之间不同的评价和实行针对转售的限制（以便不会有套利活动）的交易费用，这种配置效率主张就会问题百出。[130] 对有限理性（解
158 释了垄断者没有能力不付代价地对不同的顾客评价做出估价）和机会主义危害（由此需要有针对转售的控制）的朴素敏感，是在这种无摩擦的传统之中所缺少的要素。

这种非策略性传统还拒绝了把纵向限制和策略性目标联系在一起的可能性。[131] 尽管博克承认排斥的意图偶尔起作用，但

---

[127] 大体上可参见 W. Bowman, *Patents and Antitrust Law: A Legal and Economic Appraisal* (1973), Chicago: University of Chicago Press。

[128] 博克，上文中脚注㉞，第 280 页—第 298 页。

[129] 参见鲍曼，上文中脚注[127]，第 111 页—第 113 页。

[130] 有关详细阐述，参见威廉姆森，上文中脚注⑦，第 113 页。

[131] 参见上文中附有脚注㉞—㊹的正文。

他关于这些问题的讨论把这些意图归结为无足轻重。[132] 明确承认交易费用的更加开通的观点证实,在比他的讨论所揭示的更大范围的情况下,可能出现策略性行为。如果采纳这种更开通的观点的逻辑——根据这一逻辑,我所描述的那些类型的人力资产和资本市场摩擦的种种可能情况就得到了承认,那么问题接着就是,是否因为我所描述的各种摩擦在数量上微不足道,并且过于没有实质意义,而不会影响针对纵向限制的法律的执行,所以博克关于纵向限制的合法性的立场就应该占上风。我对这一点的回答如下:(a)我已试图比以前人们所做到的更加仔细地划定了限制性惯例会引起反对的范围;(b)结果,我和博克仅仅在排他性经营在优势企业产业之中的使用方面存在严重分歧;(c)我无法相信,我所讨论的各种摩擦的后果,在这种背景中没有实质意义,而且钱德勒的历史考察表明情况并非如此;(d)在这些市场的交易费用特性得到更充分彻底的研究,以及我和钱德勒担心的依据明确被否定以前,按照我提议的思路有所区别地实施法律是应当采取的审慎态度。

6.6 结　　论

反垄断是一个跨学科的领域,从各个观点来研究这个课题将获得对种种问题更加深刻的理解,承认这一点对该领域的发

[132] 博克,上文中脚注[34],第320页—第324页。

展是最有帮助的。我喜欢采用经济学研究方法，特别是对于处理纵向市场关系来说，就是交易费用研究法。本章主要的核心问题以及把交易费用分析系统地运用于纵向限制得出的法律原则，在下面做出了概括。

A. 交易费用研究方法的经济含义

1. 如同对于连续的中间产品市场阶段的一体化一样，生产
159 与销售之间的纵向限制应主要按照交易费用的思考方法来加以理解。

2. 在这两种类型的纵向关系之间，尽管存在着引人注目的相似之处，但还有着重要的区别。之所以出现这些区别，乃是因为在设计生产与销售二者之间的接合部位时，最终消费者的利益连同分销商的利益必须予以考虑。

3. 和不友善的传统思想相反，契约性约束可以而且常常确实满足了合法的经济意图。具体来说，为了不使个别组成部分对子目标的追求损害系统的生存发展能力，可能必须要有纵向约束。

4. 和不友善的传统思想相反，产品差异化可以而且常常确实增进了消费者的福利。而且，差异化的可行性可能取决于在制造商—分销商的联结处对于种种约束的运用。

5. 在把法律强制实施于纵向限制时，必须引起反托拉斯执法机构关注的主要危害是，推行限制是否具有使竞争对手处于不利地位的策略性意图和后果。由优势企业或严格的寡头垄断

实行的排他性经营限制会具有这种后果。

6. 在禁止排他性经营限制之前，应采纳节约辩护理由。

7. 不管是对评价治理某一特定接合部位，如在施温案中的纵向关系感兴趣，还是对理解诸如19世纪末期，作为对基础设施变化的反应而发生的转变之类纵向关系的历史演化感兴趣，以交易费用为特色的同样的微观分析研究方法都应当是适用的。

过去在施温案中，政府的司法报告和案情摘要里所出现的失误现在不再重复出现，对我来说，这表明了反托拉斯法已经取得真正的进步。而且，我认为，这部分地是因为现在有了对交易费用考量的更大程度的敏感。[133]

B. 交易费用研究方法的法律含义 160

负责执行反托拉斯法的各个联邦机构在贯彻强制执行政策时，必须以上述经济原则为依据。纵向市场限制应被假定是增

---

[133] 特纳和波斯纳两人在说服最高法院在大陆电视机股份有限公司诉GTE—西尔韦尼亚股份有限公司案（*Continental TV. Inc. v. GTE-Sylvania Inc.*，433 US 36［1977］）中改变主意方面都起到了作用。波斯纳对于施温案的官方声明的保留意见发表于1977年。参见波斯纳，上文中脚注57。特纳和机动车辆制造商协会（Motor Vehicle Manufacturers Association）的律师们共同参与起草了一份临时法律顾问辩护状。其中，该辩护状认为："'关于纵向关系的新经济学'逐步阐明了可以由制造商对经销商活动的影响实现的节约。"参见Motion for Leave to File Brief and Brief for Motor Vehicle Manufacturers Association as Amicus Curiae, at 24, *Continental TV. Inc. v. GTE-Sylvania Inc.*, 433 US 36 (1977)（引自菲利普斯，上文中脚注②，第574页）（脚注略）。

进效率的，除非在产业之内存在特定的结构特征。排他性经营是唯一一种造成了策略性危害之威胁的纵向限制。若在一个产业之内不存在优势企业或严格的寡头垄断，[134]所有类型的纵向限制包括排他性经营在内，都应被假定促进了交易费用节约。

当产业的特征是存在优势企业或严格的寡头垄断时，反托拉斯机构和法院应对排他性经营限制而不是其他纵向限制进行严密的详细审查，以查明它们是否造成了进入壁垒。处于这样一种形势之中的企业，如果它可以肯定地证明，受到审查的纵向限制产生了重大的交易费用节约，那么，就不应指控或确认它犯有违反反托拉斯法的罪行。[135]

最后，在以严格的寡头垄断为特征的产业中，对任何一种类型——在价格、地区、顾客或排他性经营方面纵向限制的一贯依赖，应受到严密的详细审查，以弄清限制是否使交易规范化并促

---

[134] 参见上文中脚注[50]。

[135] 对这些节约进行严格的证明并不容易。但应要求不仅仅做出关于某些节约(economies)似乎可靠地获得了实现的陈述。关于对节约作为一种反托拉斯辩护理由的讨论，大体上可参阅威廉姆森："节约作为辩护理由"(Williamson, Economies defense)，上文中脚注⑤。

请注意，波斯纳建议采取一种产量检验——"在实施该限制之后，制造商的产量是上升了还是下降了?"——以查明这些问题。参见波斯纳，上文中脚注[57]，第19页。(等价的检验大概是检查对价格的影响。)不过，我通常倒预料到，产量和价格效应会随着时间被散布开来，并与许多其他因素的影响混淆在一起。波斯纳打算把这些区分开来的精心设计的计量经济学研究，在我看来是不可行的。

如果要禁止排他性经营，其基本问题就是排他性经营促进了什么样的交易费用节约，以及牺牲这些是否将是意义重大的。这些问题一般应当经得起以定性和粗略的定量分析思路所进行的检验。

成了更大程度的相互依赖。然而,处于这样一种形势之中的企业,如果它们可以肯定地证实,受到审查的纵向限制实现了重大的交易费用节约,那么,就不应指控或确认它们犯有违反反托拉斯法的罪行。

7

对契约的评价[*] 161

在本章里提出了对契约进行评价的一般准则，并把它应用于解决两种类型的契约难题。即，哪些因素是纵向限制和引起反托拉斯关注的有关贸易限制的原因？何时“不可能性(impossibility)”和相关的契约原则应当成为撤销契约的根据？

罗纳德·科斯(Coase，1972 年)所说的用于研究产业组织的应用价格理论研究方法断言，贸易限制具有垄断起因。正如下面讨论的那样，这并不是一种完全统一的观点；在这一传统之内，过去有现在还有若干种垄断变体。尽管它们之间存在种种差别，但全都具有那时通行(且现在依然坚定不移)的把企业作为生产函数的观念取向。技术因此被认为在很大程度上是企业

* 本章曾提交给 1984 年 10 月在耶鲁大学举行的法学、经济学与组织学研讨会，并得益于会议上接踵而来的讨论。作者衷心感谢斯隆基金会(the Sloan Foundation)的资助。

本文原载于《法学、经济学与组织学杂志》(1985 年秋季号)总第 1 卷第 1 期(*Journal of Law, Economics, and Organization*, vol. 1 (1) [Fall 1985], ©1985 by Yale University. All rights reserved. ISSN 8756 - 6222)。

和市场组织的决定因素。

准许免除严格履行责任的契约原则原来是参照公平来解释的。按照卡尔·卢埃林(Karl Llewellyn,1931 年)的说法是,“当我们着手处理基于未预见到的情况的推定条件时,不是意见的一致,而是公平才是探究的终极目的。这一点适用于不可能的情况,也适用于契约落空;它适用于过失”(第 746 页)。然而,最近,人们已经用有效的风险承担来解释不可能性和相关的原则。

经济学家们求助于垄断以解释限制性贸易惯例,有时流露出来的绝望超出了他们本来的愿望:“如果经济学家发现了他不理解的某种事物——形形色色的商业惯例,他就寻求某种垄断解释”(Coase,1972 年,第 67 页)。这很容易——因为任何一个有创造才能的经济学家,总可以发现潜藏在某个地方的某种垄断意图,无论多么牵强或是多么没有实质意义。不仅如此,它还妨碍了人们努力去研究所考虑的商业惯例是否同时还有或另有其他起因。

162 对求助于有效的风险承担论点的愿望来说,情况也是一样。毫无疑问,经济组织的重要特征是为对应不同的风险厌恶程度和风险承担能力,周密地设计而成的,这是不可辩驳的。但是,如果对经济组织而言,其特征远远不止于此,那么,当经济学家发现了他不理解的某种事物——五花八门的商业惯例或法律惯例时,他就不应满足于有效率的风险承担的解释。

不标准的商业惯例经常是为了提高效率——具体来说,就是为节约交易费用而出现的这种可能性，它曾是科斯(Coase，1972 年)提醒注意的受到忽视的替代性解释。这些年里已接连出现了一些研究成果，通过查明造成以前忽视“经济体制的运行成本”①这类状况的原因，来使这种研究方法可用于实际操作。而且，我认为，这种研究方法不仅对研究限制性贸易惯例具有重要意义，而且大体上适用于对经济组织的研究。因此，由于具有交易费用起因的“契约失效”而免除严格履行的责任这种可能性，应予以详察。

本章试图阐述应用于研究契约的交易费用经济学方法的基本原理；比较其中保留有交易费用经济学某些而非全部关键特征的几种相关的契约研究方法；在一个单一的契约性框架内，展示研究限制性贸易惯例的几种可供选择的垄断与效率研究方法之内及其之间的主要区别；并从交易费用经济学的视角，对与免除责任(前面提到的有效风险承担的论述即是因此而被提出来的)有关的几种契约原则做出评价。

7.1 交易费用经济学

多种多样的经济学视角可以而且已经被应用于对契约的研究。芝加哥学派完全以价格理论的视角作为依据(Posner，1979 年)。财产权利的视角提供了另一种富于启发性的观察角度。

① 此语出自肯尼斯·阿罗(Kenneth Arrow，1969 年，第 48 页)。

我主要是从交易费用经济学的视角处理契约问题。这样一种研究经济组织的方法，罗纳德·科斯在其1937年的经典论文《论企业的性质》中就曾强调过。尽管科斯在35年之后慨叹，这种研究方法一直未扎下根来(Coase，1972年)，但弗农·史密斯(Vernon Smith)确信，经济学的正统观念已失去效力，他还大胆地预言会出现一种新的微观理论，这种理论"将要且必须研究
163 组织与制度的基本原理，而这将要求我们掌握信息经济学，并要对交易技术作出更加深刻精致的论述"(1974年，第321页)。

实施这样一种计划可采取多种多样的形式。我在这里所说的交易费用经济学采纳了约翰·R.康芒斯(John R. Commons)的交易应作为基本分析单位的建议。所关注的主要是伴随着交易的组织而来的实现节约的成果——在组织交易的地方，当某种商品或服务通过技术上可分离的一个接合部位被转让时，就会发生一次交易。一个活动阶段终止，而另一个阶段开始。具有一个运行良好的接合部位，如同拥有一台运转顺畅的机器一样，这些转让可以平稳流畅地进行。在机械系统中我们寻找摩擦：齿轮是否相互啮合？零部件是否加了润滑油？是否存在不必要的动力传递损耗或其他能量损耗？在经济上对应于摩擦的则是交易费用：交换的各方活动是否协调？或者是否存在导致延误、破裂和其他障碍的频繁误解与冲突？交易费用分析考察的是在各种可供替代的治理结构下计划、调整与监控任务完成的比较成本，以此取代了通常的关于技术与稳态的生产(或销售)费用的先入之见。

和研究经济组织的其他方法相比，交易费用经济学：(a)更具有微观分析的性质；(b)对其行为假设更为自觉；(c)提出并详尽阐述了资产专用性在经济上的重要意义；(d)更加依赖比较制度分析；(e)把工商企业看作一种治理结构而不是当成生产函数；(f)赋予事后的各种契约制度以更大的重要性，尤其强调私下裁定(private ordering)(与法院裁定[court ordering]相比较)。贯穿于对经济组织问题的比较研究中的基本观点是：通过区别对待的方式把各种交易(其特性各不相同)和各种治理结构(其适应能力及关联成本各异)匹配在一起，交易费用得以节约。

A. 行为假设

人们常常漫不经心地看待行为假设，几乎把它当成一种便利实用的手段。这有时由这样一种观点给予了证明，即果决的社会科学家会强调真正有价值的东西——那毕竟是可辩驳的含义(Friedman；Baiman)。这种观念取向已引起各种各样的反对意见，但没有一种比尼古拉斯·乔治斯库－罗根(Nicholas Georgescu-Roegen)对严肃科学所做的规定更加有力。他主张："一般来说，科学的目的并不在于预测，而是为了知识本身"(1971年，第37页)。不过他仍坚持认为，预测"是科学知识的试金石"(第37页)。为了不使推理沦为纯粹的思辨，并变得难以驾驭，预测必然扮演核心的角色。但是，如果是知识而非预测 164
推动着科学探索，那么就得采取对行为假设更加重视的态度。

弗兰克·奈特(Frank Knight)关于经济组织的许多研究成

果遵循了这一精神。他主张,对组织的研究必须贯穿着对“众所周知的人类本性”的重视(1965 年,第 270 页),并特别强调“道德风险”的情况(第 260 页)。而珀西·布里奇曼(Percy Bridgeman)提醒社会科学家,“在理解人们的行动方面的主要问题,是要了解他们如何思考——他们的头脑是怎样运转的”(1955 年,第 450 页)。科斯最近谈道:“现代制度经济学应当从现实的制度着手。让我们也从原本的人开始研究”(Coase,1984 年,第 231 页)。科斯在这方面竭力主张,把人看成是一种“理性的效用最大化者”的观点应予以摒弃(1984 年,第 231 页),但除此之外,对“原本的人”的显著特性却仍然未加以描述。

以前我已经证明,协约人(contracting man)在两个方面区别于追求最大化的人(maximizing man)的正统概念。第一,其接收、存储、检索和处理信息的能力完全是有限的。第二,协约人天生具有追求自利的本性,要比原先的经济人(economic man)更加根深蒂固,而且会带来更多的麻烦。

然而,有时人们认为,赫伯特·西蒙(Herbert Simon)的有限理性概念与经济学中的理性传统思想是不相容的。西蒙实际上扩大而不是缩小了应用理性分析的范围。因此,西蒙所感兴趣的经济行动者“打算是理性的,但仅仅有限度地做到了这一点”(Simon,1961 年,第 xxiv 页)。该定义的两个部分都应受到重视。这个定义的打算具有理性的部分推导出了实现节约的观念取向,而承认认知能力有限这一点则促进了对各种制度的研究:“仅仅因为人类个体在知识、先见之明、技能和时间方面是有限的，对于实现人的目的来说，组织才是有用的投资对象”（Simon，1957 年，第 199 页）。

有时有人认为，有限理性只不过是信息成本高昂的一种繁复晦涩的说法。一旦承认这一点，最大化分析模式就可以处理有限理性所关心的所有问题。为此应做一点说明：正如西蒙注意到的那样，“最优化分析和满意分析共同拥有着”很大“一部分同样的基础”（Simon，1978 年，第 8 页，注释 6）。尽管有人可能由于在用词上惜墨如金而建议说，“在两个假定都合适时，我们更喜欢用人们是理智的这个假定，而不喜欢用他们是极度理性的这个假定”（Simon，1978 年，第 8 页），但容易理解其他人会怎样做出不同的决定。在经过扩展的新古典框架之内进行研究，并不是代价很小的一种有益选择。

然而，如理查德·纳尔逊（Richard Nelson）和西德尼·温特（Sidney Winter，1982 年）所表明的那样，根本性的冲突仍然存在：

> 在某决策制定者对状态 X 并不确定的情形和该 165
> 决策者根本没有考虑 X 重要与否的情形之间，在预先想到的某事件被判定只有很小的发生概率的情形和发生了从来未被考虑过的某件事情的情形之间……存在着……某种根本区别。大多数关于最大化选择的复杂模型，没有认真处理有限理性的问题。有限信息模型只能在比喻的意义上被看成具有有限认知能力的决策模型。（第 66 页—第 67 页）

最大化分析可以处理很多情况，但无法处理有限理性涉及的全部场景。②

交易费用经济学把有限理性假设和考虑到以欺诈手段谋取私利的利己追求假设结合在一起。这承认经济行为主体会以有选择的和扭曲的方式披露信息。因此,这就确认了会有蓄意进行误导、掩盖、搅乱和混淆的做法。这种利己主义追求的特性分别用机会主义、道德风险和代理来描述。根据下面的讨论,这种情况使契约问题,更一般地说,使经济组织问题变得极其复杂。

B. 维度

采用交易作为基本分析单位之后,问题是使各种交易得以区别开来的主要维度是什么?如果某些交易是以这种方式组织的,而其他交易是以另一种方式组织的,那么,在交易特性上的内在差异可能就是起作用的因素。

目前交易费用经济学用以描述交易所依据的主要维度是:(a)交易重复发生的频率;(b)影响交易的不确定性的程度;(c)资产专用性条件(Williamson,1979 年,1985 年)。后两者对于本章的研究意图来说具有特别重要的意义。

根据在别的地方的讨论(Williamson,1985 年),必须把不

② 值得注意的更深一层的问题是,最大化分析有时带来处理无足轻重问题的诱惑。这并不是一种必然的结果。然而,在承认信息成本高昂的基础上,继续坚持正规分析而不是检查造成这种状况的因素,仍然是很常见的。尤其就对契约的理解而言,隐含的成本高昂的条件常常是关键性的特征。

同类型的不确定性区分开来。在这儿只要说到下面一点就足够
了，即如果人类行为主体受到有限理性的约束，并且如果契约是
在不确定的环境条件下履行的，那么，所有的长期契约必定都是
不完备的（无法明确地为所有日后可能发生的不测事件预作安
排）。因此，这就带来了交易费用经济学所关心的最重要的问 166
题：在面对事前的契约不完备性的情况下，怎样针对变化着的情
况实施有效的调整？

资产专用性条件与法律文献中经常提到的可靠投资物有关联。这些投资物，其全部的生产性价值只有在某项交易原来各方之间不间断关系的背景之中，才得以实现。换句话说，无法在不损失生产性价值的情况下，把这类资产转用于替代性的用途或转让给其他用户（Klein 等人，1978 年）。对交易专用性资产的重大投资支撑着某种交换，从事这种交换的各方当事人，在一种彼此之间的双边交换关系之中有效地运转。使联结各方的契约性关联协调一致，由此形成适应能力并促进连续性，这成为获得现实的经济价值的源泉。

7.2 契约图表

在这一节中我分两个部分着手进行对契约的研究。第一部分对比几种可供选择的契约过程（the process of contract）观念，并把这些观念与两个行为特性和上面讨论的资产专用性条件联系在一起。第二部分描述了用于研究契约的一种通用图

示，其中把技术、价格与治理之间的各种相互作用全都结合在一起。

A. 作为过程的契约

契约的世界被分别描述为计划、承诺、竞争与治理（或私下裁定，private ordering）的世界，不一而足。这些描述当中哪一种最为合适，这取决于符合某项交换的行为假定，并取决于所考虑的商品或服务的经济特性。

因此，假定在很大程度上存在不确定性，并考虑在有限理性、机会主义和资产专用性方面的差异对契约的影响。特别假定其中每一种条件可以取以下两值中的一个值：或者它在显著的程度上是存在的（以 + 表示），或者它被认定是不存在的（以 0 表示）。先考虑三种情况，其中仅有一个因素被认定是不存在的，然后考虑所有三种因素结合在一起的情况。表 7－1 表示了要加以比较的四种状况，以及同每一种状况相联系的协约模型。

各方当事人是机会主义的，且资产是专用性的，而经济行为主体则具有无限制的认知能力，这种情形从本质上描述了机制设计文献（Hurwicz，1972 年，1973 年；Myerson，1979 年；Harris，
167 Milton and Townsend，1981 年）。尽管机会主义的条件要求契约必须以重视私人信息的方式用书面形式订立，由此造成了复杂的激励组合问题，但契约的所有相关问题都在事前的谈判阶段被确定下来。考虑到无限理性，一开始即达成了无所不

包的协议，按照这样的协议，针对后来（所有人都察觉得到的）可能发生的各种情况所要采取的恰当调整措施，都做出了充分的描述。因此永远不会出现契约履行的问题——或者不履行这类协议的行为受到制止，因为法院对所有争端的裁定都被想当然地认为是具有效力的（Baiman，1982 年，第 168 页）。所以，契约在无限理性的背景中被看成是一个计划的世界。

表 7－1　　各种协约模型

行为假设		资产专用性	隐含的协约过程
有限理性	机会主义		
0	+	+	计划
+	0	+	承诺
+	+	0	竞争
+	+	+	治理

注：+ 在显著的程度上存在；
　　0 被认定为不存在。

或者考虑一下以下这种情形，即行为主体受到有限理性的限制，且交易是由专用性资产支撑的，但机会主义的情况被假定是不存在的。这最后一点意味着行为主体的诺言就像他的保证金一样可信。因此，尽管由于有限理性，在这些契约中将出现各种分歧，但如果各方当事人求助于某种本身具有强制力的一般条款，那么，这些就不会造成履行方面的危害。该契约的每一方当事人在开始时只是发誓有效地（以实现联合利润最大化的方式）履行契约，并在重订契约期间仅仅寻求应得的收益。由此这就否定了策略性行为的存在。因此，在最初的协议达成之时，契约的各方即获得了其天赋才能赋予他们的所有优势。此后，契约的履行有效地得以完成，因为上面所描述的这种类型的承诺，在不存在机会主义的情况下，本身即具有强制力。在这种背景当中，契约缩小成为一个承诺的世界。

接下来考虑一下行为主体受制于有限理性，并且天生就有
168 机会主义的倾向，但资产专用性被认定为不存在的情形。这类契约的各方当事人对彼此的身份没有持久的兴趣。这描述了这样一个世界，其中互不关联的市场协约是有效的，市场完全是可以竞争的，[③]人们接受为获得自然垄断而进行的特许权竞价。由于诈欺和恶性的契约欺骗行为受到法院裁定的威慑，[④]在这种背景之中的契约就被看成是一个竞争的世界。

当把有限理性、机会主义和资产专用性结合在一起时，这些观念中的每一种都失去了作用。此时，计划必然是不完备的（由于有限理性），可以预料到没有保障的承诺将彻底落空（由于机会主义），而且各方当事人在配对方面的一致性现在事关重大（由于资产专用性）。这就是治理的世界。既然法院裁定的有效

③　交易费用经济学与"可竞争性理论"（Baumol，Panzer and Willig，1982 年）二者之间在资产专用性方面的差异是值得注意的。两种研究经济组织的方法都承认资产专用性的重要性，但他们是从望远镜相反的一端来看它的。因此，可竞争性理论把资产专用性归结为是无足轻重的，由此得出打了就撤的进入（hit-and-run entry）轻而易举。比较而言，交易费用经济学放大了资产专用性条件。它强调，耐用的企业专用性资产是普遍存在的，在这种情况下，打了就撤的进入常常是不可行的。关于近来对可竞争性理论的评价，可参见迈克尔·斯彭斯（Michael Spence，1983 年）与 W. G. 谢泼德（W. G. Shepherd，1984 年）。

④　假定是在有限理性的体系内，法院裁定是有效力的，而且机会主义完全是没有必要的，但这仍然是所坚持的假定。

性是成问题的，所以，契约履行在极大程度上是由私下裁定的各种惯例来承担的（Kronman，1985 年）。这是交易费用经济学关注的世界。在这些情况下出现的组织规则是：组织交易以便在有限理性方面实现节约，而与此同时保障交易免受机会主义的危害。这样一种说法比“实现利润最大化”这样的规则，更能支撑对经济问题所持有的更加开阔的不同观念。

B. 简化的协约图示

我把契约各方当事人既受到有限理性的限制又受到机会主义的制约作为已知前提。相应地，这既否定了把契约当作计划的观念，也不承认当作承诺的观念。不过，我把资产专用性条件视为变量。这对于扩展治理概念，以把竞争作为可能的选择之一包括在内的目的来说，将是有益处的。特别是，对资产完全是可以重新调配的情况（$k=0$）而言，竞争就是合适的治理结构。

在这一小节中所做研究的目的是展示技术、治理与产品供给的价格之间具有的系统的关系。尽管这属于基本的知识，但没有做到承认这三种特征互相影响的性质，却一直是造成早期关于契约论述之中重复出现的混淆的原因，这些论述是以一种 169
零打碎敲的方式来处理这几种特征的。⑤

假定某种商品或服务可以采用两种可相互替代技术中的任

⑤ 可参见我对未能把契约作为一个整体加以评价所造成的种种混淆的讨论（Williamson，1983 年）。

何一种来供给。一种是通用技术；另一种是专用技术。这种专用技术要求在交易专用性的耐用资产方面进行数量更大的投资，并且对于满足稳定状态的需求更加有效。

用 k 作为交易专用性资产的衡量尺度，对于运用通用技术的交易来说，$k=0$。比较而言，当交易运用专用技术时，就获得了 $k>0$ 的条件。此时资产被专门用于交易各方的特殊需要。假如这种类型的交易提前被终止的话，生产性价值将因此而被损失掉。前面描述过的和在别的地方详细阐述的双边垄断状况，即符合这些条件。

尽管古典型市场协约——看似完美的离散式协约对于 $k=0$ 类型的交易就足够了，但每当重大的交易专用性资产被置于风险之中，没有外力帮助的市场治理就会造成危险。各方当事人具有为保护后一种类型的交易中的投资设想出保障措施的动机。令 s 表示任何一种这类保障措施的程度大小。$s=0$ 的条件是不提供任何保障措施的情况；提供保障措施的决策由 $s>0$ 的结果来反映。

图 7-1 表示了对应于这个描述的三种协约结果。每一个结点都和一个价格关联在一起。为便于进行各个结点之间的比
170 较，假定各供应商是风险中性的，打算在两种技术之中任何一种的条件下提供供给，并且只要可预计达到预期的盈亏平衡结果，就能接受任何一种保障措施条件。因此，结点 A 是通用技术（$k=0$）供给关系，预计盈亏平衡价格为 p_1。结点 B 的契约是以交易专用性资产（$k>0$）支撑的，但不为此保障措施（$s=0$）。此

时预期的盈亏平衡价格为 $\bar{p}$。结点 C 的契约也采用了专用技术。但在这种情况下采取了某种保障措施($s>0$)，由此在结点 C 的盈亏平衡价格 $\hat{p}$ 小于 $\bar{p}$。

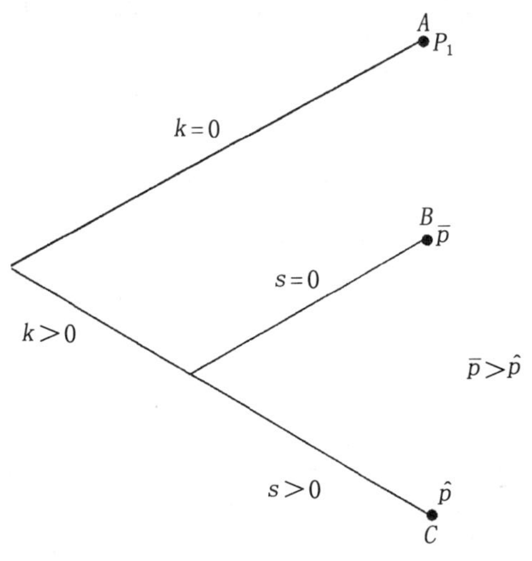

图 7－1　简化的协约图示

我谈到的保护性防卫措施通常呈现为三种形式中的一种或多种。第一种形式是重新调整激励，这一般涉及某种类型的为提前终止而支付的断绝关系罚款或罚金。第二种形式是创建并采用某种用以把争端提交仲裁和解决争端的专门的治理结构。运用仲裁而不是在法院提起诉讼因此成为结点 C 的治理的特色。第三种形式是采用证实和表明连续性意图的贸易常规做法。把贸易关系从单边交换扩展到双边交换——例如通过联合运用互惠，由此实现贸易风险的平衡，这是最后这种形式的一个例子。如果尽管付出了最大的努力，非标准的协约仍然经受着极大的治理重负，那么市场协约最终就可能被统一所有权（纵向一体化）取代。交易费用经济学因此强调这样一个前提，即“开始时存在着市场”，而并不马上采用内部组织，内部组织只有当契约（相对而言）失效时才予以采用。[6]

这种简化的协约图示适用于广泛的多种多样的协约问题。它强调技术（k）、契约性治理/保障措施（s）以及价格（p）完全是相互影响着的，并且是被同时确定下来的，以此方便了比较性制
171 度分析，纵向一体化、[7]劳动力市场组织、[8]管制、[9]公司治理

⑥　这种偏爱市场的推定是藉以开始进行比较分析的一种手段。既然必须确定交易发生于某个位置，那么为什么不在市场中开始呢？而且，如果逐渐出现了问题，为什么不看一看，为减轻困难并使交易继续在那里进行可做些什么呢？毫无疑问，相反地，人们也可以从内部组织开始，并追问它缺乏什么样的能力。于是由于内部组织的（相对）失效，交易就可以转移到市场之中进行。对经济学家们来说，从市场中的交易开始更加自然，而且和官僚主义失效方面的文献相比，市场失效方面的文献独具特色的发展对此有利，关于处理官僚主义失效方面文献的尝试，可参见威廉姆森（1975年，第7章；1985年，第6章）。

⑦　我处理这些问题的最初尝试是在纵向一体化的语境之中进行的（Williamson，1971年）。关于有关的一项讨论，可参见克莱恩等人（Klein，1978年）。约翰·斯塔基（John Stuckey）对制铝业中的合资企业和纵向一体化的调查，证明了微观分析研究方法的长处。还可参见蒙特沃德和蒂斯（Monteverde and Teece，1982年）和马斯滕（Masten，1984年）所做的研究。尽管研究经济组织的许多学者对纵向一体化只有有限的兴趣，但这最后证明是一种研究范式上的问题。

⑧　Williamson, Wachter, and Harris (1975); Wachter and Williamson (1978); Williamson (1984a).

⑨　Williamson (1976); Goldberg (1976); Joskow and Schmalensee (1983); Palay (1985).

(corporate governance)、[10]互惠和对贸易的纵向限制,[11]以及甚至是家庭组织[12]最后证明是同一主题的不同变种。正如弗里德里希·哈耶克(Friedrich Hayek)所言:"每当在一个领域之中,对这些特性的安排所遵循的某种抽象规则,获得了认识能力,在完全不同的因素唤起了那些抽象特性的种种迹象时,同样的原始模型必将是适用的"(1967年,第50页)。

概括起来,在图7-1展现的契约图示中的结点A、B和C具有以下性质:

1. 得到通用资产($k=0$)支撑的交易位于A点,且不需要保护性的治理结构。离散式的市场协约就满足了要求。这样就获得了竞争的世界。

2. 包含交易专用型的($k>0$)重大投资的交易,各方当事人为此实际上从事着双边贸易活动。

3. 位于B点的交易没有保障措施($s=0$),为此之故预计的盈亏平衡供给价格极高($\bar{p}>\hat{p}$)。这样的交易具有契约性质上的不稳定倾向。它们可能复归到A点[在这种情况下,专用性技术会被通用性($k=0$)技术取代],或者可能重新定位于C点(通过采取会促进连续使用这种$k>0$的技术的契约性保障措

[10] Fama and Jensen (1983); Williamson (1984b); 以及 Fitzroy and Müeller (1985).

[11] Williamson (1979); Goldberg (1980); Klein and Leffler (1981); Williamson (1983);以及 Kenney and Klein (1983).

[12] Ben-Porath(1980);Pollak(1983).

施)。

4. 位于 C 点的交易包含保障措施($s>0$),而且因此受到免遭侵占危害的保护。

5. 由于价格和治理是联系在一起的,契约的各方当事人不应指望鱼(低价格)与熊掌(无保障措施)两者兼得。总而言之,把协约作为一个整体来研究非常重要。事前的条件和此后履行契约的方式,两者都随着投资特征和与此相关的交易植根其中的各种治理结构而变化。

172 7.3　限制性贸易惯例:对契约的垄断与效率研究方法

交易费用经济学与之极其紧密地联系在一起的专业领域是产业组织。在这里考察了用于产业组织研究的许多主要方法以及交易费用经济学和它们的关联。

产业组织学根据不同的研究目的来考察契约。各方当事人试图实现的是什么呢?种种非标准的协约形式——顾客与地区限制、搭配销售、大宗订货、特许权限制、转售价格的维持、排他性经营等等,诸如此类,特别受关注。在这里和在产业组织学内别的地方一样,把垄断意图和效率意图区分开来是有益处的。在图 7-2 中表示出的分类就是以这一区分作为起点。

173 A. 垄断分支

在图 7-2 中表示的所有研究契约的方法,垄断和效率两条

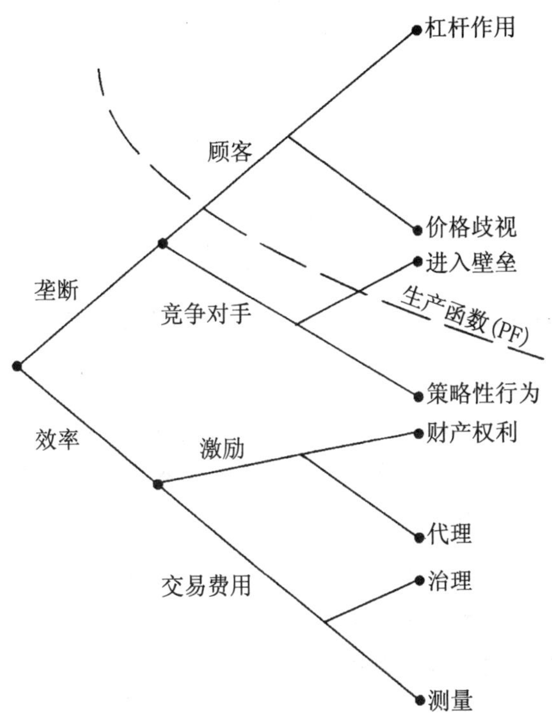

图 7－2　契约的认知图谱

支脉都一样，所关心的都是同样一个难题：以更加复杂的协约形式(包括非市场的经济组织模式)取代古典的市场交换——产品借此按照统一的价格不加限制地销售给所有求购者，这种取代的做法满足了什么样的意图呢？垄断研究方法把对这种古典规范的背离归因于垄断意图。效率研究方法认为，这些背离反而满足了实现节约的意图。

四种垄断类的研究契约的方法是按两个标题进行分组的。

第一组考察在买方方面对契约性限制的运用。第二组与这些惯例对竞争对手的影响有关。

契约的杠杆作用理论和对非标准协约的价格歧视解释两者都侧重于买方。理查德·波斯纳(Richard Posner,1979 年)把杠杆作用理论和(早期的)哈佛学派研究反托拉斯经济学的方法联系在一起,并把价格歧视和芝加哥学派研究反托拉斯经济学的方法联系起来。杠杆作用理论断言,可以扩大原有垄断力量的作用范围,而且种种非标准协约惯例实现了这一点。尽管杠杆作用理论在经济学家中间在很大程度上受到怀疑,但它仍然保持着对许多律师的吸引力,⑬并继续渗透到律师的辩护状⑭和法庭的裁定理由⑮之中。

研究非标准协约的价格歧视方法认为,原有垄断力量没有发生变化。价格歧视仅仅是潜在的垄断力量借以发挥出来的手段。对非标准协约的这种解释是由艾伦·迪雷克托和爱德华·

⑬ 路易斯·卡普洛(Louis Kaplow)最近使之复兴的尝试把杠杆作用理论定位于跨时定价的语境中。这是更有前途的做法,但最初提出它的背景并不是应用价格理论。把卡普洛的杠杆作用论点,视为正在发展着的关于策略性行为文献的组成部分更为有益——关于策略性行为的文献,在这里我几乎没有什么要说的,但我认为,这远比早期的关于垄断的传统思想更具有启发性。有关讨论,可参见威廉姆森(1982 年)。

⑭ 例如,可参见在蒙桑托公司诉斯普雷—赖特服务公司案(*Monsanto Company v. Spray-Rite Service Corporation*)中,由劳伦斯·A. 沙利文(Lawrence A. Sullivan)起草的支持被告的临时法律顾问辩护状。

⑮ 尽管在杰斐逊堂区第二区慈善医院诉海德案(*Jefferson Porish Hosp. Dist. No. 2 v. Hyde*, 44CCH S. Ct. Bull., P.)中,多数的裁定理由得出了正确的结论,但它也因忽略了提及杠杆作用理论,而使这种裁定理由显得难以理解。

利瓦伊(Aaron Director and Edward Levi,1956 年)连同搭配销售一起,以及由乔治·斯蒂格勒(George Stigler,1963 年)在大宗订货方面提出来的。搭配销售和大宗订货据称是卖方能够发现消费者之间潜在的产品评价差异,并使消费者剩余货币化所凭借的手段。

另外两种垄断研究方法考察了涉及竞争对手的非标准协约惯例。这些方法明确地关注大型的地位稳固企业所进行的 174
涉及较小的现有或潜在竞争对手的垄断力量扩张。和乔·贝恩(Joe Bain,1956 年)的著作明显地联系在一起的关于进入壁垒的文献,就是遵循这种传统。在这方面的早期成果已受到相当多的批评,其中大部分来自芝加哥学派。早期研究成果的主要问题是:它是静态的,而且没有细致地鉴别进入壁垒论点得以成立的必不可少的先决条件。最近关于策略性行为的文献消除了许多这类反对意见。[16] 投资与信息的不对称被明确地提了出来。人们认识到了跨时段的动态特性,并详尽阐述了声誉效应特征。运用非标准协约作为一种"提高竞争对手成本"的手段(Salop and Scheffman,1983 年)是一种尤为引人入胜的可能性。

除最近关于策略性行为的文献以外,应用于契约的所有垄断研究方法都是在新古典的框架之内从事研究的,在此框架内企业被看作生产函数。由于其中企业的自然边界是由技术限定

⑯ 对这些问题在威廉姆森(1982 年)中进行了全面评述。

的，企业借助非标准协约扩展其影响范围的任何努力都被认定具有垄断的意图和后果。[17] 这种研究产业组织的“应用价格理论”方法曾经是战后通行的观念取向。正如科斯（Coase，1972年，第61页）所言，它渗透到了乔·贝恩（Joe Bain，1958年）和乔治·斯蒂格勒（George Stigler，1968年）两方面所讨论的主要的产业组织主题之中。针对工商企业的公共政策受到这种研究方法的巨大影响。在这方面的例子不胜枚举。然而，没有任何一个例子比在施温案[18]中所表现的政府对于纵向限制和纵向一体化相比的可取之处的混淆，更好地展现了生产思想的普遍影响：

> 纵然在本案的情况下，实行一体化的威胁并非完全没有确实有效性，但我们想强调，这并不是对贸易限制指控的一个正当辩护理由。……和对待把限制强加于独立分销商的制造商相比，更加温和地对待本身即承担销售职能的制造商这条法律原则，只不过反映了以下事实，即尽管在销售阶段的一体化有时可能导致成本节约，但维持转售价格，或施加无限期的地区限制，或本案所涉及的这种类型的零售店限制，却从来没
> 175 有被证明产生了类似的节约（economies）。

[17] 毫无疑问，可以证明价格歧视是有效率的，如果可以零交易成本实现价格歧视，并且如果可消除收入分配效应，那么它通常就是有效的。然而，零交易成本的假设几乎是没有道理的。因为这个缘故，对价格歧视的私人评价和社会评价就会得出相互对立的结论（Williamson，1975年，第11页—第13页）。

[18] Brief for the United States at 50, *United States v. Arnold*, *Schwinn & Co.*, 388 US 365 (1967).

显然，那些为政府的理由陈述提供辩护状的人[19]确信，生产函数型的节约[规模效益(economies of scale)、范围经济(economies of scope)]是实际存在的，但是，通过契约性限制对分销商实施控制，却只会具备有害的垄断意图和后果。科斯归之于经济学家的赞同垄断解释的倾向，因此也由反托拉斯执行官员们来分享了。企业的生产函数概念认为，企业与市场之间的自然边界是一个起限定作用的因素(主要是由技术界定的)——因此不必加以评价或说明其来由，这实际上是造成这种结果的决定性因素。

相比之下，关于策略性行为的大量文献和企业的治理结构概念更加紧密地联系在一起。为强调这种重要的垄断差别，图 7-2 中的短划线画出的曲线(符号记作 *PF*)把较早时期的生产函数研究方法和最近的策略性的契约概念分隔开来。

B. 效率分支

大多数可被称为新制度经济学的理论内容位于契约的效率分支上。契约的效率分支区分为强调激励组合的研究方法和以交易费用节约为特色的研究方法。激励组合方面的文献侧重于契约事前的一面。新形式的财产权利和复杂的协约，因此被解释成是为了克服较简单的财产权利和传统协约做法的激励缺陷所做的尝试。罗纳德·科斯(Ronald Coase，1960 年)、阿尔曼·阿尔奇安(Armen Alchian，1961 年、1965 年)和哈罗

---

⑲ 这份政府的案情摘要的主要设计者，是非常富有经验的反托拉斯专家理查德·波斯纳和唐纳德·特纳。两人自此以后都改变了立场。

德·德姆塞茨(Harold Demsetz,1966 年、1969 年)显著地和产权文献联系在一起。[20] 利奥·赫维奇(Leo Hurwicz,1972 年、1973 年)、迈克尔·斯彭斯和理查德·泽克豪泽(Michael Spence and Richard Zeckhauser,1971 年)、斯蒂芬·罗斯(Stephen Ross,1973 年)、迈克尔·詹森与威廉·梅克林(Michael Jensen and William Meckling,1976 年)以及詹姆斯·莫里斯(James Mirrlees,1976 年)开辟了代理研究方法。[21]

产权文献强调所有权十分重要,在这类文献中对某种资产的所有权由三个部分构成:使用该资产的权利;占有该资产收益的权利;以及改变某种资产形式和/或内容的权利(Furubotn and Pejovich,1974 年,第 4 页)。在彻底弄清财产权利的基础
176 上,人们一般(经常是隐含地,有时是明确地)假定,资产的利用此后将根据其所有者的意图而定。如果(a)法律认可的产权结构受到尊重,且(b)人类行动主体按照指令完成其工作任务,那么这一点就是适用的。[22]

---

[20] 关于最近的一次综述,可参见路易斯·迪阿莱西(Louis DeAlessi,1983 年)。关于较早时期的一项综述,可参见艾里克·富鲁伯顿和斯维托扎·佩约维奇(Eirik Furubotn and Svetozar Pejovich,1974 年)。

[21] 关于最近的一次综述,参见斯坦利·贝曼(Stanley Baiman,1982 年)。

[22] 桑福德·格罗斯曼和奥利弗·哈特(Sanford Grossman and Oliver Hart,1984 年)最近关于纵向一体化的论述阐明了这两个前提。因此他们把资产所有权视为对剩余权利的控制:"每一资产将具有唯一的一个所有者,而且对于缺少[契约性]规定的情况来说,该所有者拥有控制资产的权利"(第 7 页)。他们进一步认为,物质资产的所有者"可以命令工厂雇员们",按照他的指令来利用这些资产(第 17 页)。市场组织与纵向一体化之间的差别因此完全被归因于把它们区分开来的资产所有权的不同。

因此，尽管契约的垄断分支把非标准的交换形式解释为具有垄断的意图和后果，但产权文献则探究错误的产权归属是不是造成资源不当配置的原因。或许是以复杂的(非标准的)形式重新划定财产权利，这是出现契约性不规则做法的原因。换言之，离散型的市场协约被更加复杂的协约形式取代，因为这种方法可把剩余控制权置于那些能够最富有成效地运用这些权利的人的掌控之中。

关于代理的文献，尤其是早期的代理文献强调，委托人是在充分意识到由代理人履行契约所造成之危害的情况下订立契约的。尽管所有权同控制权的分离减弱了利润动机，但这在二者发生分离之时就被预见到了，而且完全体现在新股的价格上(Jensen and Meckling，1976 年)。所以，未来情况是确凿无疑的；所有相关的协约行动就被集中在一起成为事前的激励组合。

其实，正如迈克尔·詹森颇有影响的综述指出的那样(Jensen，1983 年)，这类文献实际上是从两个方面发展起来的。他把第一条分支称为实证性代理理论。在这里，“资本的密集程度、资产的专业化程度、信息成本、资本市场以及内部与外部劳动力市场，是在协约环境之中，和决定契约形式的不同监督与结合惯例的成本，发生相互作用的因素的典型例子”(Jensen，1983 年，第 334 页—第 335 页)。按照这种描述，在这一分支的代理文献和下面描述的交易费用的治理分支二者之间，就出现了众多的共同特征。詹森把第二种类型的代理文献称为“委托人—

代理人"理论(Jensen,1983 年,第 334 页)。这类数理性相当强的文献以最大程度的事前的激励组合为特征。作为机制设计研究方法,它最近已开始为人们所熟知。这种研究方式近似于较
177 早时期关于相机要求权协约的文献,[23]但因为给表现为私人信息形式的种种协约的复杂情况留有余地而超越了它。如果无法假定私人信息会得到充分而坦率的披露,那么就提出了激励组合的各种复杂问题(关于相机要求权协约的文献忽略了这些)。不过,在其他方面,机制设计文献和相机要求权协约文献是非常相似的:二者都解决了在无所不包的事前谈判中所有相关的协约问题,[24]并且二者都假定法院裁定是有效力的。[25] 另一方面,是效率意图而不是垄断意图得出了这个论点。

交易费用文献也强调非标准协约形式具有效率意图这种可

㉓ 默文·金(Mervyn King)把阿罗—德布鲁模型的特征概括如下:"商品不仅按照物理和空间特征,以及按照可以获得商品的日期区别开来,而且还按照交货所处于的'所有未来可能出现的状态(state of the world)'来加以区分。'未来可能出现的状态'是通过为和经济有关的所有不确定变量赋值来界定的……而且每一种状态包含着完整的一系列所有这些变量。这些状态是相互排斥的,并且形成了一个全面完整的集合……商品现在被界定为要依据发生特定事件的情况而定,而且市场体系是由所有这些视条件而定的商品的市场构成的"(第 128 页)。

㉔ 机制设计文献假定,契约的各方当事人拥有精心制订具有无限复杂程度的契约的认知能力。事实上,契约的各方当事人具有有限理性(Bengt Holmstrom,1983 年)。和财产权利方面的文献形成对照,机制设计研究方法认为:"既然每一方当事人对于每一种情况状态下另一方的责任都做出了充分的规定,所以不存在需要进行配置的对资产的剩余控制权利"(Grossman and Hart,1984 年,第 7 页)。所以,复杂的契约对于剩余权利不感兴趣,但关注在开始时对各种责任加以界定——对已经被确认具有约束力的私人信息预先做出规定。

㉕ 参见贝曼(1982 年,第 168 页)。

以证伪的推定。不过，把更大的注意力转移到了契约履行阶段。如图 7－2 中所示，交易费用研究方法分成了治理分支和测量分支两部分。二者都具有重要意义，而且，实际上，两者是相互依赖的。

和产权文献一样，交易费用经济学同样认为所有权是重要的。此外它还承认事前的激励组合事关重大。但是，鉴于财产权利和机制设计研究方法是在法制中心主义的传统思想之内进行研究的，交易费用经济学对法院裁定是有效力的这一点提出了异议。相反，把注意力转移到私下裁定上来。由于什么样的适应性、连续性的决策和争端解决的特性，产生出了什么样的制度。所以，在所有权和激励组合之外，交易费用经济学附加了这样一个前提，契约的事后的支持制度十分重要。

詹姆斯·布坎南(James Buchanan)已经证明："经济学开始更加接近于成为一种'契约学'而不是'选择学'……[因为这个缘故]追求最大化的人必须用仲裁者取而代之，后者是设法在相互冲突的要求之间制订出和解契约的局外人"(Buchanan，1975年，第 229 页)。治理研究方法采纳了契约科学的指导思想，但 178
把仲裁者和制度设计专家结合在一起。其目的不仅仅是要解决正在发生着的冲突，还要在事先认识到潜在的冲突，并设计出预先防止或缓解冲突的治理结构。

交易费用经济学认为，把所有相关的谈判行动全都集中于事前的协约阶段是不可能的。相反，谈判是无处不在的——在这种情况下，私下裁定的种种制度和从整体上对协约的研究具有重要的经济意义。人类行动主体的行为特性把有限理性和机会主义的条件结合在一起，这些行为特性以及交易的各种复杂特性（特别是资产专用性条件），是造成这种状况的原因。

交易费用经济学的测量分支关注的是和某种商品或服务的供给相联系的绩效或特性上模糊不清的情况。阿尔奇安—德姆塞茨（Alchian and Demsetz，1972 年）关于技术的不可分性（团队组织）的论述就是一例。自此以后，这类问题又由威廉·奥奇（William Ouchi，1980 年）在市场的组织方面进行了处理。最近一项有趣的应用是罗伊·肯尼和本杰明·克莱因（Roy Kenney and Benjamin Klein，1983 年）对他们所称的"过度搜索"（over-searching）的研究。他们反对斯蒂格勒认为大宗订货具有垄断（价格歧视）意图的观点，并反而认为它有助于节约测量成本。

这样在摆脱了生产函数思想框架之后，交易费用研究方法对政府在施温案中所反对的契约性限制，得出了十分不同的解释。其实，既然在施温案中策略性危害可以忽略不计（市场份额过小以致无法实现排斥效果；不存在集体行动），而且既然可以证明限制有助于维护特许销售方式的完整性（$s>0$ 的一个结果），所以政府的论据完全是不中肯的。[26] 不过，只要垄断的思想倾向占上风，就可预料到，反托拉斯契约分析必然会把垄断意图强加于可能根本不存在这种意图的地方，并漠视可能具有的交易费用方面的益处。

㉖ 有关详尽的阐述，可参见威廉姆森（1979 年）。

最近对贸易限制的评价承认，贸易限制有时对垄断和效率两者都是有用的。当然，容易处理的情况是其中一种意图占优势的那些情形。确认和效率相比对垄断最为有利的先决条件（或相反的情况），现在是可以做到的，并将使区分正好相反的情况成为可能。然而，考虑到我们的知识的浅陋状态，有时将出现混合的情形，而对此做出明确的最终评价，有时将是不可能的事情。不过，直言不讳的模糊要比垄断思想时代错误的清晰更为可取。 179

7.4 商业上的履行不能[27]

关于商业上履行不能的契约原则已从公平和效率两种观点得到解释。卢埃林关于公平的观点在开始时引述过了。理查德·波斯纳和安德鲁·罗森菲尔德（Andrew Rosenfield）在他们对这一原则的研究当中并未诉诸于公平，而是诉诸于有效率的风险承担。他们注意到，尽管法律可把“由于某种意料之外的事件或者至少是未作准备的事件”而未能履行的情况当作违反契约的行为，从而把风险归于要约人，但它也可免除不履行的责任，并“解除该契约，从而在实际上把风险归于受要约人”（Posner and Rosenfield，1977 年，第 83 页）。他们认为，有效率的解约，“在受要约人是占优势的风险承担者的情况下，应当得到允

[27] 在这一节里对商业上的履行不能的讨论与保罗·乔斯科（Paul Joskow，1977 年）和理查德·斯派德尔（Richard Speidel，1981 年）对这些问题较早时期的论述有关，并以之为依据。

许;如果要约人是占优势的风险承担者,则应把不履行视为一种违反契约的行为"(第84页)。

这里的分析也采取了效率观念取向。不过,其重点不在于企业对企业的风险承担比较,而在于允许解约的契约原则所具有的交易费用后果。再者,尽管波斯纳和罗森菲尔德所讨论的例子主要涉及的是一次性的事件,但我所关注的那些事件却包含在耐用的交易专用性资产方面相当数量的投资。对于这类交易来说,关系的连续性受到重视。这些是理查德·斯派德尔(Richard Speidel)在其最近对根据法院指令进行的契约调解的研究中所关注的同样一类交易。

乔斯科(Joskow,1985年)论及的矿山坑口煤炭契约,其通常的存续时间为25年至50年,显然属于这种类型。美国铝业公司(Alcoa)和埃塞克斯电缆公司(Essex Wire)的长期契约是另一个例证,凭借该契约,美国铝业公司同意向埃塞克斯电缆公司位于本公司一家附属机构附近的工厂供应浇铸铝锭(Speidel)。西屋电气公司(Westinghouse)向大量的公共发电事业公司供应铀燃料的协议是第三个例子(Joskow,1977年)。[28] 当突然出现置这类契约的一方当事人(通常为卖方)于严峻压力之下的未预料到的情况——在西屋电气公司案(*Westinghouse*)中金额总计达数十亿美元,此时,为什么交易费用经济学和在严格履

㉘ 在矿山坑口和铝供应契约中的资产专用性包含场所专用性。为铀的供应准备的投资物属于专门用途的资产类型。关于不同形式的资产专用性的讨论,参见威廉姆森(1983年,第526页;1985年,第4章)。

行与根据法院指令进行的调解二者之间的选择有关系呢？

我对这些问题的论述是比较性的，而且并不自命具有决定 180
性的意义。正如在较早的时候所讨论过的那样，研究经济组织的交易费用方法总是按照比较的思路着手研究的。选择是在可替代的方案之间做出的，假如按无摩擦的理想标准来评价的话，所有选择方案都是“有缺陷的”。我在这里的意图仅仅是要弄清楚，在决定该领域中的公共政策时，是否必须考虑原先受到忽视的交易费用特性。

这项论证分成五个部分。我首先开始对可相互替代的经济组织模式进行了前约分析（a precontract analysis）。接着我考察了在严格履行的管理体制内长期协约的衍生后果，在这个方面，只有当各方当事人对履行不能（impracticability）预先做出了契约性的准备时，他们才按照履行不能的要求被免除负担。接下来考虑了使免责事由成为可能的契约原则的运用。此后解决在严格履行和免除责任两种体制下实现调整的执行问题。最后试图对这个讨论做出概述。

A. 对可供选择的经济组织模式的前约分析

研究经济组织的比较性制度研究方法把组织模式和技术选择两者都视为决策变量。相比之下，非比较性分析通常把二者看成是已知的。不过，如果完成某种任务的一对模式/技术组合遭遇到了严峻的困难，那么改变其中一个方面，或在两方面都加以改变，常常就可以取得较好的结果。

因此,假设在交易专用性资产方面相当数量的投资支撑着有关某种商品或服务的长期契约,若认为这种契约造成了严重的危害,那么,完成任务的主要替代性选择方案又是什么呢?

一种可能是保持技术不变,转而采取被认为危害性较小的某种治理结构。因为这个缘故,纵向一体化经常被采用。例如,发电厂可实行后向一体化,延伸进入矿山坑口煤炭供应阶段。不过,这样的后向一体化并不总是可行的。[29] 此外,即使是在可行的情况下,纵向一体化的适应性好处也必然被用来抵消其激励方面的不利条件。[30]

另一种选择方案是放弃交易专用性技术,而选择更为通用的技术。这对应于在图 7-1 中的契约图示上从 $k>0$ 一支到
181 $k=0$一支的转变。例如,该电力公用事业公司可以不使用带来前面提到的协约费用(或受到纵向一体化的激励限制约束)的矿山坑口煤炭,而使用石油燃料作为其热源。由于供应精炼石油几乎不需要交易专用性投资,买方和供应方二者之间的双边相互依赖关系就不会发展起来。因为在开始时和在契约重订时间间隔内(现在间隔期会比较短)都可以获得大量的供应者,此时在竞争的保护之下,就可以做出适应性的连续性的决策。

---

[29] 由电力公用事业公司实行后向一体化进入铀燃料的供应阶段可能是不经济的,除非首先对电力公用事业公司进行重组,这大概要通过庞大规模的横向兼并来进行——而这本身也是困难重重。

[30] 在这里这些问题是相当棘手的。我已在别的地方对这些问题做出了处理(Williamson,1985 年,第 6 章)。

所以,交易费用经济学对于契约原则研究的第一条告诫是,在技术和治理结构被当成参变量的背景当中,证明一条原则比另一条原则优越是不够的。鼓励各方当事人采用较差的(但较少风险的)技术或放弃市场而选择等级制组织的原则,实行起来要付出高昂的成本。

不过,要对这些问题做出全面的评价则是要求过高了。除后面的简要评论之外,假定技术是已知的,而且将采用市场组织,并着重强调和商业上的不可能(commercial impossibility)有关的种种契约原则原先未被人注意的交易费用后果,这将使问题得到简化。

B. 严格履行

困扰经济组织的主要权衡关系是,促进成本节约或需求增加的激励,经常只有在牺牲关系的适应能力特性的情况下,才得到强化。适应能力很强但激励属性较弱的成本加成协约(cost plus contracting)就是一个例子。毫无疑问,有时可以鉴别出来较差的组织模式,对于这类组织模式来说,在两个方面都可以实现改进。从职能制组织形式向多部门制组织形式的转变可以证明即属此类(Chandler,1966 年;Williamson,1975 年,第 8 章)。不过,最终会达到极限。例如,在多部门制企业中运用强有力的激励手段(诸如严格的转让定价规则)就会限制适应能力。

出于这一小节的研究需要,假设由于任何一方当事人的坚决要求,契约能够严格地被履行。既然长期契约不可避免是不完备的，那么各方当事人将怎样处理未曾预料到的意外情况呢？一种可能的做法是根本不做出任何调整。尽管出现失调，但交易照常继续进行。第二种可能做法是以一种非正式的没有异议的方式适应彼此的需要。但是，如果对该体系的冲击确实巨大，情况将会怎么样呢？假如一方要求从“一切如常”的状态中摆脱出来，而另一方又拒绝做出调整，那么情况又将如何呢？

182 处理这样一种僵局的显而易见的办法是，事先认识到这种可能发生的情况，并创建某种对其予以处理的机制。把这类争端提交仲裁者的协议就是一个例子。这当然减弱了激励。但大概各方当事人认为，这种适应能力方面的收益超过了抵消额。

不过，假设各方当事人故意地拒绝建立某种仲裁机制。显然，应当采取这样的补救方法的种种意外情况被认为是绝少可能发生的，或者是仲裁成本过高，或是激励受损过于严重。严格履行尽管存在适应性上的局限，在经过比较性的制度检验之后可能仍然继续存在下来。因为，在其他情况下表明的和在这些情况下容许进行调整的契约原则，既损害了契约的完整性，又有损于各方当事人的意图。

这显然是一种合乎情理的契约观点。然而，它却因三个未引起注意的缺陷而受到妨碍，这三个缺陷是：冒险投机动机、可能出现的信息差异和非故意的成本逐步攀升。对履行的种种影响也应引起注意。下面逐一考虑这些事项。

严格履行管理制度的冒险投机动机可分为两个方面。第一个方面是，不以契约减少超出规定之外的情况的决策，有时可能反映着冒险投机的偏好。在这一点上，问题是应否把这种商业计谋应用于这样的意图。第二个方面更为棘手，做出冒险投机决策的那些人可能是在用其他人的资源进行赌博。例如，假设因为管理当局已经同意在最终发生严峻的不利情况时不许进行调整的契约，所以工人们的企业专用性技能被置于险境之中。假如这些工人们并未获知这个风险，而且没有机会重新调整他们本身和该企业的契约关系以反映这一状况，那么认为劳资协议反映着能履行义务的风险承担这条推定就失效了。

接下来考虑各协约方具有不同的知识或老练程度的可能情况。如果契约本身规定之外的情况被误解对另一方不利，而认识到这一点的更有见识的当事人保持沉默，或是周密地制定为他而不是为对方提供足够保护的条款，那么认为该协议反映着拟议中的和明智的风险承担的推定，就又是成问题的了。后继的一代代在商业方面能力出众而在契约方面却不老练的小企业会发现，在这样一种经济环境中，存在着不必要的巨大的经营风险。[31]

在采用对契约更加墨守条文的方法时，不可避免地增加了协约成本，由斯图尔特·麦考利(Stewart Macaulay)所做的下述评论间接地表明了这种可能性："进行详尽的协商谈判的契约可以这种方式来达成……假如一方坚持要有详尽的规划，那么，

---

[31] 在这里隐含的假设是，新的进入者没有能力精心驾驭使他们和地位更为稳固的企业平起平坐的协约用语。

183 在因各方当事人试图就若出现某种渺茫的不大可能发生的意外情况，应做出何种规定达成一致意见，而交换确切措辞时，就将出现拖延”(1963 年，第 64 页)。某些协议可能根本无法达成，而在另外的协议方面，“人们只能把工作做到契约的字面意义的程度上”(第 64 页)。

更一般地说，对于协约的极度的条文主义方法(拼命地讨价还价，严格无误地履行)的运用，对那些更有老谋深算的天分的人们有利。可能这是受人欢迎的结果，但是不同阶层可能对强化算计做出不同的评价。那些希望削弱算计的人们，更倾向于采纳在出现契约规定之外的情况时允许进行契约调整的契约原则。

最后考虑一下，假如未曾预料到的情况使其中一方当事人处于极其不利的地位，已由各方当事人精心制定的允许进行调整的一般条款的履行问题。处理意外事件的私下裁定(private ordering)尝试是否具有优于法院裁定(court ordering)的契约履行方面的优势，这取决于下述比较性的问题：(a)确定是否满足发生意外事件的先决条件的难易程度；(b)调整的有效性；(c)达成某种调和的成本。根据在下述 D 小节中的讨论，有理由相信，在所有这三个履行问题的方面上，法院裁定都处于不利地位。

C. 原则性的免责事由

允许以商业上的履行不能(commercial impracticability)作

为免责事由的契约原则的运用，自然并不排除在契约的背景之中解决这些问题的私人尝试："如果未来的各协约方并不喜欢由契约法提供的条款，他们通常无拘无束地以他们自己的明示条款取而代之"(Kronman and Posner，1979 年，第 6 页)。它所做的是在契约没有谈及这些问题的情况下，提供处理意外事件的总括性的措辞："契约法的许多实质性规则是对契约没有预先做出准备的某些意外情况的后果所做的简单规定"(第 4 页)。但是，与商业上的不可能(commercial impossibility)有关的契约原则还应和前面提及的严格履行的种种缺陷相比，来加以评价。因此要考虑对于在发生意外情况下解约的原则性规定，是否消除了在 B 小节中讨论的冒险投机特性、信息不对称的危害以及成本逐步攀升的状况。

这显然减轻了其中的第一个方面。尤其是，它限定了管理者们能够使企业专用性投入的提供者遭受有害的和未预料到的危险因素影响的程度。由此之故，把企业看作是一个"一系列契约的组合(nexus of contracts)"是有益处的(Jensen and Meckling，1976 年)，但这一组合由于管理当局同协约过程的策略性关系，而容易受到可能出现的扭曲的影响。

因此，鉴于企业的每一个组成部分都和企业达成了双边协 184
议(按照在威廉姆森 1984 年中阐述的步骤)，管理当局知悉所有这些契约，并牵涉其中。例如，可以考虑一下在企业和工人们、管理人员以及企业的顾客中的每一方之间达成的契约。

在论证过程中，假定工人们被要求在人力资本方面进行企业专用性的投资。进一步假定，参照图7-1中的协约图示来表述，在企业和劳方之间达成了位于C点的交易（工资为$\hat{w}$，且保障措施为s）。这样的交易的达成依据了以下假定，即该企业所遭受的商业上的危险因素可以从对近期过去情况的简单外推之中推断出来。在企业和管理人员之间也需要达成雇佣协议。假定这种协议规定了全面的利润分成。最后，需要在企业及其顾客之间协商订立契约。假设在最后这个方面，若在发生未预料到的成本增加的情况下不允许进行调整，买方准备支付$\bar{p}$的价格，若允许进行调整，则买方准备支付$\hat{p}$的价格（在这种情况下$\bar{p}>\hat{p}$）。如果达成了$\bar{p}$型的契约，并且如果未预料到的情况最终没有发生，那么在契约完成时，卖方将获得一笔较大数额的利润。然而，假如达成了$\bar{p}$型的协议，而未预料到的情况确实发生了，那么卖方就将承担不利情况造成的全部成本。如果卖方企业的管理当局侵占了在第一种情形下的收益，并且由于闭锁效应(lock-in effects)，能够把不利情况的负担转嫁给处于第二种情形下的专用性投入的提供者（例如，通过要求福利归还），那么就可以说存在着在私下裁定的协约过程中可以补救的失效情况（在发生不利情况时允许进行事后调整的契约原则，为这种失效情形提供了部分补救措施）。[32]

---

[32] 我的意思并不是说，除了在这一方面以外，把企业专用性投入和企业结合在一起的契约是有缺陷的。相反，我假定劳动契约准确地反映着企业与劳方的相互联系的主要治理需要。但它并没有规定，由劳方对企业签订的有可能使企业专用性劳力投入处于危险境地的其他契约进行复查。

假设这些问题被搁置一旁。让我们考虑一下允许解约的契约原则是否有助于减轻供应方和购买方二者之间事前的信息不对称。在这里所关注的事情是，其中一方当事人比另一方更有见识或者更为老练，而结果是对契约性的危险因素做出了不对称的规定。区分以下两种情况是有益处的：契约对于所有这类意外情况避而不谈；以及契约对某些而非全部危险因素有所选择地预先采取措施。

允许解约的契约原则在第一种情况下比在第二种情况下更容易证明其正确性。区别在于，更有见识的一方当事人一
旦对任何一种危险因素有针对性地预先采取措施，处于不利 185
地位的一方就意识到了发生未预料到的（而且可能是无法预见到的）危险情况的可能性。例如，在意识到这一点的情况下，这一方没有做出扩大保护的努力，那么就可以更加合乎情理地推断出，它明确无误地面临着激励—适应性的权衡问题，而且为解决这一问题所做出的选择是保持强有力的（未受削弱的）激励。

最后考虑一下承认意外情况并容许事后的契约调整的契约原则，是否和麦考利归因于更大程度的条文主义协约风格的成本逐步攀升后果有关系。可以想象，它确实与此有关，但这一点取决于各方当事人试图处理绝少可能发生的种种意外情况的方式。一种方式是事先非常细致地确认这类意外情况，并对此规定出适当的调整措施。第二种方式是通过一般性的仲裁条款对

这类意外情况做出规定。[33] 承认意外事件可能发生的契约原则起初或许是一种现实的帮助，因为它使各方当事人摆脱了处理绝少可能发生的意外情况的需要，而使他们可以侧重于主要的意外情况和最重要的趋势。这种更为积极的观念取向不仅节约了协约成本，而且还继续存在于履行契约的方式之中。把事情做好，而不是以法律规则作为先入之见，更易于成为通行的观念取向。[34] 然而，若各方当事人回避支持采用一般性仲裁条款的全面协约，在这种情况下，就无法获得同样的好处。

其结果是，可归因于商业上履行不能的契约原则的三个交

---

[33] 让我们仔细看一下下述出现在内华达电力公司(Nevada Power Company)和西北贸易公司(Northwest Trading Company)之间的32年之久的煤炭供应协议之中的"一般条款"："在此双方的意思是，本协议无论是就整体而言，还是在其所有各个部分当中，在其整个有效期内，对双方都必须是公平合理的。双方确认，在本协议中超出双方控制范围或在其执行之时并不明显的遗漏或缺陷，可能在协议有效期限内造成不公正行为或困难处境，而且，随后产生的超出双方合理可行的控制范围的条件、情况或事件，可能间或造成把经济上或其他方面的困难强加于一方或双方的不公正状态。倘若出现了给一方造成有害影响的不公正的情况，双方有共同的和同等的责任，必须迅速而出于善意地行事，以决定为消除或解决不公正的情况需要采取的行动，并有效地贯彻这样的行动。根据由一方送达另一方的关于不公正情况的书面声明，双方须在自这样的书面声明送达之日起六十(60)天之内，共同行事以达成关于声称具有的不公正情况的协议。与市场价格的差异超过百分之十(10%)的经过调整的基础煤炭价格，应被视为困难处境。声称存在不公正情况的一方，必须在其声明中包含有证明该声明确有根据所需要的必不可少的信息和数据，并且必须无偿地提供另一方合理认定有关和必要的其他信息和数据，且不得延误。假如双方无法在六十(60)天之内达成协议，则该问题应提请仲裁"(1980年，第11页—第12页)。

[34] 卡尔·卢埃林(Karl Llewellyn)在作为法律规则的契约和作为结构框架的契约二者之间所做的区分恰到好处(Llewellyn，1931年，第737页)。

易费用方面的好处——减轻冒险投机危害、弥补信息的不对称、降低协约成本，其中对第一条来说，有利之处最为明显，而对后 186
两条而言，只有在限定性条件之下，才能获益。因此，支持商业上的履行不能这一原则的交易费用方面的理由是实实在在的，但却是有限的。当考虑到履行方面的因素时，其说服力甚至变得更加微弱。

D. 契约履行

考虑到具有承认意外情况可能发生并允许在这样的情况下进行调整的契约原则的种种长处，是否存在某些欠缺呢？根据上面的讨论，必须对私下裁定与法院裁定在下述履行方面加以比较：(a)弄清所达到的事态可否认定属于例外；(b)作为结果做出的调整的有效性；以及(c)就这项调整达成协议的成本。

可以证明，法院裁定在所有三条衡量标准上都次于私下裁定。毫无疑问，两种方法在确定某种意外情况是否有资格被认定为契约规定之外的情况方面，都将遇到困难。许多绝少可能发生的意外情况将是性质十分特殊的，以致不可能在事前加以描述。列出“战争、贸易禁运、政府规章制度的种种变化、关键的供应机构的破坏、极度的通货膨胀，等等”(Joskow，1977 年，第 154 页)，再附加上“不可抗力”和其他种种未预作安排的情况，这都无法以任何非常有益的方式清楚地说明问题。依据关于具体事项的详尽的事后知识所做的判断，包括对产生的盈利结果的程度的研究，常常将是查明某项调整是否值得采取的唯一途径。如果私下裁定和公共裁定两者都必须在大体上完成同样的必须做的事情，那么对于具体情况更加了解或可以更加容易地获知这些情况的机制，就自然形成了优势。

在这方面，仲裁具有优于法院的长处。首先，可以推定仲裁人拥有关于产业以及甚至是关于企业的较多的事前知识。再者，在仲裁和诉讼两者之间存在着重要的程序上的差别：

> 仲裁人可以自由地运用……快捷的受教育的方法，而法院却没有这种自由。仲裁人能频繁地打断对见证人们的讯问，要求各方当事人让他懂得其要点，在这种情况下他可理解正在听取的证词。在某个要点需要澄清时，这种教育可以在由仲裁人以及由每一方了解情况者频繁打断的情况下，以非正式方式继续进行下去。有时，证据将在会议桌的对面，偶尔甚至就在分开的各个阵营内部。最后的结局通常将是一种澄明之境，这将使每一个人都能够开始更加明智地对待这件事情。(Fuller，1963 年，第 11 页—第 12 页)。

187 不仅由于这些缘故，诉讼的成本相对极高，而且诉讼成本有一部分被社会化了——因为各方当事人并不承担法院管理的全部成本。因此，仲裁提供了进行较好的调解的可能性，而且经常是以较低的社会成本实现了这一点。[35]

---

[35] 不过，请注意，法院在处理请求进行根据法院指令采取的调整的情况方面，已表现出相当程度的精巧性。斯派德尔(Speidel)对西屋电气公司案(*Westinghouse*)中法院作用的描述，尤其具有启发性(1981 年，第 413 页—第 414 页)。

E. 小结

用于研究商业上履行不能的交易费用方法揭示，迄今为止受到忽视的长处可归因于受制于种种特殊条件的这样一条原则，在这些情况下，契约各方是在彼此之间长期的双边关系之中运作着。斯派德尔业已在大体上明确地阐述了这一论点。我是在稍稍更大程度的微观分析层次上处理这些问题的，并试图确定这些长处可能采取的具体形式。结果得出的是比斯派德尔提出的甚至更加严格受到限定的支持这样一条原则的理由。

毫无疑问，除交易费用节约之外，契约研究还有更多的内容。其他两项据以证明事后契约调整之正当性的主要内容，是实现某种更有效率的风险分担和促进公平。就其中第一条理由而言，可以证明调整有道理的条件是非常特别的（Posner and Rosenfield，1977 年）。所以，假如要提出支持商业上的不可能的更加清楚明白的理由，则要么必须提出另外的证明其正当性的理由，要么公平原则必须承担起这个责任。

公平原则存在的问题，正如它现在坚持的特定立场一样，是它缺少一条泾渭分明的界线。它并没有在那些适于进行事后调整的情况和那些不适于这么做的情况之间，做出明确的区分。尽管有人可能同意："所有约定的事情[都不是]可以强制执行的，[因为]人们和法院拥有太多的理智"（Llewellyn，1931 年，第 738 页），但对这种说法的直觉诉求，必须赋予操作上的内容，以免这条原则被不加批判地予以实施。在没有限定其用途的勉力尝试的情况下，这将导致在A小节中讨论过的比较制度类型的背离或围绕契约的种种变化。[36]

188 7.5　结　束　语

对经济组织的研究是一项极其复杂的任务。对于这样一个复杂的研究课题，从若干观察视角加以认识是有益处的。最为成熟而重要的认识角度是新古典经济学的视角。但是，人们最近已提出其他几种研究方法，其中企业的生产函数理论已经被更大程度上的微观分析的、以契约为基础的指导思想取代。作为治理结构和/或契约的组合的企业概念，渗透到了这些可供替代的观察角度之中。

交易费用经济学是这些可供替代的研究方法之一，而且是在这里所强调的一种方法。在阐明交易费用经济学方法基本原理的基础上，我随后把它和其他的契约研究方法进行了对比——特别强调了交易费用思想和新古典观念取向二者之间的差别。

㊱　乔斯科评论说，法院一直不愿意仅仅因为契约已变得无利可图而承认免责事由："似乎……高达100%的中等程度的成本上升并不满足必要条件，而1000%或者更多的极度的成本上升才满足规定。"在判断契约是否已变得不能履行方面，"这为引发民事纠纷留下了相当大的空间"（Joskow，1977年，第360页）。适用于根据法院指令进行调整的100%到1000%的范围，与上述脚注㉝中的仲裁协议里提到的10%的范围形成了有效的对比。

关于契约的新古典论述对契约性禁止(贸易限制)和便利性惯例(契约原则)的讨论与众不同。垄断意图被说成是造成反托拉斯在传统上一直关注的那些贸易限制的原因,这些限制包括顾客和地区限制、搭配销售、大宗订货、排他性经营、纵向一体化,等等,诸如此类。相比之下,有人提出了有效的风险承担,以确定何时应当允许不可能和相关的准许免除契约责任的契约原则。

交易费用经济学承认,研究契约的垄断方法和有效的风险承担方法两者都有可取之处。不过,它坚持认为,贸易限制有时适合于效率意图。而且,如果满足了必不可少的先决条件,那么,因为和有差别的风险厌恶程度无关的缘故,免责事由有时可能证明是有道理的。

对交易的基本特性的研究揭示,在企业专用性投资处于危险之中时,贸易限制可帮助维护交易的完整性。因此,在所观察到的贸易限制是和某种交易专用性条件一起出现的,并且可能为后者提供了支持的情况下,(任何形式的——杠杆作用、价格歧视、进入壁垒,以及其中的组合形式)垄断推定就证明是没有道理的了。需要做出某种既承认垄断意图又承认效率意图的更加不偏不倚的评价。

在研究契约原则方面,我试图较少地运用交易费用推理。然而,值得注意的是,渗透到契约原则和交易费用经济学之中的行为假设在实质上是完全一样的。假如不把机会主义和有限理性结合在一起,那么旨在操纵的解释、能力、诈欺——只列举几

189 项，到底又意味着什么呢？[37] 但要把交易费用经济学更富有成效地应用于契约原则的研究，则将包含在更大程度上的微观分析类型的理论应用。

按照交易费用思想方法评价商业上的履行不能这条原则的尝试揭示，只有在仔细加以限定的情况下，才应当（因为交易费用的缘故）援引这样一条原则。其临界点的问题是，所考虑的交易是否是由在交易专用性资产方面的重大投资支撑的。若不存在这一条件，则交易关系的连续性就不大受重视——据此，支持由于交易费用的缘故而进行事后调整的理由就不明显。而且，即便满足了这项临界点的检验要求，也必须追问契约之所以没有规定通过仲裁或其他某种非正式的争端解决机制进行调整的缘由（Speidel，1981 年，第 422 页）。假如出现了某种契约失效情况，它产生于哪一方面呢？在各种不同的可能情况之中，如果管理当局已达成了使工人们（或其他供应商）的专用性资产处于契约性灾难结局的风险之中的交易，而又没有征得他们明示的（意料之中的）同意，那么，就可以获得对事后调整的最为充分有力的交易费用解释。

---

[37] 肯尼思·克拉克森等人（Kenneth Clarkson et al.，1978 年）和提莫西·缪里斯（Timothy Muris，1981 年）在阐述机会主义对于契约法的影响方面，已取得意义重大的进展。

第三部分

策略行为

191 进入一种行业是很困难的，其原因就在于，**只有在进入能形成净社会收益时它才会比较顺利**。不过反垄断执法中很长一段时间内对于进入壁垒具有不同理解。这是因为其中应用了一种非可比标准，任何壁垒，无论是否可以加以纠正，均被视为是应该加以反对的。因为加于最小平均成本之上的价格差额总是可以被认为是由进入壁垒造成的，而这种差额不能通过新古典效率检验（并被相信具有负面的收入分配效应），所以进入壁垒在任何时候和任何地方均被认为是与公众利益背道而驰的。我早些所引述的对规模经济理由的反对就具有这种起因（见我在第一部分中对各篇文章的介绍和第 1 篇文章与第 13 篇文章的内容），同样的态度还体现在对产品差异、地方资源优势、差异学习曲线优势和其他类似事情的深深怀疑，如果不是敌意的话。简言之，有助于已有大型企业而不是小一些的潜在进入者的任何事情都被认为是应该加以反对的。

关于进入壁垒的理论很快为反托拉斯执法机构使用，并成为他们手中强有力的工具，于是颠倒的经济论点盛行一时，兼并的辩护者极力想避免将差额作为进入壁垒的理由，以至于竟然要求最高法院拒绝由政府做出的关于一项兼并将会导致效益的声明。

不过，进入壁垒的这种论点走得太远并不意味着这种方法没有意义，而是说，所需要的是尽力辨别出在何种情况中进入壁垒(a)是人为形成的，以及(b)可以由未来的净社会收益得以缓解。最近关于策略行为的文献中很多就是针对这两个目的。

此部分中的第1篇文章是为了考察被史蒂文·萨洛普(Steven Salop)和戴维·谢夫曼(David Scheffman)(1983年)称为“增加对手成本”的行为而进行的早期努力，这种行为是否是一种普遍情形引起了热烈的争论，即使在它发生时，由净社会收益进行的缓解也很难形成。我对工资率作为一种进入壁垒的处 192
理表现了一种相当特殊的情况——即便是在所提出它发生的时间(20世纪50年代)和行业(烟煤)中也是如此(从那以后，国际竞争使得这种行为更有问题)。不过这一章建立的理论和证据仍然显示，存在环境支持人为的进入壁垒，其中有效的缓解可以形成。

第二篇文章处理掠夺性定价，这是策略行为的重要范例。这一主题产生了大量的文献，但没有达到明确的结论。尽管我现在不如在写掠夺性定价一章时那样确信我提出的标准是可行的，这篇文章仍然揭示了：(a)掠夺性定价本质上是一种跨期问题，因此静态处理不能考察其中的关键之处，(b)已有企业将根据关于掠夺行为的任何法律而预先调整自己的位置，和(c)局部均衡福利经济学有助于这一问题的考察。

此部分中的最后一篇文章讨论进入壁垒推理在掠夺性定价领域的过分应用，我的观点是反托拉斯程序可能被某些人滥用，当事实上所涉及的行为仅仅是激烈竞争的一种表现的时候指控其为掠夺。基本的可行检验可以用来检查保护主义者的滥用。这一章使用“动机逻辑”检验和决策过程检验作为对付轻率的掠夺指控的盾牌。

8

作为进入壁垒的工资率：对彭宁顿案例的透视* 193

何种环境能最有效地支持一组企业使用对工资率的操作来阻止进入或者打击另一组企业，这一问题本身就值得进行理论分析。不过，最近最高法院在**矿工联合会诉彭宁顿**[①]案中的判决使得我们对这一考察具有不仅是理论上的兴趣。在该判决中，法庭指出，当可以证明一个工会串通一批雇主定下对另一批雇主不利的工资率之时，它就触犯了反托拉斯法律。更精确地，怀特(White)法官在发表法庭的多数意见时说明，尽管“一个工会可以与一个多雇主谈判单位达成一种工资协定，并为追求自己的工会利益而试图从其他雇主处获得同样的条款……但在很

---

* 这里我感谢托马斯·阿舍(Thomas Asher)、埃德温·曼斯菲尔德(Edwin Mansfield)、阿尔马林·菲利普斯(Almarin Phillips)、乔纳森·罗斯(Jonathan Rose)和审稿人对本章早期版本的有益评论，本章中的研究得到了国家科学基金会对作者的资助，最初发表于《经济学季刊》(*The Quarterly Journal of Economics*, LXXXII (Feb, 1968), pp. 85—116. © Copyright, 1968, by the President and Fellows of Harvard College)。转载得到了 John Wiley & Sons, Inc. 的允许。

① *United Mine Workers v. Pennington* 85 S. Ct. 1585 (1965).

明显[该]工会和一些雇主达成一致以对其他谈判单位强加一定的工资规模时，它就失去了反托拉斯法的豁免权”。[②] 作为一种有力的少数意见，法官戈德伯格(Goldberg)在他最后作为副法官出现的某一次中，对多数意见采取了保留态度[③]。在大段回顾了反托拉斯法对工会的应用和随后议会给予工会的对反托拉斯法的豁免以后，他争论说，在彭宁顿案件中法庭的意见和议会
194 的意图是相反的，而法庭所依赖的隐含经济模型是不正确的。议会的意图是否受到反对不是这里所要讨论的问题。不过有必要考虑这样的问题，即在何种情况下在一批雇主和一个工会之间达成协定以在整个行业中强制实行同一种工资率(如果能达成这样的协定的话)，而这种协定可被用来建立一种进入壁垒，或者(如同在本案中被指控的)强迫小对手退出该行业。最高法院的经济学推断是否正确取决于(a)存在理论验证工资率可以作为一种进入壁垒，而且如果这种情况存在是可以分辨出来的，(b)将该理论在当前的特殊情况中进行应用。

当经济学分析手段可以有效地用于在法庭前对一个问题进行处理时，它显然理应可以由职业专家做出反应。事实上，彭宁顿决策提供的环境看来正好是凯森(Kaysen)和格雷瑟(Grether)在他们 1958 年给司法部反托拉斯局的报告中所想到的类型，其中他们写道：

② *United Mine Workers v. Pennington* 85 S. Ct. 1591 (1965), p. 1591.

③ 参见 *United Mine Workers v. Pennington* 85 S. Ct. 1607 (1965)。他得到了法官哈伦(Harlan)和斯图尔特(Stewart)的支持。

“经济学‘证据’严格来说是不充分的,同时还需要经济学推理,如果能够,‘事实’应该定位在由经济学概念—理论模式提供的概念框架之中。在审理普通的私法案件时,法庭具有一整套概念工具与律师团共有——理智的人们,必要和可能的行动过程,如此种种——通过它们组织起证据中的‘事实’。在反托拉斯案件中法庭和律师团均不具有这种地位;因此比较仔细地将经济学事实**置于一个经济学理论的合适框架中就成为最重要的事情**。”④

尽管该法庭得不到工资率作为一种进入壁垒的正式模型,我们可以说,其多数意见的一种看法本质上是正确的,即认为,原则上,为了阻碍进入的目的而进行的工资率操纵**能够**对产品市场产生严重的影响。同时,看来正是由于没有合适的相关经济学框架,戈德伯格的异议中部分是错误的。如果法庭得到相关的经济学模型,关于对产品市场的可能影响是否**存在**的争论一开始就不会发生,而注意力会转向确定对是否存在共谋进行判断的标准,以及(如果能够证明工资率被用来完成被指控的目标)在给定烟煤行业的结构性条件下对产品市场影响的**程度**。

使用工资率来消灭竞争对手和阻止进入最大胆的目标是, 195
在该行业串通起来的成员中实行联合利润最大化。根据费尔纳

④ 转引自 E. T. Grether, Economic analysis in antitrust enforcement, *Anti-trust Bulletin*, 4 (1959), p. 70(着重号是后加的)。

(Fellner)在他关于联合利润最大化的经典分析中给出的各种理由，这一目标只能在极其特殊的情况中才能实现[⑤]。更现实的是考察预期会偏离联合利润最大化目标的大小。一般来说，对一个已经确立的联合利润最大化协定的遵守程度取决于(重新组织后的)行业结构和环境条件[⑥]。以市场份额按比例分配方法将市场需求在行业成员之间进行分配的策略可能表现了可实施的准协定的上限，下限则是由被挫败的对手被迫退出市场而生存者之间本质上仍然是竞争关系形成的行业简单理性配置。

以下 8.1 节简要讨论了由彭宁顿所指控造成损害的起因和戈德伯格法官的经济学推理(与之相对的是他的社会与政治观点，它们本身也值得引起注意)。8.2 节建立为了将“经济事实置于合适的经济学理论框架”而需要的经济模型。8.3 节讨论为确定烟煤行业中的大企业和小企业之间技术差异是否会支持将工资率作为一种阻碍进入手段所需要的数据。8.4 节考察影响对已确立联合利润最大化协定的遵守程度的结构性条件。8.5节给出了结论。在这里也许还应该强调，术语“进入壁垒”的使用主要不仅指对本质上在边际上运作的企业的影响，而且也针对更广泛的企业，它们在不存在障碍时是有生存能力的(不仅在这里，而且在有关进入的文献中一般均是如此)。因而进入分析的目的是辨明在何种条件下，可预期得到数量上显著的进入效果。

⑤　Fellner (1949, pp. 198—199).

⑥　O. E. Williamson, A dynamic theory of interfirm behavior, *Quarterly Journal of Economics*, LXXIX (1965), pp. 579—607.

8.1 指控

应该指出,最高法院没有对该案件中所呈交证据的充足性做出裁定,由于这里不必细述的技术原因,他们认为下级法院没有正确地对陪审团做出指示,案件被发回进一步审理。不过法 196
院指出如果关于工资串通的指控得到证实,则工会将会被认为触犯了反托拉斯法并因此要对三种损失负责。因此,尽管地方法院在重审中发现支持串通指控的证据不足[7],最高法院在彭宁顿案件中仍然建立了工资障碍违法的法律基础。

事情开始于矿工联合会的托管人对詹姆斯·M. 彭宁顿(James M. Pennington)及其他人作为个人和菲利普斯(Phillips)兄弟煤业公司拥有者进行的起诉,以收回声称在1958年12月31日公司结束其业务的那一天到期的特许使用金。菲利普斯公司填写了反诉,其中他们声称,1950年的全国烟煤业工资协定标志着行业和工会之间长期斗争的结束,以及其后的修订是大煤业经营者和工会之间的共谋安排,以稳定行业和迫使小的边缘生产者放弃自己的经营。最高法院总结了主要的指控(在他们谈到工资率作为进入壁垒这一观点时),如下所述:

“据称,[矿工联合会和大经营者]认为生产过量是煤业的关键问题。约定的解决方法是,消灭小公司,从

[7] *Lewis v. Pennington*, 257F. Supp. 815 (1966).

而由大公司来控制市场。更明确地，工会放弃控制矿工工作时间的努力，同意不反对将显著减少矿工雇佣量的快速机械化，同意资助这种机械化并同意要求所有的经营者满足1950年协定的条款要求而不考虑他们是否支付得起。工会得到的利益是当生产率随着机械化而增加时增加工资，这种工资增长[也]要求无论是否实现机械化的小型公司实现。”⑧

法院继续指出，假如这种指控得到证实，则工会就是触犯了反托拉斯法。“一些雇主可能并没有参与这种串通以从行业中消灭竞争者，而当工会成为串通的一方时工会就对他们负有法律责任。即使工会在这个谋划中的角色只是采取行动以保证从行业中其他雇主那里得到相同的工资、工作时间或者其他雇佣条件，情况也是如此。”⑨更一般地，看来法院的观点是，工会和
197 任何雇主团体同谋以利用工资率作为一种进入壁垒从而限制竞争均是非法的。⑩

戈德伯格法官反对这种工资协定具有反竞争产品市场效应的观点，他争论说：“存在‘协定’以追求一个

⑧ *United Mine Workers v. Pennington* 85 S. Ct. 1585，1588 (1965).

⑨ 同上，第1591页。

⑩ 共谋的存在是相当关键的，因此怀特法官在一个脚注中观察到“在没有和任何雇主团体达成这样做的协定时，工会也有可能单方面地采用一种统一工资政策，并积极地力图加以实施，尽管这可能使一些雇主如果要负担工会所要求的工资

行业的统一工资时,竞争在哪一方面受到了限制?对这一问题的回答只能是竞争在雇员工资标准上受到限制。"[11]由于劳动力被特意对反托拉斯法豁免,理由是"一个人的劳动力不是一种商品或者交易品"[12],他认为,统一工资协定应不能构成触犯反托拉斯法的理由。之后他放松了这一立场,承认产品市场效应的可能性,但他继续坚持认为其中很难说具有反竞争特性:

规模的话则无法有效参与竞争。工会不必将自己的工资要求和行业中最弱的单位所能承受的相一致。这样的工会行为单独并不足以证明可根据谢尔曼法案进行一种工会—雇主共谋指控,必须存在关于共谋的其他直接或者间接的证据"。参见 *United Mine Workers v. Pennington* 85 S. Ct. 1585, 1591, n. 2(1965)。

不过,从他在其他地方表达的观点来看,怀特似乎认为,单位外的谈判协定无论是否有无串通均和反托拉斯政策相冲突:"从反托拉斯政策的立场来说……一组雇员和工会之间达成协定以便使得工会能在参与谈判的单位以外追求特定劳动标准具有一种更为基本的缺陷,即便不考虑这一特定案件中的掠夺意图或者效果。……在协定之前,工会可以根据自身利益要求而追求统一标准,但将需要在各种情况中均对[净收益]进行评价。……协定之后,工会利益在各种情况均受限于受惠的雇主团体的利益。正是这种对经济单位根据自己选择和决定行动的自由的限制和反托拉斯政策相违背。"参见 *United Mine Workers v. Pennington* 85 S. Ct. 1585,1592 (1965)。

伯纳德·梅尔策(Bernard Meltzer)认为这和全国劳动政策不一致,"有一点……并不明确,即为什么一个工会能够合法地通过对一个行业范围的谈判单位表示同意而将其行动自由转交出去,但在它签订一种单位外协定时却受到豁免的自动解除"(Labor unions, collective bargaining, and the antitrust laws, *Journal of Law and Economics*, VI [1963], p. 208)。不过,他没有察觉到常常是很重要的行业范围协定和单位外协定之间的差别:可能可以从部分成员那里得到全部集合不会同意的条款。

⑪ *United Mine Workers v. Pennington* 85 S. Ct. 1607, 1621 (1965).(着重号是后加的。)

⑫ Section 6 of the Clayton Act, Sec. 17, Title 15 United States Code.

> “由雇主—雇员统一工资协定所压制的竞争类型只会是工会之间看哪一个能够以更低价格提供劳动力的竞争，或者雇主之间基于劳动力成本的差异在销售他们的产品时的竞争。两种类型的竞争‘压制’均不能……证实为由反托拉斯法禁止的贸易限制。”⑬

198 不过，如我们将在以下 8.2 节所显示的，产品市场效应并不一定如他所说的那样无害。在“适当”的环境下，确有很大可能大企业会串通工会将工资率作为一种进入壁垒。我们分析中的一个主要部分就是为了发现这些环境是什么样的。如果使用工资率作为进入壁垒的条件满足，而且存在大雇主和工会之间的串通以对行业中的其他企业强加统一的高工资率，则很容易形成违反谢尔曼法案精神的显著反竞争效应。

8.2 模　型

使用工资率作为进入壁垒的理论基础分为四部分而建立。首先说明我们的模型假设并导出最优工资溢价公式以及相应的最优（进入阻止）价格。其次，我们考察所得到的解的比较静态特性，并为本章开头提出的问题提供一个总结，该问题是：何类条件最有效地支持将工资率作为进入壁垒使用？接着是为估计工资溢价操作上更为方便的一个公式。关于进入问题动态的题

⑬ *United Mine Workers v. Pennington* 85 S. Ct. 1607, 1622 (1965).

外话结束了本节。

A. 最优关系

工资率作为进入壁垒的必要条件是,工资增长必须产生平均成本水平的一种显著改变,而这种改变对小规模的企业不利。为了使这一条件成立,相邻经营规模之间必须存在技术上的系统性差异[14]。特别地,考察具有以下性质的一种行业:

1. 存在两种经营规模。

2. 在每种规模中:

(a)生产要素以固定比例使用;

(b)规模收益不变。

3. 小规模经营者的劳动力/资本比率更高一些。 199

4. 大企业以竞争性要素价格形成的平均成本小于或等于小规模企业的平均成本。

5. 行业中主要的大规模企业和工会之间存在协定以对行业中所有企业强加一种统一的工资水平,而不管它们是否支付得起。换言之,如果没有协定,则工会将倾向于对不同规模的企业制订不同的劳动力价格,与大企业协商得到的工资率增长使工

---

⑭ 在莫迪利亚尼(Modigliani)关于规模经济产生进入壁垒方式研究的一个脚注中,他观察到:“对于已有企业来说容忍高工资率可能是有利可图的,只要这种情况是由一个贸易工会所强制实施而且该工会足够强大能够将这一工资规模强加到任何未来的进入者身上。”(Modigliani,1958 年,第 228 页,脚注㉑)不过,他仅将这一论断归结于需求弹性,没有提到不同技术的可能影响,而这在彭宁顿案件和我们的分析中扮演了中心角色。

会政策上比较方便要求小规模企业雇员工资应以基本上相同的绝对数值增长。

因而问题就是：在何种意义上，具备或者不具备工会有意识合作时，主要企业能够使用工资率强加一种进入壁垒？这样一种壁垒运作的方式在图 8－1 中表现出来。

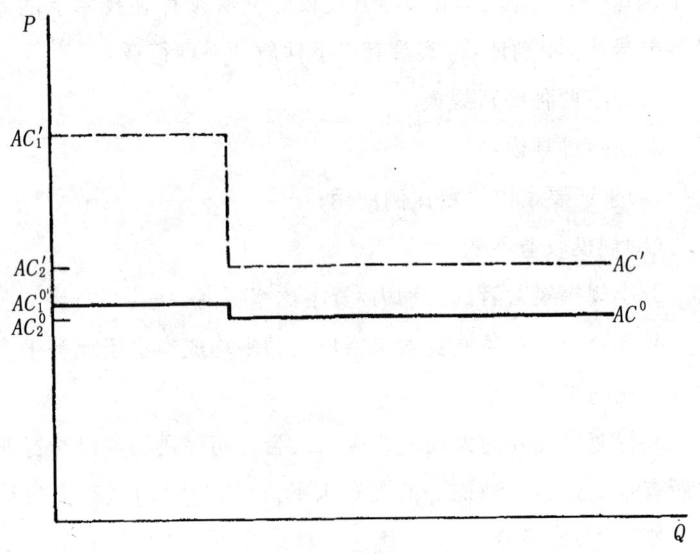

图 8－1

在竞争性工资率下两种经营规模的平均成本水平由实线表示，因而大规模企业能够索取而不会吸引小规模进入者的最大
200 价格由 AC_1^0 给出。不过，如果和工会谈判达成超竞争的工资率，并知道这种工资率将强加于所有其他及未来的企业，则会出现对小规模经营者不利的平均成本曲线转变。作为这种工资率

增长结果的平均成本水平转变由虚线表示。由于小规模经营的劳动力密集程度更高,小规模企业所承担的平均成本增长幅度要大于大规模企业[$\Delta(AC_1)>\Delta(AC_2)$]。这样主要企业可能会发现,将进入阻止价格水平提高到 AC_1' 的工资率增长相对来说具有吸引力,尽管自己的平均成本上升到了 AC_2'。

这样一种转变是否有利,如果有利会达到什么程度,可以通过建立这一模型更为规范的版本加以最好的证明,为此我们令:

α_i $=L_i/K_i=$ 劳动力/资本比率

β_i $=Q_i/L_i=$ 产量/劳动力比率

w $=w_0+\delta=$ 协定工资

w_0 = 竞争性工资

δ = 竞争性工资之上的溢价

γ_i = 传递给规模 i 企业的工资溢价比率

r = 竞争性利息率

L_i = 劳动力投入

K_i = 资本投入

Q_i = 产量

π_i $=R_i-C_i=$ 净收入

R_i = 毛收入

C_i = 总成本

AC_i= 平均成本

下标 i 指第 i 种经营规模,规模的增加由下标数值的整数增加而表示。

利用这些公式，我们现在可以将假设 2 到 5 重述如下：

$A2$ 在每种规模内，

$$Q_i = \beta_i L_i$$

$A3$ 规模之间，

$$\alpha_i > \alpha_{i+1}$$

$A4$ 规模之间，在竞争性要素价格下，

$$AC_i \geqslant AC_{i+1}$$

$A5$ 串通时 $\gamma_i = 1$；

如果区别对待是可能的但政策上难以维持，则 γ_i 小于 1 但是仍然很接近 1。

201 从假设 $A2$—$A4$ 中可以得到：

$$\beta_{i+1} > \beta_i \text{⑮} \tag{8.1}$$

令 $i = m$ 为其中假设存在着联合利润最大化目标的最大企业的下标，而 $i = 1$ 是被当作维持进入壁垒的打击目标的最小相

---

⑮ 这可以证明如下：

根据定义有：$AC_i = \dfrac{wL_i + rK_i}{Q_i} = \dfrac{(w\alpha_i + r)K_i}{\alpha_i \beta_i K_i}$

根据假设有：$AC^0_{i+1} \leqslant AC^0_i$

从而，

$$\frac{w_0 \alpha_{i+1} + r}{\alpha_{i+1}\beta_{i+1}} \leqslant \frac{w_0 \alpha_i + r}{\alpha_i \beta_i}$$

或者，重排后我们得到：

$$\frac{\beta_i}{\beta_{i+1}} \leqslant \frac{\alpha_i w_0 \alpha_{i+1} + r\alpha_{i+1}}{\alpha_i w_0 \alpha_{i+1} + r\alpha_i}$$

由于 $\alpha_{i+1} < \alpha_i$，不等式右边项小于 1，所以，$\beta_i < \beta_{i+1}$，证毕。

关规模的下标,我们可以将最大企业的目标表述为:

最大化:$\pi_m = R_m - C_m$ (8.2)

服从: $P_m \leqslant AC_1$,

其中 $P_m = P_m(Q_m)$,$\dfrac{\partial P_m}{\partial Q_m} < 0$,且 $R_m = P_m Q_m$。

根据定义,我们有

$$\begin{aligned} C_i &= w_i L_i + rK_i \\ &= [(w_0 + \gamma_i \delta)\alpha_i + r]K_i \end{aligned} \tag{8.3}$$

现在:

$Q_i = \beta_i L_i = \alpha_i \beta_i K_i$,因此 C_i 由以下给出:

$$C_i = \frac{[(w_0 + \gamma_i \delta)\alpha_i + r]Q_i}{\alpha_i \beta_i} \tag{8.4}$$

而 AC_i 可以表述为:

$$AC_i = \frac{[(w_0 + \gamma_i \delta)\alpha_i + r]}{\alpha_i \beta_i} \tag{8.5}$$

为便于分析,要注意到如果定下了正工资溢价(δ)则以上约 202
束起作用。就是说,如果最优工资溢价为零,大企业的成本优势就会足够大,使得小规模经营者的进入在竞争性要素价格下没有吸引力,即便产品价格定在了垄断水平也是如此,这对应于一种“进入封锁”[16]情况,表示并非我们这里主要关注的一种特殊极限情况。由此,我们将约束起作用时的问题用拉格朗日乘子

⑯ 这一术语来自于贝恩(Bain,1956年,第22页)。技术上它用来表示一种过度限制。参见 O. E. Williamson, Selling expense as a barrier to entry, *Quarterly Journal of Economics*, LXXVII (1963), pp. 122—123。

法解决。由于最大规模支付全部工资溢价，我们令 $\gamma_m=1$。令 λ 为拉格朗日乘子，(8.2)式可以表述为：

$$\text{最大化：} V(Q_m,\delta,\lambda)=P_mQ_m-[(w_0+\delta)\alpha_m+r]\frac{Q_m}{\alpha_m\beta_m} \tag{8.6}$$

$$-\lambda\left[P_m-\frac{(w_0+\gamma_1\delta)\alpha_1+r}{\alpha_1\beta_1}\right]$$

将 V 关于每一变量的一阶导数设置为零，我们得到最大化的一阶条件：

$$\frac{\partial V}{\partial Q_m}=\frac{\partial P_m}{\partial Q_m}Q_m+P_m-\frac{1}{\alpha_m\beta_m}[(w_0+\delta)\alpha_m+r] \tag{8.7}$$

$$-\lambda\frac{\partial P}{\partial Q_m}=0$$

$$\frac{\partial V}{\partial \delta}=-\frac{Q_m}{\beta_m}+\frac{\lambda\gamma_1}{\beta_1}=0 \tag{8.8}$$

$$\frac{\partial V}{\partial \lambda}=P_m-\frac{(w_0+\gamma_1\delta)\alpha_1+r}{\alpha_1\beta_1}=0 \tag{8.9}$$

令 E 为需求的价格弹性，我们可以将

$$\frac{\partial P_m}{\partial Q_m}$$

替代为：

$$-\frac{1}{E}\cdot\frac{P_m}{Q_m}$$

203 进行这种替代后，关于最优（进入阻止）价格（P_m^*）和最优工资溢价（δ^*）可通过解方程(8.7)—(8.9)得到：

$$P_m^*=\frac{(w_0+\gamma_1\delta^*)\alpha_1+r}{\alpha_1\beta_1} \tag{8.10}$$

$$\delta^* = \frac{(1-\frac{\alpha_m}{\alpha_1\gamma_1})r+\alpha_m(1-\frac{1}{\gamma_1})w_0}{\alpha_m(1-\frac{1}{E})(\frac{\gamma_1\beta_m}{\beta_1}-1)} - \frac{w_0}{\gamma_1} - \frac{r}{\alpha_1\gamma_1} \quad (8.11)$$

令 AC_1^0 为规模 1 企业在工资溢价为零时所承担的平均成本,(8.10)式可以重写为:

$$P_m^* = AC_1^0 + \frac{\gamma_1\delta^*}{\beta_1} \quad (8.10')$$

如果传递率(γ_1)为 1,这时规模 1 企业受到全部数量的工资溢价,(8.11)式简化为:

$$\delta^* = \frac{(1-\frac{\alpha_m}{\alpha_1})r}{\alpha_m(1-\frac{1}{E})(\frac{\beta_m}{\beta_1}-1)} - \frac{r}{\alpha_1} - w_0 \quad (8.11')$$

其中这一表达式分子和分母的每一项均是正的。

由于处理传递率为 1 的情况会使得考察我们模型的特性更为简便一些,也因为这可能是最为普遍的情况,以下的分析将主要集中在这种情况。不过,要注意这对于理解 γ_1 小于 1 的情况原则上不会遇到任何问题(当然在 γ_1 小于 1 的时候,使用工资溢价作为进入壁垒的动机相应会减弱)。

B. 比较静态特性

(8.10′)和(8.11′)式现在可以用来直接导出表 8-1 所示的比较静态反应。由于任何一个特定参数增加而引起的均衡移动中最优价格或工资溢价调整的方向可以通过和该变量一参数对相对应的行和列从表中找到。

204 **表 8-1**

变量	参数						
	α_i	α_m	E	w_0	β_i	β_m	r
P^*	+	−	−	0	+	−	+
δ^*	+	−	−	−	+	−	+

对这些结果的解释通过图 8-2 所显示几何关系更为容易一些。竞争性要素价格下的垄断产量由边际收益曲线和大规模企业的边际成本曲线（MC_m）交点给出，即 Q''，对应的垄断价格为 P''。但是如果大规模企业试图定下这一价格而提供这一产量，新进入会很快出现，而这一价格也无法维持下去。理想或竞争性产量由 Q_c 给出，即 MC_m 和需求曲线的交点，这种情况对应的价格为 P_c。不过，尽管大企业不能安全地索取垄断价格，
205 它们也不必要将价格降低到 P_c 以阻止进入；小规模企业会发现在竞争性要素价格下当产品价格为 AC_1^0 时进入是没有吸引力的。

现在的问题是，大企业会选择比 AC_1^0 高多少来推行使用工资溢价作为进入壁垒的进入阻止价格？

由于增加工资溢价使得小规模经营者平均成本水平增加得比大经营者更多，所以显然溢价将增长到行业在需求曲线弹性强的区域上运作为止。由此我们的线性需求表上弹性为 1 的点，记为（Q_b，P_b），提供了 P_m^* 的一种下限；这一点之下使得 P_m^* 上涨的工资溢价增长必然会增加大规模企业的净收入。不过，

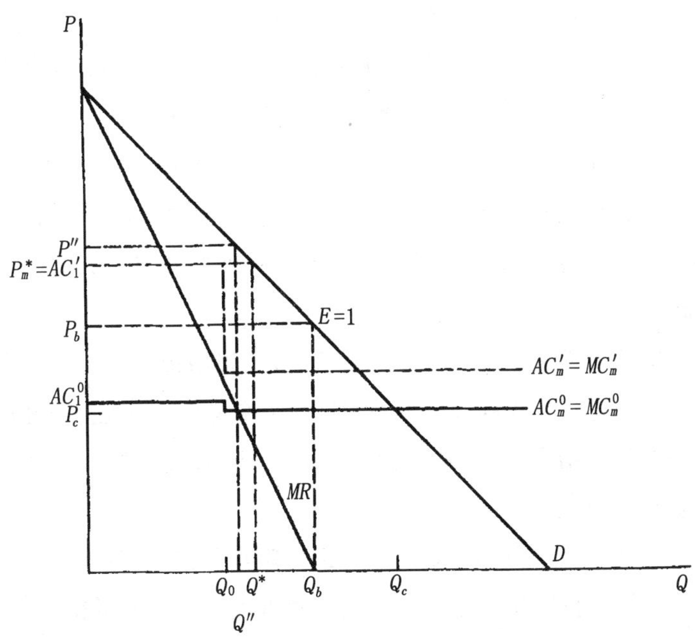

图 8-2

一旦达到需求曲线弹性强的部分,价格的增长会减少行业的总收入,而成本和收入之间的权衡必须明确加以计算。不过我们仍然成功地将使得 P_m^* 的数值限制在不低于 P_b,而在上限方面我们不能期望 P_m^* 的值会高于垄断价格 P''(以竞争性要素价格计算),但后者只是一种近似而不是一种可靠的上限⑰。

具有这种背景之后,我们现在考察比较静态结果的明确表

⑰ 这不是真实的上限可以从一种事实看出来,即当工资溢价增长时边际成本和边际收入的交点有些向左移动。

述和解释。在其他情况不变时,我们有:

1. 大企业针对小规模企业劳动力/资本比率(α_1)增长的调整是增加工资溢价(δ),从而增加进入阻止价格(P_m)。

2. 大企业的劳动力/资本比率(α_m)的增加正好具有相反的效应。因此在比率 α_1/α_m 相对高的情况下——即小企业技术的劳动密集程度比大企业明显要高时——可期望获得大的工资溢价。

3. 当需求更富有弹性(E 增加)时,工资溢价和进入阻止价格均会下降。需求弹性对价格的这种影响是来自传统垄断理论的一个标准结果,和莫迪里亚尼(Modigliani)关于进入条件的分析相一致[18]。

206 4. 竞争性工资(w_0)的增长对进入阻止价格没有影响,但是允许工资溢价降低。这一点的正确性可以由以下推理得到,令 w_1 为最优工资率,w_0 为当前的竞争性工资,而 δ_1 为最优工资溢价,则 $w_1=w_0+\delta_1$。现在令 w_0 增长到 w'_0,其中 $w'_0<w_1$,显然最优工资率水平不受这种变化的影响,而由于 w_1 不变,最优价格也保持不变。不过最优工资溢价现在由 $\delta'_1=\delta_1-(w'_0-w_0)$ 给出,由于 $w'_0>w_0$,所以 δ'_1 必然小于 δ_1。

5. 比率 β_m/β_1 可被视为"放大率"。由于 δ 的增加使 AC_1 增长 $\Delta\delta/\beta_1$,AC_m 增长 $\Delta\delta/\beta_m$,小规模企业平均成本的增长通过乘上 β_m/β_1 而超过了大规模企业,因此 β_m/β_1 的值越大,打击小对

---

⑱ Modigliani (1958), p. 220.

手所需要的工资溢价就越小。从而最优工资溢价的值随着放大率的增加而减少。最优进入阻止价格值的调整方向和工资溢价一样。

6. 竞争性利息率(r)的增长降低了资本密集(大)企业所具有的相对成本优势,工资溢价因此而增长以恢复成本优势,结果是导致进入阻止价格的增长。

作为总结,即便只是需要对工资溢价严肃地加以考虑的必要条件也是大规模和小规模企业之间的技术差异必须是以上所描述的那一类。最重要的是,劳动力/资本比率必须是小规模经营者的更大。如果规模之间劳动力/资本比率的差别不显著,也就没有多少通过工资溢价的使用而影响进入条件的动机。不过,如果所指的劳动力/资本比率差异存在和竞争性要素价格下成本(近似)相同,随之而来的结论是产量/劳动力比率必须在小规模时更低。在这些生产函数关系之外,还需要或者和工会达成协定以将工资溢价的全部数量强加于小对手,或者统一工资的自然压力显著存在。最后,尽管对行业结构的讨论推迟到8.4节,但这里要指出它对工资障碍政策的吸引力和实现方式也具有重要的影响。

C. 工资溢价作为 w_0 的函数

尽管(8.11′)式对考察模型的定性特征是合适的,但它表述的形式不便于估计 δ^* 的值。为此我们观察到,根据假设 A4, 207
$AC_1^0=\theta AC_m^0$,其中 $\theta\geqslant1$,上标 0 标记竞争性要素价格。依据 w_0

解出 r 的值并代入(8.11′)式,得到以下表达式:

$$\delta^* = \frac{(1-\frac{\alpha_m}{\alpha_1})[\frac{\beta_m}{\beta_1}(1-\theta)+\frac{1}{E}(\frac{\beta_m}{\beta_1}-1)\theta]}{(\theta-\frac{\alpha_m\beta_m}{\alpha_1\beta_1})(1-\frac{1}{E})(\frac{\beta_m}{\beta_1}-1)}w_0 \qquad (8.12)$$

如果 θ 等于1,这时大企业在竞争性要素价格下没有成本优势,(8.12)式简化为:

$$\delta^* = \frac{(1-\frac{\alpha_m}{\alpha_1})}{(E-1)(1-\frac{\alpha_m\beta_m}{\alpha_1\beta_1})}w_0 \qquad (8.12')$$

D. 关于动态的题外话

对进入条件进行分析的两个标准假设是:(a)存在一个临界的进入阻止价格,高于该值则肯定有进入者进入,等于或低于该值则成功地阻止了进入[19],和(b)潜在进入者对于价格高于临界价格的反应会是即时进行大规模生产。正如我在其他地方所提出的,第一个假设所提出的二分法不必要地过于严格[20]。而应该是,如果进入概率可以被假设为随着市场价格的值而单调增长,这一问题可以由概率建模为折现利润的期望值最大化。这种向多阶段概率分析的转变更为现实一些却没有显著地改变单

⑲ 贝恩(1956年,第9页)和莫迪利亚尼(1958年,第217页)均强调关键的价格对成本差异。

⑳ Williamson, Selling expense as a barrier to entry (1963), pp. 124—127.

阶段确定解的一般定性特征[21]。

贝恩(Bain)曾简要地考察过滞后反应问题,认为任何"给定的进入条件对于市场行为的"影响"……很可能随着所伴随的进入发生滞后而变化"。[22] 不过,他将其视为一种只是附属性的问题,没有在进入条件分析中将它包括进来作为分析的一种整体组成部分,而是在进入关系研究中首先不考虑滞后,而后在看来 208
必要的时候,通过将滞后视为一种补充手段进行调整而修改分析。由于进入分析关注的是具有根本性长期后果的策略策划,而反应滞后上的"赌博"明显是一种短期活动,将滞后作为基本模型的一部分可能会使注意力从主要关注的问题上移开。当滞后考察被认为是重要的时,常常可以进行特别调整[23]——不过为了恰当处理这一问题有时可能需要随机序贯决策分析。

和工资率作为进入壁垒的分析有关的另一种动态类型的问题涉及需求的时间模式问题。当需求高度不稳定时,会更倾向于避免了沉重固定成本的劳动力密集经营。以其他情况不变的形式陈述就是,需求的变动性越大,可变成本比例高的经营就越具有吸引力。这在图 8-3 中表现出来,其中画出了两种短期总成本曲线,一种是资本密集经营(TC_{k2}),另一种是劳动力密集

[21] 这样做的优点是从目标函数中移去了约束,并把进入概率当作决策变量。通过增加当前阶段的价格,企业可以实现更大的当前阶段利润而仅减少了未来阶段利润的期望值。同上,第 126 页。

[22] 贝恩,1956 年,第 11 页。

[23] 例如,在退出和进入上的反应滞后均是固定成本对总成本比率的增函数,产品价格和 AC_1 之间差异的减函数。

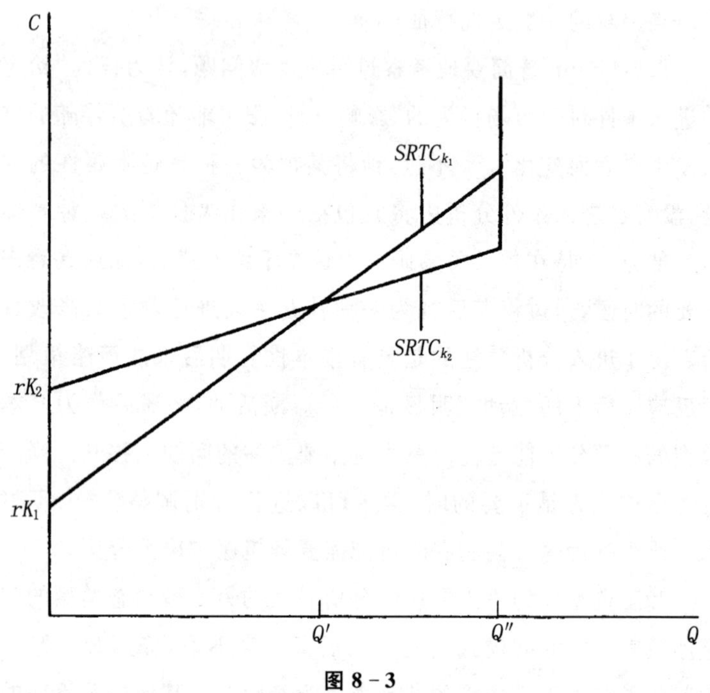

图 8－3

经营（TC_{k1}）。两种工厂的生产能力是相同的，记为 Q''，在产量达到生产能力时最低成本由资本密集工厂实现。为方便起见，假设工厂是完全可分的（尽管资本投资应是离散的），这样产量/劳动力比率在产量范围 0 到 Q'' 上保持不变。不过资本密集工厂的产量/劳动力比率更高一些，因此总成本曲线 TC_{k2} 比 TC_{k1} 要平坦一些。其结果是，在低于 TC_{k2} 和 TC_{k1} 的交点（记为 Q'）的产量水平，劳动力密集工厂实现了更低的总成本。如果需求具有高度变动性使得频繁出现低于 Q' 的产量，劳动力密集形式的组织可能会优于在 Q'' 处最小化总成本的资本密集形式。

这一点对我们的模型的意义是,当需求高度可变时,大规模工厂的管理层可能会摈弃具有非常低劳动力/资本比率的技术选择,尽管它们能够提供稳定状态下的成本优势,从而增强稳定状态下使用工资率作为进入壁垒的动力。不过,这并不改变此模型的定性特性,我们可将这一情况加到我们模型的框架中,指出使用工资率作为一种进入壁垒的动机在需求高度可变时减弱;在这种环境中资本密集形式的组织对大规模企业来说吸引力要差一些。更精确地,这意味着其他情况不变时,大规模企业 209
对需求变动性增加的反应是劳动力/资本比率(α_m)的增加和产量/劳动力比率(β_m)的减少。

8.3 烟煤行业中的工资壁垒参数

这一节的目标是考察烟煤行业的总体特征以确定我们的模型的适用程度。我们首先考虑平均可变成本曲线的形状和需求弹性,然后考察大企业和小企业的产量/劳动力和劳动力/资本比率,最后,我们看一看对传递率产生影响的大经营者和美国矿工联合会(UMW)之间的关系。

210

A. 成本和需求

莫耶(Moyer)和巴拉茨(Baratz)均报告说,对于给定的煤矿和固定投资,平均可变成本曲线倾向于在相当宽的运营范围内是一个水平线[24]。在非常低产量水平时这种成本趋于上升，当达到生产能力而且是在可以被称为“正常”的经营范围之中时，平均可变成本是常数。由于图8-3中表现的成本曲线的假设隐含说明在低于生产能力时是一种水平平均成本曲线，莫耶和巴拉茨的报告说明我们这种假设是一种合理的近似，这给我们以自信心将这一模型应用于烟煤行业这方面的分析。

一般公认烟煤行业的需求价格弹性在短期是相当低的[25]。考虑到煤、天然气、石油以及最近的核能之间的燃料竞争程度，长期弹性肯定会是比较高的。不过缺乏对长期弹性大小的估计；因此替代性地使用一系列“可信”的弹性数值。

B. 劳动力、资本和生产率

这一部分我们试图进行估计的两种关系是由规模分类的产量/劳动力和劳动力/资本比率。对两种比率中任一种的直接估计均是难以得到的，劳动力/资本比率更是如此，这里的主要困难是获得对资本存量的估计。

类似地，马达拉(Maddala)在他最近对烟煤行业生产率进

[24] Reed Moyer, *Competition in the Midwestern Coal Industry* (Harvard University Press, Cambridge, Mass., 1966), pp. 99—100; M. S. Baratz, *The Union and the Coal Industry* (Yale University Press, New Haven, 1955), pp. 14—17.

[25] 关于这一点存在实质上的意见一致。参见 Moyer(1961), p. 61; Baratz (1955), p. 19; J. B. Henry, The bituminous coal industry, in *The Structure of American Industry*, ed. Walter Adams (3rd edn. Macmillan, New York, 1961), pp. 98, 100。

行的研究中也发现估计资本存量是其中面临的“主要问题”,他只是确定了由企业状态而不是由企业规模分类的总资本存量㉖。他最后选择的是使用动力设备的马力—速度作为一种近似。由于没有规模分类的报告,我们也只好不得不采用更迂回一些的方法。一种可能选择是从由企业收入税收报告编辑而成的收入统计中发展我们对资本存量的估计。不过这种方法有几
个弱点。首先,收入统计中使用的规模分类是资产类别,不可能 211
完全和我们的雇佣类别吻合,结果是不能计算同一类企业的资本/劳动力比率,从而可能会产生严重的度量误差。其次,各个企业的资本设备年龄和会计惯例存在差异,这种差异导致另一种度量误差。第三,非法人资产在收入统计中没有报告,而显然非法人形式是相当普遍的,在较小的煤业经营者中可能甚至是主要的形式。因此,如果能够设计出克服这些缺点的另一种资本度量,当然会是受欢迎的。

在试图找到对资本存量的另一种度量方法之前,我们首先要注意到将地下煤矿和露天煤矿分开进行研究的重要性。在20世纪50年代的十年中,露天煤矿占整个烟煤产量的22%—29%,1963年这一比例上升到31%㉗。因此露天煤矿很难说是总体中不重要的部分,并非出于这个原因我们要在研究中排除

㉖ G. S. Maddala, Productivity and technological change in the bituminous coal industry 1919—1954, *Journal of Political Economy*, LXXIII (1965), p. 354.

㉗ US Bureau of Mines, *Minerals Yearbook 1963* (Washington, DC, 1964), p. 59.

它，而是因为，露天采煤使用的技术和地下采煤所使用的有相当大的不同，以致如果不考虑煤矿类型而包括所有煤矿就会使数据受到严重污染。另外，如以下很快将清楚地见到的一样，主要正是针对小的地下煤矿，将工资率作为进入壁垒的手段可以有效地使用。因此，我们力图在数据允许的地方独立研究地下煤矿。

区分大地下煤矿和小地下煤矿的一种可能分类基础是资本度量，结果也正是如此。因此，将地下煤矿简单地区分为具有机械装载和不具有机械装载两种，就可以构成将煤矿分为大的和小的两个类别粗糙但有效的分类基础。由于在其他条件相同的情况下机械装载比手工装载更为资本密集，这向我们提供了规模类别之间资本密集程度差异的第一种定性估计[28]。进行这种判断所需要的数据如表 8－2 所示。

在考察表 8－2 的数据时应该注意几点。首先，手工装载的煤矿在数量上大大超过了机械装载的煤矿，比率超过了 4 比 1。其次，尽管有数量上的优势，手工装载煤矿仅占全部产量的
212 11%。假设大煤矿和小煤矿的作业速度近似相同，直接的推论就是手工装载的煤矿是小企业。如数据所示，手工装载的煤矿的年产吨数平均起来只是更大的机械装载作业产出的约 4%。

㉘ 1940 年以来地下煤矿采掘技术的最重要变化是煤的机械装卸，这一进展最为先进的形式是连续采掘机，能够机械地既将煤从表层移开又将其装载到拖运设备上去。参见 C. L. Christenson, *Economic Redevelopment in Bituminous Coal: The Special Case of Technological Advance in United States Coal Mines, 1930—1960*(Harvard University Press, Cambridge, Mass., 1962), p. 144。

表 8－2　1955 年五个州地下开采的机械装载和煤矿规模

州	手工装载		机械装载		地下开采机械装载吨数的百分比
	煤矿数	平均每年吨数/煤矿(1000)	煤矿数	平均每年吨数/煤矿(1000)	
宾夕法尼亚	319	27	214	274	91
西弗吉尼亚	938	16	372	306	89
肯塔基	1974	7	153	257	73
俄亥俄	345	8	48	233	81
伊利诺伊	47	6	55	475	99
合计	3623	11	842	299	89

资料来源:C. L. 克里斯滕松(C. L. Christenson,1962 年),表 29,第 147 页。

最后,这些关系对存在数据的每一个州均成立。手工装载对机械装载的区分给我们提供了劳动力/资本比率的一种粗略的替代手段,该比率对小煤矿来说显然更高一些,这正是我们的模型所需要的。

另一种对小煤矿一般更倾向于没有机械化这一假设的支持来自拉姆齐诉矿工联合会(*Ramsey v. United Mine Workers*),这是一个涉及彭宁顿案中提起的工资串通指控的案件,最近在美国东田纳西州地方法院进行辩论。法院的意见中包括了对几个原告的规模特征和机械化程度的检阅。正如模型所需要的,这些原告中的绝大多数被发现是小的手工装载作业[29](法院随

---

[29] *Ramsey v. United Mine Workers*, 1967 CCH Trade Cases, para. 72,051 (E. D. Tenn., S. D., 1967).

后发表观感，小煤矿在机械化上的失败或者没有能力进行机械化是它们遇到的大多数困难的原因)[30]。

213 更为特殊一些的一种度量可由将平均煤矿规模和每个参与生产的工人的平均马力数相关联而获得，两者均是以州为基础而度量(这是每个参与生产的工人的平均马力数唯一可以获得的数据)。这里我们获得秩相关为0.83，在0.01水平上显著[31]。尽管州际数据可能太过粗略以致难以有效支持比秩相关更进一步的分析，但仍然可以进行一下每个参与生产的工人的平均马力数(H)对平均煤矿规模(S)的线性回归，后者由每个煤矿所有类型工人的平均数量给出，这至少可以让我们能对规模差异是否会导致劳动力/资本比率数量上的显著差异这一问题进行粗略的判断。基于这些州际统计数据进行的最小二乘线性回归为$H = 10 + \underset{(0.04)}{0.24}S$，解释程度为0.79。这意味着有20个或者更少雇员的小煤矿的资本/劳动力比率大约是具有100个雇员的煤矿的资本/劳动力比率的一半。因此，无论我们采用何种度量，我们获得关于小地下煤矿和大地下煤矿之间劳动力/资本比率(资本/劳动力比率的倒数)差异大体上相同的估计：更小的煤矿总是具有更高的这一比率。

我们再来考察大煤矿和小煤矿的产量/劳动力比率。拉姆

---

[30] 同上，类似的观察也出现在地方法院在重审彭宁顿案件时的观点中，参见 *Pennington*, 257 F. Supp. 815, 832—833 (1966)。

[31] 同样的规模级别取决于平均煤矿规模是按照每个煤矿增加值、每个煤矿的平均生产工人数或者还是每个煤矿的平均总工人数而进行的度量。在以上相关分析中采用的州际平均数的计算数据来自于表4B, *1954 Census of Mineral Industries*。

齐案件中的法院意见在这方面更为精确一些。东南田纳西州煤田中的煤矿比较小,随着时间的推移,在生产率方面已经逐步落后了。

> “其实在1950年田纳西州地下煤矿的生产率和全国各处的生产率大致处于同一水平,自那以后,其他地方地下煤矿的生产率稳步提高而……[田纳西州的生产率]趋向于保持不变或者[增长]程度小一些。在1950年,无论是在田纳西州煤矿还是全国各地其他地下煤矿,地下煤矿的生产率水平近似为5.50到5.75吨每人每天,1960年,全国生产率上升到10.64吨,而田纳西州煤矿仅仅前进到6.70吨。1963年这种差距进一步扩大,全国生产率上升到12.78吨,而田纳西州煤矿仅仅增长到7.80吨每人每天。”[32]

由于主要是田纳西州的这些小煤矿作为1950年以来工资率变动的结果而遇到了困难,以上引述的数据对判断产量/劳动力比率的差异相当关键。更一般的比较结果可见表8-3,其中 214
列出了不包含选煤厂的地下开采煤矿的产量/劳动力比率和煤矿规模(由平均雇佣量度量)[33]。产量/劳动力比率和煤矿规模之间强的正关联在数据中再一次得到验证。

---

[32] *Ramsey v. United Mine Workers*, 1967 CCH Trade Cases, para. 72,051 (E. D. Tenn., S. D. 1967).

[33] 在比较中不包含选煤厂倾向于剔除大煤矿,但包括它们的话会导致含混的产量劳动力和规模度量,原因是清洗是一种附加作业。在拥有选煤厂的煤矿中,仍然存在产量/劳动力比率和平均雇佣量之间的正关联。

表 8-3　没有选煤厂的地下煤矿产量劳动力比率和平均雇佣量(1954 年和 1958 年)

产量/劳动力比率	1954 年*		1958 年*	
(短吨煤/工时)	企业数	平均雇员数	企业数	平均雇员数
小于 0.20	24	7.5	88	4.4
0.20—0.39	166	9.6	115(118)	10.4(10.3)
0.40—0.59	430	22.9	210(268)	9.8(14.0)
0.60—0.79	488	35.2	333(403)	14.8(17.8)
0.80—0.99	365	35.9	292(354)	15.0(22.9)
1.00—1.19	183	43.4	329(377)	15.2(18.4)
1.20—1.39	105	54.4	213(251)	10.0(18.3)
1.40—1.59	72	87.5	182(202)	21.9(23.8)
1.60—1.79	33	61.2	130(149)	17.0(20.6)
1.80—1.99	22	60.8	81(93)	37.9(39.2)
2.00 及以上	34	86.8	393(444)	15.7(19.0)

资料来源：*1954 Census of Mineral Industries*(《1954 年矿业普查数据》)，Vol. 1，p. 12A—64，table 8.

1958 Census of Mineral Industries(《1958 年矿业普查数据》)，Vol. 1，p. 12A—50，table 8A.

* 1954 年的数据和 1958 年括号内的数据包含了具备机械粉碎、筛选和分级的煤矿。

215 **C. 传递率**

引导自 1950 年以来工资谈判的基本文件是 1950 年全国烟煤业工资协定。协定条款中的关键是以下陈述：“任何煤矿工人，无论是按月、天雇佣，还是按吨数、场地工作量、总工作量雇佣，或者按开采进度雇佣，均应在 1946 年 12 月 31 日到期的合同中提供的工资基础上再获得每天 4 美元 75 美分[＄4.75]。”[34]这就

[34] 转引自克里斯滕松(Christenson，1962)，第 206 页。

是说,以1946年12月31日采用的工资差别作为基础,在此以上每个工人无论基础工资是多少均增加每天$4.75。对工资支付的后续修改完全采用了相同形式,被视为仅是基本协定的修订。1959年4月1日之后,累计的附加额增长到每天$14.25,效果是将所估计的阿巴拉契亚山脉(Appalachian)工会最低小时工资从1950年的$1.807提高到1959年4月的$3.05[35],正如克里斯滕松(Christenson)对此指出的:“这些累计的追加使得工资结构逐渐发生转变,从涉及详细的职位分类和小时制与吨数工资率混合存在的工资结构转变到一种简单的、几乎是单一的小时制工资率的模式。”[36]拉姆齐案件中的法庭,在评价曾经是有利于东南田纳西州煤田的工资差别的变化时,得到了完全相同的结论[37]。

从中自然而然产生一个问题,就是为什么小经营者没有成功地跟上潮流,在这种潮流中与1946年存在的工资差别相关的生产方式逐渐消亡。回答并不令人吃惊,是由于不可分割性的存在。机械装载完全适用于4英尺或更厚的煤层,而厚度低于4英尺的煤层一般是手工装载的[38]。事实上,机械装载和煤层厚度之间的关联是相当明显的,1955年九个州按各州的平均值计

---

[35] 克里斯滕松(1962年),第47页。

[36] 同上,第206页。

[37] *Ramsey v. United Mine Workers*, 1967 CCH Trade Cases, para, 72,051 (E. D. Tenn., S. D. 1967).

[38] 克里斯滕松(1962年),第144页—第145页。

算,机械装载的煤的百分比(M)对4英尺或更厚煤层开采出吨数的百分比(T)的线性回归结果是,$\underset{}{M}=17+\underset{(0.15)}{0.89T}$,决定系数为0.81[39]。小煤矿就集中在无法采用大企业技术的薄煤层之

216 上[40],因此无法有效进行机械化。工资差异的消除从而使得小经营者在开始和之后均处于不利的地位上。

D. δ^* 的估计值

以上所述可以用来估计 δ 的最优值,不过在这一联系中需要注意两件事。首先,烟煤行业结构上支持使用工资溢价作为对小企业的进入壁垒(或者导致它们的退出),这一事实并不意味着这种工资溢价就一定存在。其次,即使工资溢价被用在这一目的,其实际值由于种种理由有可能会和我们所估计的最优值不同。因此,尽管东南田纳西州的小煤矿看来由于矿工联合会的工资政策而遇到严重的不利局面,但它们只是整个小煤矿集体中的一小部分,将该行业作为整体估计 δ 最优值可能就此和由田纳西州数据中估计得到的不同。以下 δ^* 估计值的解释中应该注意到这些限定性条件。

在1950年到1960年之间,美国全国所有煤矿的产量/劳动力比率对田纳西州小煤矿相应比率的比值由1∶1上升到近似3∶2。使用每个生产工人的马力数作为资本/劳动力比率的替

[39] 相关分析的数据来自于克里斯滕松,1962年,表27和表28。

[40] 同上,第148页。

代,大企业对小企业该比率的比值大约是2∶1(由于模型使用的是资本/劳动力比率的倒数,相应的劳动力/资本比率的比值为1∶2)。假设(8.12)式中的θ为1.05,δ的最优值由$(0.525-0.075E)w_0/(0.30)(E-1)$给出。如果相关的需求弹性为3,$\delta^*$的值就为$w_0/2$。这显得高了一点,最多也只是参考性的;但要更好地去做估计,显然需要具备关于这些重要参数的,比我们这里所能建立的更为精确的知识。

8.4 行业结构

对理解工资溢价作为一种进入壁垒很重要的另外两种因素是行业中的企业规模分布和大规模进入的难易程度[41]。对于后者,在某些时候它是关键之所在,即或者已有大企业控制了一种 217
稀缺资源使得潜在进入者不能大规模进入,或者大规模进入投放市场的新产量本身相对于市场规模来说必然是相当大的。

---

[41] 其他因素可能也很重要,如行业的经济寿命和产品差异程度,但我这里倾向于先将其撇在一边。经济寿命的概念尽管直观上很有意义,却总是没有多大的可操作性。可假定如果一个行业足够复杂以致能采用工资率作为一种进入壁垒,那么可把它合理地视为成熟行业,但是这是从行为来判断结构,而目标应是从结构预测行为。

产品差异是一种更为"熟悉"的度量,但是它在量上也难以确定。任何特定市场上对其重要性的估计在调查者中常常各不相同,有时彼此差异显著。当前对它进行处理最令人满意的方法可能是文中建立的基本工资障碍理论上的一种特别修订。相关的其他情况不变下的判断会是:产品差异越大,达成一种令人满意的准协定就越困难,工资溢价有计划地用于阻碍进入的可能性就越小。

如果已有大企业已经独断购买了一种大规模作业必需的稀缺资源,则当然可以保证阻止大规模(资本密集)进入。在缺乏对稀缺性资源的控制时,企业相对于市场规模的大小就成为相关问题,这个问题已由贝恩[42]和西罗斯-拉比尼(Sylos-Labini)[43]进行过考察,莫迪利亚尼发展成更为规范的理论[44]。莫迪利亚尼说明,如果达成最小平均成本的企业的规模只是代表了市场的一小部分,则大企业索取超过最低平均成本的价格的机会受到严重限制。定下显著超过最小平均成本的价格对于潜在的进入者来说就是存在利润机会的信号,这样的价格也就不可能维持下去。以图8-2来进行说明,关键的问题是与市场规模(Q_c)相比 Q_0 有多大。如果 Q_0 相对比较大,我们以前的分析就可以不加改变。不过,如果 Q_0 相对较小,工资溢价有效用于阻止小规模经营者的意义就不太大。如果定价超过 AC_m,潜在的进入者就会进入——并不是小规模进入而是大规模进入——而且单独并不会显著影响市场价格。当然这种进入的累积效应将降低市场价格,从而减少大企业最初实现的无论何种垄断优势。

行业中企业的数量和规模分布也是很关键的。因而,如果基本上只存在统一工资的自然压力,而这在企业数目小的行业中可能是比较典型的,高度集中行业中的大企业可以主动使用

---

[42] Bain (1956).

[43] Paolo Sylos Labini, *Oligopoly and Technical Progress* (Harvard University Press, Cambridge, Mass., 1961).

[44] Modigliani (1958), pp. 215—232.

工资溢价来消灭小的竞争对手。明确规定统一工资和实施条款的特别协定在企业数目小的行业中可能是不必要的,大企业的直觉和统一工资的自然压力相结合可能就足够了。这种现象只是卖方垄断给反托拉斯政策带来的人们熟悉而又难以解决的问题的另一种表现,其中存在着协同行动,而又缺乏明确勾结的成分。 218

反之,企业数量大的形势一般会防止有效准协定的达成,未经确认的协同行动这里难以实现。因此如观察到小经营者行业中产生了有效的协同行动就意味着费尔纳(Fellner)分类为“第三类卖方垄断”的存在,就是说,这类卖方垄断“需要外部机构的主动支持,这就意味着在所涉及的小经营者团体和该组织机构的利益之间必须存在一种妥协”。[45]

现在考察烟煤行业在这种规模分布和进入范围方面的结构特征。

A. 企业数目和规模分布

表 8-4 显示了 1946 年、1954 年和 1962 年烟煤行业的经营团体和公司的规模分布(经营团体是多个公司的一种集合,它们之间以这种或那种联合所有权的形式相互关联[46]。公司联合组成一种经营团体在大公司中比较普遍,而这种安排在规模类别下降时逐步变得更为少见)。考察表 8-4 中报告的规模分布统计可发现三种重要特征:(a)该行业中存在非常多的企业;(b)

[45] Fellner (1965), p. 47.

[46] Christenson (1962), p. 41.

在它们之中企业规模分布极为不均衡(例如由基尼系数所显示的);但(c)该行业的产量集中程度很低。1962 年四个最大的经营团体的集中比率仅为 22%,且需要超过 400 个经营团体才能达到行业总产量的 86%。对比全国的各种集中比率,显然对任何可接受的标准来说,这个行业都是一种分散的行业。即使是细化到地区的数据,这可能对研究该行业行为的某些方面比较合适,也难以推翻这种总体结论[47]。

表 8-4　　烟煤行业经营团体和公司的规模分布

	1946 年	1954 年	1962 年
行业中公司总数	7198	5000	7000
四个最大经营团体产量所占百分比	NA	21	22
基尼系数			
根据经营团体	0.82	0.81	0.84
根据公司	0.78	0.78	0.83
产量超过 300 万吨的经营团体			
团体数目	28	22	26
所包含的公司数目	83	65	58
占总产量的百分比	34	36	50
产量超过 10 万吨的经营团体			
团体数目	688	379	405
所包含的公司数目	908	563	503
占总产量的百分比	86	85	86

资料来源:自《重点煤矿名录》(*Keystone Coal Mine Directory*) 1946、1954、1962 年三年数据导出。

---

[47] 莫耶认为应把中西部煤炭市场看作卖方垄断(1961 年,第 68 页)。但是现实中从其他区域向这一地区实际或潜在的煤炭船运看来使得绝大多数中西部煤矿只能享受一种地方性的、有限的价格独立性。再者,即使中西部市场的价格独立性真实存在,这是一个比其他地方集中程度高得多的地区也只是使它成为例外而非通例,因此对我们的分析不具有多大意义。

考虑到这些大数目情况,任何使用工资溢价阻止进入的行
为将大致上落入费尔纳的“第三类卖方垄断”类别。因此需要外
部机构的帮助并在工资协定中负责统一目标和保证实施的过 219
程。矿工联合会显然有资格担当这种有能力提供必要帮助的外
部机构角色,1950 年的工资协定包含了工资统一目标的明确陈
述[48],而 1958 年的保护性工资条款修订可以被解释为实施协定
的一种手段[49]。这当然并不是说协定就是为了工资障碍这一目 220
标而达成的,但共谋证据的存在也使得很难就此否定这种指责。

B. 进入条件

尽管烟煤行业企业规模的不均衡程度很高,以至于大企业的规模大大超过了小企业的规模,但产量的集中程度相当低,因而大规模进入的发生可以并不显著增加行业总产量。因此并不能将大规模生产的效益作为进入壁垒。烟煤行业所需要的资本同样也不能作为对进入的严重限制[50]。因此,如果大规模进入

---

[48] 参见 8.3 节,第 3 部分。

[49] 1958 年保护性工资条款修订被设计用来使得没有实现 1950 年协定全部条款及随后修订的煤矿生产的煤不能享受大企业在加工和营销上的便利,保护性工资条款因而使得所有签约公司“不会购买或者加工非工会的煤矿,也不会租借任何煤矿地给没有遵守包括福利资金支付在内的工会协定全部条款的经营者”。参见克里斯滕松,1962 年,第 268 页。

[50] 巴拉茨报告说,一个煤矿意图达到的产量和经营成果的好坏程度决定了它的初始投资成本,开始于钻井煤矿的大约 1000 美元,而从一个露天矿的 1 万美元直到一个永久性大规模露天矿地带的 100 万美元,对于生产高质量洗精煤的深矿来说,最初资本要求在 100 万到 250 万美元之间(巴拉茨,1955 年,第 3 页)。尽管 250 万美元不是一个小数目,但它很难说构成了一种严重的进入壁垒。

受到限制，现有煤矿的绝对成本优势必然是其原因。

烟煤行业的绝对成本优势采取的形式是由厚煤层储量的稀缺性带来的地理限制。对于20世纪50年代盛行的技术状态，只有厚煤层储量适合机械装载，而这些煤层均已经被先行买断了。由于这个原因，克里斯滕松的态度是："很荒谬的一种说法是：其中对新公司和技术新进展的进入没有障碍。障碍是明显的，很容易分辨出来，它们来自行业所建立在其之上的地理基础的特征。"[51]他后来又说："产出速度的真正基础是煤床的特性……小煤矿不得不在没有大量资本设备的基础上运作的原因是它们在一个不鼓励使用那些东西的自然资源基础上作业。"[52]莫耶类似地发现，大经营者控制了中西部煤矿市场的优质矿藏[53]，进而观察到，尽管未开发煤矿矿藏数量惊人，但现在只有高品质矿藏才支持采掘作业。在当前技术水平下只有注入负租金才能使次
221 等矿藏得到开发[54]。因此资源条件保护大企业以避免大规模的进入。所以，尽管企业数目多这一情况阻止了垄断定价方案的实施，但是工资溢价和资源控制的结合向大企业提供了环境以有可能达成一种相对温和但可能具有吸引力的目标，即永久性地消灭处于边际的经营者。如果费尔纳所指的"妥协"包括了工

---

[51] 克里斯滕松(1962年，第115页)。他的态度和巴拉茨的观点尖锐对立，后者说"进入的主要阻碍是初始投资费用"(1955年，第2页)。我们发现巴拉茨没有说服力，在这一问题上我们站在克里斯滕松一边。

[52] 同上，第199页。

[53] 莫耶(1961年)，第126页。

[54] 同上，第127页—第128页。

会以隐含同意不抵制机械化以换取大经营者默契地同意分享生产率方面的收益,使用工资率作为一种进入壁垒的理性基础很可能就存在于他们之间。

8.5 结　　论

经济学理论没有在反托拉斯政策的制定和实施中扮演更为重要角色的原因至少部分在于经济学专业自身。很多时候均没有提供相关经济理论,存在理论时,又往往不具有可操作性。而法院对提交给它的案件做出答复的紧迫需要仍然要对经济后果问题做出决定。如果有时经济学家相信法院的这些决策在经济学上的理由不足,但在表达不满之前,问问法院是否能够获得相关理论的操作性陈述才是恰当的。

彭宁顿案件中出现的问题表现了这些困难之处。其中存在具有理论意义的问题,而且在至少是某种隐含的意义上,这些问题得到了认识并进行了活跃的争论。戈德伯格法官(与哈兰和斯图尔特法官一起)与最高法院存在意见分歧的主要经济学问题涉及串通协商并统一实施的工资协定对产品市场的影响。多数派的看法是统一工资协定具有反竞争产品市场效应,如果确定确实存在工资溢价的共谋使用,则构成了对《谢尔曼法案》的触犯。尽管他们的论点有些不精确,却仍然还是比少数派的论点明确一些。不过由于缺乏相关的经济理论,从两种观点中均很难期望得到清晰的结论。多数派所采用的隐含模型使得他们采取的态度为我们这里的分析所支持，但这很难说有什么可以自满的。换一种形势，情况可能就会不一样了。

如我们在8.2节所显示的，可以为彭宁顿案件中所争论的环境提供相关经济理论，事实上我们提供了相当明确的验证：满
222 足我们模型的假设时，工资溢价**能够**用来建立一种进入壁垒，因此统一工资协定可能事实上是一种可以用来取得垄断优势的工具。但是这本身并不是对统一工资进行谴责，如前面所指出的，最高法院很慎重地要求在一种协定被宣布为非法之前明确其中必须存在共谋行为。我们的模型的优点是它不仅显示了工资共谋的可能经济效应，同时也明确了在何种环境中这种共谋最有可能成功。因而它允许反托拉斯机构能集中注意力在进行工资共谋的动机最为强烈的那一类行业上，同时它也使得法院能够决定对工资共谋的指控是否应该认真对待。

不过法律在高度集中行业会遇到各种困难。如果该模型的条件得到满足，得到工会统一工资的自然压力的支持后，大企业中的有效协同就足以在没有协定的情况下使用工资溢价产生进入壁垒效应。或者，如果卖方垄断行业中的工会将他们的工资要求钉住在最大企业的利润表现之上，并坚持从行业中的所有成员得到本质上完全相同的条款，则就会出现加强该行业的卖方垄断结构的工资壁垒效应。在两种情况中均不需要存在共谋要素。这说明，共谋只是一种法律的需要而不是模型所必需的。给定传递率的数值，无论是否存在共谋，经济效应均是一样的。从而工资壁垒理论提供了法律和经济学之间关于垄断概念本质

上紧张关系的另一种例子。[55]

对于企业数目多的行业，不满足模型条件会使得对工资共谋的指控产生怀疑。因此，无论是在企业数目多还是少的行业中，戈德芬格(Goldfinger)和圣·安托万(St Antoine)的疑虑看来至少是有些夸大了，他们对最高法院支持巡回法庭在彭宁顿案件中的观点表示关切，认为这"会对工人运动产生粉碎性的冲击"。[56] 在企业数目多的行业中，工资共谋指控的可信度在所涉及的行业不满足模型条件时本质上是无力的。因此，模型能达到对分散化行业中共谋指控进行反对的有用功能，其中相关参 223
数显著地偏离模型所需要的那些数值。因此模型使得有可能避免彭宁顿案件决策的不加鉴别的应用。反之，在集中化的行业，共谋对于工资障碍效应的实现并非关键，这样根本就不涉及在现有法律下对工人运动产生威胁的问题。

重审法庭未能找到足够的证据以支持工资共谋指控，从法律角度来说，这已经解决了彭宁顿案件中的反托拉斯问题。但由于该行业中基本的工资参数条件得到满足，我们仍然可从经济学的角度表达对该案件的兴趣。可预测的经济结局是什么？

---

[55] 这一差别的讨论见于 E. S. Mason, Monopoly in law and economics, *Yale Law Journal*, XLVII (1937), pp. 34—54。关于集体谈判产生的反竞争动机的一般性讨论可见 Ralph K. Winter, Jr., Collective bargaining and competition: The application of antitrust standards to union activities, *Yale Law Journal*, LXXIII (1963), pp. 14—73。

[56] Nat Goldfinger and Theodore J. St Antoine, A view from labor, in *Perspetive on Antitrust Policy*, ed. Almarin Phillips, Princeton University Press, Princeton, New Jersey, 1965, p. 406, n. 32.

大经营者可以期望实现何种优势？在我们看来，大经营者最有可能成功的是吓阻小规模进入并加速小经营者的退出。它们的数目太多了以至于不能实现在这样一种形势中潜在的垄断利润收益。如果大企业的主要目标不是利润而是稳定，则有可能达成。最有野心的垄断利润目标需要企业间在产量限制上进行程度高得多的合作。不过，从大经营者不能实现垄断价格这一事实中并不能就此得出工资壁垒政策的效果微不足道的结论。

工资溢价（如果存在的话）对烟煤行业经济运作的福利影响分为四类：静态无效率、移置损失、技术进步效应和劳动力和睦。静态无效率是指与要素价格简单扭曲有关的福利效应，其结果是，相对社会最优来说，均衡中要素无效率地配置[57]。不过可能更为重要的是向新的均衡移动带来的移置损失。由于小煤矿劳动力和资本的机会成本实质上可能是零，将在烟煤采掘上具有生产力的这些要素移走可能会导致显著的经济损失。在这些后果中抵消上述影响的是，有很大可能在该行业中机械化方法引入的条件是大煤矿和矿工联合会之间达成一种协定——这种协定中以工资溢价政策形成的方式分享收益。另外，还有戈德伯格法官的论点，即1950年烟煤雇主联合会的形成导致的劳动力和睦也需要加以考虑。[58]

---

[57] 这当然服从通常的“次优”修正，对于一般性讨论，参见 Albert Fishlow and Paul David，Optimal resource allocation in an imperfect market setting，*Journal of Political Economy*，LXIX（1961），pp. 529—546.

[58] *United Mine Workers v. Pennington*，85 S. Ct. 1607，1626（1965）.

尽管静态无效率和移置损失的福利后果均是负的,但在机械化和劳动力和睦后果也加以考虑时结果就不一定了——特别是这些效果难以通过其他方式获得时。这产生了一个问题,是推理规则还是自成一体的标准对处理工资溢价问题更为合适。由于彭宁顿并不完全有代表性,在进行这种判断的时候可能需要范围更大的参考资料。与进行这种决策有关的另一个问题是分析净效应的工具现在或者将来是否合适。法庭对经济学专业帮助的依赖再一次得到验证。 224

9

掠夺性定价:策略和福利分析* 225

直到最近掠夺性定价[①](predatory pricing)在反托拉斯法律中还是一个相对模糊的概念。这可能是因为像掠夺性定价这样的情绪性名词并不欢迎对它的分析,有时还加以反对。但是精确的缺乏可能也反映出给人的一种感觉,即熟悉的静态经济分析工具不适应处理由掠夺性定价产生的问题。正如本章所揭示

* 本章的研究得到宾夕法尼亚大学组织创新研究中心的支持和国家科学基金的资助。最后版本上的工作是我在加利福尼亚斯坦福大学行为科学高级研究中心作研究员时完成的。要感谢保罗·乔斯科(Paul Joskow)、理查德·波斯纳和唐纳德·特纳对本章的早期版本进行的评论,以及宾夕法尼亚大学和芝加哥大学产业组织工作室的参与者的评论。美国司法部反托拉斯局的经济学家和律师也对这一章的上一个版本的口头陈述给予了有益的评述。转载自《耶鲁法学杂志》(*Yale Law Journal*, 87, 1978, pp. 284—340),得到了耶鲁法学杂志公司和弗雷德·B. 罗思曼(Fred B. Rothman)公司的许可。

① Section 2 of the Sherman Act, 15 USC (Supp. V 1975)。禁止掠夺性定价,将其当作一种垄断化的行动或者一种垄断化的尝试,例如可参见 *United States v. American Tobacco Co.*, 221 US 106 182 (1911); *Standard Oil Co. v. United States*, 221 USI. 43 (1910); Clayton Act section 2, as amended by the Robinson-Patman Act. 15 USC section 13 (1970); Robinson-Patman Act. section 3, ibid., section 13a。禁止掠夺性定价问题在所有这三种条款下均是相同的。

的，掠夺性定价涉及策略行为，其中跨期考察占据中心地位。静态经济模型不能讨论这些特性，从而遗漏了掠夺性定价问题的关键特征。

226 最近在处理掠夺性定价时法庭意见关于基于成本的规则有了相当高的一致认同态度[②]。法官们的这种意见一致可能是对讨论掠夺性定价的一系列文章的一种反应，这些文章中最突出的是爱德华·考珀(Edward Cooper)的综述以及理查德·波斯纳(Richard Posner)的研究和菲利普·阿里达(Philip Areeda)与唐纳德·特纳(Donald Turner)的研究成果[③]。波斯纳和阿里达—特纳针对这一问题采用静态经济分析工具进行考察，从而为评判掠夺性定价指控构造了一系列基于成本的检验[④]。阿里

② *Pacific Eng'r & Prod. Co. v. Kerr-McGee Corp.*, 551 F. 2d 790, 797 (10th Cir. 1977), Petition for Cert. filed., 46 USL W 3141 (US 19 Sept. 1977); *Hanson v. Shell Oil Co.*, 541 F. 2d 1352, 1358 (9th Cir. 1976), cert. denied, 97 S. Ct. 813(1977); *National Ass'n of Regulatory Util. Comm'rs v. FCC*, 525F. 2d 630, 637—638 & n. 34 (D. C. Cir. 1976), cert. denied, 425 US 992 (1976); *International Air Indus. v. American Excelsior Co.*, 517 F. 2d 714, 723—725 (5th Cir. 1975), cert. Denied, 424 US 943 (1976); *Weber v. Wynne Trade Reg. Rep.*, (CCH) (1977 - 1 Trade Cas.) paragraph 61,315 (D. N. J. 1977); *Inter City Oil Co. v. Murphy Oil Co.* [1976 - 1] Trade Cas. paragraph 60,948 at 69,176 (D. Minn. 1976).

③ R. Posner, *Antitrust Law: An Economic Perspective* (1976, pp. 184—196); Areeda and Turner(1975), p. 697; Cooper, Attempts and Monopolization: A mildly expansionary answer to the prophylactic riddle of section two, *Michigan Law Review*, 72 (1974), pp. 373, 435—440.

④ 不过应该注意到其中的重要差别。阿里达和特纳倾向于短期边际成本规则，而波斯纳则建议采取长期边际成本作为检验标准。可对比 Posner，同上，脚注③，第 191 页—第 193 页和 Areeda and Turner，同上，脚注③，第 732 页—第 733 页。

达—特纳规则不仅被法庭所采用，也对司法部曾撤回进行中的一项诉讼的决策产生了影响⑤。

尽管阿里达—特纳和波斯纳的研究成果是很重要的贡献，我仍然对它们有严厉的保留意见，这两种研究均没有考察掠夺性定价的两种主要动态特性。首先，尽管静态福利经济学对分析提供某种商品或服务的市场从一种稳定水平到另一种稳定水平的转移比较合适，这一模型在所考察的转移是暂时性的或应急性的且可以认为目的是为了阻止未来对手时结果将会是误导的。其次，或者有些更为敏感的是，企业有动机根据法律的规定而进行调整。这种调整在考察一种法律规定的经济后果时必须明确加以考虑。当考虑到这些动态效应时，阿里达—特纳规则可以被发现和本章所建议的替代性规则相比效率特性要差一些。另外，这些替代性规则更容易实施，而且明确地识别出一组 227
已有卖方垄断者之间的竞争和一个优势企业与新进入者发生的竞争之间的差别。

9.1 节首先提供关于掠夺性定价的背景知识，并说明对阿里达和特纳所提出规则的特征提出批评的理由。他们的边际成

⑤ 前司法部副部长托马斯·E. 考珀(Thomas E. Kauper)解释反托拉斯局撤销政府针对两个主要轮胎公司的反托拉斯案件的决定时说，部分是因为：“现在很明显关于在这些案件中我们所能依赖的第二条责任的任何理论不能以传统掠夺性行为为基础，因为我们不能证实在各案件中被告定下的价格低于边际或者平均可变成本。”参见 Memorandum for Attorney General Edward Levi，23 February 1976，转载于 *Trade Reg. Rep.*，5 CCH paragraph 50,259 (1976)[in relation to *United States v. Firestone Tire and Rubber Co.*，Civ. No. C－73－836，and *United States v. Good year Tire & Rubber Co.*，Civ. No. C－73－835 (N. D. Ohio 1976)]。

本定价规则的效率优点被质疑,原因是它们可能不像阿里达和特纳所说的能提供直接的社会福利收益,而且更重要地,也由于他们所建议的规则没有对优势企业的策略行为进行考虑[6]。因而为了弥补后一种缺点而建立了一种模型,其中对企业在掠夺性行为中的策略动机进行明确的处理。模型主要考察为了阻止进入优势企业所在的市场而进行的掠夺性定价,并调查了掠夺性定价对价格和产量的三种替代规则的效果,其中区分了进入(或者更一般地,对立投资)发生之前(事前效果)和之后(事后效果)两种情况。9.2 节考察这三种替代性规则的福利特性。

9.3 节对基本模型进行扩展以包含在相继产品周期中具有显著设计变化的设备("换代设备"),其中假设商品和服务连续提供,第三种情况可以从这两类进入变种中分离出来,为已有企业之间的掠夺性定价,在 9.4 节中进行处理。

9.5 节将分析应用到最近的反托拉斯案例中去,9.6 节明确提出所建议的法律规则,本章以对掠夺性定价规则和产业公平概念之间的关系进行简要考察而结束。

---

⑥　在掠夺性定价方面的策略行为不仅涉及事先调整,这是一种标准的进入壁垒分析,还涉及对进入的应急性反应,两者需要以一种整合的方式进行考察。

9.1 掠夺性定价、效率和策略建模

A. 问题

掠夺性定价的存在长久以来为一些经济学家和律师所批评。由于没有客观标准来定义掠夺性定价,对掠夺性定价的指控比较容易推翻但难于进行评价。更进一步,“低于成本”的定价(有多种定义)在实证上难以显示⑦,可能最有说服力的是,掠夺性定价被认为是“非理性的”,原因是经济学分析认为, 228
一个企业收购其竞争对手总是比以低于对手的价格销售要来得便宜⑧。

不过,这些论点实际上是没有说服力的。正如波斯纳教授的观察,非理性的说法“只有在兼并是合法的时才是令人信服的,而……到现在已经有很长一段时间明确认为产生一种垄断的兼并是非法的”。⑨ 如果掠夺性定价尽管是非法的,比兼并更难以察觉的话,“掠夺可能实际上是一种比收购更便宜的垄断化

⑦ 参见阿里达和特纳(Areeda and Turner),上文中脚注③,第 699 页;R. Koller, The myth of predatory pricing: An empirlcal study, *Antitrust Law and Economic Review* (Summer 1971), p. 105。

⑧ 关于掠夺性定价意图的非理性的标准参考文献是:J. S. McGee, Predatory price cutting;The standard Oil(N. J.)case, *Journal of Law and Economics*(1958), p. 137。关于综述,可参见 B. Yamey, Predatory price cutting: Notes and comments, *Journal of Law and Economics*, 5 (1972), p. 129。

⑨ 波斯纳,上文中脚注③,第 185 页。

方式"[10]掠夺性定价也可以用来影响一种进行收购的条款[11],也可能主要是用来吓阻潜在的对手而不是为打垮现存的对手[12]。后一种观点具有特别意义,如果在一个市场上对进入的强烈反击可以在其他市场上产生进入阻止效应的话,则非理性论点所使用的简单净收益计算就很容易被推翻。如果通过对当前的一种进入威胁做出强烈反应的方法,一个优势企业可以给出一种"信号"以表示它会在以后的时间区间或者不同的地区对进入采取强有力的反应,那么未来收益的折现有可能抵消当前利润牺牲且有余。信号,无论是跨时段的还是跨空间的,均显然是一种策略行为。阿里达和特纳对掠夺性定价问题却主要只是进行静态建模[13]。

B. 效率标准

为了避免反托拉斯法作为打击合法对手的一种手段而被引用,也常常作为一种抵御效率低下的屏障,十分需要能够辨别出有效的还是有缺陷的掠夺性定价指控的可行标准。阿里达和特

---

⑩ 库珀(Cooper)表述了类似的观点,参见上文中脚注③,第436页脚注㉘。

⑪ Yamey,参见上文中脚注⑧,第130页—第131页。

⑫ Posner,参见上文中脚注③,第185页—第186页;*Telex v. IBM*: Monopoly pricing under section 2 of the Sherman Act, *Yale Law Journal*, 84 (1975), pp. 558, 564, n. 27。

⑬ 在他们对促销定价的处理中有时会出现拟动态的成分。参见阿里达和特纳,上文中脚注③,第713页—第715页。但是主要的论点和主要的规则均是在静态框架下发展起来的。

纳拒绝“诸如‘低于成本’定价、毁灭性竞争或掠夺性意图之类空洞的提法”,相反他们试图通过考察一个企业的成本与其价格之 229
间的关系[14]。而建立有意义而可行的检验公式以对掠夺性定价和竞争性定价进行区分。波斯纳类似地在对掠夺性行为进行评价时放弃对意图的依靠,他的理由是意图是市场行为不可靠的标示。[15] 除非具有充分信心认为有关文件揭示了一种明确的反竞争市场计划的存在,而且证据并非只是销售经理的吹嘘,则不应考虑进行基于意图理由的法律实施[16]。

---

⑭ 参见阿里达和特纳,上文中脚注③,第 699 页—第 700 页。阿里达和特纳同时“建议,在构造[掠夺性定价]规则时要极端小心,以免诉讼威胁,特别是由私人方面提起的,显著地妨碍合法的竞争性定价”。出处同上,第 699 页。

⑮ 波斯纳,参见上文中脚注③,第 189 页—第 190 页;经理对反托拉斯问题敏感的企业不会留下具有不恰当意图的任何文件痕迹;经理对此不敏感的企业常常产生大量具有这种意图的证据,而实际上只不过是在描述无害行为时语言选择上比较笨拙而已。这里特别具有误导性的是销售经理向上司吹嘘自己竞争能力的老习惯,常常使用强制性的隐喻使得局外人看来是具有掠夺意图的证据。依赖意图证据的任何原则在应用时最好的情况下也只是捉摸不定的。

⑯ 谢勒(Scherer)教授在其回应阿里达和特纳时认为,基于成本的方法简单化了,对一系列复杂经济事实的全面评价连同对垄断者意图的探讨,是为了达成一种正确的掠夺性定价裁决所需要的。参见 F. M. Scherer, Predatory pricing and the Sherman Act: A comment, *Harvard Law Review*, 89 (1976), pp. 869, 890。根据一些特定情况,谢勒说“全面评价显示,长期经济福利在某些情况中当垄断者的价格超过其边际成本时得到最大化,而在其他情况中当削价到低于边际成本时最大化”。出处同前。特定情况包括垄断者和边缘企业的相对成本地位的决定,获得最小成本的进入规模,边缘企业是被完全驱逐还是只是被压制,垄断者是扩张它的产量以填补被排除的企业的产量还是当对手撤退后重新限制供给,以及垄断者进行的任何长期性补偿性扩张是否会导致投资于体现规模经济的新工厂。

出处同上(省略了脚注),谢勒的结论是:“我不知道如果不对垄断者被指控的掠夺性行为所伴随的现实环境进行全面考察的话,对这些变量如何才能进行合适的评

230 阿里达—特纳和波斯纳均反复声明，对一个优势企业进行的降价所产生“掠夺性冲击”的评价必须根据这种降价是否会排除一个同样有效率的对手而进行判断。他们认为，如果价格降低只是排除不如优势企业有效率的企业，则竞争进行着的是一种有益的过程。当然，任何企业的倒闭对于所涉及的雇员和投资者来说都均有痛苦的后果，不过在一个更广的范围来看，没有效率情况的消除正是竞争的主要好处。关键之处在于要分清保护竞争者和保护竞争两者之间的差别。如果感情导致保护竞争者则它将是一种残酷的欺骗，原因是引入这种规则后消费者不可避免地会受到损失。如果要消除围绕关于掠夺性定价的法律

价，垄断者的职员如何把握其行为的可能效果（即其意图），以及该行为实际上会导致的结构性后果。”

尽管我也催促需要获得关于相应环境的更多知识而不是基于成本标准的统一采用，但我被阿里达和特纳的反驳说服，他们认为谢勒的方法依赖于“长期的可能性”，而它们本质上是推测性的和不确定的。参见 Areeda and Turner, Scherer on predatory pricing: A reply, *Harvard Law Review*, 89 (1976), pp. 891, 897（略去了脚注）。谢勒明显地会给反托拉斯实施补充一种价格违法，违法行为的发现来自于对全部实际形势的研究。包括考察进入者是否具有效率，如果是，优势企业会被要求定下比没有限制时更高的价格。

这一做法在几个方面存在问题。一种价格削减是否是掠夺性取决于进入者是否是有效率的（如果它们不是，比较容易进一步将这一论点扩展到考察一种可能性，即在给予一种“公平机会”时，它们将会是有效率的）。而对于优势企业如何知道这一点没有揭示出来。其次，一种价格削减是否是掠夺性取决于它是否随后被恢复，但是这涉及一个不确定时间段上的监视。其他还有，应该调查价格是否被恢复或者被调整以适应新的形势（例如，更高的投入成本或者环境保护局限制）。优势企业的行业在这一过程中很容易转变为半管制行业。但是显然价格管制的记录提醒我们要谨慎。与其无意中滑入一种管制局势——经验表明，这总是对竞争不利的——反托拉斯更应该寻求法庭上能够实施的简单规则。

周围的不确定性并建立有用的规则,则对竞争的长期效率优点的了解就是必不可少的[17]。

因此掠夺性定价应在效率方面进行评价。阿里达—特纳和波斯纳采用静态经济分析以说明边际成本定价促进了效率,而本章则将这一问题以更为一般的方式建模,其中明确允许进行策略考察。阿里达—特纳和波斯纳应用的基本静态经济命题是,边际成本定价会促进配置效率,这是次优的[18]且没有策略方面的考察。隐含的论点是,当边际社会收益(由价格反映)被设定与边际社会成本相等时净社会收益得到最大化。阿里达—特纳在提出一种短期边际成本定价检验时,应用了这一条件和低效率对手标准[19]。

在这种包含两部分的论点中,低效率对手指控存在技术方面的问题,而配置效率方面也存在很多问题。第一部分存在的 231
问题是,边际成本有时只是总成本及相应单位成本比较差的一

⑰ 这种不确定性会是一种重要关切,“围绕司法评判的过程和标准的不确定性会阻止很多即便是法庭也会发现是所希望的竞争活动”。参见库珀,上文中脚注③,第 435 页。

⑱ 次优是指,局部均衡分析(集中考察局部情况——例如,一个特定行业而不是整个经济)在明确考察的那些部门之外的其他部门遇到扭曲时是总体福利效应的不可靠的标示。尽管有时很重要,但次优的论断很少是有操作性的,一般被置于一边。在本章的剩余部分对此不加讨论。

⑲ 他们认为:“如果一个垄断者在价格等于边际成本的那一点上进行生产,只有效率比它低的企业会负担更大的每单位产出平均损失。”而且,如果一个企业被迫定下高于边际成本的价格,“本可以以低于其消费者价值的较低成本生产的产量将会消失”。参见阿里达和特纳,上文中脚注③,第 711 页。

种标示[20]。该论点的第二部分导致了更为严重的问题。他们对配置效率的认定没有在持续的边际成本定价和为了策略性原因而暂时将价格降到边际成本水平之间进行区分。持续的边际成本定价具有阿里达和特纳所指的最优特性。而暂时将价格削减到边际成本水平,除了是对进入的策略性反应以外,还有可能是出于业务应急性的要求。正如考珀教授所说:“能够在进行销售的附加成本之上获得一种价差的任何销售,在它是所能得到的最好机会时就是一种无可指责的健全的商业活动。”[21]不过这些活动必须和为了阻止进入的策略性需要而暂时性的将价格降到边际成本水平区分开来。尽管阿里达和特纳认识到优势企业的降价在进入威胁消失时可能会被收回,并明确倾向于持续边际成本定价,然而他们赋予永久和暂时降价在社会收益方面的差异仅仅是持续时间上的差异[22]。

一个例子可能有助于说明与偶然的、策略性的边际成本定价相联系的最优特性问题的困难程度。考察一种被管制的公用事业,管理当局周期性地检查它的价格对成本的关系以便确定

---

⑳ 罗莎琳德·塞内卡(Rosalind Seneca)在替代性运输方式之间的竞争方面对这里会产生的问题类型进行了考察,她观察到并说明:“将交通按最低长期[或短期]边际成本配置并不必然会最小化提供该服务的成本。”参见 Seneca, Inherent advantage, costs, and resource allocation in the transportation industry, *American Economic Review*, 63 (1973), pp. 945—946(采用原来的着重号)。当然这些问题可能并不常见,然而,边际成本价格的争论正好反映出相对效率一开始就存在问题。

㉑ 库珀,参见上文中脚注③,第 437 页。

㉒ 阿里达和库珀,参见上文中脚注③,第 706 页—第 711 页。

是否再次授予该事业垄断授权。假设当局欢迎边际成本定价，而该公用事业认识这一点，从而在每次授权检查之前采用边际成本定价，而一旦得到继续授权就马上转回到垄断定价。如何解释这种暂时降价呢？这种暂时价格削减的直接收益应该是可以忽略不计的。况且，无论直接收益如何，在该公用事业在每次授权继续后重新回到垄断定价的情况下，可以想象长期资源配置不善的结果就会出现。

直接效率收益不重要可以通过考察三种情形而得到说明：
(a)相关产品或服务不能保存，消费者认识到价格削减只是暂时
的；(b)相关产品可以保存，但垄断者不能满足由于消费者想增 232
加自己存货而大量涌入的订单；(c)消费者错误地以为降价是长
期的，从而相应调整了自己的投资。

在情形(a)中，没有提供多少激励以改变实际消费行为，这是因为消费者正确地认识到价格削减的暂时性，同时又不能积累存货，这里暂时降价的结果主要是产生从垄断者到消费者的一种收入转移，配置效率没有受到多大影响。

在情形(b)中，作为对暂时价格削减的反应，消费者有动力建立存货。但是垄断者只有在具备相当大的剩余生产能力的时候才能满足这些要求。缺乏剩余生产能力时，暂时低价只有依靠非价格的定量供应才能维持——因而存货累积需求将得不到满足，而配置效应仍然是可以忽略的。

最糟糕的是情形(c)，如果降价被认为是永久性的，而事实上它又是暂时的，消费者如显著改变自己的消费行为就会走向

错误的方向。如果消费者在对以为是永久性的而结果却是暂时性的相对价格变化做出适应性调整时负担了相当数量的固定成本,则很容易就会导致负的净收益。无论对价格削减的直接反应如何,在这个例子中明显可以看到价格削减只是一种策略性行为。如果管理当局因为在检查时段内价格等于边际成本就再一次授予垄断授权,则它就是很缺乏远见的,特别是在更为长久的价格削减可以作为继续授权的一种条件时情况更是如此。

当然这里所关注的绝大多数优势企业并不是被管制的行业[23]。但这个例子仍然是有启发意义的,无论何种动机的暂时价格削减产生的社会收益均是可以忽略不计的,对于被管制和未被管制的企业都是如此。阿里达和特纳援引社会最优作为对暂时边际成本定价的支持因此而受到质疑。更进一步,将管制和反托拉斯之间的差异置之不论,两者间存在一种显著的策略上的相似性:在两种情况中暂时价格削减均是为维持一种垄断而设计的[24]。

233 面对这种类型的策略行为,基本问题是反托拉斯是否应忍

㉓ 不过,在通信行业中未管制企业和管制企业之间会出现低于成本的销售定价。著名的 *Telpak*(得尔派克,贝尔系统的宽频带信道出租)案件就是这一类。参见 *American Tel. & Tel. Co.* (*Telpak*),37 FCC 1111 (1964); 38 FCC 370 (1964)。也可参见评论 Competition in the telephone industry: Beyond Telerent, *Yale Law Journal*, 86 (1977), p. 538(考察贝尔系统用垄断收益补贴竞争性服务的可能性)。

㉔ 不过,这一例子在此之后就不适用了,例子中的管理当局自己就有权力重新赋予授权,而进入一个未管制行业的新进入者并非被赏予一种市场份额,而是主动地为销售而竞争。更进一步,管理当局常常能够在持续基础上达成并操纵价格协定,而反托拉斯依靠竞争过程来完成这种控制功能。

受或默许优势企业面对出现新进入者的潜在可能或者既成事实时做出反应性定价,其中仅需要服从价格超过边际成本的条件。我倾向于将应急类型的价格和产量反应——有时有,有时无,取决于是出现了进入者还是进入者消失——视为本质上是值得怀疑的。至少,更为审慎的应该是,在做出应急性边际成本定价的配置效率特征是有利的这一结论之前,对替代性掠夺性定价规则的特性进行考察。

C. 策略行为

这里的分析限制在具有明确动机针对现有和潜在对手以一种策略性方式采取行动的企业。竞争性行业中的企业不在其中,原因是它们缺乏这样的动机。除非能够在其他区域市场上或者在其后时段中获得补偿性收益,否则不会愿意牺牲当前利润,而竞争性行业中的企业得不到这种收益㉕。只有优势企业和串通的卖方垄断行业中的企业才有明确动机排除或者消灭对手。尽管和掠夺性定价相似的行为也能在松散的卖方垄断或者甚至在竞争性组织的行业中出现,但这种行为来自于定价纪律的崩溃或者个人的恶意,必须将之和为了获得长期市场支配力而进行的策略性尝试区分开来,后者正是由优势企业和串通的卖方垄断者进行的掠夺性定价的特征。

㉕ 阿里达和特纳明确认识到这一点,相应依靠垄断模型来描述需求和成本条件。参见阿里达和特纳,上文中脚注③,第 698 页—第 699 页。阿里达和特纳频繁提到“垄断者”作为一方,“新进入者和小企业”作为另一方。

分析将主要集中在优势企业和共谋的卖方垄断者对新进入的反应之上[26]。具有优势企业的行业可以定义为其中最大企业具有至少60%市场份额的行业，进入这种市场是不容易的[27]。
234 尽管对于全国市场来说只有很少一部分行业满足这一定义[28]，但在区域市场上有更多行业满足这一定义。在串通的卖方垄断中，企业之间能够保持有效一致的市场行动。不过这种条件并不如有时被指责的那样宽泛[29]，而是主要只发生在统一成本情况下生产同质产品并具有显著进入壁垒的成熟、高度集中的行业中[30]。同样，对区域市场的考虑会增加被认为是串通的卖方垄断的市场的数目。

由于边际成本定价规则的福利特性不能抽象建立，对此进

---

[26] 尽管模型适用于优势企业和串通的卖方垄断者两种情况，为便利起见，本章中采用了优势企业这一术语。所采用的特定进入壁垒是乔·贝恩(Joe Bain)和弗兰科·莫迪利亚尼(Franco Modigliani)的进入壁垒分析的一个变种。参见贝恩(1956年)；莫迪利亚尼(1958年)，第215页。我关注的是新投资，无论是由新进入者还是由边缘企业进行，而不是进入自身。不过同样，将其用新进入的新投资一词表述更为方便一些。

[27] 参见威廉姆森(1975年)，第208—233页。尽管60%这个数值并不具有坚实基础，但在定义优势企业时要认识到惩罚对手是有代价的。只有对行业的未来配置具有强烈兴趣的企业才准备单方行动以影响这一环境。

[28] W. Shepherd, *Market Power and Economic Welfare* (1970), New York: Random House, pp. 151—153.

[29] 正如战后日本和德国的经验所表明的，卖方垄断者的行为和战前日本的主导性的公司(Zaibatsus，财阀)与德国政府批准的卡特尔活动相当不同。参见J. Montias, *The Structure of Economic Systems* (1976), New Haven, Conn: Yale University Press, pp. 187—190。

[30] 威廉姆森，参见上文中脚注[27]，第234页—第247页。

行评价需要良好定义的、可操作的替代性规则。三种命题引导这种评价。首先,不考虑进入后的福利差异时,导致进入前更大的产量限制和更高成本的供给的规则显然是比较差的。其次,对于进入后供给的任何给定水平,任何时候只要产品是以更低成本提供就可认为实现了社会收益。另外,尽管不那么重要且其中所使用的福利经济学工具更难以加以描述,其他情况相同时,需要潜在的进入者具有更多知识或者承担更大程度不确定性的规则应加以摒弃。

这些命题用来考察两类策略行为。暂时性的价格削减到边际成本水平明显是一种策略行为,打算用来吓阻当前和未来的进入。这涉及反应(进入后)行为,但策略方面的考虑在进入前阶段就已产生。每一种掠夺性定价规则在其市场为侵蚀目标的优势企业方面会引起进入前的价格、产量和投资调整。忽视规则产生的这种动机必然会遗漏问题的一个重要环节,其中优势企业正是根据这种动机而进行进入前策略性的调整反应[31]。先前的处理是不完全的,其中忽视了进入前效应,对边际成本定价规则明显的替代性选择被忽视,而对于福利效应则只是以一种受到限制的、过分自信的方法进行处理。

[31] 我在读了 A. 迈克尔·斯彭斯(A. Michael Spence)令人感兴趣的论文发表前的草稿后,决定将问题以这种方式建模,参见其论文:Entry, capacity, investment and oligopolistic pricing, *Bell Journal of Economics*, 8 (1977), p. 534,其中他考察了资本投资作为一种进入壁垒的使用。

235 **D. 建模假设**

优势企业被假设为会被掠夺性定价规则以以下方式影响[32]:无论何种规则生效,如果优势企业以当前规则允许的最大程度的攻击性对进入做出反应,则优势企业将对工厂和设备进行一定数量和一定类型的投资,以使得任何进入者的利润预期将会减少到零[33]。一种攻击性(与和解性相对)反应涉及生产与当前规则相一致的最大产量。在根据这种策略性目标有意识地决定投资时,优势企业在所有进入前阶段的行为方式是最大化短期利润,因此进入前投资和进入后定价行为两者均取决于掠夺性行为规则的确定。

㉜　在替代性的行为假设中,没有策略性事前调整(缺乏远见的利润最大化)和概率型复杂事前调整的情况在本章以后的内容和以下脚注㉝中进行了考察,如在那里将指出的,优势企业很少会忽视和自己为其中一部分的行业之间的策略性关系,这使缺乏远见的假设产生了疑问。将概率加以考虑的期望利润最大化更为可信,文中的模型很容易就可以一般化来处理这一情况,而同样的定性结论仍然适用。

㉝　这一分析假设,只要选定了一种掠夺性行为规则,则优势企业就会给自己"定位"使得它能够在法律范围内活动而仍然促使进入没有吸引力。

要认识到对于每种掠夺性定价规则并不存在唯一的特定价格,在这种价格上或者高于这种价格进入就肯定会发生,低于这种价格进入就不会出现,因此,优势企业面对的是最大化期望利润的策略问题。更现实的是,进入概率直接随着优势企业建立的价格而变动。参见 Kamien and Schwartz, Limit pricing and uncertain entry, *Econometrica* 39 (1971), p. 441; *Williamson*, *Selling expense as a barrier to entry*, (1963), p. 112。不过,以上分析并不会受到这种考虑的重大影响。所需要做的只是要认识到和每种掠夺性定价规则相联系的有一族剩余需求曲线,每一曲线对应一个进入概率。优势企业因此会是根据这些概率需求曲线来最大化期望利润。可以期望会获得刻画规则之间差别的同样的定性结论,参见以下 E 部分和 F 部分。

策略模型假设潜在进入者意识到并理解优势企业在无论何种规则生效时对进入的反应的经济后果。如同绝大多数进入模型一样,假设潜在进入者根据剩余需求曲线来估价自己的进入机会,剩余需求曲线表现了给定优势企业对进入的应急反应时,在各种价格下有多大的市场需求遗留下来需要满足。[34] 优势企 236
业反应曲线的位置取决于优势企业的进入前投资,其形状取决于现行的掠夺性定价规则[35]。

为分析的便利起见可以采用三类简化假设。首先将假设,无论何种规则生效,优势企业总是根据在它所能达到的长期平均成本曲线之上运作的要求而选择一种工厂计划。这保证所选择的工厂计划通过基本的效率检验。其次,假设进入者可以达

[34] 尤其是乔治·斯蒂格勒表达了对限制性定价进入壁垒分析的严重保留意见。如他所述,"卖方垄断者对限制性价格达成一致和进行操纵的能力显然和卖方垄断者的规模与数目无关"。因此回避了卖方垄断理论中的困难问题。参见斯蒂格勒(1968年),第21页。但是本章进行的分析明确地限制在如以上所定义的优势企业和串通的卖方垄断者之上。不符合文中定界条件的卖方垄断行业一般没有能力从事一种策略性反应曲线模型中所假设的联合事先调整和共同操作。

如果优势企业和串通卖方垄断者符合有关条件,则基本问题是掠夺性定价规则是否能以策略性反应函数的形式进行恰当的描述。如果是这样,潜在进入者的剩余需求曲线可以按照下文中描述的方法获得。因此,关于进入模型及其对于特定卖方垄断的有限适用性上的学术差异不是重点,关键是策略性考察是否是其中的关键之处,以及如果是,则它们是否为所采用建模工具进行了合适的反映。

[35] 为了本章的目的,我将假设优势企业反应曲线的形状完全由当前实行的掠夺性定价规则决定。因此,如果采用了一种边际成本定价规则,反应曲线将是优势企业的边际成本曲线。实际上,法定规则设定了可接受反应的外围界限而不是完全规定了它们的大小。以下获得的定性结论在法定规则具有归因于它们的一般性效果时成立。

到与已有企业相同的长期成本曲线[36]。第三,假设长期平均成本曲线阶段下降而不是连续下降。正如在 9.2 节的 B 部分所显示的,放宽这些假设仍将基本上支持相关论断[37]。

E. 替代性规则

以下将考察在进入后阶段里限制优势企业的三种规则。

第一种规则设计为 $Q \leqslant Q$,其中 Q 为优势企业进入前产量
237 水平,而 Q 是进入后的产量水平。这一规则称为“产量限制规则”,规定进入发生后的阶段里优势企业不能将产量超出进入前的水平。关键是确定产量限制规则生效的时间区间。除非对新进入的掠夺性反应会很快威胁到新进入者的生存,否则这种反应难以奏效。如以下要讨论的,新进入者的成本劣势随着它们

㊱　这忽略了已有企业和潜在进入者之间策略上的不对称性。无论后者多么有能力,但它们没有进行已有企业进行过的固定设备和经营基础的投资。因此,新进入者必须说服投资者提供相应资金,而已有企业不必进行类似请求。已有企业强力竞争的威胁因而会影响潜在进入者可以使用资本的条件,而潜在进入者不能在已有企业身上施加类似的成本。

一旦进入发生,进入者和已有企业在这一方面的地位会更为相近一些——除非进入是以一种小心谨慎的方式进行(例如进入者租借一般用途设备而不是购买特殊用途设备)。优势企业进行短期掠夺性行为的动机在进入显然比较谨慎的时候尤为强烈。

㊲　我同时假设有效进入很少能通过转向长期契约而得到保证。可以预计优势企业在进入前销售上和进入后销售上同样进行竞争。另外,未来的消费者在进入者通过承担固定成本而不可逆地表现自己地位之前会不愿意危及一个已知的供应源。最后,长期合同既昂贵又冒险。参见威廉姆森,上文中脚注㉗,第 82 页—第 105 页。

经验的积累和生存能力的表现而会减弱。一般最初12个月到18个月的限制期足够进入者实现成本效率并建立一种市场身份[38]。短一些的时段将允许优势企业掌握剩余生产能力作为一种策略上的储备,以便在特权时段结束时释放出来,而更长的时段将造成严重的管理问题,并削弱新进入者尽快实现和优势企业成本相等的动力。

第二种规则,设计为 $P \geqslant SRMC$(其中 P 为价格,$SRMC$ 为短期边际成本),它允许优势企业在进入后阶段在满足价格不低于短期边际成本的条件时增加产量。这被称为“边际成本规则”。

第三种规则设计为 $P \geqslant SRAC$(其中 $SRAC$ 为短期平均成本),它允许价格不超过短期平均成本的产量扩张,这被称为“平均成本规则”[39]。

首先考察没有受到进入威胁的垄断者的价格和产量。这在图9-1中分别由 P^* 和 Q^* 表示,表现了短期利润最大化的位置。这是边际收益(在图中记为 MR)刚好为最后售出单位的边际成本所抵消,也就是两者相等时的价格和产量。现在考察如

---

[38] 更进一步,最近进入者并非没有防备,而是受到了法律的保护,在最初时段区间过去后,它已经具有了一种“已有”企业的能力。适合对已有企业之间的掠夺性定价进行评价的规则早些时候已然建立起来。

[39] 这些规则并没有穷尽所有可能,最为显著的省略是建议面对新进入的优势企业必须维持价格,直到进入者有机会立足。这样一种规则要求优势企业建立起一种“保护伞”,意味着优势企业要削减产量,从而是对没有效率企业的进入邀请。我相信,具有这种含义的规则很明显福利特性较差。参见下文脚注[109]和相应的正文。

果优势企业担心会有进入而且一种掠夺性定价规则生效时价格和产量如何受到影响，然后将考察三种替代性规则和它们对进入的影响。

产量限制规则，$Q \leqslant Q$

基本规则允许优势企业在 $Q=Q$ 上运作，但规则需要加以
238 限定，其条件是，在产量保持不变时最终价格应超过平均可变成本[40]。这种限定性条件通常均会得到满足[41]。

1. $Q=Q$。绝大多数进入壁垒分析基于的行为假设是“潜在进入者的行为背景是他们预期已有企业将采用对自己最为不
239 利的政策，即，在保持产量的同时削减价格（或者接受价格削减）直到实施这样一种产量政策所需要的程度”。[42] 基本模型如图 9-1所示，曲线 D 为行业的需求曲线，$LRAC$ 为已有企业和潜在进入者可以达到的长期平均成本曲线[43]。曲线 D' 为剩余需求曲线，表现了在优势企业保持自己的产量不变时所剩余的需求数量。将 Q_0 作为优势企业的进入前产量，这样该企业在进入后紧随的一段时间（12 个月到 18 个月）内将不能供应超过 Q_0

---

[40] 不过，这一限定在操作上的意义不大。它主要是为了很少见的意外情况和使模型完整。

[41] 事实上，更早的进入壁垒模型完全忽略了进入后价格会不能弥补优势企业平均总成本的微小可能性。由于当优势企业在 Q_0 上运作时 $ATC>AVC$（其中 ATC 为平均总成本，AVC 为平均可变成本，译注），在优势企业保持产量不变时更不可能不满足 AVC 约束，参见图 9-1 和下文脚注[122]。

[42] 莫迪利亚尼，参见上文中脚注[26]，第 217 页。

[43] 如果潜在进入者不得不承担启动成本，必须允许在预期的生产区间中回收这些成本。

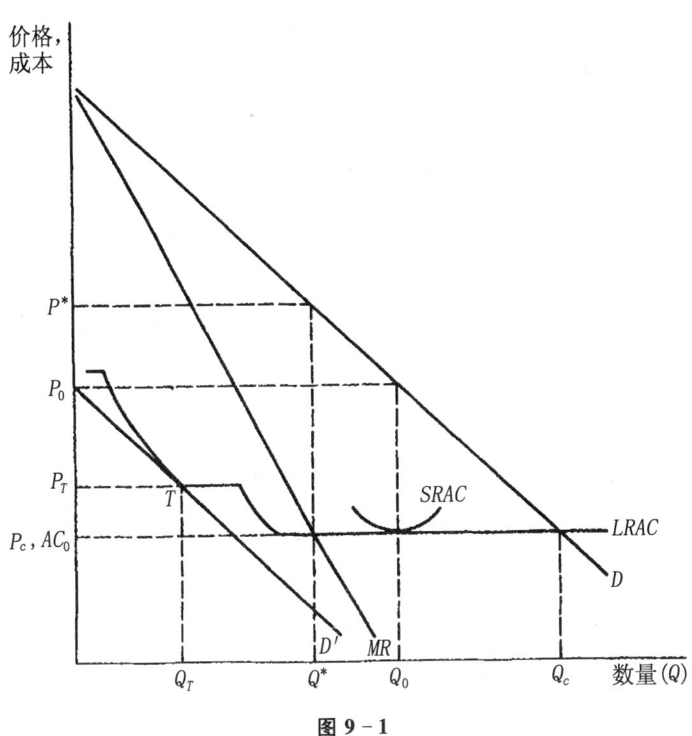

图 9－1

的数量。剩余需求就是需求曲线在 Q_0 右边的那一段。标着 D' 的曲线表现的就是这一剩余需求曲线向原点的水平移置。

假定优势企业选择投资使得潜在进入者在剩余需求曲线上最多只能获得零利润,优势企业的目标是选择 Q_0,使得 D'刚好和长期平均成本曲线相切(数量上永远不会超出)。这种相切发生在图中标记为 T 的那一点。如果优势企业在进入前阶段的供应小于 Q_0,则 D'将向右移动,而新进入者就可以在产量限制规则下获得正的利润。不过，如果垄断者定出的价格为 P_0 并生产 Q_0，则潜在进入者在产量限制规则下所能期望最好的情况也只是破产，即便是建立一个工厂并生产规模为 Q_T 的产量也是如此。任何进入企业如果生产大于或者小于 Q_T 的产量将不能回收全部成本，这是因为剩余需求曲线在任何其他点均是在 *LRAC* 曲线下方。

优势企业的进入前产量和价格（分别为 Q_0 和 P_0）由于进入威胁存在而和无约束利润最大化位置（Q^*，P^*）之间存在差异。但是对于进入威胁，垄断者可以通过生产小于数量 Q^* 而将边际收益（图中的 *MR*）等同于边际成本[44]，而 Q^* 是小于 Q_0 的。在数量 Q^* 出清市场的价格超过了数量 Q_0 的市场出清价格，从而 $P^* > P_0$。

即使潜在竞争起到了限制垄断者的利润边际的作用，在限制价格（P_0，Q_0）上的进入前运作仍然导致了超竞争利润。只有在垄断者将进入前产量扩张到水平 Q_c，其中价格等于长期平均
240 成本[45]，他的经济利润才会消失。尽管 Q_c 水平的产量对社会而言优于产量 Q_0，但在不进行管制的情况下是无法获得的——而根据假设，管制是不被允许的[46]。

---

[44] 注意短期和长期边际成本在工厂规模为生产数量 Q^* 而进行了最优调整时是相等的。

[45] 其中假设需求曲线在 *LRAC* 平坦的区域内和长期平均成本曲线相交。这对于如美国这样的大型经济中的绝大多数行业来说似乎都是合理的。

[46] 管制具有它自身的许多难题。在竞争可以工作得相当好时，常常更受欢迎。

如果进入发生,附加的数量 Q_T 进入市场,最终的市场价格(P_T)仍然超过了垄断者的生产成本(在 Q_0 处)。因此,尽管新进入者即使在点(P_T,Q_T)也会破产,优势企业仍继续实现正的进入后利润,虽然有所下降。因此集中化市场上大企业和小企业之间存在利润差异是进入壁垒模型可预期会得到的结果[47]。

2. $Q<Q$ 。如果一种不太可能的事件发生了,即新进入者带入市场的产量数量如此之大,以至于如果优势企业保持自己的产量不变的话,价格将会降低到优势企业的平均可变成本之下,那么应要求优势企业(和进入者,如果进入者正在以低于其平均可变成本进行销售的话)减少产量直到实现 $P \geqslant AVC$ 的结果[48]。如果没有这种规定,优势企业不考虑进入因素而保持产量不变有时可能会在进入后紧随的阶段中将价格压制到有利可图水平之下。$P \geqslant AVC$ 的要求避免了这种可能性。

短期边际成本规则,$P \geqslant SRMC$

假设换为垄断者在面对进入时可以扩大产量,而对他的唯一限制是价格不能低于短期边际成本。假设在对进入的反应

---

[47] 有关证据和这一预测相一致,参见 Demsetz, Two systems of belief about monopoly, in *Industrial Concentration*: *The New Learning*, eds H. Goldschmidt, H. Mann and J. Weston (1974), p. 164。

[48] 不过,参见本章以后的"促销定价",其中进行修订以允许进入者对于非耐用消费品从事短期的促销定价。尽管进入者可能在这一例外情况中价格暂时低于平均可变成本,但是不允许出现大规模的市场配置错位。

中，垄断者选择的是扩大产量直到价格正好等于边际成本，这样假设的目的是为了对这种可能性进行评价。这种类型的应急性产量反应对进入和产量而言意味着什么呢？

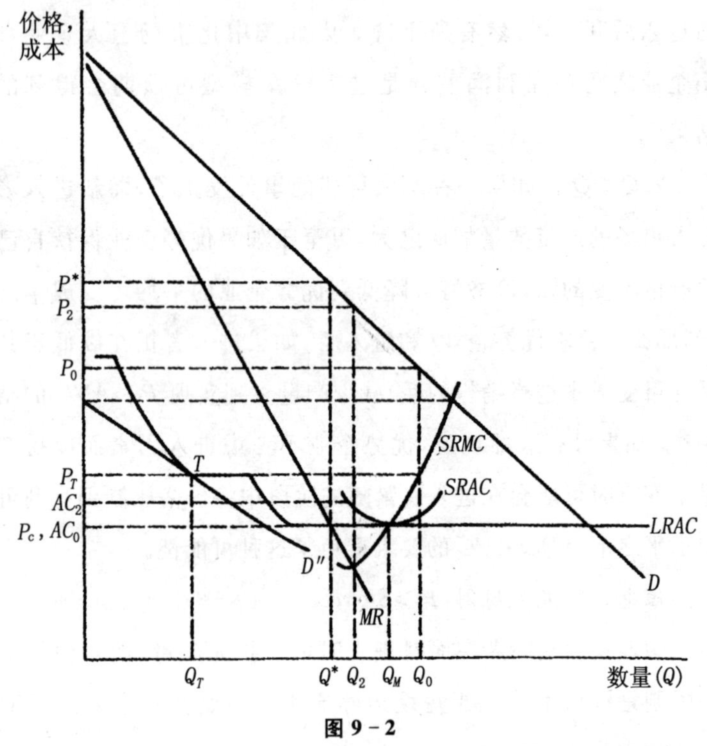

图 9－2

图 9－2 刻画了边际成本规则生效时的变量关系。由于这种规则下垄断者被允许对新进入采取扩大产量的反应[49]，他可

[49] 显然产量不变规则并不是进入者归因于行业中已有企业的“最不受欢迎的”行为，作为对进入反应的产量扩张则更为不好。

以安全地将进入前产量降低到 Q_0 之下而不会引起进入。最优 241
投资水平同样是由剩余需求曲线决定。但以前剩余需要曲线由 $D-Q_0$ 给出,现在由 $D-SRMC$ 给出,原因是只要价格高于短期边际成本,垄断者就可以扩大产量。在图形上确定最优规模的方法是,考虑与在长期平均成本曲线[50]上运作相一致的工厂规模族,找出每种这一类工厂的相应短期边际成本曲线和需求曲线 D 之间的差,则在所定义的剩余需求曲线和长期平均
成本曲线($LRAC$)之间存在一个切点的话,该切点就是优势企 242
业的最优工厂规模。如图 9-2 所显示的,产生这种切点的 $SRMC$ 曲线对应的工厂规模在产量 Q_M 处具有最小短期平均成本。

一旦在进入前阶段中这一规模的工厂投入使用,垄断者将选择使其获得最大利润的产量。这需要使行业边际收益等于工厂规模 Q_M 对应的短期边际成本。因此垄断者生产数量为 Q_2(小于 Q_0),定价为 P_2(超过 P_0)。不过,如果进入发生,垄断者将在价格等于边际成本之上运作。这将涉及顺着他的 $SRMC$ 曲线的移动直到达到产量 Q_0[51]。潜在进入者,预期会遇到这种

---

[50] 对于长期成本曲线的讨论和它们与短期成本曲线的关系,参见 Viner, Cost curves and supply curves, *Zeitschrift für Nationalökonomie* (1931),转载于 *Readings in Price Theory*, eds. K. Boulding and G. Stigler, Homewood, I ll.: Richard D. Irwin (1952)。

[51] 市场价格由总供给决定。给定进入者供应 Q_T,如果优势企业供应 Q_0 则市场价格将为 P_T。优势企业供应 Q_0 的短期边际成本根据构造为 P_T(否则剩余需求曲线将处于不同的位置)。

产量反应，将不会进入除非价格超过 P_2[52]。因此潜在进入者只有在垄断者选择了规模太小的一种工厂，以至于其短期边际成本在产量 Q_0 处超过了 P_T 的时候才会进入。

短期平均成本规则，$P \geqslant SRAC$

对平均成本规则可以进行类似的考察。由于平均成本曲线比边际成本曲线平坦，剩余需求曲线（由水平差异 $D-SRAC$ 给出）[53]也会同样更为平坦一些。不过，为了便利起见，假设最终剩余需求曲线和长期平均成本曲线的切点仍然是点 T，这条成本曲线在这一点出现弯折。最优工厂规模从而为相应短期平均成本曲线通过点（P_T，Q_0）的工厂规模。

在 $SRAC$ 规则下的最优工厂规模会比 Q_M 小[54]。由此优势
243 企业短期边际成本等于行业边际收益时的产量将小于 Q_2，进入前价格因此会大于 P_2。

F. 缺乏远见的利润最大化

到目前为止，对三种掠夺性规则的分析假设优势企业进行

---

[52] 潜在进入者假设优势企业在进入前阶段工厂规模给定下最大化利润。给定这一假设，如果优势企业的进入前价格超过 P_2，优势企业沿着其短期边际成本曲线反应就不能消灭准确把握行业机会进入者的正利润。

[53] 剩余需求曲线这里由差 $D-SRAC$ 给出的原因是，在任何价格 P 下，优势企业能够供应且不触犯平均成本规则的是 $P=SRAC$ 时的数量。因此进入者可以确信在任何价格下优势企业没有满足而剩下的需求数量至少是 $D-SRAC$。

[54] 这是因为优势企业在 $SRAC$ 规则下的反应曲线是曲线 $SRAC$，比 $SRMC$ 平坦，因此在其他情况相同时，允许优势企业作为对进入的反应向市场投放比 $SRMC$ 规则生效时更大的进入后产量。

自身的事先调整,以使得它们能够在不触犯掠夺性规则的情况下排挤潜在进入者。但是如果优势企业不采取这种策略则将会如何呢?策略上的改变是否要求另一种不同的掠夺性定价规则?假设优势企业缺乏远见,在每个阶段均简单地最大化自己的利润而不考虑策略性的进入前调整或进入后消灭对手。产量限制规则是否能预防这类简单、非策略性的反应?如果能,是否能够从开始就能使得这种反应被放弃?

回答是优势企业的这种非策略性或者短视反应,在关于进入者比较合理的假设下,一般将导致优势企业的一种产量削减(这是一种和解性的反应),其中产量限制将会得到满足。因此,以下考虑三种情景,尽管优势企业假设为在每种情景中均是根据它的剩余需求曲线最大化利润,但赋予进入者的行为假设是不同的。

在第一种情景中,假设新进入者在进入后紧随的时段内保持产量不变:它以 Q_r 进入且在进入后阶段中继续提供 Q_r。因此优势企业的剩余需求曲线为行业需求曲线和 Q_r 之间的差。优势企业通过使边际成本等于相应(剩余)边际收益曲线而最大化利润,在这一情景中,这总是会降低优势企业的产量,使得其产量低于进入前阶段中所供应的。

另一种假设是新进入者和优势企业对称地行动,也就是各自假设它的对手在下一个时段中会供给和当前时段一样多的数目。各自的相应剩余需求曲线将由行业需求曲线减去它的对手的最近产量而获得。企业以这种短视方式行动将收敛于一个解，其中对优势企业来说意味着产量削减[55]。这里的产量限制同样是多余的。

第三种，假设新进入者将市场价格作为参数处理，调整产量以便在每种价格下供应的产品数量使得价格和短期边际成本相等。进一步假设优势企业完全了解新进入者对价格变化的这种
244 反应方式。现在优势企业所依据的剩余需求曲线是市场需求曲线和新进入者的边际成本曲线之间的水平差异。优势企业在进入后供应的产量就成为进入者边际成本曲线和其自身边际成本曲线两者的函数。因此两种边际成本曲线的形状联合决定了优势企业在进入后是供应更多的还是更少的产品。可以想象，在这种环境中，根据剩余需求曲线使边际成本等于边际收益的策略会导致优势企业的产量增长[56]。不过，这仅仅是一种理论上的可能性，实际上不太可能发生，因为这不仅需要进入者的短期边际成本曲线是一种特别类型，而且其中设定的新进入者进入后紧随的行为是没有远见和难以置信的。

很重要的一点是要认识到，由于经验增长会带来的好处，新进入者的当期成本一般超过进入者在以后阶段中所要承担的成本。没有经验但是其他方面合格的企业和已有企业相比常常在

---

[55] 这是标准的古诺(Cournot)解，参见 F. Scherer, *Industrial Market Structure and Economic Performance* (1971), Chicago: Rand McNally, p. 132。

[56] 这种情况下优势企业的产量反应的定性特征是不确定的，取决于优势企业和进入者边际成本曲线与行业需求曲线的位置和相对形状。

两个方面处于劣势：它们没有有经验的工作人员[57]，而且可能被视为高风险投资[58]。进入后的竞争一般有助于缓和这两方面的要求。“干中学”的经济使得工作人员得到锻炼，而经验常常是进入者向投资者证明他具有所需要的管理技能和进行有效率竞争决心的最廉价方法。因此，除非优势企业能够很快地阻止和 245
逆转进入的侵入趋势，继续一种掠夺性战役的相对成本将转而对优势企业不利，而成功进入的前景就会改善。

已知道下定决心的优点后，新进入者看上去不太可能按照第三种情景所描述的方式行动控制自己的产量。新进入者更愿意在进入后阶段中保持或增长他的供给，就如同在头两种情景中所假设的缺乏远见的优势企业的行为。缺乏远见的优势企业（总是寻求使边际收益和边际成本相等）因而可认为根据一种剩

㊿57 如果工人得到了所具有的特定训练和经验的全部偿付，以至于有经验和没有经验工作人员之间的生产率差异完全由工资差异反映出来，新进入者的劳动力劣势就会消失。或者如果工资并不完全反映有经验工人的生产率增长，但是新进入者可以偷袭优势企业，很容易使其有能力的雇员跳槽，工作人员的能力低下现象也会消失。不过，如果这些条件均不满足——也就是说工人没有完全得到其特定长处的偿付，而为了使有能力的人从已有企业到新进入者处需要付出工资溢价——则新进入者将遇到工作人员上的劣势。正如我在其他地方所论述的，不完全偿付和工资溢价情况是普遍的。参见威廉姆森，上文中脚注㉗，第 72 页—第 78 页、第 216 页—第 217 页。因而新进入者常常会存在暂时性的成本劣势，直到“干中学”使得进入者的劳动力提高到可以和优势企业相比的经验和生产率水平。

[58] 新进入者可能被视为高风险投资，原因是根据一种客观标准它们相对而言风险较高，或者是因为，尽管它们拥有必要的管理和其他技能以便有效竞争，但以具有说服力的方法向潜在的投资者展示他们的竞争能力代价很高。出处同上，第 110 页—第 113 页。一个进入者通过证明自己有实现成本控制的能力和证实自己能够在困难环境中生存来表现自己的竞争能力比事前在这些事情上的表态更有说服力。

余需求曲线而需要进行进入后产量削减。因此如果优势企业采用非策略性的利润最大化，则产量限制规则是多余的[59]。

G. 可实施性上的差异

在掠夺性定价规则中进行选择时，一个重要的考虑是实施
246 规则的相对困难程度。产量规则比边际成本规则更容易实施。

---

[59] 缺乏远见的利润最大化理论的一种变种是，优势企业在进入前阶段不管进入威胁也不管宣布了何种掠夺性定价规则，在点(P^*，Q^*)处最大化利润。由此，对于所有掠夺性定价规则来说进入前价格和产量都是一样的。在进入后阶段中最大化福利而将价格定为和边际成本相等这一方面，$P>MC$ 大致是最好的，应该得到批准。

这一论点在几方面存在问题。一方面，它假设优势企业极其没有头脑。更为可信的命题是持久的优势本身就标示着，所涉及的优势企业敏锐地把握着它对所处行业的关系。不管进入而进行定价的优势企业很少能保持它们的市场份额。

曾经有人说，斯彭斯模型验证了在进入前阶段中使边际收益等于边际成本和在进入后阶段中使价格等于边际成本是“理性的”策略，而这正是阿里达—特纳规则所允许的。参见斯彭斯，上文脚注㉛。这种一致是存在的，但是斯彭斯模型假设在进入后阶段中价格被定为与边际成本相等，而不是证实这是唯一的利润最大化策略。

斯彭斯用以支持进入后阶段中 $P=MC$ 假设的依据之一，是新进入的出现导致卖方垄断者之间的串通瓦解。尽管松散卖方垄断在进入发生时确有可能会转向边际成本定价，斯彭斯所依靠的纳什推理既不适用于优势企业也不适用于串通的卖方垄断(文中所描述的那一种)。将注意力限制在这之上，进入后 $P=MC$ 类型的反应函数可以被确认，但是不能说根据必要条件或者竞争性自身利益的原因它就是唯一的。

另外，由于以上所提出的原因，暂时性边际成本定价导致的直接福利收益可以忽略不计。如果可形成非保护主义的替代性规则，和暂时性边际成本定价相比不会那么严厉地阻止进入(在其他地理区域或以后阶段)，净的负福利效果完全有可能和边际成本类型的反应函数相联系——即便优势企业没有做出进入前阶段策略性地调整自己位置的任何努力。

理论成本函数可以比较容易地用来获得分析上的结论,然而这却不能改变在对这些函数进行精确实证研究的任何尝试中会遇到非常困难的问题这一事实。标准的账面成本很少和经济学家的成本概念有紧密联系,特别是在需要估计边际成本的时候。

由于短期边际成本估计涉及大量的判断,边际成本检验将会是辩护者的天堂。成本所分布的时段可以加以争论,正如涉及成本的任何决策一样。间接费用,特别是多产品实业的间接费用,将被纠缠不清,而存货在不同规则下的估计将会不同。无论是账面成本还是实际成本,均可以进行争论,具体的结论则取决于诉讼当事人的目的。这个列表还可以继续,如不同的成本差异可以进行不同处理,每一种估计均可以得到一种尽管很特别但看似合理的基本原理的支持。结论是短期边际成本的估计一团糟,指望法官或者陪审团在多种陈述中理出一个头绪是不现实的。

固然,建立一种可接受的产量(Q)水平需要一种需求预测而不是对进入前阶段生产的简单引用。不过除非所涉及产品的阶段性需求受到严重的随机干扰的影响,否则这并不会造成严重的问题。对于在多个彼此分离区域市场上销售的产品来说,该检验特别简单。这是由于往往只是这些子市场中的一个或一小部分受到偶然的掠夺指控,则检验就是是否所怀疑的市场上产量的增长不成比例。在其他情况下最近销售的简单趋势平均就可以给出一种估计,其精确度在最后实现的需求的5%以内。允许超过趋势推断10%对绝大多数情况来说是合适的[60]，且这种许可很少会让优势企业能进行边际成本规则常常允许的大规模市场错位。为证实趋势估计可以考察商业计划记录和行业预测，而如果需要还有更为复杂的需求推断工具可供使用。因此，产量规则尽管并不是没有问题，但是在可实施性上比阿里达和特纳所支持的边际成本规则(或甚至平均可变成本替代品)要好得多[61]。

---

[60] 可以想象存在特殊情况，其中适当的需求调整难以进行。例如，一次石油禁运可能会导致天然气销售的暂时性激增。我没有发现这种情况下的掠夺性定价指控，也没有理由相信这种指控典型地曾在或者会在涉及不寻常的需求转移的情形中产生。

[61] 已经有论断说，要求优势企业在出现进入时保持产量不变是最优的。这产生的一个问题是，将同样的限制施加在优势企业的其他活动上是否是最优的，例如销售支出或者研究开发。回答是不，尽管原因上有些差别。

产量限制规则具有两方面的目的，一是给予新进入者一个立足的开始机会，另一是阻止优势企业危险地保持过剩生产能力储备。优势企业可能会为了策略方面的目的而搁置技术进步的引入，但是将已经完成的技术进步很长时间不推上市场的风险很大。由于商业秘密难以确保，对手能够在优势企业之前向市场推行类似产品，因此这种偶然现象看来并不严重。在任何事件中，储备的技术进步对于法院来说难以评价和控制。进一步，作为对新进入反应的研究开发投入很少造成对新对手生存的直接威胁。研究开发反应主要更应在长期竞争方面进行解释，由此在对掠夺性行为的反托拉斯控制中豁免研究开发以及其他长期竞争表现看来是合理的——它们只受通常的长期成本回收规定的约束(对侵犯专利、商业秘密剽窃等的通常控制当然会继续存在)。

另一方面，销售支出一般具有短期影响。是否应该和产量对称，在 $Q\leqslant \boldsymbol{Q}$ 规则上加上约束 $S\leqslant \boldsymbol{S}$ (其中 S 为销售支出，$\boldsymbol{S}$ 为进入前阶段的销售支出)？尽管这一建议表面上具有吸引力，所设想的销售支出和产量上的对称是错误的，原因是销售支出确为价格削减作为影响进入后销售的一种手段的替代品。优势企业会被允许在与产量保持在 $Q\leqslant \boldsymbol{Q}$ 范围内而价格超过短期边际成本的条件相一致下选择价格和销售支出的任何组合。

可被允许的一种可能例外是销售支出被认为具有不利的社会影响。不过，这比通常所相信的更难以确认。事实上，这样的产品一般服从任何进入之前的特别控制，

9.2 掠夺性定价规则的福利评价 247

正如绝大多数应用福利经济学研究的特征,这一部分的分析完全集中在局部环境上——这里就是分析根据其中可能存在掠夺行为的行业。该行业和经济的其他部分之间的二阶相互影响被忽略。考察的目的是确认可归因于9.1节中建立的三种替代性掠夺性定价规则而产生的福利效应差异。以需求曲线之下、原点和所售出的商品数量之间的面积作为社会收益,这一面积代表了消费者从产品中获得的总收益。社会成本以机会成本进行解释:成本定义为用来供应该产品的资源在它们的最佳替代性使用中的价值。假设社会成本由优势企业和行业的新进入者承担的货币成本反映,这将简化分析,而且也不会改变结论的
无论何种定性特征[62]。 248

在这种情况下附加的进入限制并不需要。更进一步,要注意销售支出在绝大多数同质产品和/或生产资料行业中只是阻止进入的一种没有效力的方式。除了对产品进行强力促销以强调产品在实际或者想象上的差异的消费品行业,销售支出并不算一种掠夺性技术。

[62] 并不需要为社会成本核算而对前一节所显示的成本曲线进行修正(由于外部性、要素租金或者类似的其他理由)。当然这是一个简单的工具,可以引入一系列的进一步精制。参见 A. Harberger, Three basic postulates for applied welfare economics: An interpretive essay, (9) *J. Econ. Literature* (1971), p. 785。不过,值得注意的是,这一工具中的缺陷在试图度量总福利(例如,该产品究竟是否应该供给)而不是如这里对规则变化产生的边际福利差异进行考察时更为严重。在所感兴趣的福利度量涉及的是对一个地方区域内规则变化对价格和数量的附加影响之时,差异性福利效应受到度量标尺缺陷的影响就小得多。

A. 应用

掠夺性定价规则所产生的两类效应必须加以考察。首先，每一种规则对进入前福利的影响如何？问题的这一方面在前面被忽略了。其次，这些规则如何影响进入后供给？尽管前面的论述对第二个问题进行了处理，但没有明确地以所提议规则对进入后供给成本产生影响上的差异的形式出现。

进入前福利

规则之间进入前福利差异可以分为两部分来考察：产量效应（如果改变了规则则供给产量是更多还是更少?）；供给成本（替代性规则下供应产品的平均成本是否彼此不同?）。

为便利起见，用产量限制规则作为评价采用不同规则的福利效应的标准。产量限制规则生效时，进入前供给为 Q_0，而相应平均成本为 AC_0。如前面所讨论的[63]，在边际成本规则下允许企业对进入做出反应会导致优势企业将进入前供给从 Q_0 降到 Q_2，对应价格从 P_0 增长到 P_2。但是供给成本也产生了变化。在边际成本规则下，进入前产品供给的平均成本为 AC_2，超过了 AC_0。

从产量限制规则转向边际成本规则会导致的进入前福利损

---

[63] 参见上文，第 233 页—第 234 页（这是原书页码，相当于本章 9.1 节 C 部分，即第 361 页—第 363 页。——译者注）。

失表现在图 9－3 中。面积 A_1 为产量削减导致的损失;面积 A_2 为由于更高的平均成本而产生的损失。显然,产量限制规则在进入前福利方面优于边际成本规则。

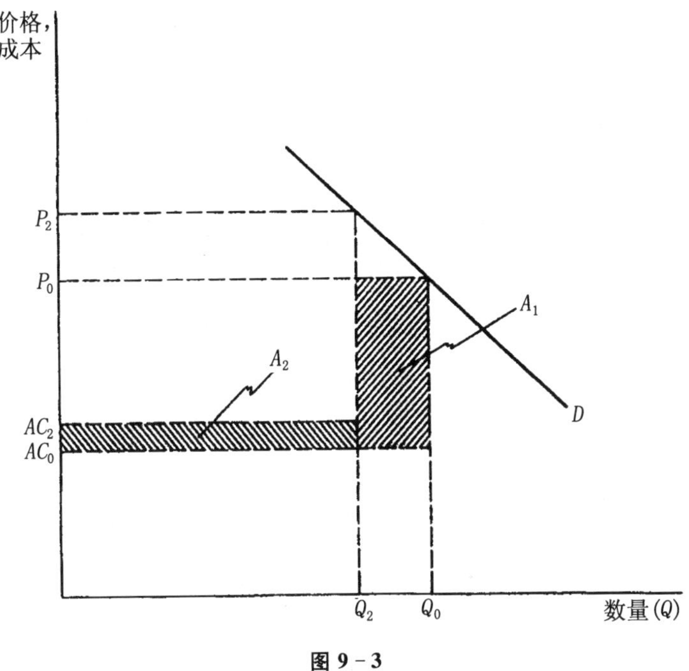

图 9－3

平均成本规则可以以同样方式进行评价。这一规则在进入前阶段产生了进一步的产量削减,而供应削减后的产品数量的
平均成本将超过 AC_0。在平均成本规则下进入前阶段中供应产 249
品的平均成本可能超过也可能不超过 AC_2。如果平均成本不超

过 AC_2[64]，平均成本规则在进入前福利损失方面可能会也可能不会比边际成本规则更差，不过它显然劣于产量限制规则。

进入后福利

回顾前面的结论有，在每种规则下，优势企业在进入后阶段中所供应的产品数量均为 Q_0，同时每种规则下进入者在进入后
250 阶段中供应 Q_T。因此，总的进入后产量（Q_0+Q_T）在三种规则下均相同[65]。规则间的福利差异因此完全取决于成本差异。

由于对所有三种规则来说进入者的供给成本是完全相同的（即 $AC_T=P_T$），故而规则之间的成本差异完全取决于优势企业供应 Q_0 时所承担的成本。相应的成本关系表现在图 9－4 中。在产量限制规则下供应 Q_0 的平均成本为 AC_0。当边际成本规则生效时，平均成本将为 AC_0^2，超过 AC_0 而小于 P_T。当平均成本规则生效时，供应 Q_0 的平均成本将为 AC_0^3，等于 P_T[66]。由于

[64] 如果在平均成本规则下获得的小工厂规模对应的 SRAC 曲线仅仅是边际成本规则下获得的SRAC 曲线的水平左移，平均成本将比边际成本规则下的平均成本要低，这是因为边际成本规则下的边际成本将和边际收益在更为接近于 SRAC 曲线最小点之处相交。

[65] 以下将显示这是以上所构造的阶段长期平均成本曲线的产物。

[66] 对这三种进入后供给成本可以进行一种粗略的解释。如果进入最终发生的话，在每种规则下进入均涉及数量为 Q_T 的追加供给（在给定模型假设下）。在每种情况中优势企业的目标是对进入反应使得进入者的利润减少到零。这在进入后市场价格压低到 P_T 时实现，要求进入后供给总和为（Q_0+Q_T）的产品数量。因此无论何种规则生效优势企业均在进入后供给数量为 Q_0 的产品。因而参照坐标（P_T，Q_0）对于每种掠夺性定价规则均是相同的（在曲线 $Q=Q$，$SRMC_3$ 和 $SRAC_1$ 均必须通过这一点的意义上来说）。给定这一共同的参照点，可以随之而构造成本曲线之间的关系。

$AC_0 < AC_0^2 < AC_0^3$,所以规则间存在明确的进入后福利排序,其 251
中产量限制规则优于边际成本规则,而边际成本规则又优于平均成本规则。进一步,根据供应时平均可变成本的规则排序——或许可以认为是关于社会成本[67]更好的度量——一般会导致完全相同的结论。

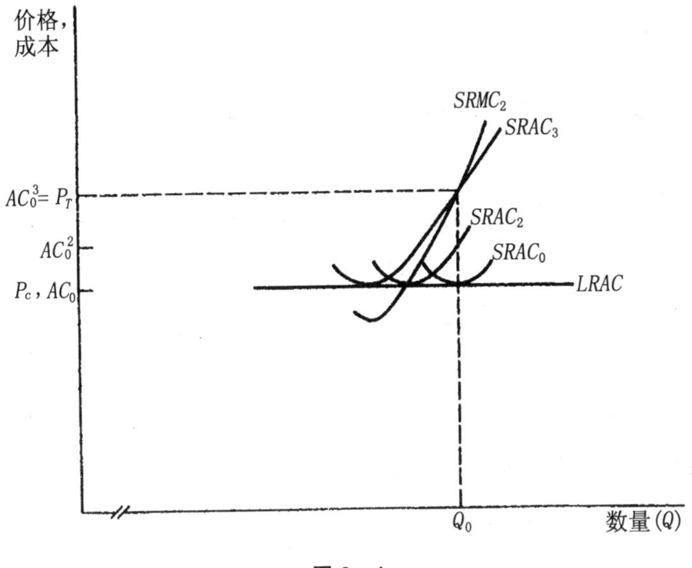

图 9-4

结论

因此,产量限制规则在进入前福利和进入后福利两方面均

---

[67] 供应 Q_0 的社会成本是在过程中所负担的实际成本,包括资本的使用成本,但不包括工厂和设备与利用率无关的折旧。平均成本包括两种类型的资本费用,但平均可变成本只是包括前者。

优于替代性的规则。边际成本规则在对进入前福利的影响方面有可能优于平均成本规则，而且在对进入后福利的影响方面肯定更为优越。局部均衡福利分析由此得到了规则之间的以下排序：首先产量限制规则是最好的；其次可能是边际成本规则；第三则可能是平均成本规则。

B. 扩展

前面的局部均衡分析必须基于多种假设。尽管不可能考虑所有可能的进一步复杂化，这一节讨论三个问题：阿里达和特纳对边际成本规则进行的平均可变成本公式表述的福利意义；信息需求和不确定性对规则排序的影响；放宽 9.1 节中所做的三种简化假设会产生的福利影响。

平均可变成本

面对边际成本度量中的困难，阿里达和特纳建议将平均可变成本作为边际成本的替代品[68]。平均可变成本在任何地方均低于平均总成本。因此，如果平均可变成本规则被采用，那么优势企业的反应函数将比平均成本规则下更为平坦一些。平均可变成本规则下的进入前产量会更低一些(从而进入前价格将会更高一些)。与 $SRAC_3$ 曲线所显示的相比，通过(P_T, Q_0)的平均可变成本曲线对应于更小的工厂规模和更高的平均总成本

---

[68] 阿里达和特纳，参见上文中脚注③，第 716 页—第 718 页、第 733 页。

(在 Q_0 处估价)[69]。因而,如果优势企业选择的工厂规模使得它能定出价格为 P_T(并因此而阻止进入),而同时符合价格超过平均可变成本的检验要求,与其他三种规则相比,优势企业将会在进入前阶段中产量更小而进入后阶段中的成本更高。总之,平均可变成本规则,尽管看上去言之有理,却在所有规则中具有最糟的福利特性。 252

信息和不确定性

产量限制规则生效时潜在进入者相对而言可以更容易地形

---

[69] 这些成本关系可以由图形表示如下。注意为了如所要求的使 AVC_4 通过点(P_T,Q_0),相应的短期平均成本曲线($SRAC_4$)应移动到 $SRAC_3$ 的左边。相应地,成本曲线为类型 4 时供给 Q_0 的成本超过了成本曲线换为类型 3 时供给 Q_0 的成本。

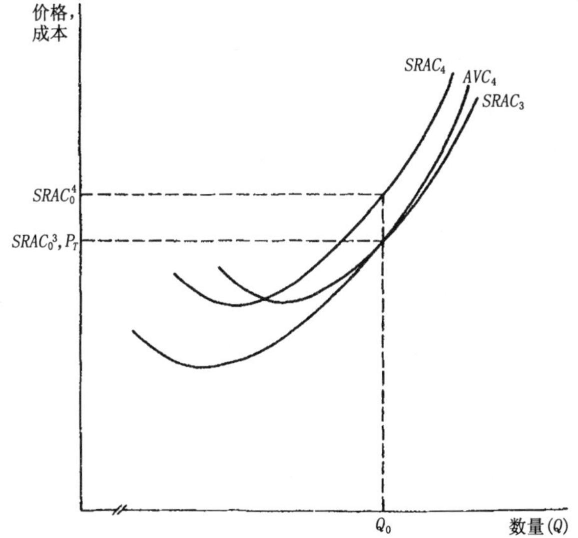

成预期。优势企业可能会削减产量作为对进入的反应。但它所
253 能做的最“坏”的事是保持产量不变。即使认识到规则允许最大产量Q的趋势调整，这在增长市场上是必要的，所允许的最大产量也是比较容易确定的。

然而，当边际成本或者平均成本规则生效时，潜在进入者也需要知道优势企业的反应曲线（$SRMC$或$SRAC$，视情况而定）。这是一个需要知道得更多的要求，而且由于对这种成本曲线只能获得它的近似，因此在潜在进入者的计算中就会出现附加的估计误差，增加了一种新的风险来源。如果基于成本的规则中的任何一种生效，这些成本估计困难会使得诉讼当事人的工作更加复杂，增加了不确定性，这是因为法庭肯定会问是否成本下限条件真的被触犯。这会很难加以证实——如同考珀的评论[70]和阿里达—特纳[71]与波斯纳[72]均得到的结论。

最后，即使潜在进入者确切地知道优势企业的反应曲线，该曲线也只是反映了一种约束。这种约束对优势企业的进入后行为施加了一种限制，但并不能唯一地确定该行为。在产量限制规则下，优势企业的产量或者削减或者保持不变。基于成本的规则中任何一种生效时，产量可能会增长、降低或者保持不变。基于成本的规则允许优势企业有更大的活动空间，这对潜在进入者来说导致了更大的不确定性。

---

[70] 库珀，参见上文中脚注③，第438页。

[71] 阿里达和特纳，参见上文中脚注③，第716页—第718页、第733页。

[72] 波斯纳，参见上文中脚注③，第189页—第191页。

简化假设

回顾我们为了建模方便而引入的三种简化假设:潜在进入者和优势企业被假设能够达到同样的长期平均成本曲线;假设优势企业会选择和长期平均成本曲线相一致的一种技术;以及长期平均成本曲线被假设为一种阶段函数。这里考察放松这三种假设的福利结果。

相同成本曲线的假设是一种建模上的便利但可能与事实有出入。由于干中学导致经营成本节省,或者风险差异产生新进入者和已有企业之间的资本成本差异[73],新进入者将不会立刻达到和优势企业相同的成本函数。不过,只要这些成本差异在产量限制规则生效时不比基于任何一种成本规则中的差异更 254
大,规则中的排序将不会就此受到影响,而由于基于成本的规则下的进入风险更大,应该可以认为产量限制规则下的成本差异会更小一些。

优势企业选择和长期平均成本曲线相一致的技术这一假设有利于基于成本的规则。设优势企业由边际成本掠夺性定价规则所规制,所隐含的问题就是优势企业是否应选择一种较差的技术,如果这能够使它达到一个更“优越”的反应曲线的话(在结果是更高进入前利润的意义上)。优势企业的问题可以用符号表述如下:从具有通过坐标(P_T,Q_0)的短期边际成本曲线的一

---

[73] 第244页—第245页(原书页码,相当于本章9.1节F部分。——译者注)和上文脚注[57]和[59]。

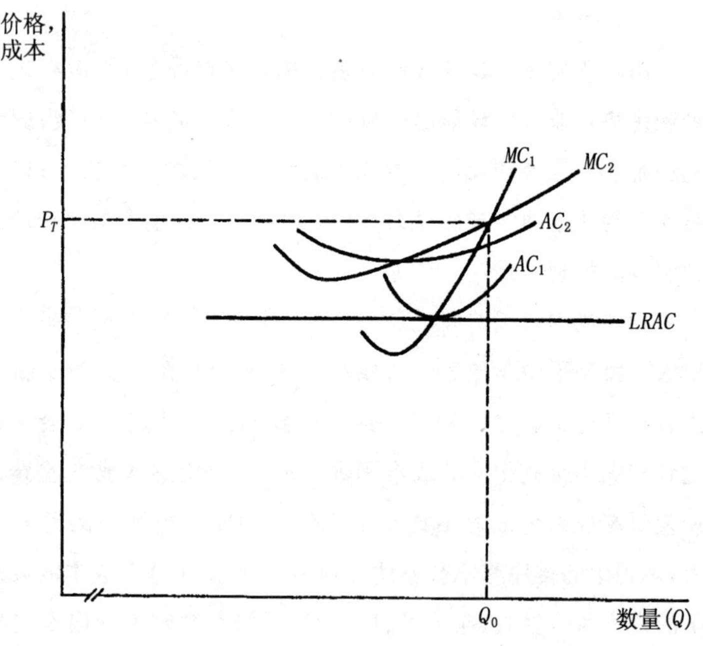

图 9－5

系列工厂计划中，选择最大化进入前利润的工厂计划。如图9－5所示，在这种情形中具有相对平坦的平均成本曲线（AC_2）的工厂计划可能会优于具有更陡峭成本曲线（AC_1）的有效率的
255 工厂计划[74]。得到平坦成本曲线带来的对进入进行反应时的更大灵活性后，优势企业能够通过比其他情况下更大的产量削减

---

[74] 关于对这些类型的成本曲线基于风险和工厂灵活性的选择的早期处理，参见 J. Stigler, Production and distribution in the short run, *Journal of Political Economy* (1939), p. 305, Philadelphia: Blakiston, reprinted in *Readings in the Theory of Income Distribution*, eds. W. Fellner and B. Haley (1951), p. 119。

幅度来实现进入前阶段的更多利润[75]。如果建设的是第二类工厂而不是第一类,则进入前产量更少,而社会福利降低。

不过,显然这是一种相当具有风险性的策略。当一个进入者具备有效规模所需要的能力时,垄断者会发现自己效率低下的工厂将其置于竞争的不利位置。因此,前面实际上是忽略了工厂计划的策略性选择问题,对离开长期平均成本曲线的工厂计划也加以积极考虑。对进入前利润和进入后危害之间的权衡问题,前面的处理方法相当于为了严格避免后者而牺牲前者。这是一个武断的假设。如果优势企业准备承担这种风险,福利效应就需要加以考虑。但是选择较落后技术的动机在基于成本的规则生效时明显存在,但在产量限制规则生效时就消失了[76]。落后技术有吸引力只是在允许进入后产量扩张的时候,而产量限制规则不允许产量扩张。因此,优势企业必须根据长期平均成本曲线选择工厂的假设放宽时,产量限制规则的福利优点又一次得到证实。

最后考虑放宽长期平均成本曲线为阶段函数这一假设会产

---

[75] 正如在剩余需求曲线的讨论中所证实的,在其他情况不变时,如果基于成本的规则生效,则一个更为平坦的成本曲线总是允许优势企业进行更大的进入后产量反应。但是更平坦(更为灵活)成本曲线只能通过牺牲工厂专业化来实现。由于更为专业化的工厂在其以设计能力运作时承担的成本更低,更为灵活工厂所允许更大的进入前产量削减带来的收益好处最终会为未专业化工厂带来的更大成本所抵消。

[76] 可以想象,由于斯蒂格勒给出的原因,优势企业将选择一种“灵活的”工厂,参见斯蒂格勒,上文中脚注[74]。但是在产量限制规则下企业没有这样做的反应函数动机。

生的影响。阶段函数假设有吸引力是因为它具有现实性[77]，也因为它为分析提供便利。分析上的优点是，剩余需求函数在掠夺性行为规则生效时会发生变化，而在这种假设下就会在点(P_T, Q_0)处有一个共同的切点[78]。如长期平均成本曲线一直是平滑下降，切点会变化，将不会再有共同的优势企业进入后产量Q_0，而福利效应评价起来也会更复杂。

256 在平滑下降的平均总成本曲线下，产生更为平坦剩余需求曲线的规则(基于成本的规则就是如此)将和长期平均成本曲线在更低价格和更大产量上相切。优势企业的进入前产量在基于成本的规则下将比产量限制规则下削减得更多。不过，进入后产量(优势企业和新进入者加在一起)在基于成本的规则下会更大。

尽管在切点随规则而变动时产量限制规则的进入前福利优势肯定会更大，进入后福利效应只是可能(但不一定)有利于产量限制规则。这两种效应的加权平均有可能逆转规则排序，不过，由于如这里所考察的策略行为类型得到实行，进入(以及从而进入后调整)大致会是行业中的例外情况，所以进入前效应很可能起到主导作用。

---

[77] 阶段函数反映出离散的技术在更高的产出水平上可以使用而在所有更低的水平上不可使用这一事实。类型上的变化造成长期平均成本曲线的不连续性，因而使得连续曲线变为阶段函数。

[78] 这显然有些武断，对于剩余需求曲线足够大的移动，切点可能不会发生在(P_T, Q_0)处，而会采用一种新技术。

9.3 换代设备行业的进入

前面的讨论假设商品连续生产,而产品和工艺的改进是逐步引入的。这些改进产生的变化假设是程度上的而不是种类上的。尽管改进后的产品中部分销售给新的顾客,但绝大多数销售是针对当前用户的——以更新中间产品存货,更换受损或者报废的耐用品,或者补充消费性的非耐用品。

但是仍然存在一些产品很少发生简单的更新性或替换性的销售,这就是新产品体现了技术上的显著进步的情形。现有产品由更高技术进行替换;产品的换代使得前面的模型显得过时。

要加以特别考虑的情形是,优势企业引入新设备生产线并在对手仿制该生产线和提供替代产品之前完成生产周期。假设产品是耐用品,在被体现更高技术的换代设备取代之前有数年的使用期。同时假设产品最初是被租赁而不是出售。在生产的终止到新技术的出现这一段时间中,优势企业的何种市场行为应被认为是非掠夺性的呢?

A. $Q+\Delta$ 处的市场出清 257

令优势企业生产的设备存量为Q。假设租赁和维护这种存货的成本可以忽略不计,且优势企业准备在市场所提供的无差异性的任何价格下销售所有存量。如果没有其他产品出现,市场价格记为 $P(Q)$,就将是 $P(Q)$,这对应于需求曲线和数量

Q 的交点。进一步设优势企业无论市场状态如何均将所有存量投放市场⑲。优势企业有效地成为一个价格接受者。如果需求不变而新的进入者给市场带来追加产量 Δ,市场价格将由 $P(Q+\Delta)$给出,小于 $P(Q)$。

当新进入者预期优势企业在面对进入时将不会将产品撤离市场之时,进入者将只能获得Q 右边的剩余需求曲线。追加产品的销售只能来自吸引新顾客和向已有顾客销售更多的产品,这两种需求均由需求曲线在Q 右边的部分表现。更进一步,进入者的产量决策有效地决定了价格。它们投放市场的产品数量决定了总供给,从而决定市场价格。所以,进入者所供应的追加产品数量最大化其利润,其中针对剩余需求曲线而进行优化。

在图 9-6 中,如果行业需求为 D_1,则 D_1' 为剩余需求曲线,进入者(或者"仿制"优势企业新一代设备的企业)将在生产产量为零和生产 Q_T 之间无差异。不过,如果模仿者在这种情况下生产 Q_T,就存在一种福利收益,由阴影面积表示。对优势企业和模仿者来说,市场价格均为 P_T。如果市场需求曲线换为 D_2,而优势企业在完成了存量Q 之后终止了生产,剩余需求曲线将为 D_2',而进入者可以通过生产 Q_E 而获得正的利润⑳,这时价格

---

⑲ 这是说,全部存货被投放市场而不管需求转移、进入者提供的新产品或者其他因素。

⑳ Q_E 被假设为模仿企业的利润最大化产量,进入者可在剩余需求曲线 D_2' 超过长期平均成本曲线区域内的任何产量上获得正的利润。

从P_2降到 P_E。如果,正如在专业设备情形中一般成立的,优势
企业的产品存货在其最佳替代性使用中的价值也是可以忽略
的,则无论市场可以承受多少均可以阻止优势企业售出Q 的特
殊规则具有显著的福利意义。要求优势企业将价格保持在进入 258
前水平的任何规则防止了可以以零社会成本应用的产品的利
用。尽管价格维持规则导致了新进入者的私人收益,但产生了
社会损失。

不过,假设一种价格维持规则生效,需求曲线为 D_2。进入
前存量Q 的市场出清价格为P_2。新进入者的相关需求曲线因
而是一种弯折曲线,在原点 O 和 Q 之间是P_2处的水平线,之后
和 D_2 曲线重合。相应边际收益曲线将在Q 处不连续。进一步
设新进入者不能通过将边际收益和边际成本相等来最大化自己
的利润,原因是它有生产能力限制 Q_L(其中 $Q_E<Q_L<Q$)。如
果新进入者在价格$P_2-\varepsilon$ 上供应产品,其中 ε 为一个小数量,而 259
优势企业被限制为在价格P_2上提供产品,进入者将在平均社会
成本 AC_0 上销售数量为 Q_L 的产品,优势企业将在社会成本为
零上销售产量近似为$Q-Q_L$ 的产品。实际上没有销售追加产
品,尽管可用来销售的产品总存量增长了 Q_L,原因是优势企业
作为价格维持规则的结果而报废了数量为 Q_L 的存货。

缺乏对这样一种价格维持规则的特别验证时,显然会出现有价值资源的浪费,这是因为没有价格维持规则,优势企业会在社会成本为零的情况下销售自己全部存货Q ,而追加数量为

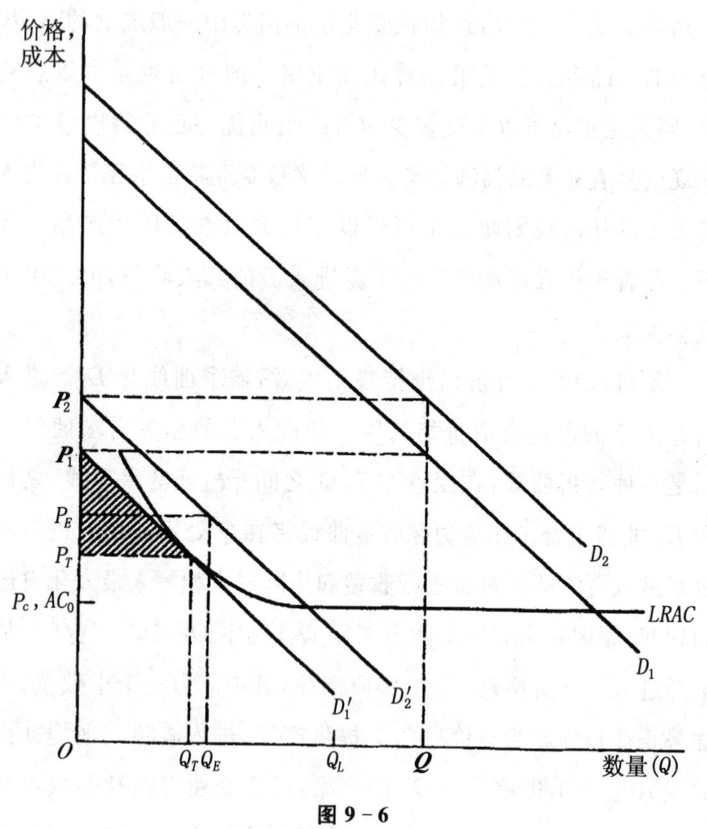

图 9－6

Q_E 的产品进入市场会带来福利收益增长[81]。更一般地，任何规则，价格维持或者其他，只要是阻止优势企业在当前市场价格下销售 Q，就等同于要求 Q 中的一部分搁置于货架上或者废弃。

---

[81] 追加福利收益由剩余曲线之下原点和 Q_E 之间的面积减去供应 Q_E 的成本而给出。

这样的规定浪费了具有社会价值的商品。

B. 可能的例外

可能会有尚没有加以考察的另一方面考虑能够为资产的强制报废政策提供辩护吗？有两种看上去是比较合理的。首先，面对价格维持规则，优势企业有可能被诱使在进入前阶段生产和销售更多产品[18]。由此可以获得进入前社会收益，尽管这假设优势企业在 $P = P$ 规则下仍然发现开发和生产新一代设备是有吸引力的。在这一假设上存在疑问，进入前收益的大小在任何情况下均应和上述进入后价格维持规则导致的损失进行比较。

第二种可能的辩护是“幼年企业”理论。一般的幼年企业理论大致会采取以下形式：在新进入者出现时，阻止优势企业以市场价格销售 Q（例如，让它只能销售 $Q-\delta$），这将允许进入的规模比其他情况下可行的规模更大；这种更大规模的进入对于新进入者成为原有设备的一个有能力的革新者（或者更快的模仿者）是必要的；如果优势企业被限制为将其价格保持或者接近进入前水平（这将有效地要求它使产品报废），未来阶段就可以实现后续换代设备上的社会收益。这是一种相当大胆的论断，进 260
入者可以因为自身的利益而援引它。阿里达和特纳将这种类型

[18] 优势企业为了优化生产必须形成关于新进入者将带入市场多大产量的预期，该产量是进入前存货的函数。一般来说进入者供给的产品数量和优势企业供应的产品存货反向变化。

的论点描述为“本质上是推测性的和不确定的”,并认为:“无法用公式建立合适的管理规则予以识别。”[83]尽管这种论点可能在特殊的情况下成立[84],但是可以肯定只是例外情况而不是一般规律。

除了只是一种推测以外,通过保护幼年企业来促进技术进步的主张并没有证实会获得社会收益的结果。未来时段收益的折现是否能够抵消优势企业进行资产报废所产生的直接损失并有余呢?当从革新得到的未来收益的前景不大或者存在问题时,支持幼年企业的产品强制报废政策就会是可疑的。

另一种不利因素是实施规则的成本。如果自愿资产报废的要求是一种例外情况而不是一般规定,被认为是例外情况的行业就必须提前认定,否则优势企业将不知道怎样才能使行为合法。这些例外的认定即使是在单个时点上也是困难的,随时认定就更困难了。尽管在全国市场上对优势企业行业的特定调查是可能的,因为这样的行业数目相对较小,但是对数量大得多的具有优势企业的局部和地理区域市场来说,进行这种调查并宣布例外就是不可行的了。

最后,即使协定可以提前达成,对宣布为例外的那些行业而实施的特殊掠夺性定价规则,作为促使产生更大进入前产量或

---

[83] 阿里达和特纳,参见上文中脚注⑯,第897页。

[84] 可以想象,一个不发达国家可能决定对已有跨国企业施加特殊的限制,如果通过帮助本土企业可以促进加快发展所需要的技能的话,系统收益因而会抵消幼年行业规则产生的局部损失。

者促进未来技术进步的一种方式效果可疑。在这些行业中促进竞争和技术进步的替代性手段——包括直接补贴,对优势企业以正面激励使其分离出高技术风险企业[85],或者可能的话,解散[86]——具有同等或更高的效率。

这里所描述的这类情形中的自愿资产报废政策是一种可疑的行动。一开始,对这一领域公共政策形成负责的人就应该(a)认识到宣布例外的危害和(b)对促进目标利益的其他替代性公共政策给予认真考虑。

C. 产品的自愿报废 261

如果管制没有成本,公共政策一般会要求优势企业出售自己的所有存货Q。任何允许自愿报废存货的政策均有造成福利损失的风险。具有显著社会价值的资产可能会被封存和报废。但如果管制方法不被考虑,优势企业在面对新进入时将自愿报废产品的可能性必须加以考虑[87]。

要求优势企业在面对新进入的时候销售出自己的全部存货可能是一个多余的约束——尽管优势企业面临这种要求时在进入前阶段中可能会比其他情况下生产的数量要小一些。优势企

---

[85] 威廉姆森,参见上文中脚注[27],第 192 页—第 207 页。

[86] 同上,第 223 页—第 226 页。

[87] 这在对产品的需求在$Q+\Delta$范围内没有弹性时特别有可能发生。有观点认为垄断者不会将价格定于需求没有弹性的区域内。不过这忽视了有时优势企业是针对进入而进行定价的事实。同时,即使进入前需求弹性超过 1,进入后需求弹性($Q+\Delta$处的值)也可能会低于 1。

业面对进入的自愿资产报废是一种迁就性的姿态。进入者可能会将资产报废解释为对进一步侵入的邀请，结果是优势企业将不得不报废更多的产品以防止价格恶化。当让步预期会导致进入者产量显著增长时，优势企业会放弃自愿资产报废策略而改为在市场会带来的任何价格下均销售Q。

9.4　已有对手之间的掠夺性定价

有三种情况中掠夺性定价的目标是已有对手。第一种涉及成熟但控制仍较松散的卖方垄断中已有企业进行的价格削减。第二种涉及仍处于早期发展阶段的行业之中的企业所采取的降价行为。第三种是企业试图进入一个新行业而使用的促销价格。每一种均产生了独特的问题。

A. 松散的卖方垄断

松散的卖方垄断情况可以进一步区分为需求稳定（或者缓慢增长）和需求下降两种情况。两种情况中已有企业均不会有动机采用优势企业或者串通卖方垄断者面对进入所采用的事先调整策略。因此，对松散卖方垄断来说不必担心掠夺性定价规
262 则会影响进入前投资的问题，而需要的即为基于成本的规则。问题就是对于各种情况、何种规则更为合适。

稳定需求

许多种干扰中的任何一种就可以破坏已有卖方垄断者之间

的定价关系,随之而来的价格削减插曲基本上并非公共政策所关心的。掠夺性定价问题产生的条件是,价格削减持续下去,并存在迹象表明一个或多个企业依赖充足财力正努力促使一些企业退出这一行业。

在这样一种情形中合适的检验是价格应该是有利可图的。在很短的时期内这意味着价格削减的企业不应将价格降到平均可变成本以下。不过,如果行业中的企业具有不同技术时,平均可变成本检验产生了特殊危害。资本更为密集的企业在其他情况相同时将具有更低的平均可变成本,原因是它们有更多的固定(非可变)资产成本。由于这些企业可能并不是行业中最有效率的,所以应该要求持久低价足以弥补短期平均总成本。当价格无限期地保持在低价之上时,这种价格应该预期长期中会收回所有成本。

因此,尽管基于成本的检验在存在持续的价格削减时是合适的,但是这并非支持短期边际成本规则或者它的替代品平均可变成本规则(这是阿里达和特纳所提议的检验标准)。而相关检验不如说是有利可图的定价的一种,一种既可以更精确地检查出企业的效率[⑧]又给诉讼当事人带来更少问题的平均成本检

---

⑧ 波斯纳也表述了这一观点,但仍然具有相当的技术上的混淆。参见波斯纳,上文中脚注③,第 192 页。因此他反对阿里达—特纳边际成本检验的原因是它有意“忽视了短期边际成本低于长期边际成本的事实……即使其中不存在过剩的生产能力。短期内,边际成本并不包括利息、租金、折旧和其他间接费,原因是它们在短期并不随生产出的产品的数量而变化,但是它们是生产的长期边际成本中的一部分,这就是为什么一个企业的短期边际成本一般低于它的长期边际成本的原因”。出处同上,第 191 页—第 192 页。

263 验。效率方面的优点是，或者为劳动密集型（从而可变成本比较高）或者缺乏充足财力的低成本企业不会被平均总成本定价检验损害，只有高成本企业才会被强迫退出。成本估计方面的优点是所有成本将被加以考虑。这很难说就确保了一种确定性的结果，但是短期边际或平均可变成本检验所允许的账面处理上的随意性仍然大大降低了。

需求下降

需求下降的行业是一种特殊情况，从目标上来看，总有一些企业将不得不退出。实际成本高的那些企业更早被迫退出在效率方面就会更为有利。具有专门化工厂和高固定成本但是实际运行成本低的企业将会维持下来。由于最早退出的是那些机会成本最高的企业，将使得社会获益。因此平均可变成本检验是合适的[89]。值得注意的是阿里达和特纳检验和这里所建议的相

其中最后的陈述反映了一方面总成本和平均可变成本之间，另一方面长期边际成本和短期边际成本之间的混淆。参见 Scherer, Book Review, *Yale Law Journal*, 86 (1977), pp. 974, 991, n. 90。波斯纳的陈述应该加以修正，就是在其中用平均可变成本代替短期边际成本，而将平均总成本代替长期边际成本。不过这一陈述在技术上来说按其字面意义是错误的。短期边际成本和长期边际成本之间的有关差别是一种暂时性的。短期内工厂规模是固定的，一个固定工厂连续生产更多产量涉及到可变要素的更密集使用——可能会引入多种转变，废品率可能会增加，进度计划安排问题和瓶颈问题的发展，等等——结果是供应最后一个单位的追加成本很容易变大而超过工厂规模均衡增长时供应这一单位的成本。和波斯纳相反，在超过设计能力的生产水平上短期边际成本超过长期边际成本。参见 G. Stigler, *The Theory of Price*, 3rd edn (1966); pp. 156—158; New York: Macmillan; Viner，参见上文中脚注㊿。

[89] 这可能需要进一步限定也要求价格超过短期边际成本。但是这是一个技术上的限定，操作上的意义存在疑问。

吻合的唯一情况是下降行业这样一种非常特殊的情况。

B. 早期阶段的增长行业

最难加以把握的情况可能是仍然处于发展早期阶段的行业。需求快速增长,常常伴随着显著的技术进步。进入早的企业在过度需求环境下有利可图,但可能没有能力实现成本效率或者保持前进的步伐,以至于不得不被“震出局”,这是一个痛苦的过程,有时会导致掠夺性定价的诉讼,问题是应用何种标准。

关键的难题是,尽管具备充足财力的企业可能会希望成为优势企业而试图通过转向掠夺性定价加快小对手的退出,但是其中有很大的风险——由于在增长的早期阶段获知真相是非常困难的——边缘企业会提出并不真实的掠夺性定价指控。为了避免应用处理更为确定状态事务的规则而抑制经济自然选择的力量,这里提出一种双重检验。首先,应该将有利定价检验应用于未来的优势企业。由于在行业增长的早期阶段,成本可能会迅速下降,只有在价格低于当前成本和未来单位成本降低的折现之间的差时,价格才被认为是无利可图的[90]。检验的第二部 264

[90] 这是为了允许由于(静态)规模和(动态)干中学经济而使得成本迅速下降的可能性。如果今天的成本不能覆盖昨天的成本但是超过了明天的成本,如何对价格进行评价呢?即使是一个利润最大化垄断者也可能使当前价格低于当前成本,如果未来成本(和可能的未来需求)会受到有益影响的话。不过,如果一种价格低于当前成本减去由于追加的当前供给而产生的未来单位成本降低的折现值,则可以断定它是一种无利可图的价格。

分应要求原告证明自己可以获得能够与被告成本相竞争的成本水平。要求未来的优势企业和原告之间的当前成本相等将过于严格，非优势企业只有得到合理的机会才有可能成为有效率的竞争者。而和其他小对手相比具有显著更高成本的企业应没有资格提出掠夺性定价诉讼[91]。

C. 促销定价

对掠夺性行为的指控一般是由进入者而不是由已有企业提出，但是市场份额大的地方企业在多市场企业试图进入它们的领域时有时会进行掠夺性定价指控。犹他馅饼公司诉大陆烘制食品公司案(*Utah Pie Co. v. Continental Baking Co.*)[92]是一个突出例子。因此促销定价产生一个问题：一个新进入者是否被允许展开一种通不过成本回收检验的促销战役[93]。

---

[91] 一种变种可能出现在涉及原告从一个纵向一体化的对手那里获得一种关键要素的情况中。如果或者内部转移价格和市场价格不同，或者供应可靠性在内部和外部用户间不同，则成本等同的达成可能会复杂化。由于目标是根据效率进行检索，所以非一体化的和一体化的企业均需要在可比项上进行评价。

这假设非一体化企业准备和一体化供应者建立牢固的合同关系。期望在现货市场上的发送条件(发送的价格和规格上)和一体化企业的产品在内部部门之间转运时的条件相同是不现实的。

更进一步，一体化企业并不需要在市场条件下在部门之间转运产品。如果确实如此而且成本等同成为诉讼中的一个问题，则显然为了评价的目的需要进行一种调整。

[92] 386 US 685 (1967)。关于对此的讨论，参见波斯纳，上文中脚注③，第194页；阿里达和特纳，上文中脚注③，第726页—第727页。

[93] 有两种终止诉讼的请求可得到允许，首先，所涉及行业可能遇到了没有预期到的需求下降，这时全部收回成本可能暂时无法实现。其次，进入者相关成本的出现是在得到许可为了管理、生产和分销而支出不常见的启动费用(尽管可能不是促销)之后。

阿里达和特纳将促销价格描述为：

> “一种临时性的低价，目的是引起顾客光顾，期望 265
> 将来顾客会在一个高一些的[一般是能收回成本的]价格下继续购买该产品。促销价格可能会低于成本，最明显的表现是卖方向部分或者所有可能的顾客免费赠送他的产品。”[94]

这种促销可能是在产品根据制造者而区分的行业中克服顾客习惯的唯一有效手段。一般均承认，应该对并非或者被认为并非同质的产品授权作为促销定价例外[95]。

尽管促销定价例外可以从最开始起就让进入者不需要满足有利可图定价检验的要求，这种放宽应该严格是暂时的。促销定价尝试的时间限制随产品不同而不同，需要营销专家加以评定。这里只提供关于促销定价例外一些粗略的指导方针。首先，对工业用户的促销价格很少是必要的(一些“演示性”销售可能是例外)，基于这种产品特点的上诉一般从开始起就是可行的。其次，对耐用消费品的促销定价是有问题的行动，原因是有一段时间不会再次购买而模仿消费又是一个滞后而不确定的过

---

[94] 阿里达和特纳，参见上文中脚注③，第713页。

[95] 关于促销定价和可接受的优势企业对它的反应的深入讨论，参见阿里达和特纳，上文中脚注③，第713页—第716页。库珀也说明为了促销而进行的低于成本的定价应授权为一种例外。参见库珀，上文中脚注③，第437页。

不过，应该认识到，产品差异使得福利评价问题大为复杂化。消费者有可能从进入者提供的新增产品种类中获益，也有可能无法从中获益。掠夺性定价文献中关于促销定价的讨论假设更多种类是有益的，以下采用了这一假设。

程。因此非耐用消费品看来是促销定价最有吸引力的领域。非耐用消费品的促销定价战役可允许的时间长度应直接随该品种的期望存储期限而变动，可能从几个星期到几个月。但无论如何，进入者均不能期望能够在低于成本的促销定价保护下产生严重的市场价格错估[96]。只有真正的竞争才是所需要的；以低
266 于成本的价格持续供应，被视为进入者一方掠夺性意图的表示，并可推定为非法的。

9.5　近期的案例和评论

在第 9 章中区分了两种掠夺性定价。一种涉及面对新进入的掠夺性定价。在 9.1 节和 9.2 节中建立的基本模型应用到连续供应的产品情形。在 9.3 节中对这一模型进行扩展以考察换代设备行业。第二种类型涉及针对已有对手的掠夺性定价。对松散卖方垄断（处于稳定状态或者下降状态的行业）、增长行业和促销定价情形均可以在这种类别中进行特别处理，在 9.4 节中进行了考察。这里则考察三个案例，说明了以上五种情形中的四种（省略了增长行业情况）。

---

[96] 正如埃尔曼（Elman）局长在联邦贸易委员会处理克洛罗克斯案件时所观察到的，优势企业“可能会容忍一个新进入者获得小小的一个立足点，但是它几乎不会［别指望它］在新进入者吸收了大量市场份额时无动于衷”。参见 *Procter & Gamble Co.*，63 FTC 1534，1552 (1963)，358 F. 2d 74 (6th Cir. 1966)，386 US 568 (1967)。

A. 已有企业中的对抗:松散卖方垄断

最近的一个案例,汉森诉壳牌石油公司(*Hanson v. Shell Oil Co.*)[97],是松散卖方垄断情形中对掠夺性定价的挑战。汉森认为1961年壳牌公司开始了一个项目以在西南部某些州收回失去的市场份额,在那里壳牌的市场份额大约为10%[98],而其中进行了非法的价格竞争[99]。第九巡回法庭注意到"汉森没有提供证据以显示目的是为了垄断的'明确意图'的存在"。[100] 但是法庭采用了进一步的理论。引述阿里达和特纳的观点,法庭认为:

> "为了说明掠夺的存在,汉森应证明由壳牌公司定下的价格使壳牌公司减少当前的利润以便产生一种市场地位,在这种地位上它可以定下足以获得超常的利润并补偿当前损失的价格。这可以通过一种方法来完成,即证明壳牌销售其汽油的价格低于其边际成本,或者,由于边际成本往往不可能加以认定,证明该价格低于平均可变成本。"[101]

法庭进一步忠告掠夺性定价指控在它们以保护主义方式使用时不应得到支持:

---

[97] 541 F.2d 1352 (9th Cir., 1976).

[98] 同上,第1360页。

[99] 同上,第1355页。

[100] 同上,第1358页。

[101] 同上(脚注略)。

267 “反托拉斯法并不是也不能被用来要求企业给它们的产品定出不合理的高价(这惩罚的是消费者)以便使效率较低的竞争者可以继续营业。谢尔曼法并不是给无效率的补贴。汉森未能证明壳牌的价格低于其边际或平均可变成本,这样在法律上根据§2提交一种表面证据确凿的案件方面是失败的。”[102]

反托拉斯法能被以保护主义方式使用并阻碍价格竞争的可能性为法庭明确地察觉到了,并同样明确地加以拒绝。尽管在考虑定价行为的持续时间时法庭对平均可变成本检验的依靠是不合适的[103],但是在松散卖方垄断中需要一种基于成本的检验以确定是否存在掠夺以及,同等重要地,防止掠夺性定价法律被用作无效率的挡箭牌。在如同汉森案例的稳定增长行业中,掠夺性定价可以被识别为低于平均总成本的持续定价。

B. 新进入:标准化产品和促销定价

普莱克斯公司诉宝洁公司案(*Purex Corp. v. Procter & Gamble Co.*)[104]表现了一个标准化产品行业中存在新进入尝试

---

[102] 541 F. 2d (9th Cir., 1976),第1358页—第1359页(脚注)。

[103] 正如以上所指出的,平均可变成本检验并不适于检索具有不同固定资产密度企业的相对效率。

[104] 419 F. Supp. 931 (C. D. Cal. 1976)。地方法院的判决是由宝洁公司(P & G)1957年收购克洛罗克斯(Clorox)化学公司(克洛罗克斯牌漂白剂的生产者)而引发的漫长诉讼中的一部分。出处同上,第933页。联邦贸易委员会裁定这一收购“妨碍了该行业内的有效竞争”,因此触犯了《克莱顿法案》第7条,参见15 USC section 18 (1970),*Procter & Gamble Co.*,63 FIC 1465,1569 (1963),358 F. 2d 74

时所产生的问题。普莱克斯公司的指控产生了一系列问题,其 268
中包括指控宝洁公司(P&G)—克洛罗克斯(Clorox)公司曾经非法地侵入普莱克斯公司西海岸沿线的地盘,而"结论性的"指责是克洛罗克斯公司从事了掠夺性行为,其中涉及它对普莱克

(6th Cir. 1966), 386 US 568 (1967)。委员会命令宝洁在最终命令的一年内剥离克洛罗克斯公司。出处同上,第 1585 页—第 1587 页。第六巡回法院搁置了委员会的命令,*Procter & Gamble Co. v. FTC*, 358 F. 2d 74 (6th Cir. 1966), 386 US 568 (1967),但是最高法院恢复了该命令,*FTC v. Procter & Gamble Co*. 386 US 568 (1967)。其结果是,1969 年宝洁公司被迫剥离了克洛罗克斯公司,419 F. Supp. at 933。

普莱克斯公司是克洛罗克斯公司在漂白剂行业中主要的竞争者,随后根据《克莱顿法案》第 4 条提起了私人三重损害诉讼,参见 15 USC section 15 (1970) against P&G and P&G's wholly owned subsidiary, the Clorox Company, 419F. Supp. at 933。普莱克斯公司指控宝洁公司和克洛罗克斯公司不仅触犯了《克莱顿法案》第 7 条(最高法院以前所裁决的问题),也触犯了《谢尔曼法案》的第 1 条和第 2 条,15 USC, 1, 2 (Supp. V. 1975)。地方法院坚持认为最高法院的触犯第 7 条的判断仅仅说明宝洁—克洛罗克斯兼并"可能显著地减弱了竞争,或者倾向于产生了一种垄断"。参见 419 F. Supp. at 933[引述自《克莱顿法案》第 7 条,15 USC section 18 (1970)](法院意见中存在这一着重号)。由于在依据第 4 条规定提起的三重损害赔偿诉讼中的原告必须证明是"在其经营中受到损害……原因来自反托拉斯法律所禁止的任何事情"(15 USC section 15 [1970]),法院认为普莱克斯公司必须证明除了触犯第 7 条之外的实际损害,419F. Supp. at 934。

因此法院的态度几乎完全关注在所承认的触犯第 7 条的行为,即 P&G—克洛罗克斯兼并,是否对普莱克斯公司产生了实际损害这一问题之上。P&G—克洛罗克斯在伊利市的市场上的行动(参见下文脚注⑩)仅产生一个问题是,普莱克斯公司是否受到了克洛罗克斯公司若没有兼并则不可能采取的行动的损害。出处同上,第 941 页—第 942 页。对所指控的触犯《谢尔曼法案》第 2 条[15 USC section 2 (Supp. V. 1975)]的行为的考察出现在法院意见最后两段里。这并不影响正文中的分析,原因是法院对伊利市事件的讨论(419 F. Supp. at 940—942)自身就说明 P&G—克洛罗克斯被指控从事"反竞争的掠夺性活动,目的是阻止一个新的竞争者在[伊利市]市场上取得立足点"。出处同上,第 940 页。

斯公司进入宾夕法尼亚州伊利市所采取的反应[105]。由于普莱克斯公司是这个地区市场的新进入者以及相关产品是一种非耐用消费品，普莱克斯公司一般有权利进行暂时性的一定程度内的促销定价。而且事实上普莱克斯公司使用了特定促销手段以开始它对这个市场的进入。并没有指控说这些促销是过分的[106]；所诉讼的问题仅是克洛罗克斯公司的反应是否是非法的。

普莱克斯公司在掠夺性定价指控上采取了几种态度，一种是应该不允许克洛罗克斯公司采取会导致净损失的定价或者促销费用[107]。不过，在产量限制规则下，更为基本的问题是克洛罗克斯公司是否作为对普莱克斯公司进入的反应而增加自己的销售额。如果克洛罗克斯公司增加自己漂白剂的销售量，使其高于其一般产量，就证实了一种假定，即这是一种明确设计用来击败进入的应急反应。如果没有这种产量增长，则就应断定克洛罗克斯公司是在无论是否存在进入均将会持续下去的稳定水平

---

[105] 参见 419 F. Supp. at 940—942。欧文·斯特尔泽（Irwin Stelzer）是普莱克斯公司的一个专家证人，他在质证时作证说："我确实对伊利市事件关注……那被认为是优势企业不应被允许去做的事情的可怕实例。"参见 Trial Transcript at 2726—A。

[106] 但是普莱克斯公司的促销支出是案件中的一个焦点。普莱克斯显然在所售出的每瓶漂白剂上花费了超过 3 美元的广告和优待券折扣费用，而克洛罗克斯公司作出的反应是支出和价格削减，大约是每瓶 0.90 美元，参见 419 F. Supp. at 940。法院注意到在商业社会中存在一个可接受的原则即："已有企业可以使用所有公平的手段来保护自己的市场。"而且在克洛罗克斯的反应中找不到应受谴责的或者反竞争的要素，因为"可以预料到一个不寻常的大规模攻击会引发不亚于它的反应"。出处同上，第 941 页。不过，法院没有在产量或者成本方面讨论反应的合法性问题。在所建议的标准下，一种 $Q \leqslant Q$ 检验会是比较合适的。

[107] Plaintiff's Opening Brief, part II, pp. 183—185.

下经营[108]。

在有利可图定价检验之外，普莱克斯公司同时采取的一种态度是优势企业（在进入前阶段克洛罗克斯公司在伊利市的市场份额超过了60%）有责任顺应进入[109]。因为漂白剂自身并没有显 269
著革新的趋势，而普莱克斯公司在其他地理区域是漂白剂的成功生产商，所以无法合理地应用幼年企业理论作为对普莱克斯公司的保护理由。而论点就此缩小为一种率直的保护伞定价理论——为了保证一个新进入者的生存，优势企业需要维持价格。由于普莱克斯公司将追加的（而且本质上相同的）产品带给市场，根据普莱克斯公司主张的竞争理论，为了维持价格，显然就要求P&G—克洛罗克斯公司减少相应数量的产量。在这些情况下，新进入者可能是一个高成本的供应者，或者优势企业会保持过剩的生产能力这些显然都是无足轻重的。这种方法是误导的。它犯了一种容易犯的巨大错误，即保护竞争者而不是保护竞争[110]。

---

[108] 当然在 $Q \leqslant \boldsymbol{Q}$ 限制生效时的初始阶段中克洛罗克斯的价格应收回其平均可变成本。

[109] 这些观点在由普莱克斯的一位专家证人——阿尔弗雷德·R.奥克森菲尔德特（Alfred R. Oxenfelddt）进行陈述中提出，参见 Trial Transcript at 2452—2453。这一证词由原告的律师总结认为：“一个新进入者应该在优势企业反应之前得到一个立足的机会。”参见 Plaintiff's Opening Brief, part II, p. 183。

[110] 要注意产量限制规则并不是一种保护伞规则，有时有人错误地认为，$Q \leqslant \boldsymbol{Q}$ 规则本质上是和 $P \geqslant \boldsymbol{P}$ 规则等价的，而后者显然是一种保护伞规则。其思路来自于认为，价格和数量是通过需求函数负相关的（价格增长时需要更少的产品）。

这一错误产生于在企业和市场条件中产生了混淆。产量限制规则应用于优势企业，但是如果优势企业的产量保持不变（$Q = \boldsymbol{Q}$）而进入者将数量 Δ 带入市场，优势企业如果要保持自己的价格不变的话就必须削减自己的产量。在一个同质商品市场上，如果进入者供应 Δ 而 $P = \boldsymbol{P}$ 规则生效则优势企业的进入后产量将为 $\boldsymbol{Q} - \Delta$，

C. 新进入：换代设备

电报公司诉国际商用机器公司案（*Telex Corp*. v. *International Business Machines Corp*.）[111]表现的是，通过模仿优势企业不连续生产的一种设备的设计，进入者提供一种生命周期短的产品所产生的问题[112]。同样，尽管在电报公司案例中存在一
270 系列法律事务[113]，基本的问题仍是掠夺性定价的存在。尽管有

因此在 $P=P$ 规则下优势企业为进入者让出了位置，而在 $Q\leqslant Q$ 规则下如果优势企业拒绝妥协则进入者必须为自己创造一个位置。

[111] 367 F. Supp. 258 (N. D. Okla. 1973), 510 F. 2d 894 (10th Cir. 1975).

[112] 从电报公司案克里斯滕松(Christenson)法官的态度中不能弄清 IBM 磁盘驱动器的生产在它对此进行降价时是否已经完全完成。同时，这一价格削减是选择性的而不是普遍的。IBM 在它的 2314 磁盘驱动器上遇到了兼容插件替代品（包括 Telex 5314 磁盘驱动器）的日益增长的竞争。IBM 没有因为兼容插件的竞争而削减所有 2314 的价格或者允许 2314 返回 IBM 以增加库存，而是决定重新配置 2314，增加特定的控制功能，并以降低的价格将结果得到的 2319A 子系统推向市场。因此产生了两种价格的系统：IBM 维持用户愿意更新租借的 2314 子系统的价格，而同时以更低价格通过推销 2319A 以减少兼容插件外设的侵入。参见 *Telex Corp*. *v*. *International Business Machs*. *Corp*., 367 F, Supp. at 291—296。

为了进行分析而采用的假设是 IBM 基本上在价格削减之前完成了 2314 的生产，以及重新配置收回的 2314 和增加控制功能的费用是原来生产成本的一小部分。由于新的兼容插件外设是为了补充随后的换代计算机而设计的，且给定以上所述的价格，9.3 节中的换代设备模型看来是适用的（不过如果事实最终和假设之间有显著差别，则应该进行超越这里所提出经济意义的进一步分析）。

[113] 地方法院发现 IBM 在以下五个方面因为垄断化和试图垄断化而违法：

1. 1970 年 9 月 2319A 磁盘存储设备的宣布和制定。
2. 1970 年 12 月 2319B 磁盘存储设备的宣布。
3. 1971 年 5 月固定条款方案长期租借项目的选择。
4. 1972 年 3 月扩展条款方案的宣布和实施，这也是一种租借方案。
5. IBM 在 1970 年和 1971 年间对于其内存产品的定价政策。

参见 *Teler Corp*. *v*. *International Business*. *Machs*. *Corp*., 510 F. 2d 894, 900 (10th Cir. 1975), 367 F. Supp. 258 (N. D. Okla. 1973)。

些过分简化,我将其表述为(a)IBM 对所涉及的计算机外设的生产在进入出现之前已经结束[114]和(b)该设备在其最佳替代性(非外设)使用中的价值可以忽略不计。法庭面临的问题是,应该允许 IBM(和处于类似地位的优势企业)在面对类似电信公司的企业的进入时能够采取的定价范围。

9.3 节的福利分析揭示,抛开幼年企业问题不谈,IBM 应该在能够出清市场的任何价格下出售自己已经完成的产品的全部存货(Q)。新进入者总是希望优势企业被要求维持它们的价格,因为保护伞价格使得进入更为容易。不过这种定价的错误配置效应反对使用保护伞规则。坚持已有企业必须维持它们的进入前价格,直到新进入者被认为已经成功立足,而不顾设备报废的后果,这危险地近似于说,无论效率方面有何种后果,在优势企业行业中更多的企业总是比更少的企业要好。

是否应该允许幼年企业例外呢?技术革新是电子数据处理行业的重要特征。假设不能获得替代性反托拉斯工具以促进技术进步[115],进一步假设优势企业得到了适当的事前通知,从而知道合法行为的限度。有三种因素必须加以考虑以决定是否允许一种例外。首先,电报公司(或其他外设生产商)是否曾做出过显著的技术革新?其次,是否存在结构性因素使得这种企业倾 271
向于为领导者或跟随者?以及,第三,如果对前两个问题的回答

[114] 参见上文中脚注[112]。

[115] 参见上文中第 266 页(这是原书页码,相当于 9.5 节开头部分。——译者注)。

揭示了实际或潜在的领导地位，则从革新中获得的收益是否显著？

对这些问题中每一个进行完全解答超过了本章的范围，但一种试验性的评价是可能的。电报公司案例中的记录显示，电信公司主要是一个跟随者[116]。同时，存在结构性原因相信这可能是外设生产商采用的"自然"选择[117]。即使可以形成模仿者具有技术领先潜力的论断，也不能就此说明要求优势企业在面对进入时维持价格就可以实现福利收益。这样一种自愿资产报废政策导致净福利收益的条件是，这样一种政策带来的未来收益的折现超过了直接的福利损失。电报公司案例中的文献从未以这种方式进行过讨论。

9.6　法律规定：以往的和所建议的

阿里达和特纳以一系列的规则建议来结束他们对掠夺性定价问题的考察，其中最为相关的如下：

"1. ……

---

[116] 参见IBM和电报公司在该案件中的产品介绍大事记，*Telex Corp. v. International Business Machs. Corp.*, 367 F. Supp. 258, 271—272(N. D. Okla. 1973), 510 F. 2d 894(10th Cir. 1975)。

[117] 主体结构制造商开创新一代中央处理器，兼容外设往往是在这一过程中进行设计，因而外设设计上的领先自然地来自负责中央处理器上工艺状态进展的企业。更进一步，"对于外设制造商来说进入开始比较容易，原因是它们可以选择只复制被证明为成功的产品"。参见 *Telex Corp.* v. *International Business Machs. Corp.*, 367 F. Supp. at 286。不过在这些问题得到明确解决之前还需要大量更多的细节知识。

(b)等于或者高于平均成本的价格应被视为非掠夺性的，即使短期内没有实现利润最大化。

(c)等于或高于合理的预期短期边际和平均可变成本的价格应被视为非掠夺性的，即使短期并非是使成本最小化的。

2. ……

意识到基本上无法获得边际成本数据，我们的结论是：

(a)等于或高于合理的预期平均可变成本的价格应结论性地被视为合法。

(b)低于合理的预期平均可变成本的价格应结论 272
性地被视为非法。”[118]

阿里达和特纳规则没有区分作为进入反应的掠夺性定价和已有企业中的掠夺性行为。这种区分是根本性的，以下建议的法律规则明确地认识到这一点。基本的阿里达—特纳规则公式化表述为边际成本定价检验，尽管阿里达和特纳的结论是边际成本难以估计，因此提出平均可变成本检验作为一个替代品。以下所建议的规则则避免了对边际成本的依赖。

A. 进入

以下所建议的掠夺性定价规则的意义来自于本章前几节发

---

[118] 阿里达和特纳，参见上文中脚注③，第732页—第733页。

展的效率观点和以下将在 9.7 节讨论的公平性两种理论。无论如何，对这些规则的特性的简要重述将有助于澄清对这些规则的一些观点：

1. 产量限制规则，即使没有伴随着有利可图定价检验，也代表着一种相对严格的限制——肯定比允许优势企业作为对进入反应而提供额外产品的基于成本的规则更为严格。

2. 产量限制本身不能排除在进入后紧随阶段中非有利可图定价的微小可能性，这可以由附加规定优势企业不应将价格定得低于其平均可变成本而加以弥补[119]。

3. 尽管优势企业在最初（18 个月）限制期结束后不再受产量限制约束，但它同时服从于一种平均总成本应有利可图的定价检验，这保证关于充足财力的考虑将不会影响长期的生存。

273 4. 最后，除了促销定价例外，新进入者面对与以上（2）和（3）所建立的相同的两阶段有利可图价格检验[120]。

---

[119] 边际成本应该是价格的适当下限的观点由于三种原因而加以拒绝。首先，边际成本定价意图达到的配置效率方面的好处在短期存在问题。其次，即使假设边际成本的估计可以使得诉讼当事人满意，将法庭牵扯到边际成本定价中意味着使用反托拉斯法进行精细微调的工作，这是一种有疑问的行动（参见上文中脚注[16]）。第三，边际成本定价检验的可操作性存在严重问题，参见上文中脚注[124]。

[120] 正如上文中指出的，进入者不应期望作为促销性进入努力的一部分而实现大规模的市场配置错位。能够进行促销定价的特定活动范围仅仅只是为了便于最初的立足，之后，有利可图定价检验将得到应用。

应该认识到任何进入努力——促销性的或非促销性的——如果结合了一种资本密集型技术（从而具有低的平均可变成本）和充足财力则产生了一种潜在难题。可以想象，进入者能够在进入后紧随的阶段里以完全满足规则 2.1 所规定的有利可图定价条款的方式提供产品，而优势企业由于具备的是密集程度差一些的技术，会

合法行为

1.1　短期：$Q\leqslant Q$

当优势企业面对新进入时降低它们的产量或者维持它们(根据需求调整)[121]的产量不变，则在最终市场价格不小于平均可变成本时它们应被视为以非掠夺性的方式行动。[122]

不能在同样价格下收回平均可变成本。为避免有利可图定价规则精神的滥用(具有起反作用的效果)，试图利用这种平均可变成本差异的进入者应被要求证明它们的成本优势对于平均总成本来说也是成立的。如果这种检验失败，则可以规定中期定价水平不得低于优势企业的最低平均可变成本。从而在其他情况下具有效率的优势企业在进入后早期阶段中的生存能力就不会被危害。

可以讨论新进入者应赋予如上文脚注⑩中所讨论的那一类学习曲线例外的情形。相应的问题是必要的成本推断难以进行。由此，存在严重风险使得新进入者(大型的或者小型的)会滥用这种条款。我倾向于为此而限制学习曲线调整对早期增长阶段行业的应用。

尽管这个脚注里讨论的问题主要是理论上(而不是操作上)的兴趣，但值得注意的是，相关规则对优势企业和进入者的策略行为进行类似处理；两者均认为是应加以反对的。对可接受进入行为的限制因此标示出，在何处具有充足财力和所需要的资本密集型技术的进入者尝试为了策略性目的而破坏平均可变成本定价规则。

[121]　关于需求调整的讨论参见上文中脚注㉝。

[122]　一种图形表现可能是有益的。以下所绘出的短期成本曲线表现了优势企业的平均总成本、平均可变成本和相应边际成本。优势企业假设为最初生产 Q_0，在价格 P_0 销售。当进入发生后，在所建议的规则下优势企业被允许继续生产 Q_0，条件是最终市场价格超过 P_V。如果这一条件不满足，它必须削减产量。如果在 Q_X 处价格仍然不能收回它的成本，生产大致会停止(由于实际成本超过了收入)。不过，这种结果是可疑的，原因是不能收回最低平均可变成本意味着或者优势企业方面严重的没有效率或者很可能新进入者是以掠夺性的方式进行行动(这种情况下优势企业有权利获得救助)。

注意这里平均可变成本条文实际上比边际成本定价检验更为宽容(在 Q_X 到 Q_0 的相关区域中 AVC 小于 $SRMC$)，而产量限制严厉地限制了优势企业可以采用的行动范围。阿里达和特纳的(替代品)规则会允许优势企业在价格收回可变成本之时将产量扩张超过 Q_0(图见下页脚注)。

274 1.2　长期

经计算价格可以在一个持续生产时段内回收全部成本，在该时段内工厂更新和其他费用均已实现，则该价格被视为非掠夺性的。[123]

规则1.2的理由是对优势企业的产量限制短期不那么容易认定，长期中更难以加以检查。如果进入者已经承担了进入的入门成本，而且面对优势企业的短期策略性反应并没有表现出没有能力生存，则它们应该能够良好地定位以参与行业增长、实
275 现成本经济并有效竞争。在以上规则1.1中规定的对产量扩张

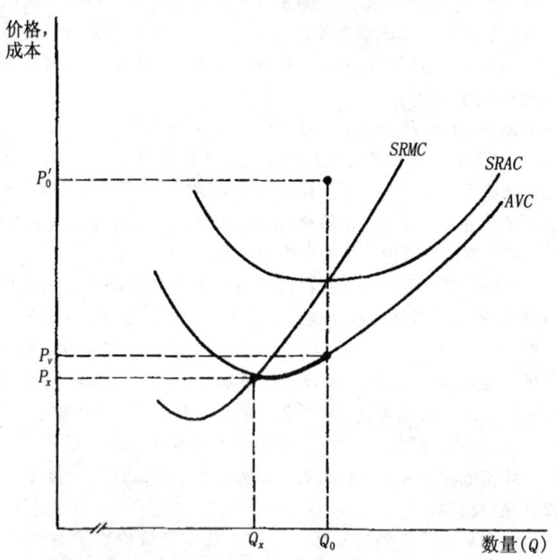

[123] 长期规则对于优势企业和成功的进入者同样适用。正如以上所讨论的，12个月到18个月看来是实行产量规则的足够长时段。

的限制因之在长期相应放松,并得到平均总成本有利可图定价规则的支持。

非法行为

2.1 短期:$Q>Q$

优势企业面对新进入时扩张它们的(需求调整后的)产量将被视为从事于掠夺性行为——即使最终市场价格超过了优势企业的平均可变成本。

2.2 长期

优势企业或成功进入者的某种持续生产应被视为掠夺性的,如果考虑到长期时段内承担的所有费用的合理分配后,收入不能完全弥补全部成本。

规则1.1是基本规则。它并不是禁止妥协反应,原因是其中允许顺应性的产量削减。不过,一种妥协反应并不太可能出现,除非其中优势企业是一个高成本供应者,或者产量保持不变时市场出清价格小于优势企业的相应平均可变成本。但是正在进入的企业没有理由预期进入会得到妥协。反之,通常的预期是进入者带入市场的产量将完全以同样的数量加于市场供给之上。换言之,不应期望优势企业通过部分或者完全抵消程度地削减产量以便为新进入者腾出位置。因此,新进入者必须准备和优势企业在低于现行进入前价格的相同进入后价格上进行竞争。规则1.2应用于更长的时期,允许最终价格完全收回成本的产量扩张。

规则2.1与规则1.1相对应。阿里达和特纳在最终市场价格超过优势企业的边际(或平均可变)成本时允许进入后紧随时段内的产量扩张。规则 2.1 禁止产量扩张,因此避免了允许应急性产量扩张会带来的福利损失(如果允许正的产量反应,优势企业有动力在进入前阶段定下更高的价格并以没有效率的方式供应。进入后的总和产量在阿里达和特纳规则下将会以更高的成本提供)。

所建议规则在实施的相对容易程度上也是更好的。允许产
276 量扩张的阿里达—特纳规则决定性地依赖于价格对成本检验,
而这是很难引入实用的[124]。反之,所建议的规则简单得多:**优势企业的任何(需求调整后的)产量增长被视为掠夺性的**。所需的统计检验容易得多。[125]

规则 2.2 涉及产量限制结束后时段的行为。它对一种可能性进行考察,即具有充足财力的优势企业(或成功的进入者)为了消灭对手而以不能收回全部成本的方式长期提供供给。由于只有在能够承受企业基础更新成本(维持,工厂和设备的置换,劳动力培训费用,等等)时才能长久持续供给,所以在判断产品

[124] 波斯纳,参见上文中脚注③,第 190 页—第 191 页;阿里达和特纳,参见上文中脚注③,第 716 页—第 718 页、第 733 页;库珀,参见上文中脚注③,第 438 页。

[125] 所建议的短期规则包括一个可变成本附带条件。其中优势企业维持或者削减产量的诉讼案件因此需要进行平均可变成本考察。不过,我所预期的是,采用所建议规则的一个主要效果是诉讼案件数量的急剧减少。优势企业将只是不对进入做出攻击性反应,而其中有一个假定是不反应(保持产量不变)是合法的。除非市场价格由于进入的原因而灾难性地下滑,平均可变成本底线将不会被冲破(尽管这在高度劳动力密集的行业中更可能出现)。反之,优势企业在一个边际(和可变)成本增长的区域内增加产量(如阿里达—特纳规则所允许的)更容易引起诉讼。

供应方式是否经济时这些成本需要加以考虑。如果长期中这些费用不能被收回,判断为非法行为的假定就得到证实。

并不需要特别的法律规则以覆盖 9.3 节中所讨论的换代设备情形。进入企业应该预期到,优势企业会在它所能获得的最好条件下销售其全部已有设备存货。如果需求没有弹性,则优势企业在新供给出现时确有可能会报废设备,从而为进入者腾出位置,不过在推定时不应该有这种预期。反之,正常的期望是优势企业的全部存货将会投放市场,这样一个进入者带入市场的新产量将完全以同样的数量增加市场上的供给总量。

尽管这些规则覆盖了优势企业的反应行为,仍需要一个附加的法律规则以包括一个企业(大企业或小企业)试图进入一个新市场的情形。

> 2.3　除了促销例外条款为非耐用消费品提供的非常短时段以外,新进入者理应以能收回成本的方式提供产品。

规则 3 给了新进入者更大的活动空间,允许为了宣传新
产品的目的而采取极低的价格(甚至赠送)。因此进入者可以 277
鼓励消费者试验性地试用该产品。这严格只适用于短期。9.4 节为确定促销战略可允许时间长度而提出了一些粗略的指导方针。

B. 已有企业[126]

合法行为

非常短时期内的偶然价格战并没有构成对已有卖方垄断者的掠夺性定价威胁。进一步，为消除这种行为而进行法律努力容易形成更严格的卖方垄断定价规定。由此，对偶然发生的价格战法律应不予考虑。注意力应转而完全集中到卖方垄断者中的系统性定价行为。

1.1 中期

(a)正常情况：$P \geqslant SRAC$：卖方垄断者的定价超过短期平均成本则应被视为行为方式是非掠夺性的。

(b)过度供给：$P \geqslant AVC$：卖方垄断者在长期过度供给的情况下可以将价格削减到平均可变成本水平(如同衰退产业中所建立的理论)。

1.2 长期

经计算可以在一个持续生产时段内收回全部成本的价格将被视为非掠夺性的，该时段内承担了全部设备更新及相关费用[127]。

---

[126] 这里所提出的规则适用于描述为“松散卖方垄断”的情形。新进入者的促销定价由规则3覆盖。增长行业情形产生了自身的特殊问题，相关考虑在上文中提出。

[127] 由于 $SPAC$ 在任何地方均大于或者等于 $LRAC$，一般情况下长期规则是多余的。不过为了避免规则被错误解释，为了完整起见这里和规则2.2中均包括了长期部分。

> 非法行为

接连发生的价格战，即便每一次时间均很短，也应一并加以考虑而不是单独考察。这样所涉及的就是以下所述的中期检验。

> 2.1　中期
>
> (a)正常情况：$P<SRAC$：持久或者频繁出现价格低于短期平均成本情况将被视为是掠夺性的[128]。
>
> (b)过度供给：$P<AVC$：低于平均可变成本的价格 278
> 将被视为掠夺性的，即使是在长期过度供给的情况下。
>
> 2.2　长期
>
> 持久定价于预期不能收回成本的水平将被视为掠夺性的。

由于当设备超过最小成本点而运作时有 $SRMC>SRAC>AVC$，这些规则对于正常情况来说比阿里达和特纳的 $SRMC$ 规则更为宽容，但比他们的平均可变成本替代品更为严格。这说明一个事实，尽管回顾起来很明确，但仍然需要给予明确陈述：AVC 常常是短期边际成本比较差的替代品。对正常情况使用 AVC 规则允许比它所要近似的规则所允许的大得多的产量扩张[129]。所建议的规则和阿里达—特纳规则只是在衰退中的行业（过度供给）

---

[128] 在工厂超出设计生产能力而运作时，对掠夺性行为来说这种检验比短期边际成本检验更为宽容。

[129] 正如以上脚注[122]中图形所显示的，在产量 Q_X 处短期边际成本和平均可变成本相等，但在大于 Q_X 的产量处超过平均可变成本。这一偏差在产量扩张时逐步进一步扩大。因此，平均可变成本在产量超过 Q_0 处增长时，它作为边际成本的替代品会越来越不令人满意。

情况中是相同的。

9.7　公平性

掠夺性定价这一术语具有不公平的语义。不过，令人奇怪的是，掠夺性定价规则在公平方面的特征在近期文献中却没有得到多大注意。这部分是因为卖方垄断者之中的公平难以进行描述，早期文献由于没有将新进入和已有企业两种情况分开而将这一任务复杂化了。另一方面可能是因为公平有时是一个晦涩难解的标准[130]。

要基于公平概念而导出"最优"掠夺性定价规则会产生无法逾越的困难。需要评价公平的一般标准，然而却缺乏这样一种标准上的统一意见。尽管有人会忠告说由于这个理由而不要去考虑公平问题，但一种不那么有野心的选择使得进行考察是可行的。并不是导出最优规则，而是简单地将所建议的规则作为给定的，然后问它们之间是否存在可以识别的公平方面的差异。
279 这类比较处理常常是可行的[131]。因为涉及新进入者和优势企业

[130] 正如库珀教授的评论，"主观动机的直接证据在对行为进行评价时总是具有重要作用，然而关于动机的推断一般过于危险以致难以赋予显著权重"。他观察到法庭反复拒绝对意图的依赖超过这一有限作用，"直觉地认识到控制竞争的'公平'的努力必然会遇到巨大的困难"。参见库珀，上文中脚注③，第454页。

[131] 要注意产量限制规则的配置效率优势是相对而言的。在已提出并有希望进行实际操作的掠夺性定价规则上，它具有最好的性质。一些反托拉斯专家毫无疑问将继续赞赏谢勒所描述的那一类"全面评价"，参见谢勒，上文中脚注⑯，但这样一种方法的效率和公平特性是有疑问的，而且我认为是无法确定的。

的关系时关于公平的态度倾向于更强一些,也因为所进行的分析最早就是从讨论新进入情况下的掠夺性定价开始,所以对公平的讨论将限于新进入情形。对应用于新进入情形的三种主要类型的规则进行考察会是有益的:保护主义规则($P = \boldsymbol{P}$),应急供给规则($P = MC$),和照常经营规则($Q = \boldsymbol{Q}$)。

A. 保护主义规则

保护主义规则是,当新进入者出现时,优势企业必须采用维持市场价格所需要的任何行动。它涉及由进入者提供的产品对早先由优势企业供应的产品的简单替代。这一规则违反了一条看来比较合理的产业公平原则,即:进入者理应通过在开放市场上提供追加的产品而闯出自己的路。

B. 应急供给规则

在对公平与否进行判断可以采取的可能基础中,机会均等是一个具有吸引力的标准。对掠夺性定价的波斯纳检验,排除的“仅是效率较低的竞争者”[132],看上去符合这一标准。但是这一检验没有考虑问题的动态性。**可由有效率的优势企业提供但只是**为了在出现进入的市场上击退进入和其他市场上阻止进入而提供的产品,显然和正常基础上提供的产品意义不同。与之

[132] 波斯纳,参见上文中脚注③,第193页。

相反，游戏性的应急供应——一会儿有，一会儿无，取决于进入者是否出现或者是否退出——具有惩罚性目的的标志。新进入者追加产品的简单开放市场提供在面对这种策略性行为时是不可行的。因此，将这类行动看作是有害的而宣布它们为不公平和不能允许的看来是比较合理的。

280 **C. 照常经营规则**

照常经营规则（$Q = Q$）在严格性上介于保护主义规则（$P = P$，这意味着 $Q < Q$）和应急供给规则（$P = MC$，这允许 $Q > Q$）之间。在这一规则下优势企业被建议可以供给它所希望的那么多或者那么少，但它必须准备在正常基础上供应。如果优势企业一直在产量、分销和营销处于平衡状态的情况下供应产品，认为优势企业这一供应的继续显然无害是比较合理的。事实上，期望某些人打乱自己的运营（由于不可分割性），解雇有经验的工人，并将生产能力闲置，这相当于给已有企业施加惩罚。尽管赛马可能会从机会均等化中获益，但一般的看法是成就不应该受到惩罚。人们普遍认为，削弱一个企业以使另一个企业获利是不公平的。

我的结论是公平和效率因素均看好 $Q = Q$ 规则。这样的一致可能并不算不同寻常；但也并非总是公平性和效率贡献两者均支持相似或者同样的行为。如果反托拉斯规则既产生了消费者收益（这是效率主要涉及的内容）又和产业公平概念不冲突[133],那无疑是更为令人满意的。

9.8 结 论

掠夺性定价规则必须在有效指控和阻止合法对抗的指控之间进行区分[134]。阿里达和特纳教授通过建立可以适用于掠夺性定价所产生棘手问题的系统性经济分析,对掠夺性定价的分析做出了开创性的贡献。不过,“已确立的”微观经济理论直接应用到公共政策有时是有害的,当所接受的原则基于的假设和所 281
考察的现实世界环境之间存在较大差异时,谨慎小心是很有必要的。

这里所产生的特殊问题是,当连续边际成本定价是一种暂时、策略性的类型时,是否存在与之相联系的配置效率收益。我提出,当边际成本定价被应急性地作为策略性进入障碍而使用的时候,它就失去了吸引力。掠夺性定价需要以策略形式公式

---

[133] 对促销定价的限制也具有一种公平原则。因而尽管新进入者的身份可能适合使得一个企业有权力采用一种短暂的促销时段,其中成本收回规则可被暂停,但要求更多就是不正当地操纵游戏规则使得它有利于具有充足财力的人。这显然是不公平的(也是没有效率的),应被禁止。

[134] 谢勒教授提供了关于掠夺性定价法律目标的类似综述:“在[优势企业行业]中最有效的竞争发生在以下情形中,优势企业担心无法用高价格姿态阻止进入,因此采用了一种持续的低价格、高产量策略,尤其是在认识到这样没有规则能够迫使它在进入的确发生时让出位置的情况下。”参见 Scherer, Some last words on predatory pricing, *Harvard Law Review*, 89 (1976), pp. 901, 902。但是在所针对的目标方法达成一致相对容易的同时,设计出一系列在进入前和进入后方面没有缺陷的规则就完全是另一回事。

表述以便精确显示替代性定价规则的效果。这样一种分析显示,与本章所提议的产量规则相比,阿里达—特纳边际成本规则在进入之前和进入之后的阶段中会导致社会福利损失。

产量规则在效率特性方面也优于其他基于成本的规则和保护伞定价。和替代性的基于成本规则相比,它也并不更难理解,且更容易应用。关于公平的初步考察则更有利于产量限制规则而非成本规则和保护伞规则。产量限制规则提供了将关于掠夺性行为的有效指控和保护主义指控区分开的具有可操作性的一种手段。

10

经济学家在审判前的作用：使用"动机逻辑"甄别掠夺行为[*] 282

在反托拉斯案件审理中，使用经济学家提供专家证词以向法庭和陪审团提供信息的现象既普遍又引起争议。这类证词的问题之一是它有时会和法庭上的敌对性质纠缠在一起[①]。

尽管律师也使用经济学家来帮助他们对审判前的问题进行评价，包括准备审判前的备忘录和动议，但经济学家和法庭在审判前阶段很少直接接触。不过，有一种正在壮大的观点认为，这是令人遗憾的，司法程序更早地对一个案件的经济学意义进行评价会更好。这样可以得到多种好处。

其中最为重要的是，这样迫使参与方和法庭早早地就集中注意力在经济问题之上。次要或者错误的问题能被滤掉，而注意力从而会集中在真正实质性的主要事务上。将小麦和禾壳早

---

* 本文版权属于联邦法律出版公司（© 1984 by Federal Legal Publications, Inc.）。转载自（得到其允许）《反托拉斯公报》（*The Antitrust Bulletin*, XXIX (1984), pp. 475—500），作者进行了修订。

① 这一问题甚至在大众媒介中也进行过讨论。参见 John A. Jenkins, Experts day in court, *New York Times Magazine*, 11 Dec. 1983, pp. 98—106。

些分开会降低审判阶段混沌难解的概率，这节省时间且避免了混乱。有时，经济学意义的考察可能会戏剧性地澄清问题，以至会达成否则无法达成的庭外和解。请经济学家基于评价准备审判前的备忘录具有更多好处，就是避免法庭上的敌对态势。其后果是，因此可获得更为适度和客观的估价。

我最近参与了一个案件，其中审判前关于经济学意义的备
283 忘录的准备看上去对达成庭外和解有帮助。之后不久我参加了一个关于经济学在法律教育中地位的会议[②]。其中对经济学专家证人在一般意义上的使用和误用，以及与爱德华·R. 贝克尔(Edward R. Becker)在真力时无线电公司诉松下电子工业公司案(*Zenith Radio Corp. v. Matsushita Electrical Industrical Co.*)[③]中具有影响力的态度有关的问题，进行了讨论。经济学家在审判前发挥更大作用的可能性，也许是和审判前备忘录相联系，在与会者中产生和引发了感兴趣的反应。

赞成这种审判前作用的一般论点是以上这些。不过，这里和其他地方一样，考察一个特定实例常常是有用的。因此在巴里·赖特诉ITT—格林内尔(*Barry Wright v. ITT-Grinnell*)诉讼中我所准备并提交法庭的备忘录在本章中包括进来[④]。这

---

② 这一会议在1982年10月28日—30日科罗拉多州丹佛市召开，由美国法律学院联合会和埃莫利(Emory)大学法律和经济学中心主办。

③ 505 F. Supp. 1313 (E. D. Pa. 1980).

④ 巴里·赖特原本起诉太平洋科技公司(Pacific Scientific Corp.)和ITT—格林内尔两者，指控它们联合掠夺。只有ITT—格林内尔得到和解，法官沃尔特·斯金纳(Walter Skinner)随后裁定诉讼有利于被告。参见*Barry Wright Corp. v. Pacific Scientific Corp.*, 555F. Supp. 1264 (D. C. Mass. 1983)。

并不是作为一个模型提出而是为了说明在一个案件的经济学意义上集中注意力是怎样使得观察更为清晰。

所涉及的案件指控ITT—格林内尔从事了掠夺性行为。在最近十年中掠夺理论在法律和经济学杂志上受到极大的注意,不少具有掠夺指控的案件提交法庭。尽管真正的掠夺涉及难以进行评价的复杂跨期行为,但一些案件客观上缺乏实质意义。特别地,一些案件通不过简单的“动机逻辑”检验。迫使原告在审判前阶段面对这些事情而不是依靠法庭上的滔滔雄辩和模糊不清,如果不是明确地对健全的反托拉斯法实施有益,也是一个可以参与争论的论点。本章的目的是激发对使用以下所述的一类审判前备忘录的价值和局限进行评价。我的感觉是这种备忘录的日常使用对司法过程能起到帮助,可能是极大的帮助。但和绝大多数改革一样,批评应受到欢迎。对这类备忘录可能的严重滥用和误用,如果存在的话,应予以揭示。

正常的商业行为涉及随着事件的展开和经济前景变得更为明朗而进行的对抗和替代性行动过程中的选择。随着对抗的进行和企业与顾客选择一种行动过程而不是另一种,会不断产生赢家和输家。自然就会发生失望的后果,对此可以区分出四种类型的反应。

一些企业平静地接受失望的结局,将之当作商业风险的表 284
现。其他则主动尝试恢复市场上的地位和利润,方法是加倍努力和/或改变自己的市场策略。第三种类型根据诉讼程序书面提出反托拉斯指控,说明自己是掠夺性行为的牺牲品。第四类声称自己是掠夺的牺牲品，而实际上他们的失望是正常对抗的结果。

由于掠夺指控容易提出且可能涉及会成为争议话题的复杂实际事务，对这种指控进行评价有时是困难的。不过，幸运的是，掠夺性定价指控的意义在事实方面以及在逻辑方面都可以进行评价。依赖于有缺陷逻辑的那些指控自然会受到怀疑。这样的原告可以认为是一个酸苦的失败者，是在请求法庭奖赏他以挑选赢家和输家的竞争过程拒绝给予他的经济利益。不过，公共政策应该给予适当关切的不是个别企业的事务而是竞争过程。

如果这种第一阶段的逻辑没有得到满足，那么对复杂事实调查的需要就得到大大减轻。反之，满足掠夺逻辑的指控需要进行继续评价。第二阶段的问题是是否突破了可以接受的对抗限度。这可以分为两部分进行评价。首先，所观察到的事件是否可以不诉诸反竞争企图或效果就得到解释？这里的问题是这些事件是简单最优化的结果，还是反而满足了复杂的策略性意图的要求。如果答案是不确定的或者策略性的特征比较显著，相关因素的详细经济学评价——这可能必须包括对价格、成本、产量和相关经济特性的考察——就需要用来对其中的意义进行评价。

我对巴里·赖特诉ITT—格林内尔案例的讨论分为五个部分，首先描述主要事件的简要年表。其次考察掠夺逻辑。而后是对决策过程方面进行表述和评价。随之讨论与掠夺相关的经济数据。对企业系统运作的一些评论结束了讨论。

10.1 大事记和相关实际背景⑤

1. ITT—格林内尔是美国核电站用管道吊架系统的最大生
产商。震动控制器或“减震器”是这些系统的关键部件。减震器 285
允许管道因热度变化而发生的渐进移动,但阻止由于地震或爆炸形成的快速移动。

2. 1975年中所使用的绝大多数减震器为液压的,ITT—格林内尔自行制造减震器。

3. 在1974年和1975年由另一个企业生产的液压减震器出现了密封处泄漏和相关的维护问题。核设施的停工时间是非常昂贵的,所以这是一个严重的问题。

4. 机械减震器是液压减震器功能上的替代品,没有密封处泄漏的问题。不过,它们具有机械的弱点,不能满足以上所述(第1条)的双重要求。在美国企业中,国际核防护公司(INC)在1974年将一种机械减震器投入商用。1975年太平洋科技设计和生产了一种使用了新颖的、获得专利的旋转惯性装置的机械震动控制器。太平洋科技进一步成功地说服了建筑师和工程

⑤ 大事记和事实与法官沃尔特·斯金纳在这一案件的意见中所提出的相一致,参见 *Barry Wright Corp. v. Pacific Scientific Corp.*, 555F. Supp. 1264 (D. C. Mass., 1983)。表述在原始备忘录基础上略有改变,以避免依赖于顾问为巴里·赖特所准备的秘密报告。

师在核电站建设中排除使用液压减震器。

5. 太平洋科技在国内管道减震器市场上的份额从 1976 年的 47%分别增长到 1977 年的 83%、1978 年的 84%和 1979 年的 94%。

6. ITT—格林内尔发现自己依赖于太平洋科技的机械减震器。考虑到单一货源的缺点和格林内尔在这些机械减震器上所实现的价差比以前少得多，ITT—格林内尔决定自己应找到第二种货源。由于它自己发展机械减震器的努力不成功，所以它决定支持巴里·赖特进行的看上去有希望成功的开发机械减震器的努力。

7. 格林内尔在 1976 年 1 月进入了和巴里签订的两阶段合同的第一部分。探索阶段持续到 1976 年 8 月。第二阶段，在 1976 年 8 月约定，要求巴里到 1977 年 1 月形成六种规格减震器的生产能力。格林内尔随后将有责任在 1977 年到 1979 年的三年中从巴里处购买价值至少为 900 万美元但不超过 1500 万
286 美元的机械减震器。在价值 1500 万美元的减震器交货后，格林内尔有权在没有附加费用的情况下成为巴里·赖特减震器设计、图样和资产的拥有者。

8. 在 1976 年 9 月，太平洋科技提出，如果格林内尔同意于 1977 年订购 570 万美元太平洋科技的减震器，则它将给予格林内尔更多折扣。不过，最初的协定被格林内尔的总裁取消了。由于订货降到了 100 万美元，太平洋科技取消了折扣。

9. 巴里的开发遇到了问题。1977 年 1 月没有准备好 6 种

规格的生产，需要延期交付。格林内尔和太平洋科技重新进行谈判，在1977年交付价值430万美元减震器的协定基础上，折扣条款得到恢复，同时具有选择权在1978年和1979年带有折扣地购买同样数量。不过这一次达成了100%的毁约罚金条款。

10. 巴里和格林内尔之间的合同争议在继续，没有得到成功解决。在随后1977年7月的两次订货中，格林内尔同意在以前所提出的折扣条款下于1978年和1979年从太平洋科技购买所需机械减震器（由一个适中的价格升降因子进行调整）⑥。

11. 巴里·赖特的结论是这些事件阻止了成功的进入，进一步认为格林内尔和太平洋科技的行为是反竞争的。它提起了诉讼，指控ITT—格林内尔既违反了合同，又触犯了反托拉斯法（而太平洋科技触犯了反托拉斯法）。所指责ITT—格林内尔违反反托拉斯法的地方是：(a)太平洋科技提出而格林内尔接受的价格是掠夺性的；(b)太平洋科技—格林内尔订购是非法的；和(c)太平洋公司同意不在减震器的最终市场上和格林内尔竞争。这些联合行为的冲击使得巴里·赖特被非法地阻止以致不能在机械减震器市场上竞争。

12. 和其他地方一样，存在有能力的替代供给源优于单一源结果。但当建筑制造企业、公用事业和悬挂器生产商欢迎和甚至帮助一个供应对手的同时，其中仍存在可以证实的理性限度。

---

⑥ 虽然是无偿的（没有包括在原始备忘录中），但在我看来，基于开发经验方面的原因，巴里·赖特并不能在1979年底前使一整套减震器准备就绪。斯金纳法官在听取了巴里·赖特诉太平洋科技的证词后得到了这一结论。

287 10.2 掠夺的逻辑

掠夺是一种很常用的术语，而在对掠夺进行评价的标准上存在着争议。普遍的观点是，由于这种原因，掠夺指控难以评价。不过，事情并不那么糟。一方面，有一点得到了广泛的同意，即除非表现出存在着特定结构性事前环境，否则掠夺尝试缺乏经济学意义。另一方面，尽管据以评判掠夺的最佳标准存在争议，但是一般均认为，考虑了所有相关成本后仍然有利可图的销售是非掠夺性的。

不过，只有结构性先决条件得到满足，第二个问题才需要进行讨论。如果不满足，掠夺指控可以推定为保护主义的；它们表现了一种努力以从法庭获得原告从市场上合法竞争中得不到的经济收益。由于为了保护主义目标而滥用法庭所造成的危害是很实际的，所以进行一种结构性评价因此而极为重要。

有两种结构性问题和掠夺的评价关系密切。第一种和行业的供给面有关；第二种和需求结构有关。因为只有在牺牲当前利润可以获得未来收益补偿时掠夺才是理性的，所以首要的问题就是，掠夺指控所针对的一个或多个企业是否具有足够大的市场份额，并享有足够的市场独立性以获得未来的补偿。除非所涉及的企业占有优势性的市场份额，而且在成功的掠夺尝试结束后，如果价格恢复到以前的水平，没有边缘对手或新进入者进行所不希望见到的产量扩张的风险，否则掠夺尝试是没有意义的⑦。因此高集中程度和高进入障碍一起描述了决定掠夺指控是否应严肃对待的供给一方的先决条件⑧。

需求面问题是顾客相对市场来说是大还是小。掠夺指控产 288
生的一种共同环境是,其中顾客个体太小,无法影响市场的最终竞争配置,而且难以组织起他们之中的集体行动。这种环境中的顾客行为缺乏远见,就是说,在任何时刻每个顾客均接受当前所能得到的最佳销售条件而不考虑将来。优势企业在进入者出现时降低价格可能是因为这样能防止进入者获得显著的侵入成果。在成功地防止了新进入后,优势企业将通过随后提高价格来收回它的损失。

不过,当顾客的数量规模相对市场来说比较大时,缺乏远见的市场行为推理就不成立了。对此弗兰克·伊斯特布鲁克(Frank Easter-brook)简明地给出了基本观点,即:"若没有消费者[不自觉]的合作,则没有掠夺策略可以成功,即需要消费者必须放弃受害者而从掠夺者那里购买,尽管这将使他们以后会付出一种垄断价格。如果消费者是理性的,他们将不会成为损害

⑦ 这假设掠夺评价的相关市场是直接受到价格削减影响的市场,因此从直接效应到间接效应的可能扩展(例如扩展到相关商业领域)没有加以考虑,这对当前案例是合适的。

⑧ 这看来是一种一致结论,参见 chapter 9, Joskow and Klevorick (1979) p. 213; Ordover and Willig, *An economic definition of predatory product innovation* (1981); F. Easterbrook, Predatory pricing and innovatlons: A comment, in *Strategic Predation and Antitrust Analysis*, ed. S. Salor (1981), Washington, D. C.: Federal Trade Commission; J. Brodley and G. Hay, Predatory pricing: Economic theories and the evolution of legal standards, *Cornell Law Review*, 66 (1981), p. 738。

自己的工具,他们将改为通过长期合同来支持预计会受到打击的受害者。”⑨

给定清偿损害条款的合法限度⑩,有洞察力的大顾客会认识到,自己的利益和优势企业所依靠的利润计算——其中用直接利润(低的当前价格)上的牺牲换取未来的利润收益(高的未来价格)——符号相反。因此,比起短视行为,这些顾客会有意识地通过支持预期会生存的新进入者来支持进入尝试。支持进入者的一种方式是给它以长期合同的奖赏。另一种会是给它的开发努力以帮助。

不过,显然给予进入者的支持既有限度又是有条件的。所希望的并不是进入本身而是它提供真正回报的前景。完全有效率的进入者将比处于边缘的那些获得更高评价。边缘之外的进入则毫无价值。在进入者遇到开发上的困难,经历到其他成本挫折,或者没有能力保证以良好条款提供产品时,顾客对它的出现的评价会更低一些。相应地,支持的数量和类型会随着环境而变。

将这两部分结构的推理应用到手中的案件,我们观察到太平洋公司在 1977 年享有大的市场份额,但这很难说是保险的。仅仅几年以前,INC 曾是优势企业。出现新进入或外国对手具
289 有很现实的可能性,被改进液压减震器替换的可能性也是一个

⑨ 伊斯特布鲁特(Easterbrook),参见上文中脚注④。

⑩ 这一签署后不得反悔的条款(caveat)在威廉姆森(1987 年)中进行了详细考察,其中我考察了使用契约惩罚条款以阻止进入的菲利普·阿欣(Phillipe Ashion)和帕特里克·博尔顿(Patrick Bolton)(1987 年)模型。

因素。从而太平洋公司预期未来获得收益而先损失一些的任何努力就存在危险。因此,太平洋公司(和处于类似情况的企业)能得到的更好建议是,把握能直接获益的利润机会。

这由对需求方的考察得到证实,其中的企业——建筑制造商,公用事业和管道悬挂器生产商——均是大企业并具有足够知识。相应地,他们会正面评价竞争并在合理限度内促进竞争。事实上,这正是ITT—格林内尔所做的。它不仅主动地支持巴里·赖特的开发努力,而且有意识地拒绝和太平洋公司的一个订购合同而采用吸引力较差的前1/4的订购。不过,随着和巴里·赖特继续合作的开发和生产的现实前景更为清晰,ITT—格林内尔重新对形势进行了估价,结果如以下10.3节所描述的,决定接受太平洋公司的提议。这并不是ITT—格林内尔一个短视决定,从而无意识地导致了一种反向的私人和公共政策后果,而是对于价值的理性评价。

因此掠夺逻辑有时减轻了陷入复杂事实调查的需要。至少,巴里·赖特的指控处在保护主义的边缘。当决策过程方面的考察引入时这种意见会更为深入。

10.3 决策过程考察

假如巴里·赖特的指控并没有以上所述结构性推理方面的缺陷,两种问题就成为关键。首先,所反对的行为是否可以被理解为一种简单经济决策过程的结果,或者它看上去是复杂的策略性计算的结果,其中反竞争目标和效果是产生这种结果的原因?其次,数据揭示了什么?两个问题中的第一个在这里讨论,第二个在 10.4 节中进行考察。

决策过程可以两种方式进行考察。首先,对实际决策过程进行仔细考察。其次,考察一种相关假设:如果 ITT—格林内尔继续自己的机械减震器开发项目而不是支持巴里·赖特的,那么它将如何评价太平洋科技的出价?

A. 巴里·赖特的经历

支持巴里·赖特的决策过程可以分为两个阶段来考察。第一个阶段是 1975 年秋天 ITT—格林内尔对自己机械减震器的
290 选择的评价。它所能进行的替代性选择有:(a)继续自己的减震器开发;(b)复制太平洋公司的减震器;以及(c)和巴里·赖特签订合同,支持其机械减震器。第一种会导致两年的时间滞后。第二种产生专利侵权问题。第三种的意义取决于更早成功的前景和合同条款。在 1975 年 12 月,前景看上去不坏,计划在 1976 年晚期开始生产,ITT—格林内尔期望可以获得 40%的价差。

ITT—格林内尔采用第三种选择的决定看上去是一种简单的经济评价的结果。换言之,为了理解这种结果并没有必要引入策略性分析——如先发制人投资或者惩罚性行为。对巴里·赖特来说,可以推断与 ITT—格林内尔的开发协定相比,可以从资源和专门知识的注入中得到收益。

不过，要注意，ITT—格林内尔对不计成本的第二供应来源不感兴趣，它从巴里·赖特处寻求的是与太平洋公司相比的价格降低和供应的更好保障（自然，存货累积是建立安全供应的一种替代方案，不过这和获得第二种同等供应来源相比是一种昂贵的行动）。事情并不像计划的那样顺利，在1977年中期，ITT—格林内尔基本上面临着四种选择：

1. 以折扣价格向太平洋公司订购1978年和1979年所需要的数量。

2. 在最初约定的价格下依靠巴里·赖特供应1978年和1979年需要量，修改合同以适当地反映1977年的交货失败。

3. 1978年的订货给太平洋公司，在对1979年进行决定之前等待进一步的发展情况。

4. 拖延一段时间，将巴里一事上的最终决策推迟，如到1977年12月。

与这四种选择相对应的后果在表10－1中呈现。

表10－1 对不同选择的经济评价

选择	价格			危险			第二供应源结果
	1978年	1979年	1980年及以后	减震器失灵	交货失败	合同限制	
A	好	好	不确定	无	无	无	最糟
B	最好	最好	不确定	严重	非常严重	严重	最好
C	好	不确定	不确定	一定程度	一定程度	严重	?
D	不确定	不确定	不确定	?	严重	?	?

选择A提供了到1979年的较好价格前景，而产品失灵[11]、交货失败[12]或合同限制[13]的危险可以忽略不计。这种选择的不
291 利之处在于，如果采取这种选择，巴里·赖特可能会成为更难生存或者更难以获取的第二供应源[14]。

假如巴里·赖特确实能够生产出全套机械减震器，且ITT—格林内尔会订下1978年和1979年两年所需要的数量，那么选择B提供的价格前景最佳。考虑到已经经历了延迟而且6种减震器设计中只有3种通过了资格检验，且不说还需要试验性生产和可接受性检验，因此发生交货失败的可能性显然非常现实（如果巴里·赖特不能进行所需要的供应，ITT—格林内尔将不得不回到太平洋公司。数量较小的现货市场购买一般均要求有加价。同时，太平洋公司得不到有保证订货带来的利益以使它能够提前计划从而进行必要投资以支持更大产量，因此实际价格也会更高）。

另外，巴里·赖特的减震器可以想象具有安装后失灵的更高风险（这里和INC的经验有关。更一般地，新设计早期安装的历史——对汽车工业经历的回顾可以作为见证——也预言需

---

⑪　太平洋减震器的性能记录人所共知。

⑫　太平洋使用广泛可用的材料，而且和其未参与工会的雇员之间具有良好的劳动力关系记录。

⑬　这一合同相对简单。

⑭　不过，ITT—格林内尔对第二来源的关切缓和了一些，由于以下三种因素：(a)ITT—格林内尔修正自己液压减震器的缺陷方面的努力可能会成功；(b)国内或者国外的其他机械减震器供应来源可能会变得合格；和(c)ITT—格林内尔可以建立起一种存货，这会有效地扩展它的价格和交货保护，直到1979年以后。

要谨慎)。最后,基本协定需要协商修改以反映 1977 年的延迟。292
这产生了严重的合同限制。不过,ITT—格林内尔决定依靠巴里·赖特供应其 1978 年和 1979 年需要量的决策具有最好的第二供应源特征。

选择 C 保证 1978 年的良好价格且没有什么危险,但之后的事情就说不定了。是否能够通过拒绝太平洋 1979 年的折扣提议而显著改善巴里·赖特的生存能力是不确定的。可以想象获得 1979 年 ITT—格林内尔订货的前景会鼓励巴里·赖特在 1978 年坚持下去。但是 ITT—格林内尔和巴里·赖特的关系可能在这个期间变化,原因是需要大幅度的合同修订[15]。

选择 D 主要是推迟了做出决定的痛苦,希望情况在 6 个月后会大为明朗。不过太平洋公司的折扣将被撤销,原因是太平洋公司将缺乏一种坚实基础以计划它在 1978 年的生产,而 ITT—格林内尔由于这个原因会遇到 1978 年供应上的困难。巴里·赖特和格林内尔是否能够在这一期间理顺两者之间合同关系仍存在疑问。因此很难做出推迟决策的决定。

结论是 ITT—格林内尔所面临的各种选择中,简单经济评价揭示了选择 A——即在能够提供尽管不是例外性的合理价差的折扣条款下,将其 1978 年和 1979 年减震器订货给予太平洋公司——具有相当良好的性质。这显然并不是 ITT—格林内尔在 1976 年初订立巴里·赖特协定所期望的选择。但是其他事

⑮ 这里为了避免依赖于当事人的一项秘密研究,删除了文中的两句话。

件的发生说明所希望的形势不能得到，显然需要根据新的经历进行现实的重新调整。这里并不需要引入可疑的非法目标以理解为什么 ITT—格林内尔采用它实际上所做的选择。简单的获利机会计算就足够了。

B. 一种假设

以上所述的决策过程考察了 ITT—格林内尔做出实际选择的原因。这里的讨论给出了一种假设情况。假设，ITT—格林内尔不是支持巴里·赖特的开发，而是决定完成自己的减震器。进一步假设它的开发经验和巴里·赖特相同，而且假设 ITT—
293 格林内尔在 1976 年 9 月和 1977 年 7 月得到了太平洋公司的相同折扣建议。ITT—格林内尔对这些会如何反应？

考虑 1976 年 9 月，这里主要的不同可能是 ITT—格林内尔将在 1976 年 9 月而不是在 1977 年 1 月进行其 1977 年需要量的订购。其原因是，与 ITT—格林内尔和巴里·赖特订立合同相比，可以期望内部开发人员在报告开发困难和计划生产能力时更为冷静。这反映了企业内部交流和企业之间交流在完全性与坦率上的一般差异。

因此，考察 1977 年中期进行的决策。主要存在表 10－1 中显示的四种选择，具有以下差异：(a)如果选择 A，ITT—格林内尔将更倾向于结束它的开发努力，而其中存在一定的可能性巴里·赖特在这种环境下会继续下去；(b)如果 ITT—格林内尔自行开发，选择 B 和 C 下所指出的合同限制就会减轻；和(c)可以想见ITT—格林内尔会对它为期望生产自己的机械减震器而投入投资的最佳替代性价值做出仔细评价[⑯]。

这些修正中的第一种减弱了结束自行开发努力的动机。这就是,巴里·赖特即使没有ITT—格林内尔业务在1978年和1979年也会继续下去的可能性,使得前面的评价比假设下的评价更具吸引力。第二种修正作用的方向相反:如果开发继续的话(如选择B下),由于ITT—格林内尔不会遇到自行开发的合同困难,所以这有利于自行继续研究。第三种修正在一定条件下没有太大意义,即:如果巴里·赖特的资产将转移到ITT—格林内尔,价格反映了它们的最佳替代性价值——可以想象是在6.5万美元(这是ITT—格林内尔的出价)到100万美元(巴里·赖特声称自己所投资的)的范围之内——而且如果和巴里·赖特达成合同后安排的法律和管理成本可以忽略不计的话(和巴里·赖特替代选择相比,这种忽略有利于自行开发下的选择A)。结论是这些因素中的任何一种看来均没有决定性的作用,而且它们的影响相互抵消。

因此,如果ITT—格林内尔在和巴里·赖特相同的开发历 294
史上进行自行开发努力,那么可以想见它的决策在1977年7月

⑯ 这忽略了第四种因素,由于缺乏更好的术语,我将其称为“官僚主义惰性”。曾经批准过一种内部开发项目的内部经理,在审查其价值时,可能会采取辩护性的姿态。超过合理限度继续推进项目的努力可能是由于这一原因而产生。不过,这反映了个人而非公司的理性计算,因而将被忽略。

将和它与巴里·赖特定约时一样。这证实了在终止和巴里·赖特合作的决定中缺乏策略性的特征:ITT—格林内尔将对自己采取对巴里·赖特所采取的行动,而一种基本的观念就是企业不会自我掠夺(最后这一条和本案例有特殊关系,原因是,如果巴里·赖特开发成功,将在供应1500万美元减震器的基础上将所有资产转移到ITT—格林内尔手中)。

10.4　对掠夺的评价

假设掠夺问题的逻辑置于一边,进一步假设不考虑对决策过程的考察,而注意力仅仅集中在据说达成了掠夺的三个事件上,即:(a)价格被制定在掠夺水平;(b)订单是一种不合法的类型和/或具有不合法的时间长度;和(c)太平洋公司诱使ITT—格林内尔(错误地)允诺不进行竞争而接受了一种掠夺性结果。以下逐一进行讨论。

A. 掠夺定价

其他的悬挂器公司、建筑制造企业和公用事业并没有说太平洋公司给予lTT—格林内尔的折扣应加以反对。如果存在对此的关切的话,也只是完全来自于巴里·赖特。

太平洋公司的价格是否为掠夺性的只能是通过一种掠夺性定价标准来进行评价。由于巴里·赖特没有提出标准,有必要设计出一个标准来。因为评价掠夺的合适标准仍然有广泛争议,可以认为随环境不同而变化,所以这里考察其中几种⑰。

在评价价格的可能标准中有:(a)已有企业必须维持价格以利于新进入者;(b)已有企业可以降低价格,但不能低于进入者的价格;(c)已有企业可以降低价格,但不能低于平均总成本;以 295
及(d)已有企业可以降低价格,但不能低于边际成本。

尽管巴里·赖特没有明确表示,但它看来是倾向第一个标准。不过,这并不是一个可以接受的标准。它等同于保护伞定价,邀请没有效率的企业进入。这个严格的价格标准显然是一种保护主义的,这一点得到了广泛的认同。禁止价格削减会阻止实现竞争的一种正常且很关键的好处。固定价格标准将反托拉斯经济学作为自己的伪装。

如上所述,太平洋公司的价格除了少数情况之外总是高于巴里·赖特的价格⑱,由此,太平洋公司折扣通过了这第二种掠夺检验——假如认为这是一个合适的标准的话(不过,对于这种观点,在这一问题的研究者中得不到多少支持)。

太平洋公司的价格与其成本——或是平均成本或是边际成

⑰ 文中讨论的标准均是基于成本的。一种替代性标准是基于产量的考察。这里的问题是主导企业是否在出现新进入时不成比例地增加产量。这是所谓的“威廉姆森规则”(参见威廉姆森,上文中脚注④;Brodley and Hay,上文中脚注④)。产量标准对减震器的应用受到三种因素的限制:(a)对减震器的需求具有很高弹性;(b)在一个新行业中的需求推断难以进行(其中一种因素是,可能会产生未预期到的技术问题——INC就是见证);和(c)如果一个企业的大市场份额将出现而还没有出现或者产生后其意义存在问题,则赋予它主导企业地位往往是不合适的。当然,最后这一点也适用于基于成本的检验,为了进行基于成本比较对此会不予考虑。

⑱ 参见上文中脚注⑨。

本所做的比较，要求汇集相应的成本数据。在任何情况下估计边际成本都是困难的，关于是否存在合适标准存在着广泛的争论。平均成本检验更容易实现，有些人认为，对于需求稳定或者增长的"正常"市场，这一检验更为可取。假设会计核算程序无可非议，则如果产品在所涉及的销售上实现了一定利润，就说明平均成本检验得到通过(斯金纳法官的结论是，"太平洋公司在格林内尔销售上获得了可观的利润")。[19]

对太平洋公司价格的这种评价证实了 10.2 节的推理。因此，关于掠夺的逻辑推理，在该行业给定的需求和供给下，并不支持预期获得补偿而进行低于成本的销售。实际证据也是如此。

B. 有限制条款的合同

要注意太平洋公司和ITT—格林内尔之间供应机械减震器的合同并不是严格意义上的有限制条款合同，而是ITT—格林内尔在其中施加了限制的合同。它们并没有排除从其他来源获得另外的供应。进一步需要注意的是ITT—格林内尔向巴里提议 1978 年和 1979 年从它那里获得价值 360 万美元的减震器。况且由于ITT—格林内尔最初是试图从巴里·赖特处购买全部所需减震器，后来仍试图获得其中的一部分，所以对限制条款的指责的基础是不明确的。不过如果可能，对有限制条款合

[19] 555 F. Supp. at 1268, 1269.

同是否能够为正面经济目标服务这一问题进行讨论无疑是有用的。296

这种合同起作用的第一种经济目标是，和所有其他长期合同一样，它允许合同的各方制订更为确定的计划。买方在特定（或者，如果合同中包括上下调整条款，一种公式化）价格下得到有保证的供应，结果是买方往往能够更为有效且效率更高地组织其经济活动。这对于高度专业化从而只有显著牺牲生产价值才能转为它用的投资是极为重要的[20]，机械减震器需要物质和人力资产两方面均不小的专业化投资。因此太平洋公司在使用合同以更好地计划中期生产需要方面具有特殊的投资计划利益。

限制条款合同起作用的第二种经济目标是，对买方而言它们具有有吸引力的数量灵活特征，而同时保护买方免受机会主义的剥削。在需求变化不定而持有存货成本较高的市场上数量灵活性有其优点，但是卖方在没有提供销售保护时对于允许数量灵活性会比较勉强。特别地，使卖方担心的是，买方会利用无限制的数量灵活性，在合同价格低的时候从它们处购买而在合同价格高于现货市场价格（或者存在其他可用方式）时从别处购买。一种限制性条款向卖方提供了保护以免出现这种结局。

一种限制条款合同是否是为反竞争目标服务取决于合同的

---

⑳ 这一段的剩余部分加以改写，以避免依赖顾问向当事人所做的秘密报告。

时间长度、独占的交易数量和买方的特征。与一些小的买主制定的、具有显著市场份额的长期合同可以认为具有较强的独占特征。对于太平洋公司和ITT—格林内尔的合同，要注意其中的时间长度是一年和两年，这对于各方进行计划所需要的来说并不算长。ITT—格林内尔的业务占据国内市场的份额小于50%。而且，一些小买主可能会采取没有远见的行为，逐个同意相互分开的限制条款合同，这些合同合起来就产生了对对手供应商的掠夺结局，但是精明的大买主不会这么做。

因此这些合同适用的时段最多算中期；不考虑国际市场，超过一半的国内市场仍然向竞争敞开。进一步，可以看到，其他管
297 道悬挂器企业、建筑制造企业和公用事业对机械减震器的第二种供应源具有很强兴趣。因此，有生存能力的减震器供应商可以向一个可预期会以正面方式对新进入做出反应的大市场进行销售。独占的指控经不起审查。

C. 结论

巴里·赖特进一步争辩说，太平洋公司诱使ITT—格林内尔接受一种掠夺性合同，方法是错误地允诺不和ITT—格林内尔在最终减震器销售上进行竞争。这种指控可同样在逻辑和数据两方面进行考察。

两类逻辑检验可以适用。首先，一个大买主是否会对其市场上的掠夺起帮助作用这一问题再次出现。早先提出的论点同样适用于这里：自我惩罚的掠夺是非理性的。

其次,企业不会同意参与很容易出现单方欺骗的串通安排。换言之,除非存在反制手段,否则单方面同意不进行竞争的协定既是非法的,又会被不受惩罚地违反,最终是愚蠢的——即便只是提议也是愚蠢的,更不用说达成协定了。

巴里·赖特的串通指控的逻辑在两方面均存在缺陷。进而,它和事实相违背:太平洋公司主动地直接向用户销售减震器并得到了相当的成功。结论是巴里·赖特正将非理性行为的指控(ITT—格林内尔没有察觉到自我惩罚掠夺的后果)和第二十二条军规式的推理(如果太平洋公司的直接销售下降,那就是串通的证据;如果反之保持不变或者增长,则那就是欺骗的证据)结合起来,这种方法只是将反托拉斯法作为一种伪装。

10.5 理解竞争

对反竞争行为的指控有时可以解释为,没有理解企业制度运作的方法。竞争——正常的、日常性的、普通的、为了竞赛而进行的竞争——的一个关键特征是它同时产生胜利者和失败者。因为没有人喜欢失败,也由于合法行为和非法行为之间的界限有时模糊不清,故而反托拉斯诉讼常常是由实际上理亏的人发起的。尽管有时是有意义的,但很多则不是这样。以下列出了一系列因素可以帮助理解竞争制度的关键特征,重述对巴里·赖特诉ITT—格林内尔反托拉斯指控所持的观点,其中部分重复了前几节中的论点。

298 **A. 偶然事件**

可获得高利润的环境本身并不是要反对的目标。一方面，它们显示机会的存在。另外，它们可能反映了一种有效的专利或者有价值的发现。它们有时也可以由偶然事件来解释：当一种特别机会出现时在正确的地点和正确的时间。20 世纪 70 年代早期液压减震器的“退出”并没有被预期到，但提供了奇妙的捕鼠器机会。INC 和随后的太平洋科技是偶然机会的受益者。这种偶然结局不应该被视为由一方进行而其他人忽视的缜密计划（或者有洞察力的事先定位）。更应该是，尽管概率低，偶然事件是竞争系统的一种正常结局，应该如此加以考虑。只有在垄断后果在这之后持续很长一段时间，而且无法由没有帮助的市场力量推翻，才会造成公共政策方面的问题（长期中公共政策是否应该介入仍然引起广泛的争论，但是没有人建议短期就介入）。

B. 效率调整

企业一般具有目标，但它们很少具有固定目标——不管发生什么事，目标的实现是关键。它们是在选项中根据对与每一种选项相关前景的评价而进行选择（有时同时保持若干选项的开放状态）；它们随后根据所发生事件和所得到新信息进行调整。

调整性的序贯决策是一个工作良好的企业制度的特征。面对未预期到的液压减震器的问题和有利于机械减震器的大规模转变，ITT—格林内尔面临着暂时性的单一供应源的前景。与对此被动地接受不同，它探索了缓解这种情况的各种方式。在所考虑的方式中，和巴里·赖特的联系显然是最有吸引力的。

这种开发努力随后遇到严重的困难并不意味着它就不应该加以尝试。开发工作一般是有风险的（如果不是，它应该被描述为生产）。基本的问题是这种行动是否表现为有根据的风险承担，而没有人说它在事前评价时缺乏意义。

当巴里·赖特项目的损耗不断增长而合同义务也到期了的时候，ITT—格林内尔自然开始重新考虑它的选择。面对事后的现实，它理智地决定选择选项 A。尽管这对巴里·赖特具有负面影响，但这很难说是一种有害的反竞争结果。调整失败意 299
味着针对特定结构性结局的非理性固执而不是有意义的经济评价。

C. 胜利者和失败者

如果巴里·赖特在将其开发努力按时完成并大量生产出高质量减震器上没有遇到技术问题，它将会成为一个大胜利者。但是技术问题出现了，而 ITT—格林内尔业务转向他方。巴里·赖特是否能在此之后成功坚持下去不在所讨论的范围内。我仅仅指出(a)巴里·赖特的努力并不应因为不利发展而当作有损信用的；(b)巴里·赖特没有权利因为行业最终的结构“劣于”它最初开发努力成功后会形成的结构而得到反托拉斯帮助；

和(c)私人部门的企业(供应商;买主)和个人(工人;其他人)均没有义务补贴它们打交道的遇到困难的企业(或者企业内部遇到困难的行动),而使用公共资金进行这种补贴很少会被许可。

固然,一些企业申请——且少数企业获得了——公共紧急援助,其原因是,否则公共利益(国家安全)将会遇到危险。而且有时,工人、其他供应商或者买主会认识到为了自己的利益应接受差一些的条款(工资削减;贷款延期;次等产品),理由是这样可以保住工作或者保护其他特定投资。但是公共政策,反托拉斯法更是如此,并不认为,工人有义务接受工资牺牲,银行有义务扩展贷款在所希望条款下支持实际上具有高风险的项目,或者顾客有非合同义务在发生了生产困难后继续购买。而应该是,工人、供应商和顾客均期望会以自己的利益为重并相应进行决策。坚持其他态度是和企业制度赖以运作的基本原则背道而驰的。

D. 进入条件

由于一般需要时间来组织对市场机会做出反应所需要的人才和资源,进入任何特定活动范围在短期往往是困难的。但是,如果在一个稍长一些的计划期上这些短期障碍可以被克服,则将进入相当一般性地描述为困难的是不合适的。更一般地,关键是:进入的条件不能以暂时条件进行表述。特别地,将进入条
300 件的特征表述为直接障碍往往会夸大在一个更长和更适当的计划范围内实现进入的困难程度。

E. 无意识的掠夺

掠夺推理对顾客是相对微小的、没有能力影响未来供应环境的市场是合适的,但将其直接移置到顾客力量强大并精明,而且他们的参与对掠夺产生效力是必备条件的市场上,就是一个错误。在人为的合同惩罚条款非法和没有强制力的时候,大买主并不容易被诱使参与掠夺方案。因此,这种情况下的掠夺指控应加以摒弃,原因是它不满足经济和竞争逻辑的基本检验。

F. 竞争者和竞争

企业系统是在玩棒球。在游戏规则得到遵守时,单个竞争者的经历无关紧要。实际上,通过保护个体竞争者以避免一定的棒球结局来介入游戏过程是和竞争逻辑相违背的,也阻止了有意义结局的实现。公共政策分析家和法庭给予适当关注的应是社会利益而非私人利益。个体竞争者的命运,只有在和对竞争过程是否以有价值方式运作进行评价相联系时,才是有意义的。

击球手喜欢慢的直接球,竞争对手喜欢固定的目标。但是游戏规则规定,快球、曲线球和滑行曲线球全都是好球。自适应的竞争同样是所应预期的,而且是企业系统值得珍视的本质特征。合法的对抗总是采取提出更有吸引力条款的形式(一般采取价格削减的形式)。只有非法对抗才是应予反对的。唾沫球被禁止,掠夺也一样。

第四部分

评　论

301 历史记录了有关健全的公共政策的经济学理论往往成为政治权术的牺牲品。反垄断也不例外。尽管如此，我仍然相信，和其他许多管制活动相比，反垄断执法**更少**受制于政治。在反垄断经济学领域工作令人欣慰，在一定程度上就是因为这个原因。

我对反垄断执法的解读是，在过去的二十五年里已发生了显著变化，而且，这些变化从同一时代的经济学分析中获得了知识，甚至是受其推动。这一部分的三篇文章对这一观点进行了详尽阐述。

11

对反垄断政治经济学的评论* 303

11.1　进展的一些标志

尽管在反垄断上存在着盛衰起伏，而近期的变化可能会逆转，但我的判断是反垄断在最近十年中获得了可观的进展——在我看来，对于进行这种观察来说，十年大约是一个比较合适的时段。获得进展的一些领域包括在评价社会效应时对经济效益因素的更多考虑，对纵向一体化和纵向限制的更好理解，对掠夺性定价更深入的理解，对不受欢迎的市场份额分析的更多批评以及在进入壁垒观点上的划界。

A. 经济效益的处理

20 世纪 60 年代开始时，联邦贸易委员会(FTC)采取的立场是认为："对违反法规的必要证明由各种类型证据构成，这些

---

* 最初发表在托利森编：《反垄断政治经济学》(Tollison, *The Political Economy of Antitrust*, Lexington MA: D. C. Heath)。

证据显示，进行收购的企业在某些市场上具有显著的支配力，或者其整体组织使得它在效率方面对小对手具有决定性优势。”①换言之，FTC在考虑一种兼并是否应得到允许时，把效率和进一步扩展效率的前景当作不利因素处理。效率推理的这种反面应用此后基本上消失了，但仍需对此保持警惕。司法部在1978年拒绝西方石油公司对米德公司的收购时做出了类似的论断。政府的首席律师向法庭建议说，这种收购应该加以反对，原因是这会允许米德公司构建一个大的绿地工厂，而这是“最有效率和
304 成本效益”的投资，会对米德公司的对手不利。②

不过，我倾向于相信，这种反垄断经济学的扭曲观点是一种偏差——一种“创造性律师工作”的表现（参见市场份额分析一节）——而不是向佳杰乳业一案标准的回归。在很大程度上，过去的十年中对效益因素给予了更大重视，无论是法庭③上还是立法机关④均是如此。

效益对市场支配力效应的参数分析无疑对这一结果做出了

---

① Foremost Dairies, Inc., 60 FTC 944, 1084 (1962)，加入了着重号。

② 这一用语为政府的首席律师芭芭拉·里夫斯（Barbara Reeves）所采用，用于支持第四法庭（Court Four）（Elimination of Actual and Potential Competition in Coated Free Sheet Paper），参见 *US v. Occidental Petroleum Corpotion*（Civil Action No. C-3-78-288）。

③ 关于对此的讨论，参见 O. E. Williamson, Economies as an antitrust defense revisited, *University of Pennsylvania Law Review*, 125 (April 1977), pp. 728—729。

④ 同上，第731页—第733页。一种效益辩护也包含在最近全国反垄断法律和程序审查委员会给总统和司法部长报告的无错垄断建议（Washington, D. C., 1979），第8章中。

贡献。这种分析的用处表现在两个方面。首先它证明了，如果经济上的而不是情绪上的后果被赋予重要权重，则对效益敏感就十分重要。其次，同样重要的是，参数分析常常使得定量净收益评价中的困难问题可以得到处理。因此，如果在相对弹性的整个范围上会获得同样的净收益评价的话，那么对需求弹性知道得不太清楚又有什么关系呢？

换言之，以净收益概念来思考并不需要对这一问题的讨论完全定量。仅是将问题清楚地表达就可以获得概念上的收获，这将避免 FTC 在佳杰乳业案件中和反托拉斯局在拒绝西方石油—米德收购企图时所犯的错误。如果涉及权衡问题，而且如果在参数数值的相关范围内均会得到一种净的负（或者一种净的正）评价，则“精制”的净收益评价是不必要的。将效益因素作为一种反托拉斯辩护现在并不会受到像 20 世纪 60 年代中所受到的那种敌意，原因大致上就是因为对这种概念收获，包括参数分析的效力，具有更为普遍的了解。

B. 纵向市场关系

20 世纪 60 年代在纵向市场限制领域上盛行的是一种敌意的态度。唐纳德·特纳将其表述如下：“我对区域和顾客限制进行研究时并不是按一般法律传统的友好态度进行，而是按照反托拉斯法传统的不友好态度进行。”[⑤]这种推理造成了施温案中 305

⑤ 特纳在他担任主管反托拉斯局的司法部副部长时表达了这些观点，参见 Stanley Robinson，1968 New York State Bar Association，*Antitrust Law Symposium*，p. 29。

的错误论断。[⑥]

在不同以往的一种逆转中，最高法院最近在GTE—西尔韦尼亚案件中推翻了施温案例[⑦]，对经济化机会的反应常常会产生"非标准"的组织模式，对这一点的更多了解无疑是其原因之一。因此，除非相当特殊的结构性先决条件得到满足，纵向限制不应被敌视。

这一立场经过了很长时间才得到认可。对此起作用的因素有，由芝加哥学派发动的批评浪潮（Director，Bork，Posner和其他人，如Baxter）增强了对交易成本推理（威廉姆森，菲利普斯）的了解，以及特纳态度的戏剧性转变[⑧]。由于这种批评而发生的对以往错误的逆转显然是反托拉斯进展的良好标示。

C. 掠夺性定价

20世纪60年代主导性的掠夺性定价案件是犹他馅饼公司案[⑨]。尽管法庭在这一案件中所采取的保护主义推理并没有明确逆转，但是这种态度不令人满意的性质已经被广泛讨论[⑩]，而

---

⑥ 关于政府在施温一案中的主要观点和相应的批评，参见第6章。

⑦ *Continental TV Inc. v. GTE Sylvania*, *Inc.*, 433 US 36 (1977).

⑧ 特纳和汽车生产商联合会的律师一起提出了临时法律顾问辩护状，要求推翻施温案件中的裁决。Motion for Leave to File Brief and Brief for Motor Vehicles Manufacturers Association as Amicus Cruiae, *Continental TV Inc. v. GTE Sylvania*, Inc.。

⑨ *Utah Pie Co. v. Continental Baking Co.*, 386 US 685 (1967).

⑩ Bork (1978), New York: Basic Books, pp. 386—389; Posner, *Antitrust Law*, pp. 193—194.

且已经做了可观的努力以便为掠夺性定价的评价提供一个更为可靠的经济学基础。

最终会出现的标准仍然不明确，正如保罗·乔斯科(Paul Joskow)曾观察到的，下级法庭过分草率地应用阿里达—特纳的平均可变成本规则来评价掠夺性定价[11]：

> “首先，这一规则不符合经济学家一般所倾向的观点；尽管这种观点为法庭大加赞赏。这并不代表着经济效率对政治考虑的胜利。我更相信，这种规则受到司法这么多注意的原因是，它提供了对一种领域中所 306
> 产生案件进行处置的方法，这种领域中政治上的反托拉斯者建议了各种模糊而相互冲突的规则，而且有时被应用到案件中的目的似乎只是为了寻求对特定竞争者的保护。我将这一规则的采用归结为司法系统希望使自己从已有案例法律的混乱中解脱出来，而不是为了他们‘建立信念’。我认为这种简洁的引用来自于他们的法律职员。我相信我们看到的是，从经济学效率观点看来是不合适的规则被采用的原因是我们的朋友，‘政治上的反托拉斯者’得到了太多的建议方案。法庭得到的是关于小企业价值的模糊概念，然后被告知他们不应该混淆个体竞争者和竞争这两个概念，看到将自身强大和木匙生产的兼并这些话题混为一谈的

---

⑪ Joskow (1980), Chicago: University of Chicago Press, p. 202.

讨论，有时又听到竞争过程这一用语，而得不到对做出决策有用的任何东西。这就使得一种简单的自明规则得到热切采用几乎是不可避免的，而不管它是否来自于经济效率的适当考察。如果平均可变成本是一种较差的规则，我认为我们持有它的原因是因为政治上的反托拉斯者在这一领域什么也没有留下，而不是经济效率考察在解释反托拉斯法规上的胜利。"

自然，法庭处在困难境地。面对案件裁决的需要，法庭不可能等到阿里达—特纳规则得到学术评论的检验之后。不过，幸运的是，这种评论很快出现了⑫，其中很多强调跨时效率，将会采用更好的有利可图检验的可能性看来是加强了⑬。

D. 市场份额分析

面对一个看来超过了反托拉斯法规范围的困难案件时，存在很强的诱惑转向为约翰·希尼菲尔德(John Shenefield)所称

---

⑫ 在相关论文中有，F. M. Seherer, Predatory pricing and the Sherman Act: A comment, *Harvard Law Review*, 89 (March 1976), pp. 869—890；第 9 章；Richard Schmalensee, On the use of economic models in antitrust, *University of Pennsylvania Law Review*, 127 (April 1979), pp. 994—1050。

⑬ 最近法庭决策时对阿里达—特纳检验的接受比以前更为谨慎。在 *California Computer Products, Inc. v. International Business Machines Corp*. 案中的第九次审讯就反映了这一点。*O. Hommel Co. v. Ferro Corp*. (Civil Action No. 76－1299)一案中美国地方法官威廉·W. 诺(William W. Know)的备忘录意见类似地对阿里达—特纳检验表达了批评意见。

的“创造性律师工作”[14]——这是提出人为案件的委婉说法。这种诱惑在兼并领域特别具有诱惑力，其中法规的语言是很宽泛的。如果能够显示出“在任何商业领域，在国家的任何地区”存 307
在着负面效应，一个创造性的律师所需要做的就是在定义其商业领域和地区市场时加以足够的想象。

不过对市场份额条件反射似的依赖也受到了日益增多的批评。这部分是对60年代随心所欲标准的一种反映，部分是一种认识的反映，即重要的经济化目标常常是通过重新配置经济活动而实现的。对反托拉斯基于市场份额方法的认识清醒程度在理查德·施马兰西(Richard Schmalensee)最近关于雷—莱蒙案件(Rea-Lemon)处理的文章和达瑞尔斯·加斯金(Darius Gaskin)对此的评论中表现出来[15]。通过重新配置经济活动而达成的节约目标和纵向市场关系相联系进行了讨论。更一般地，人们越来越意识到交易成本是理解经济活动组织的关键，早期反垄断传统中这种考察被忽视或者被压制了，因此遗漏了使高绩效的企业经济得以有效运转的很多东西。

---

[14] Hon. J. H. Shenefield, Testimony before the Subcommittee on Antitrust and Monopolies of the Committee on the Judiciary, *United States Senate*, 18 July 1978, p. 65.

[15] Schmalensee, pp. 1004—1016, and Gaskin, pp. 154—158, in *Antitrust Law and Economics*, ed. O. E. Williamson (1980).

E. 进入壁垒

进入壁垒分析作为一种反托拉斯政策的指导原则在 20 世纪 60 年代达到了顶点。这一术语具有一种反竞争的含义，进入壁垒传统中更为好斗的成员显然相信，具有阻止新对手进入或者打击外部企业效果的任何行动均应视为反竞争的，并应被禁止。产生效率的兼并也在反对之列。宣告更有效益被认为是特别可恶的。这种观点为政府所推动，并在最高法院 1967 年决策认为宝洁公司对克洛罗克斯的收购为非法中得到采用[16]。

这一问题上的混乱持续到现在。因此里奥纳多·韦斯(Leonard Weiss)和贝恩与斯蒂格勒在进入壁垒上的观点相反，坚持认为规模经济应被视为一种壁垒；“将这种形势描述为‘没有壁垒’会使得赋予术语进入壁垒的意义在评价市场支配力时不怎么有用。”[17]为什么我们应该专注于市场支配力而不考虑可能的效益并没有做出解释，不过这显然是进入壁垒分析和它的热心支持者的强力冲击。

308 不过，幸运的是，事情有了变化。博克和其他人一起，在强调重点转移的形成中起到了作用，“反托拉斯的问题为是否存在着人为的进入壁垒。这些壁垒必须是符合以下条件的壁垒，即没有产生更高的效率，而且还阻碍了市场力量……发挥侵蚀不

[16] Bork (1978), New York: Base Books, p. 310.

[17] L. W. Weiss, The Structure-conduct-performance paradigm and antitrust, *University of Pennsylvania Law Review*, 127 (April 1969), p. 121.

是基于效率的市场地位的作用”。[18] 因此，绩效结果而不是结构本身才是关键之处。根据这一考虑，重要的就是可纠正的进入障碍和不可纠正的进入障碍之间的区别。如果一种不可纠正类型的形势——就是说，其中不能实现更好的结局——受到煎熬时，达不到什么有用的公共目标，反而会导致公共政策产生错误结局的显著风险。

相反，对于可纠正的妨碍，如果排除就可以得到福利（而非市场结构）方面更好的社会结局。这种区分得到进展的一种表现是最近科马诺(Comanor)和威尔逊(Wilson)关于广告的态度转变。以前他们强调广告的负面进入效应[19]，现在他们采用的态度更为均衡，并建议广告的效果应该进行福利方面而不是市场结构方面的评价，“只要消费者的信息在市场支配力获得的过程中同步增长，我们就可能不愿意采用特殊的政策手段，因为害怕前者的负面影响而反对后者”。[20] 进一步，以前反对广告的起诉相当广泛，现在认识到注意力应“集中在小数目的行业中”，其中广告—销售比率不同寻常的高[21]。即使这时，净的负效果的假设也不能肯定成立。

---

⑱ Bork (1978), p. 341.

⑲ W. S. Comanor and T. A. Wilson, Advertising, market structure, and performance, *Review of Economics and Statistics* (Novermber 1967), pp. 423—440.

⑳ W. S. Comanor and T. A. Wilson, Advertising and competition: A Survey, *Jorunal of Economic Literature* (June 1979), pp. 472.

㉑ W. S. Comanor and T. A. Wilson, Advertising and competition: A Survey, *Jorunal of Economic Literature* (June 1979), p. 470.

到目前为止，和其他地方一样，必须认识到权衡问题，而有此根据的公共政策就不会在无意识中付出各种形式的效率代价去追求“称心如意的”市场结构结局。效益必须被认为是一种可行的反垄断辩护理由的观点从而获得了优势，尽管最初有很强的阻力和一些没有建设性的批评。这是对20世纪60年代反垄断执法的立场的一种重大转变。这也是我认为反托拉斯在最近十年中获得了重大进展的主要基础。

309 11.2　结　束　语

我对过去十年反托拉斯发展的看法相对而言是一种令人鼓舞的看法。对效益的正面考虑现在已经普遍，而效益辩护的重要性也被广泛认识到。这已不是十年前的情况了，在20世纪60年代中对纵向市场限制和其他不熟悉的商业实践采取的是怀疑态度。而相反，交易成本经济驱动非标准实践的可能性现在得到广泛承认，市场份额分析和进入壁垒观点的滥用现在少见多了。进一步，当滥用出现时，很快就会受到挑战。因此20世纪60年代很多反托拉斯观点不知道基本价格理论和经济化概念，而现在微观经济学的角色已经牢固地建立而交易成本节省的重要性也广为人知。

这种转换的原因是多种多样的。芝加哥学派顽强坚持个体组织问题应该“以价格理论的放大镜”进行考察肯定是一种主要的起作用因素[22]。交易成本理论的进展及其在各种反托拉斯问题中的应用也是一种因素[23]。当代微观理论研究者对行业组织理论的更大兴趣也做出了贡献，而且我猜想，可以起到更大的作用，如果做出努力以整理出在策略行为领域中哪些需要讨论的话——这里的策略行为，即由已有企业为得到领先地位而进行的努力，和/或用以排除实际竞争或者阻止潜在竞争的方式向对手做出应急性的反应。这种行为是否存在，它采取何种形式，每种类型的普遍程度，以及因此而采用何种反托拉斯分支理论，这些全都可以进行讨论。

重塑结构—行为—绩效方法以使得它更为进取，并对权衡更为敏感也对上述进展做出了贡献[24]。在反托拉斯局和联邦贸易委员会中工作的经济学工作人员的规模和素质的提高确保了错误的经济学论点很快被识别出来，并形成更为熟练的分析。

“思想而非既得利益”驱动着结局的观念[25]对学术研究人员 310
具有可以理解的吸引力。不过，显然在一些公共政策领域中这

㉒ 对于这一主题的发展，波斯纳的《反托拉斯法》和博克的近期著作《反托拉斯迷局》，是对这一传统的重要贡献。芝加哥学派的主要局限是它不愿意将交易成本引入考虑，特别是关系到策略性行为的时候。关于对此的讨论，参见我对博克的著作的评论，载《芝加哥大学法律评论》1979 年冬季刊（1979 年总第 46 卷，第 526—531 页）。

㉓ 关于对此的讨论，参见第 5 章，以及威廉姆森的《反托拉斯法律和经济学》（*Antitrust Law and Economics*）。

㉔ R. E. Caves and M. E. Porter, From entry barriers to mobility barriers, *Quarterly Journal of Economics*, 91 (May 1977), pp. 241—262.

㉕ J. M. Keynes, *The General Theory of Employment, Interest and Money* (1936), New York: Harcourt, Brace, p. 384.

只是一种不切实际的愿望。特别地，当很容易形成既得利益和个人的利害关系巨大时现实政策往往排挤思想，不过，两者特别是前者在反托拉斯中并不常见。因此，和许多其他公共政策问题相比，思想在反托拉斯中更为重要。

结论是，尽管好的分析可能并非已经获胜，但它确实正在赢得胜利。当最近和未来的改进得到检验和投入实际操作后，我有信心这些将对反垄断产生有益的冲击。当然会存在延迟。而创造性的律师业这一危害也会一直伴随着我们。总是可能有偶然的倒退，但是，我不认为过去十年的成就会逆转。尽管如此，仍应保持警惕。发现和揭示效率结果仍将是反垄断学者的首要任务之一。

12

法律经济学的思想基础：需要更开阔的视野*

埃德蒙·基奇(Edmund Kitch)的有趣论文考察了法律经济学的思想基础，通篇采取的是同一基调：判断法律经济学的价值应该和竞争联系起来。我对这一点和文中的很多观点表示赞同。但是，基奇对法律经济学特征的描述可能在概念和事实两方面引起争论。由于重述一致意见没有什么意义，我的评论主要表现为意见上的分歧。

除了导言以外——导言增加了一种论据，如果需要的话，以支持乔治·斯蒂格勒的观察“律师将词句视为……读者对其具有无法满足之饥饿感的食物”①——该论文相当简练。如果基奇扩充并验证自己的论点的话，可能就会避免我和他在观点上的某些不同之处。不过，其他不同更为根本。我的评论分为三部分：意

---

* 本文转载得到了版权所有人的同意(©1983 by the Association of American Law Schools)。本文原载《法律教育杂志》(*Journal Legal Education*)，1983 年总第 33 卷，第 210—216 页。

① George J. Stigler, The law and economics of pubilc policy: A plea to the scholars, *Journal of Legal Studies*, 1 (1972), p. 1.

见一致的地方，存在争论的地方，以及关于研究议程的简要讨论。

12.1 一致意见

尽管一种思想传统的价值可以以各种方式进行评价，但显然比较检验是其中最重要之一。给定所讨论的现象集合，能竞争的理论理应提供什么？尽管对法律经济学有批评，但尚未出现合乎逻辑的替代性方法能在解释和预测一系列法律和经济现象上起到同样作用。有理由建议法律经济学的批评者将他们的
312 注意力转向形成一种替代性理论上——不过，这并不是说法律经济学并不需要批评，或者没有从批评中获益。

基奇和我不仅在这一点上是相同的，而且我们也一致认为，评价任何“市场或规制安排”的主要基础和“其他可行的制度性替代选择”有关。罗纳德·科斯在其 1964 年论文中强有力地推进了这种研究规制的比较制度方法：

> “对最优系统的批评性考察可能使人想到改善系统的多种方法……但是一般来说这样做的影响是有害的。它将经济学家的注意力从主要问题上引开，该问题是替代性安排在现实中将如何实现……除非我们认识到我们是在具有更多或者更少缺陷的社会安排中进行选择，否则不太可能获得很大进展。”②

② Ronald H. Coase, The regulated industries: Discussion, *American Economic Review* 54 (1964), p. 195.

这一观点需要一定时间来获得优势地位,而现在它已经得到了广泛接受。

我也同意基奇的另一种观点,即详细知识常常对于理解复杂制度现象很重要。“法律报告和案件记录均包含了仔细记载的有用信息”,这些信息可以为这样一种目的而有效使用。查林·科普曼斯(Tjalling Koopmans)简明地将之表述如下:“将概念和观察联系起来的任务要求具有关于经济生活现实的大量详细知识。”[③]这些细节中有的隐含在合同、备忘录、信件和其他类似物品中,这些物品以各自方式进入法律诉讼和调查的记录,更好地挖掘可以从中获得好处[④]。

基奇在表述这种观点之后随之观察到,法律史和比较法学的发展应该更为系统。我同意这一点并相信基奇在第Ⅰ(10)节中提出的问题应是研究议程的关键。我仅要补充一点,商业史的研究也是对于法律经济学研究的有用材料。由小阿尔弗雷德·钱德勒[⑤](Alfred Chandler,Jr.)所做的这方面工作——我相信,罗伯特·克拉克(Robert Clark)会将之描述为“中间层

---

③ Tjalling Koopmans, *Three Essays on the State of Economic Science* (1957), New York, McGraw-Hill, p. 145.

④ 参见科斯,上文中脚注②,第195页—第196页。也见 O. E. Williamson, Credible Commitments: Using Hostages to Support Exchange(Unpublished manuscript, Oct. 1982)。

⑤ Alfred D. Chandler, Jr., *Strategy and Structure* (1966), New York, Doubleday; Alfred D. Chandler, Jr., *The Visible Hand* (1980), Cambridge, Mass.: Harvard University Press.

次”(既非过于笼统也非过于细微的微观分析[⑥])——是很有益的。

313 最后,我赞同基奇关于“法律的中心统一”的评述,认为法律经济学观点有助于揭示和发展这种统一性。这显然是一种重要的知识贡献,法学的研究可以从中获益匪浅。其中的危险是对经济学的解释可能会过于狭隘,统一的实现可能是以内容为代价而获得的。

12.2 不同之处

我对基奇提出法律经济学理性基础的方式的主要担心是,他想象经济学以同一种声音回答所涉及问题。他所听到的声音来自于他在芝加哥时的前同事。我完全同意,法学和经济学,无论各自还是联合一起,得到了起源于芝加哥的学术研究的很大贡献——有一些面对着强大的反对(如理查德·波斯纳所述,与艾伦·迪雷克托(Aaron Director)的名字联系在一起的法律经济学方案曾经被认为“比极端主义好不了多少”[⑦])。不过,芝加哥内部也存在分歧,更不用说芝加哥之外了。因此波斯纳认识到他自己和约翰·麦吉在掠夺性定价上存在分歧——其中波斯

⑥ Robert C. Clark, The interdisciplinary study of legal evolution, *Yale Law Journal*, 90 (1981), p. 1265.

⑦ Richard A. Posner, The Chicago School of antitrust analysis, *University of Pennsylvania Law Review*, 127 (1979), p. 931.

纳倾向于允许麦吉忽视的策略考察[8]。更重要的是,乔治·斯蒂格勒和罗纳德·科斯之间的分歧,前者将产业组织视为应用价格理论,而后者坚持认为需要研究经济组织的"直接方法",其中交易成本节省是最为显著的特征[9]。

尽管两者均坚持着一种节约取向,但是应用价格理论和交易 314
成本的比较制度评价之间存在着显著的差异。令人费解的是,波斯纳在他最近关于芝加哥反垄断经济学的综述中忽视了这些差异[10]。更令人吃惊的是,这些问题没有在最近编辑的《真理的火焰:芝加哥法律经济学回顾,1932年—1970年》[11]中出现。

在这两种方法中,直接方法发展情况要差一些,但对某些法

---

⑧ Richard A. Posner, The Chicago School of antitrust analysis, *University of Pennsylvania Law Review*, 127 (1979), p. 931.

⑨ 参见 Ronald H. Coase, Industrial organization: A proposal for research, *Policy Issues and Research Opportunities in Industrial Organizations*, ed. V. R. Fuchs (New York, National Bureau of Economic Research, 1972), pp. 59—73。科斯描述产业组织的直接研究方法如下:"这种方法关注的是企业采取何种行动,尝试发现企业内各组活动的特征,……在研究企业内所发生事情之外,也应对企业之间的契约安排加以研究(长期合同,各种类型的租借、许可证安排,包括购买授权,以及如此等等),由于市场安排是企业内部组织的替代性手段,兼并的研究应加以扩展以使得它成为主要研究主题的一个整体部分"(第73页)。

和产业组织的应用价格理论研究方法相比,这是一种非常困难的研究议程——它强调对"企业定价和产量政策,特别是在卖方垄断行业中"的研究(同上,第62页)。我在其他地方称为交易成本经济学(参见下文脚注⑳中的参考文献)的方法在过去十年中正实现着科斯所描述的研究议程。

⑩ 波斯纳,参见上文中脚注⑦。

⑪ Edmund W. Kitch, ed., Transcript of a discussion held March 21—23, 1981, Los Angeles, California, *Journal of Law and Economics*, 26 April, 1983, pp. 163—233.

律经济学目标来说更有希望。但是值得注意的是，这两种方法并没有穷尽所有可能性，研究产业组织的其他几种经济方法和相关的法律经济学问题值得给予评述，其中包括：最近对这一领域内的哈佛传统中关键的“进入壁垒”概念进行澄清的尝试[12]；将经济当作一种过程来研究，这和经济组织的奥地利学派与进化研究方法有关[13]；代理理论[14]和信息经济学在经济组织研究中的应用[15]；

---

⑫ 相关文献参见 Richard E. Caves and Michael E. Porter, From entry barriers to mobility barriers: Conjectural decisions and contrived deterrence to new competition, *Quarterly Journal of Economics*, 91 (1977), p. 201; A. Michael Spence, Entry, capacity, investment, and oligopolistic pricing, *Bell Journal of Economics*, 81 (1977), p. 534. Avinash K. Dixit, A model of duopoly suggesting a theory of entry barriers, *Bell Journal of Economics*, 10 (1979), p. 20 and B. Curtis Eaton and Richard G. Lipsey, Exit barrier are entry barriers: The durability of capital as a barrier to entry, *Bell Journal of Economics*, 11 (1980), p. 721; O. E. Williamson, Antitrust enforcement: Where it has been, Where it is going, *Industrial Organization, Antitrust, and Public Policy*, ed. J. V. Craven (1982), Boston, Kluwer-Nyhott。

⑬ 相关文献参见 Israel M. Kirzner, *Competition and Entrepreneurship* (1973), University of Chicago Press, Chicago; Richard R. Nelson and Sidney G. Winter, *An Evolutionary Theory of Economic Change* (1982), Cambridge, Mass.: Harvard University Press。

⑭ 相关文献参见 Michael C. Jensen and William H. Meckling, Theory of the firm: Managerial behavior, agency costs, and ownership structure, *Journal of Fin. Econ.*, 3 (1977), p. 305; Stephen A. Ross, The determination of financial structure: The incentive signaling approach, *Bell Journal of Economics*, 8 (1977), p. 23。

⑮ 相关文献参见 Michael Rothschild and Joseph E. Stiglitz, Equilibrium in competitive insurance markets, *Quarterly Journal of Economics*, 80 (1976), p. 629; Sanford J. Grossman and Oliver D. Hart, Corporate financial structure and managerial incentives, ed. J. J. McCall, *The Economics of Information* (1982), University of Chicago Press, Chicago, p. 107—140。

法律规则的新古典效率评价[16]；以及经济学和可行性分析的折中调和以探索像掠夺性定价这样的复杂问题[17]。

结论是法律经济学以不同声音说话，这常常是因为不同方 315
法对于不同问题更为合适。不过，有时不同的经济学方法对同一问题给出不同意见[18]。这种差异应该加以确认而不是忽视或者推卸。从基奇的文章中看不到相关方法中的差异或者它们之间的冲突。

现在从这种一般性的批评转而考察以下特别问题：

1. 基奇争论说："边际效应而非总效应或平均效应更为重要"和"过去的成本是沉没成本，对于当前的决策没有影响"。两种陈述均需要加以验证。对此科斯关于社会成本的著名论文揭示了既需要考察边际效应又要考察总效应，并赋予后者以特别的重要性[19]。而最近学术上强调固定成本不一定是沉没成本；

---

⑯ Peter A. Diamond and Eric Maskin, An equilibrium analysis of search and breach of contract, *Bell Journal of Economics*, 10 (1979), p. 282. Steven Shavell, Damage measures for breach of contract, *Bell Journal of Economics*, 11 (1980), p. 446.

⑰ Joskow and Klevorick (1979, p. 213). Steven C. Salop, ed., *Strategy, Predation, and Antitrust Analysis* (1981), Federal Trade Commission, Bureau of Economics, Washington, D. C.

⑱ Richard R. Nelson and Richard A. Posner, Symposium on antitrust law and economics, *University of Pennsylvania Law Review*, 127 (1979).

⑲ 参见 Ronald H. Coase, The problem of social cost, *Journal of Law and Economics*, 3 (1960), p. 1。也见 Rosalind A. Seneca, Inherent advantage, costs, and resource allocation in the transportation industry, *American Economic Review*, 63 (1973), p. 945。一般论点是：在不连续的替代性方案中进行选择时(考察替代性制度时这是普遍情况)，边际和总条件均需要加以检查，参见威廉姆森："可信威胁"(Credible Commitments)，上文中脚注④。

关键问题是所涉及的资产是否能够有效地在替代性的使用中或者由替代的用户重新配置[20]。当耐用资产可以被重新配置时，它们能够加以应用的替代价值在决定是继续还是结束一种已有业务时会加以适当考虑。

2. 基奇认为，已经处于交换关系中的各方会使一种新法律无法达到预期目标，原因是："因为他们已经承担了交易成本，在他们的议程中增加一个新主题——新法律——的边际成本会比较低，看来有理由期望复杂的多方安排会抵消它的效果。"对此很需要对认为需要超出直接效应而考虑最终效应的观点加以说明。为研究公司所得税时应用的局部均衡对一般均衡方法就是
316 一个例子。不过有时直接效应确实很重要(各方可能在短期内利益受侵占)。法律中的任何变化均可能改变谈判力量，即使是对进行连续交流的各方也是如此(瓦格纳法案就是见证，Wagner Act)。因此，尽管认识到各方对重建有效贸易(例如，进行兼并以逃避转让中间产品的税收)感兴趣是有益的，但这并不总

---

[20] 参见第2章；以及 O. E. Williamson, *Markets and Hierarchies: Analysis and Antitrust Implications: A Study in the Economics of Internal Organization* (1975), Free Press, New York; O. E. Williamson, Transaction cost economics: The governance of contractual relations, *Journal of Law and Economics*, 22 (1979), p. 231; Benjamin Klein, Robert A. Crawford and Armen A. Alchian, Vertical integration, appropriate rents, and the competitive contracting process, *Journal of Law and Economics*, 21 (1978), p. 297; Lester G. Telser, A theory of self-enforcing agreements, *Journal of Business*, 53 (1981), p. 27; Benjamin Klein and Keith B. Leffler, The role of market forces in assuring contractual performance, *Journal of Political Economy*, 89 (1981), p. 615; Curtis Eaton and Richard G. Lipsey, Capital commitment, and entry equilibrium, *Bell Journal of Economy*, 12 (1981), p. 593。

是可行的或者成本太高无法实现。已经承担启动成本并不意味着随后的谈判就会顺利。

3. 基奇认为:“市场具有很强的效率特性。”我不了解这一陈述本身是怎么形成的,或者可以说,基奇应该注意到自己提出的建议。和其他地方一样,这里也应保持一种比较制度标准。这样一种方针揭示出,市场在作为组织某些交易的治理结架使用时具有良好的效率特性,等级制度和行政模式对另一些类型的交易具有良好的效率特性,而混合模式(特许经销,非标准协约)对其他类型交易具有良好特性。进一步,对于经济组织的研究特别重要的是,在使治理结构以差异化(主要是交易成本节省的)方式匹配交易方面已经有了进展——还会不断有新的进展㉑。

4. 基奇反复提及,追求自身利益是对复杂现象进行经济分析时的重要行为假设。这是对的,但是不同类型的自身利益追求需要加以区分。追求自身利益的论点有可能被过度使用,有时也的确如此。

如果我没有理解错的话,基奇所指的自我利益追求的类型主要是一种简单的或者表面类型,即彼得·戴蒙德(Peter Diamond)在观察到标准“经济模型……将个体[处理为]按照他们遵守的固定规则进行游戏,他们不购买自己知道买不起的,他们

㉑ 参见上文脚注⑱中的参考文献。

不会侵吞款项，他们不会抢银行”[22]时，心中所想到的那一种。这样的自身利益追求需要和机会主义分开，后者是一种更为细致的行为形式，涉及狡猾地追求自身利益。没有能够允许这种更深一层的自身利益追求造成了关于一些经济现象的错误概
317 念——对此自然垄断的特许权投标所期望达到的效力就是一种例子[23]。

5. 与上一条相关的是，基奇声称“相当基本的价格理论”已被用来记录“一系列令人吃惊的经济规制结构上的失败。……这些论证集中在限制进入的机构（航空、卡车、公用载波通讯），限制定价自由的机构（铁路、公用事业管制、鲁宾逊—帕特曼法案），或者是防止私有产权产生的机构（广播管制）”。

我同意基本的价格理论已经被用于这些目标，并在重塑规制的需要和目的上起到作用。特别是，基奇引述的文献有助于证实规制一般是为特定利益（常常是被规制企业的利益）而不是

---

[22] Peter A. Diamond, Political and economic evaluation of social effects and externalities: Comment, ed. Michael D. Intrilligator, *Frontiers of Quantitative Economics* (1971), North-Holland Publishing Company, Amsterdam, pp. 30—32.

[23] 关于和资产高度专用的情形中通过特许权投标来实施规制的所谓功效相联系的错误概念的讨论，参见 O. E. Williamson, Franchise bidding for natural monopolies in general and with respect to CATV, *Bell Journal of Economics*, 7 (1976), p. 73。Paul L. Joskow and Richard Schmalensee 最近的研究成果 *Deregulation of Electric Power: A Framework of Analysis* (Energy Laboratory, MIT, Sept. 1982)，考察了电力行业特许权投标的效率，结论是解除规制的热心支持者没有完成他们的比较制度研究工作。一经考察电力所具有的资产和不确定性的特征，他们就会得出结论，市场协约会受到一大堆问题的困扰。

为整体上的公众利益服务。这是一个重要的结论，不过我要加上以下限定性条件：

(a)资产特性对于评价解除规制的功效是关键之处。在这种联系中将卡车货运和航空运输与地方电力、煤气和水分销系统区分开是有益的。尽管在所有这些行业中耐用投资会很大，但卡车和飞机是运输工具，主要用于一般性目的。相比之下，公用服务事业地方分销系统的投资则是沉没成本（高度专业性的）。不考虑转移问题时，卡车货运和航空运输解除规制相对比较容易实现。地方分销系统反之则困难得多。

(b)产权界定可能会比较困难。在联邦规制引入之前，私有部门不成功地为广播行业中私有产权的产生搏斗了30年[24]。当然，如果再给另外30年，可能会进化出一个运作良好的电磁波段市场，而规制引入和修订的特定方式可能会因此而有所改善，而且当前的改革可能会被允许。但是相当初步的价格理论 318
无法独立完成这一工作，如果装作并非如此，那就是在误导。

12.3 研究议程

我坚信，依靠基本价格理论能够证明的问题，法律经济学的研究将会得益于采用有关这些问题的一种更宽广的概念。这是

---

[24] 罗纳德·H.科斯在他的一篇文章中陈述了在处理电磁波段方面这种私有部门尝试的历史，参见科斯的文章（Coase, Federation communication commission, *Journal of Law and Economics*, 2 [1959], p. 1）。

卡尔·卢埃林(Karl Llewellyn)50年前所表述观点的精神,他认为,对契约的研究可以获益于将注意力从对技术规则(边际分析)的专注转到对契约制度和所服务目标的考察(对治理的研究)㉕。这和罗纳德·科斯的启示是一致的,即产业组织应该更少地依靠应用价格理论,在他看来,应用价格理论在太高的综合水平上进行分析,因而难以以有效方式处理经济组织的有趣问题,而应该转而采用对问题的直接方法㉖。这进而与奎多·卡拉布雷西(Guido Calabresi)所从事的对于法学、经济学和组织理论更为深入的研究相契合㉗。

尽管我所指的对替代性组织模式进行研究的比较制度方法相当依赖于效率分析——对交易成本特性特别关注,但其他的社会价值也允许(在某些情况下鼓励)引入㉘。这样一种思想进展所涉及的不仅是法律经济学。对许多问题的充分理解,只有通过采用法律经济学和组织理论的综合视角才能实现,其中考虑到了被弗兰克·奈特(Frank Knight)贴切地称为的"我们所

㉕ Karl N. Llewellyn, What price contact? —Essay in perspective, *Yale Law Journal*, 40 (1931), p. 704.

㉖ 科斯,参见上文中脚注⑨。

㉗ Guido Calabresi and Philip Bobbitt, *Tragic Choices* (1978), W. W. Norton, New York. Guido Calabresi and A. Douglas Melamed, Property rules, liability rules, and inalienability: One View of the cathedral, *Harvard Law Review*, 85 (1972), p. 1089.

㉘ 同上。

熟知的人类本性”[29]。这进一步涉及在足够的微观分析层次上考察经济和社会组织,其中能够允许“中间层次”的细节起到重要作用[30]。基奇所提及的基本价格理论虽然对某些用途适用,却恰恰不适用于其他许多用途。法律经济学—组织学视角的前景——对此法律学者比他们的经济学家同行更有优势[31]——需 319
要加以发展,而且,我也有信心会得到发展。

㉙ Frank H. Knight, *Risk, Uncertainty and Profit* (1965), Harper & Row, New York.

㉚ 克拉克(Clark),参见上文中脚注⑥。

㉛ 罗杰·克兰顿(Roger Cramton)引述金曼·布鲁斯特(Kingman Brewster)关于一种效应的评论,认为“律师的注意力集中在,公共官员和法庭在最好的情况下是易犯错的,而在最差的情况下是无能的或者滥用职权的这一事实上”(The effectiveness of economic regulation: A legal view, *American Economic Review*, 54 [1964], pp. 182, 185)。罗纳德·科斯评论说这可能“是关于人的本性过于偏颇的观点……是对很多经济学讨论中的假设的一种受到欢迎的修正”(Coase, The regulated industries,参见上文中脚注②,第 196 页)。我对这一问题进行过讨论,将戴蒙德(参见上文中脚注㉒对应的正文)所指的简单自我利益追求和一种机会主义情况进行比较,后者涉及狡猾的自我利益追求,是现代经济学中的许多复杂治理结构产生的原因,参见威廉姆森:《市场和层级结构》(*Markets and Hierarchies*),上文中脚注⑳,第 26 页—第 37 页。

13

反垄断执法:来自何处? 走向何方?* 320

反垄断一度得到广泛的支持,最近则受到来自各方面的毁灭性攻击。一些批评者将反垄断当作一种时代错误,并公开建议应将其废除。但有些人的意见相反,他们催促加强反垄断执法,并怀旧地回忆着沃伦(Warren)法庭时代。

第一类的批评者看来是灰心于美国汽车、钢铁与其他行业和日本人的强劲成功相比所遇到的困难。根据日本模式重塑企业之间和商业与政府之间的关系被广泛认为是有吸引力的。不过,日本模式的细节仍然有些不清楚,向美国背景的可移植性存在疑问。除非该模式得到更完全的掌握,其净收益得到评价,且可移植性得到验证,否则在此之前有理由认为沿着这种思路进行改革具有风险。因此,为本章的目的,我对反垄断的考察将保持在美国经验的框架之内。

---

* 本章的研究得到全国科学基金会的资助,转载自《工业组织、反垄断和公共政策》(*Industrial Organization, Antitrust and Public Policy*, ed. John Craven, Klurver-Nihjoff Publishing, Boston, 1983, pp. 41—68),转载得到许可。

对于观察和报告反垄断进展来说，十年是比较合适的时间段。我认为，20 世纪 60 年代、70 年代和 80 年代分别可以称为一种反托拉斯年代。具体而言，集中和进入壁垒分析在 60 年代得到繁荣，70 年代效率分析获得优势，而我期望 80 年代是策略行为分析成熟的时代。如果 70 年代中没有获得实质性的进展或者 80 年代的问题没有意义的话，反托拉斯应被废除的观点将会更容易理解。不过，由于反托拉斯在 70 年代中获得了显著的
321 进展，也因为策略行为的困难问题仍然没有解决，故而废除反托拉斯的呼吁即使不是无知的也是不成熟的。

13.1 节简要考察了 20 世纪 60 年代的反垄断执法。随后回顾了 70 年代的改革。然后探讨了和策略行为有关的一些事件和近期发展，并对 80 年代没有解决的实施上的困境进行了讨论。随后是结论陈述，我的看法是，60 年代中对进入壁垒观点的依赖过分了，而 70 年代中对此大多通过注意力向效率的转移而以各种形式进行了调整。不过也出现了困难的策略行为问题，这一领域当前正在经历着大规模的变动。[①] 可观的研究资源最近用在了这些问题之上——其结果是有可能在这个十年的后半段中得到更好的解答。

---

① 传统进入壁垒研究方法向策略行为方向转变的标志为理查德·凯夫斯(Richard Caves)和迈克尔·波特(Michael Porter)1977 年的有影响的论文。

13.1 20世纪60年代

20世纪60年代是市场支配力分析繁荣的时代。这部分是因为在更早期的理论、经验和政策研究中进入壁垒是最突出的研究对象,也是因为反托拉斯经济学遗憾地在另外两个方面存在缺陷。首先,存在普遍的对效率的社会价值的低估。其次,广泛的趋势是对效率的看法十分狭窄——主要是在技术方面。很少有对交易成本的意识,更不用说对其节省的重要性的敏感了。反之,企业被视为一种生产函数,其中赋予一种利润最大化目标。根据基本的规模经济考察,企业的有效边界被当作是既定的。由此,超过这些自然边界重新配置企业和市场结构的努力几乎只是在市场支配力方面进行了评价。

市场支配力分析的理性基础由乔·贝恩在50年代给出,特别是他的著作《新竞争的障碍》(1956年)。产业组织分析方法的一些反托拉斯分支由卡尔·凯森和唐纳德·特纳在随后他们的著作《反托拉斯政策:一种经济学和法律分析》(1959年)中很快建立起来。60年代见证了这种推理思路的进一步应用和法庭对进入壁垒观点的广泛采用。

进入壁垒推理的成功在宝洁公司案和施温案中得到表现,
两者均是由最高法院在1967年裁决的。[②] 这些案例中的第一 322

② *Federal Trade Commission v. Procter & Gamble, Co.*, 386 US 568 (1967); *United States v. Arnold Schwinn* & Co. 388 US 365 (1967).

个由联邦贸易委员会在佳杰乳业公司案中的态度而促成，其中委员会尝试采用的观点是，触犯第7条的必要证明“由各种类型的证据构成，这些证据显示，进行收购的企业在某些市场上具有显著支配力或者它的全面组织使得它在效率方面对小对手具有决定性的优势”。[③] 尽管唐纳德·特纳和其他人一起，很快将这标记为错误的法律和错误的经济学（Turner，1975年，第1324页），认为它保护了竞争者而不是促进竞争的福利收益，但是委员会将这种推理进而用到宝洁公司案件中，并将其和进入壁垒联系在一起，方式如下[④]：

> “在强调我们认识到规模优势作为加高液体漂白剂行业中针对新进入壁垒因素的重要性的同时，我们拒绝法律上貌似有理而在现实中没有证据的一种论点，即委员会应该不能为了保护行业中‘没有效率’的小企业而禁止产生如此‘效率’的兼并。对这一观点的简要回答是，在根据第7条而进行的诉讼中，从兼并中产生的经济效率或者任何其他社会利益，只有在它可能会促进或者妨碍竞争气氛时才能被认为是有关的证据。”

对进入壁垒的强调和对经济效益的不重视在最高法院的观点中也出现了。因此该法院认为宝洁公司对克洛罗克斯的收购

③ 参见 Foremost Dairies, Inc., 60 FTC 944, 1084 (1962)，着重号是后加的。

④ 引述自博克（1978年，第254页）。

可能会[5]:

> “……倾向于提高对新进入的壁垒。漂白剂的成功营销中主要竞争武器是广告。克洛罗克斯公司在这一领域由于其相对较小的预算和没有能力获得显著的折扣而受到限制。而反之,宝洁公司的预算大得多;而且,尽管它不会将自己的全部预算用于为克洛罗克斯做广告,但它可以将其中一大部分转而用来对付一种新进入的短期威胁。宝洁公司有能力使用它的批量折扣在为克洛罗克斯做广告时获得优势。因此,一个新进入者与面对较小的克洛罗克斯相比会更不愿意面对巨大的宝洁公司。可能的经济效益不能被用来作为对违法行为的辩护。”[6]

前述对交易成本节省的不敏感和对进入壁垒的专注一起对 323
施温裁决的达成起到了作用。唐纳德·特纳随后成为反托拉斯局的局长,简明地将对非标准或者不熟悉的商业实践的流行态度表述如下:“我对区域和顾客限制进行研究时并不是按一般法律传统的友好态度进行,而是按照反托拉斯法传统的不友好态度进行。”[7]这种观点,我可以称其为不友好传统,在60年代反

---

⑤ *Federal Trade Commission v. Procter & Gumble Co.*, 386 US 568, 574 (1967).

⑥ 尽管经济学推理的逆向应用现在大为少见了,但仍然会出现偶尔的失常,参见下文脚注㉘,其中存在一个例子。

⑦ 据斯坦利·鲁宾逊(Stanley Robinson, 1968 NY State Bar Association, Antitrust Symposium, p. 29),这句话被认为系特纳所言。

垄断专家中广泛存在。其中没有假定——或者至少考察其可能性——纵向一体化可以服务于正面的经济目标，而是假设纵向一体化被用来增强市场支配力。特别地，政府认为“施温公司极力阻止未被授权的零售商销售它的自行车，这说明，如果没有这些限制，会存在这些产品更为广泛的零售分销，结果是得到零售竞争的公共利益（包括更低的价格）”。[⑧] 由于政府相信“并不需要产生质量形象”，原因是客观上更好的产品是自明的，也因为产品差异会对进入环境产生负面影响，施温公司产生产品差异的努力被政府认为是和公共利益相抵触的。

因此，20 世纪 60 年代的反垄断执法可以被描述为对市场支配力的关注实际上起决定作用的时期。经济效益收益被固执地加以忽视，经济效益的证据被狭隘地限制在具有技术起因的那些情况上。一系列反应，其中许多需要加以纠正，在这类推理的过度应用下被付诸行动。

13.2　20 世纪 70 年代

以下勾勒出发生在 20 世纪 60 年代末和 70 年代初反垄断问题的重新概念化。这主要涉及从进入壁垒转变到从为了何种经济目的这一视角来讨论经济组织。反映这种转变的 70 年代

---

⑧ 参见 Jurisdictional Statement for the United States at 14，*United States v. Arnold Schwinn & Co.* 388 US 365 (1967)。关于对此的讨论，参见威廉姆森（1979 年，第 980—985 页）。

裁决的两个案例将进行简要描述。

A. 效率分析

20世纪70年代反垄断执法的改革来源于60年代的批评，其中包括(a)芝加哥学派坚持认为反托拉斯问题应该通过价格 324
理论的透镜进行研究；(b)进入壁垒方法的相关批评；(c)局部均衡福利经济学模型对评价市场支配力和效率之间权衡的应用；和(d)现代公司理论的重新建立，其中交易成本节省考察被推向前台。另外还有一种起作用因素是反托拉斯局经济学人员的重新组织。以前经济学工作人员几乎总是仅仅用来在案件的准备和诉讼中支持法律人员，现在他们被邀请在提出诉状之前评价案件的经济意义。

理查德·波斯纳(1979年)在其他地方已经阐述了芝加哥学派的方法。尽管波斯纳对哈佛与芝加哥之争的演绎(如同20世纪60年代对这些争论的看法)可能受到挑剔，但有一点仍很明显，这就是艾伦·迪雷克托(Aaron Director，以及他的学生与同事)所提倡的效率导向相当好地经受住了时间的考验。因此迪雷克托对搭配销售、转售价格维持和类似问题的看法以往曾被视为可疑的——“在某些方面芝加哥学派被认为是比极端主义好不了多少”(Posner，1979年，第931页)——但这种方法现在受到了广泛的尊敬[9]。不过芝加哥学派，或者说至少是其中

⑨　阿里达和特纳近期的论文就是一例。参见波斯纳(1979年，第933—938页)，其中有关于早期凯森和特纳著作与阿里达和特纳论文的比较讨论。

的顽固派，在将价格理论应用到反垄断过程中坚持少见的狭隘建模方法（特别是如以下所讨论的，顽固派的芝加哥方法对策略行为的研究是缺乏远见的，过于简化。不过，这与 20 世纪 80 年代而不是 70 年代的执法问题有更大的关系）。

考虑到芝加哥学派价格理论的取向下，对进入壁垒方法的许多批评自然也起源于此。两种反对意见比较突出。第一种意见认为，基本的进入壁垒模型，由贝恩（Bain，1956 年）提倡，弗兰科·莫迪利亚尼（Franco Modigliani，1958 年）加以完善，希望成为一种卖方垄断模型但是这并没有得到证实。如乔治·斯蒂格勒对它的阐述，进入壁垒模型通过谋杀解决了卖方垄断问题："卖方垄断者达成一致并控制的限制价格显然和卖方垄断者的规模和数目无关"（Stigler，1968 年，第 21 页）。换言之，该模型自身没有讨论联合行动实现的机制，反而只是简单地假设产生一种限制性价格结果所需要的协作会出现。如以下所要讨论的，依照进入壁垒传统的近期模型避免了这一问题，方法是明确地将分析投射到一个已经确立的垄断—双头垄断框架中。在这种有限范围内讨论进入问题具有分析上的优势，但是在优势企业范围之外的应用就只有在产生卖方垄断者之间协作的必备条
325 件得到满足时才是合适的。

对进入壁垒分析的其他反对和进入壁垒推理的公共政策滥用有关。如果没有更好的结构配置——以福利术语表述——则不能说进入环境在哪一方面受到了阻碍。不管在思考时这一点多么明显，但情况并不总是这样。毋宁说，存在普遍倾向将所有

各种类型的障碍作为对社会利益不利的因素。但是正如罗伯特·博克所述,“反托拉斯的问题是其中是否存在着人为的进入壁垒,它们必须并非具有更高效率而仍然防止了市场力量……的运作以推翻不是基于效率的市场形势”(Bork,1978年,第311页,加入了着重号)。

可以纠正的进入障碍和无法纠正的进入障碍之间的区别因此成为注意的焦点。当一种无法纠正类型的进入障碍受到煎熬时,并不能有利于何种有用的公共政策目标,而且有相当大的风险会产生公共政策危害后果。规模经济的错误处理说明了问题之所在。因此,假设规模经济存在,而市场有足够的规模以容纳两种技术中更大型的一种,由于更好的结果产生于效率低的技术只有是在非常特别的情况下才有可能,净社会收益应该可以假设为在这种规模经济环境中产生。不过,将这种效益描述为进入壁垒并不欢迎这一结论:反而是错误的福利判断得到鼓励。进入壁垒分析的热烈支持者不太愿意承认这种危害。

效率收益在60年代受到如此敌视的原因部分可由一种普遍观点解释,即在两种替代结构选择中——其中一种的市场支配力和效率均比另一种更大——更具有竞争性的结构总是受到青睐。这种观点得到了一种隐含假设的支持,该假设是在达成一种净评价时即便是较小的反竞争效果也肯定会冲销效率收益。FTC(联邦贸易委员会,译注)的观点“经济效率或者任何其他社会利益……只有在它可能倾向于促进或者妨碍竞争气氛时才是相关证据”[⑩]——其中竞争在结构方面进行定义——是这种思考的明确表示。

基本的局部均衡福利经济学模型在市场支配力对经济效益的权衡评价中的应用揭示了牺牲经济效应以降低市场支配力的成本很高(Williamson,1968 年)。尽管这种框架的意义仍然可以争论(Posner,1975 年,第 821 页),这种一般方法,如果不是框架本身,此后为其他人所采用。贝恩最早认识到评价兼并时
326 经济效益辩护的意义(Bain,1968 年,第 658 页)。韦斯利·利伯勒(Wesley Liebeler,1978 年)、罗伯特·博克(Robert Bork,1978 年)和蒂莫西·缪里斯(Timothy Muris,1979 年)均将局部均衡权衡模型进行进一步应用,认为不考虑权衡而进行的反垄断执法是无知的,而且有悖于社会利益。

反对权衡分析的一种共同论点是法庭不适于对经济证据和这类论据进行评价(Bok,1960 年)。事实上,简单的对经济效益的敏感就足以避免佳杰乳业公司案中的颠倒推理;而且尽管施温案类型的错误只有在认识到经济效益除了可以采用技术形式以外也可以采取交易成本形式后才能得以避免,但只要迈出了这一步,不友好传统的错误也就不太可能再发生。

然而技术革新很容易被纳入生产函数框架中(而经济学家们相当关注这些事情),组织革新却无法进入这一框架(且在 20 世纪 60 年代早期一般被忽视)。阿尔弗雷德·钱德勒的著作

---

⑩ 参见上文中脚注④。

《策略和结构》(1962年)的出版代表了一种突破口,以努力建立对组织革新及其与现代公司研究的关系更为深入的了解。钱德勒集中考虑从传统层级结构(或者单一制)向多部门制(或M型)结构的转变。这种革新最初出现在20年代,随后出现仿效和广泛采用。钱德勒论述新的结构具有深层的理性特征,允许企业实现策略和运作两方面更好的结局。在钱德勒的著作出现之后再说内部组织不重要就是无知和站不住脚的。

与之独立,阿尔曼·阿尔奇安(Armen Alchian,1969年)和理查德·赫夫尔鲍尔(Richard Heflebower,1960年)也认识到组织形式对经济效能具有重要影响。他们发展了企业在履行一般和资本市场相联系的功能这一命题。现代公司的内部资源配置、激励和控制特性随后由其他人进行了讨论和发展(Williamson,1970年,1975年)。这转而又导致了关于企业和市场结构的更为一般性的研究,其中调节交易的问题不是作为数据资料而是作为成本节省问题加以讨论。尽管这种洞察力最初来自于唐纳德·科斯1937年的经典论文,但直到20世纪70年代这一思路才投入实用。

鉴于生产函数方法和不友好传统均将市场视为技术上分离的主体之间调节交易的一种自然从而也是有效的方法,一旦企 327
业被描述为一种治理结构而非生产函数,这种假定就是不可接受的。交易是应由市场、层级结构还是混合模式进行调节,因此就是一个需要评价每一种的交易成本状况而进行调查的问题。这样一种比较制度分析涉及(a)分解交易,(b)描述替代性的治理结构,以及(c)认识交易成本可以通过将治理结构以区别性的方式和交易相配合而得到节省(Williamson,1971 年,1975 年,1979 年 b)。

研究经济组织的这种方法揭示出,一些非标准或不熟悉的商业惯例在以技术方式进行评价时最好的情况下也是令人费解的,其实它们是理性的节省交易成本努力的结果。纵向一体化、纵向市场限制和联合大企业与跨国组织情况均得到更进一步的重新考察。在不友好的传统下,组织革新迄今为止被视为可推定为非法的,因而被赋予了更多的同情。实际上,如果一定的结构界限(主要是高度集中和进入壁垒一起)没有被突破,组织革新具有交易成本节省的目的和效果的假设就得到验证⑪。这是一种对 60 年代错误观点的戏剧性偏离。

B. 两个案例

对反垄断的日益复杂化的一种支持是,20 世纪 70 年代见证了从被确信而实际上常常只是一种想象的进入壁垒效果的一种转移,转移到考察由新商业配置所服务的正面目标。这对于为经济效益的兼并和纵向市场限制(及其他非标准的商业实践)均是如此。1975 年联邦贸易委员会决定作废行政法律法官的

⑪ 对此深入讨论超出了本章的范围,但在其他地方进行了讨论(Williamson,1981 年)。在过去 150 年中具有效益成本节省特性的主导性的组织革新为:(1)19 世纪 60 年代中铁路上的管理层次结构的出现;(2)19 世纪末期发生的从生产到分销的选择性前向一体化;(3)20 世纪 20 年代多维结构的发明和它随后随着二次世界大战的扩散;(4)多维化向多商业领域管理(联合企业)的扩展;以及(5)其进一步应用以促进跨国公司中的技术转移。

命令并驳回了巴德公司案中的指控,这说明了对于为了经济效益而进行的兼并的看法的变化。[12] 该指控强调巴德作为一个狭 328
窄范围商业领域内的潜在进入者的重要性,认为巴德通过收购企业(金迪公司)而获得的收益不利于小对手。委员会拒绝了这一指控目的对市场的狭隘定义,并认为该收购促进了竞争——收购减轻了金迪公司以前所遇到的财务和其他问题。在佳杰乳业公司和宝洁公司两个案例中对经济效益的负面评价由此可以被理解为健全的反垄断经济学的滥用。

最高法院在1977年在GTE—西尔韦尼亚案件中的裁决同样纠正了60年代的错误推理,特别是施温案件。和施温案件相反,法庭认为[13]:

> “[纵向]限制的各种形式在我们的自由市场经济中得到广泛应用。如以上所指出的,存在相当多的学术观点和司法先例支持它们的经济作用,而持相反意见的先例则相对较少。可以肯定在这一案件中,无论是一般来看还是就西尔维尼亚协定而言,没有迹象表明纵向限制具有或很可能具有‘对竞争的有害影响’或者它们‘缺乏……任何可取长处’……因此,我们的结论是施温案例中的自身规则必须予以推翻。”

20世纪60年代对竞争的专注达到的常常只不过是对竞争者

---

[12] Budd Co. [1973—1976 Transfer Binder] Trade Regulation Reporter CCTT, para. 20, 998 (FTC NO. 8848, 18 Sept. 1975).

[13] *Continental TV Inc. et al. v. GTE-Sylvania Inc.* 433 US 36, 45 (1977).

的关注，配合以现代公司的肤浅观点，至此得到了本质上的重建。

13.3　策略行为：进展报告

下一个十年产业组织研究议程中的主要议题是策略行为的研究——我指的是，已有企业的努力以获得领先地位或者以惩罚实际竞争或吓阻潜在竞争的方式向对手做出相机反应。这种行为是否存在，它采取何种形式，每种类型的范围多大，以及何种反托拉斯分支相应起作用，均是需要进行争论的问题。

尽管很多研究人才在过去几年中被吸引到这些问题上来并做出了实质性的进展，在主要问题可以认为得到解决之前我们仍然还有很长一段路要走。它和效率分析不同，效率分析中产
329 业组织可以得到应用福利经济学作为帮助，而策略行为的研究产生的难题相当新奇。对新理论的需要并非没有被注意到，不少应用理论工作者已经建立了设计用来满足这些需要的新模型。

尽管这一工作进展迅速，但它仍然处于早期发展阶段。如现在所显示的，已有企业在对新对手做出抵抗反应时具有相当大的活动空间。和 20 世纪 60 年代的进入壁垒时代已经不同了，那时法庭迅速地在无害而有效的行动中发掘出其中隐藏的反竞争目的，而 70 年代的法庭对于对优势企业的掠夺和策略滥用指控十分谨慎[14]。这部分是因为在针对新对手的可接受竞争

⑭ 关于相关案例的参考文献，参见奥多弗和威利格（Ordover and Willig, 1981, p. 70, n. 2）。

反应和过度竞争反应之间进行区分的标准上缺乏一致意见。另外,在将所提议的标准转化为法庭可以有信心地使用的操作性手段上存在问题。和这些相关的是,法庭现在对一种危险很敏感,这种危险是抱怨自己受到了掠夺性定价(或者其做非法行动)侵害的企业事实上可能是在寻求保护主义的庇护以逃避虽然很复杂却是合法的对抗行为。同时,一些新模型的实施方法也构造了出来。

A. 芝加哥学派中的顽固派

波斯纳称为“顽固的芝加哥佬”(Posner,1979 年,第 932 页)的突出特征是不愿意超过一个非常狭窄的范围来面对策略行为。他们所赞赏的方法最近在约翰·麦吉(John McGee,1980 年)的综述中得到说明,即坚持以一种短视方法来研究策略行为问题⑮:

掠夺性定价

麦吉对最近掠夺性定价文献的综述主要是消极的,只有一个明显的例外。麦吉的建议是“罗伯特·博克对这一问题的构造值得注意”(McGee,1980 年,第 293 页),其结论是“在他对美国反托拉斯法的巧妙分析中,罗伯特·H.博克说明了为什么掠夺性价格削减很少见或者不存在,即便是没有任何对此加以反对的法律规定”(1980 年,第 316 页—第 317 页)。尽管我同意

⑮ 尽管麦吉并不是为波斯纳所称的顽固芝加哥佬中的一员,但是麦吉之后自愿说明自己符合那一资格(McGee,1980 年,第 292 页注释⑮)。

博克对反托拉斯的研究做出了重要贡献[16]，麦吉和我在评价博
330 克对策略行为的一般处理，以及特别是对掠夺性定价中策略行为的处理上存在分歧。

博克对掠夺性定价问题的处理是，考察一个具有80%市场份额的企业，它“希望消灭一个具有20%份额的对手，以达到垄断地位的愉快和特权”(1978年，第149页)。在考察了这样一种行动的理性之后，他推断这种类型的掠夺性定价“不太可能存在”(1978年，第155页)。但是博克考察的情况是非常特殊的，相对而言意义不大。如以下所讨论的，掠夺性定价的所有分支不能通过集中在优势企业消灭这种对手的努力而得到揭示，这种对手已经投入了专业化的人力和物质资本(从而只需要回收其可变成本就可以在掠夺战役中保证自己的生存)。

麦吉仍然受到这种构造的吸引，因此将掠夺性定价视为不重要的。事实上，他所倾向的关于掠夺性定价的法律规则是对它完全不予考虑(McGee，1980年，第317页)。不过由于认识到必须采用一定的规则，麦吉可以理解地赞成所提议的最为宽容的掠夺性定价规则：阿里达—特纳边际成本定价规则[17]。实际上，这一规则在一些法庭得到了赞同。但是如保罗·乔斯科曾解释的，这一点的发生是因为填补空白的紧迫要求而“不是因为经济效率考察在解释反托拉斯法规上的胜利”(Joskow，1980

[16] 参见我对博克著作的评论(Williamson，1971年)。

[17] 这一规则主要是和1975年菲利普·阿里达和唐纳德·特纳的论文联系在一起，不过麦吉认为他自己早十年已经提出了这一规则(McGee，1980年，第290页)。

年,第202页)。

当然空白可以以多种方式进行填补。法庭为边际成本定价规则所吸引的一个原因,我猜想,是因为他们察觉到存在着更为严厉规则可能会鼓励保护主义滥用的危险,由此更欣赏一种非常宽容的标准。不过,在减少乔斯科和阿尔文·克莱沃里克(Alvin Klevorick,1979年,第223页)所称为"错误的积极"的失误——即错误地宣告实际上是有效的某些事情是掠夺性的——这一风险的过程中,法庭接受了出现"错误的消极"的失误的巨大风险——即允许事实上的掠夺继续。

尽管仍然没有达成这一问题上的一致,但存在一种普遍的担心,即认为边际成本定价标准是有缺陷的⑱。这一标准的基本问题是它援引静态福利经济学理论的支持,而掠夺性定价不可避免地是一种跨期问题。正如威廉·鲍莫尔简明的表述,阿里达 331
和特纳所依赖的静态分析是"不合适的……原因是它将我们的注意力从所涉及的最紧迫问题上引开"(Baumol,1979年,第2页)。"问题的要点……[是]形势的跨期方面"(1979年,第3页)。

进入条件

作为不断批评的结果,其中很多批评是由芝加哥学派发起的,现在得到广泛认识的是20世纪60年代的进入壁垒论断范

---

⑱ 贾纳斯·奥多弗(Janusz Ordover)和罗伯特·威利(Robert Willig)近期在一篇文章中建立他们认为是符合阿里达和特纳精神的基于成本的标准(Ordover and Willig, 1981, pp. 9, 16),而实际上他们的双重检验——价格超过平均成本和可变成本——严格得多,而且他们没有像阿里达和特纳达成的操作性结果一样将平均可变成本当作一种合适的替代品。

围过大了。但是这样一种论证并不能说明这一传统应该完全加以拒绝。有可能存在可纠正的进入壁垒,而且这种情况可以鉴别出来,应该加以考虑。和他对策略因素的忽视相一致,博克似乎不愿意把握这种可能性。这种不愿意主要来自于他隐含假设了劳动力和资本市场的运作没有摩擦,以至于每一种市场结局可以推测都是一种良好的结局,进一步的讨论就没有意义了。但是,一旦交易成本引入,无摩擦假设就不再适用,导入进入的策略性障碍的可能性由之而产生,而且主要的论断需要加以修正。当然,例外可能并不多见,明智或有效介入的困难可能很大。因此这样的缺陷可能最好还是加以容忍,而不是付诸公共政策检查并尝试加以改正。但是这是一种独立的论点,无论博克还是持有反进入壁垒信条的其他人均没有以这种理由来讨论进入壁垒问题。由于博克隐含依赖的无摩擦假设对于反垄断的许多研究者来说是不可接受的,对进入壁垒的特性和重要性的争论继续下去是不会出人意料的。

近期进展

对早期进入壁垒模型和相关对掠夺性定价的应用已经提出或者可以提出的反对意见包括:(a)结构性先决条件没有进行仔细陈述;(b)阻碍而不是接受进入更有吸引力这一点是否成立,对此只是进行了假设而没有得到验证;(c)注意力集中在总成本上,但是成本构成和资产特征是关键所在但被忽视;(d)从事掠夺的动机不强;和(e)已有企业和潜在进入者之间的成本不对称得到确认但很少加以讨论。最近的工作对这些问题的每一个均做出了进展。

结构性先决条件。如以上所讨论的,早期进入壁垒模型意
欲成为垄断模型。但是垄断者如何实现市场行动——针对价
格、产量、投资,如此等等——的有效一致的问题并没有加以讨 332
论。这些模型在优势企业领域之外的现实意义因此而存在疑问。

符合进入壁垒传统的近期模型基本上抛弃了垄断声明。问题转而描述为已有垄断者和一个潜在进入者之间的双头垄断。将这些模型应用到卖方垄断的人可想而知会有验证它们适用性的沉重负担。

在掠夺指控的评价中出现了类似的情况。其中的危险是司法程序可能被用来吓阻合法对手。人们日益赞同,在掠夺指控得到认真对待之前,必须满足的结构性先决条件是很高的集中程度和进入壁垒同时出现(Williamson,1977 年,第 292 页—第 293 页)。乔斯科与克莱沃里克(Joskow and Klevorick,1979 年,第 225 页—第 231 页)和奥多弗与威利格(Ordover and Willig, 1981 年)达成了一致,提出了一种掠夺性定价的双重检验。对其中的策略行为应进行公共政策彻底调查的行业由此看来是以下这些:(a)已有的垄断者—双头垄断者形势;(b)管制垄断;(c)优势企业行业;和(d)威廉·费尔纳称为“第三类卖方垄断”(Fellner,1949 年,第 47 页—第 49 页)——由一种外部机构(例如,工会)实施了联合行动的行业[19]。

进入前阻止的理性。原则上,可以用以下三种方式之一阻

---

⑲ 有观点认为矿工联合会在烟煤行业行使了这种职能(威廉姆森,1968 年)。

止进入:(a)在进入前阶段扩张产量和投资,从而打消进入动机;(b)威胁在进入后阶段采用敌对反应;和(c)使对手产生成本上的劣势。其中第二种以下进行讨论。第一种符合贝恩和莫迪利亚尼(Modigliani)的精神,更近一些由阿维纳什·迪克西特(Avinash Dixit)进行了处理,他以双头垄断的方式对进入问题进行建模(1979年,1980年)。这允许他同时显示和评价已有垄断者采用以下三种姿态时的获利机会和可行性:(a)以不受限制的垄断方式行动;(b)扩张产量和投资以阻止进入;和(c)接受进入,得到相对于进入者的斯塔克尔伯格(Stackelberg)领先地位。迪克西特说明,当固定成本为中等程度时,进入阻止是最优的;如果所需要的条件得到满足的话,针对进入阻止是一种强加而非自然衍生的结果的指控,就可予以驳回。

成本、资产和可信程度。标准的进入壁垒模型假设潜在进入者能够达到和已有企业相同的长期成本平均总成本曲线。但
333 是成本在固定和可变上的构成被忽略了。这产生了以下异常现象:如果所有成本均是可变成本,则现有企业和潜在进入者是无法区分的。在所有成本均是可变成本的情形中唯一有效的进入阻止政策是将价格等同于总成本,这就是说进入阻止是没有意义的。固定成本在早期阻止上的关键作用从迪克西特(Dixit,1979年)对进入问题的建模来看是明显的。

即使认可进入阻止有时是最优的,这产生了另一个问题,就是由于暂时不对称(现有垄断者在最开始就已使资产到位)和固定成本条件的原因会产生多大程度的垄断扭曲。施马兰西

(Schmalensee)最近讨论过这一问题,并显示可由已有企业实现的超额利润的进入前现值“不能超过具有最小有效规模之企业的资本(启动)成本”,而且从福利观点来看,规模经济因此在数量上并不太重要(1980 年,第 3 页、第 8 页)。不过,这一结果存在疑问,因为它忽视了以下将讨论的信誉效应方面的激励问题。

得到考察的一个相关问题是可信威胁的问题。这产生了何种进入后行为恰当地归因于现有垄断者的问题。如柯蒂斯·伊顿(Curtis Eaton)和理查德·利普西(Richard Lipsey)所观察到的(1980 年,第 721 页),可信威胁和姿态性威胁采取的形式均为——“如果你采取行动 X,我将采用行动 Y,这会使你后悔做出了 X”。但是可信和不可信威胁可以进行区分,其中发出威胁的那一方只有在可信条件得到满足时才会理性地采取行动 Y。如果对 X 的纳什(Nash)反应确实为采取行动 Y,则威胁是可信的。但如果尽管存在威胁 X 发生了,而发出威胁的那一方得到的净收益在他容忍时(采用行动 Z 而不是 Y)更大,则该威胁应被视为姿态性的而不是可信的。由于这种威胁是空洞的,伊顿和利普西认为策略行为的分析应完全集中满足可信条件的威胁。将这种论点应用在投资方面可以揭示现有垄断者必须在耐用的、交易专用性资产上投资,如果他想要成功地先行占领一个市场并阻止进入的话[20]。

[20] 资产专用性可表现为三种形式:场所专用性、物质资产专用性和人力资产专用性。关于交易成本方面这些问题的讨论和所对应的组织理论分支的评价,参见威廉姆森(1979 年)。

信誉效应。博克对掠夺收益的原始评价，之后麦吉的综述，对掠夺进行评价的阿里达—特纳标准，施马兰西对福利扭曲的度量以及伊顿与利普西对可信威胁的处理，都是在一个非常狭窄的语境内对进入和掠夺问题进行讨论。面对明确定义的进入
334 威胁的一个大型已有企业和它的反应完全是在这种双方范围内进行评价。消灭一个对手(Bork，1978 年)，或者阻止一个具有同等效率的企业(它还没有做出无法收回的行动)的理性成为注意的焦点(Eaton and Lipsey，1980 年，1981 年)。不过如果惩罚行为向这个和其他企业发出了信号——在未来的时期，在其他地理区域，如果可能和其他商业领域——这种分析可能低估了掠夺者在决定阻止对手时所考虑的全部效果。对此进行评价要求掠夺问题以教与学的方式进行讨论——由于教与学模型没有得到很好的发展，做到这一点并不容易，而且在某种程度上是推测性的。

尽管如此，承认信誉效应很重要的认识仍然得到了增长，在这一问题的处理上存在一些进展。克里斯琴·冯·魏茨泽克(Christian von Weizsacker)在他称为外推原则的语境中对此进行了一般性讨论(1981 年，第 72 页—第 73 页)：

> “社会可以用来减少信息生产成本的最有效方法之一是外推原则。我是指，人们从过去的观察外推其他人行为的现象，而且这种外推是自我稳定的，原因是它提供了其他人趋向这些预期的激励……通过观察过去其他人的行为，一个人可以相当自信地预测他们在未来的行为，而不会导致进一步的成本……

> [这种]外推原则深深地植根于人类结构之中。实际上在动物社会中也同样存在……两只小鸡之间的争斗不仅产生了关于当前相对力量的信息，而且也产生了关于未来的相对力量的信息。”

伊顿和利普西与其他人强调只有可信威胁才能有效地阻止进入，而可信通过先发制人的投资而实现，对信誉的参照揭示了该行为起作用的可能性。不过，如果和对抗有关的所有客观因素均得到完全披露，那么企业能够采取何种可信行为才能改变人们的观点呢？

对这一困惑的回答和经济学中其他一些问题一样，完全是知识假设，虽然便于分析，有时却混淆了核心问题，当涉及小数目类型的竞争反复进行时，这种混淆会造成特殊的危害。

戴维·克雷普斯(David Kreps)和罗伯特·威尔逊(Robert Wilson)对这一问题进行了讨论，观察到所谓不可信威胁的一般问题是“竞争者认识到，如果面对是进入的既成事实，则垄断者会发现最好还是接受这种进入。因此威胁的可信程度是空洞 335
的；竞争者可能会简单地让垄断者摊牌而进入”。(Kreps and Wilson，1980 年，第 2 页)。但是当其他人在这里结束分析时，克雷普斯和威尔逊进一步提出了以下两难问题：“如果垄断者实施了这种[不可信]威胁，则它会被认为是强硬的，这将阻止随后的挑战，从而获得长期优势。今天的进入者认识到垄断者会迎接今天的挑战以阻止未来的挑战，会相信这种威胁是可信的，从而不进入”(1980 年，第 2 页)。

克雷普斯和威尔逊通过考察一系列非合作博弈例子而对行为可信度进行了评价。两个关键特征是(a)其中必须存在关于现有垄断者支付的不确定性，和(b)博弈涉及重复进行。尽管不确定性的具体来源并不重要，他们仍然提供了几种可能性："其中可能存在关于垄断者生产函数的不确定性，垄断者可能会从争斗中得到非货币收益，或者他可能从他的另一种活动中间接地得到货币收益，他可能就是非理性的……[或者其中可能存在]关于垄断者的折现率的不确定性"(第24页)。

对于重复进行，他们观察到"早期回合的行动可能主要受到是对何种信息被传送的考虑而不是直接支付的影响"(第58页)。这种建立一种强硬姿态的信誉动机在现有垄断者"和一系列不同的对手博弈，其中没有一个[具有]培育一种信誉的能力"(第58页)时特别大。由此，在完全信息博弈中可信威胁条件必须得到完全满足时，存在不确定性和重复博弈时拟可信可能就足够了。㉑

对此的应用产生了信誉效应动机强的环境是否能识别出来的问题。一种重要考察为是否在进行区域性进入尝试，以进入已有企业占据优势地位的总市场中一小部分。对地理区域市场

㉑　其结果是对投资行为的评价更为复杂。因此即使一个企业"没有能力有利可图地使用过剩生产能力或者高度发展的销售网络……如果它的对手以为该企业也许能够使用这种生产能力/销售网络以从事有利可图的掠夺，则该企业可能容易发展起这种生产能力/销售网络"，以证实对手的担忧(Kreps and Wilson, 1980, p. 61)。

或者一个更广阔相关产品领域内的一种或几种产品的试探性进入，可以推定增强了一种教训反应的吸引力。所观察到的行为是策略性的可能性在程度上随着以下因素而增长，(a)该反应密集地集中在区域性侵入之上(仔细地组织以便只应用在存在进
入尝试的市场上)和(b)超过了简单的防御性反应(例如，在面 336
对进入时保持产量不变)，包含了一种惩罚性(例如，增加产量作为对进入的回答)。

成本不对称。阿里达与特纳(Areeda and Turner，1975 年)和更近一些的奥多弗与威利格(Ordover and Willig，1981 年，第 13 页—第 14 页)采取的态度是优势企业削价的掠夺性冲击可以通过这种削减是否会排除一个同等有效率的对手而进行判断。如同我在其他地方所论述的，这是一种评价产量应急性增长——“一会儿有，一会儿无，取决于一种进入者是出现还是消失”(Williamson，1977 年，第 339 页)——的福利收益的特殊标准。不过，除了正在发生的以外我并没有对进入者所承担的成本做出评论(1977 年，第 296 页、第 303 页—第 304 页)。这是一种令人遗憾的失误，而奥多弗与威利格和他们之前的阿里达与特纳一样，认为一旦现有企业的成本低于进入者，则“一个刚好比对手的成本低一点的价格可以使现有企业获得一定利润……并由此导致退出而不触犯我们的掠夺标准”(Ordover and Willig，1980 年，第 14 页)。由于他们没有提及相反的情况，奥多弗与威利格看来指的是对手所遇到的全部货币成本。考虑到进入者所遇到或者被迫承担相对于已有企业的一系列策略性成本上的

劣势，这无疑是一种值得怀疑的标准。

这里存在两个要点，首先是历史对估价成本起作用。暂时性的成本差异可以来自于经营成本、资本成本和学习曲线方面的成本。第二点是已有企业可能通过自己的行动而造成前两种类型的成本差异和促成第三种类型的成本差异。

经营成本不对称。策略性的分销前向一体化而使潜在进入者遇到成本劣势的可能性由博克进行了讨论(Bork，1978 年，第 156 页—第 158 页)。因此，假设对于优势企业来说，无论其产品是由同它一体化的经销商还是独立经销商进行分销，其成本都一样。尽管如此，前向一体化仍有吸引力，因为这具有提高潜在对手的成本的效果。假如不进行前向一体化，本来会得到同样成本(就制造成本而言)的潜在进入者，由于受到排斥而必须同时产生一种分销能力才能实现进入，并且如果在产生另一种平行分销网络中产生了**附加**成本，而这种成本可以通过利用(或者扩充)现有的未合并分销能力而加以避免，那么前向一体化就可以被认为是为了产生策略性的经营成本不对称而采取的行动。

337 **资本成本差异**。为了这里讨论的目的，假设潜在进入者同时进入生产和分销阶段而不仅仅是生产，则它会遇到和已有企业相同的分销成本。不过，同时假设未来的进入者只是证实了自己在生产阶段上的能力。两阶段进入因此要求它为了不熟悉的第二个阶段而筹集资金，对此资金市场可以想象会加以一种风险溢价(威廉姆森，1975 年，第 110 页—第 112 页；1979 年 b，第 962 页—第 964 页)。相应地,已有企业和潜在对手之间的成本等同会因为资本成本的差异而被推翻。

如果已有企业可以采用拟可信威胁以表示将进行进入后掠夺,则未来进入者的资本成本会进一步增长。如果“[潜在]进入者的资本供应者察觉到在特定市场上的风险要高于他们以前所想,新进入者的资本成本将会增加”(Joskow and Klevorick,1979 年,第 231 页)。

学习效应。阿尔曼·阿尔奇安(Armen Alchian)在 1959 年提出,成本不仅是企业活动的规模与范围的函数,也是累计产量的函数。不过,只是在最近这种策略性分支才加以讨论。由学习效应引入的复杂问题之一是,在早期阶段增长行业中的优势企业有利可图定价检验会复杂得多(Williamson,1977 年,第 323 页)。在进行这种评价时需要在当前成本中减去对未来成本效应的折现。如迈克尔·斯彭斯(Michael Spence)对此的论述:“当其中存在一种学习曲线时,短期产量决策是一种投资决策。它影响到累计产量这一种存量,而且通过它影响到未来成本和市场地位”(1981 年,第 1 页)。

但是其中有更多东西。首先和最重要的,已有企业享受着由累计产量带来的更低成本的好处,如果成本比较是在进入后紧随着的阶段中进行而学习曲线重要的话,它将永远不会遇到具有同等效率的对手。其次,出于对跨期成本效应的认识,已有企业可能有动机进行攻势定价以用来“减少投资于扩张市场份额的竞争者的回报”(斯彭斯,1981 年,第 41 页)。另外,如果进入者试图通过引诱关键雇员来缩短学习阶段的话，已有企业可以通过威胁（可能是具有正当理由）提起法律诉讼而推翻这种实现成本等同的努力。

结论是：同等效率对手的标准主要适用于静态情况，其中可以假设不存在历史差异和人为成本不对称。这种情景显然为那些看待掠夺的视野比较狭窄并鼓吹边际成本定价标准的人所欢
338 迎。不过，只要这种方式并没有精确描述实际情况，那么，要实现对掠夺做出有根有据的评价，或许就有必要允许成本差异的存在[22]。

13.4 尚未解决的难题

20 世纪 70 年代后期以来，对策略行为的研究有了显著进展，但很多棘手问题仍然存在，其中包括：(a)制止掠夺的努力是否应主要集中在价格和产量上，还是也应当包括对抗的其他方面；(b)由于管制掠夺的规则使得已有企业产生预先调整的动机，则在评价替代性规则时是否应允许进行事先调整；和(c)是否应给予错误掠夺的牺牲品以保护。

---

[22] F. M. 谢勒观察到，“对于显著的卖方垄断市场，处于或者接近最小最优规则的进入[很少见]……事实上，它如此稀少以致通常在相关贸易出版物中受到高度注意”(Scherer，1980 年，第 248 页)。一些掠夺性定价模型忽视了这一点，认为只有同等有效率对手生产出来的产量才是具有社会价值的。

A. 维度

尽管并非彼此独立,策略行为的研究常常分为事前和事后两部分进行分析。事前行为采取的形式是进入前投资(在生产能力、研究开发、促销、多种品牌提供等方面),而事后行为则涉及主导企业针对进入应急性的特定调整。在两者之间,事后的攻势策略行为被广泛认为更应受到谴责,但是其中同样存在着使其更为复杂的因素。

克里斯琴·冯·魏茨泽克在革新问题上的研究工作在这种考虑中具有启发意义。他对发展行业和成熟行业进行了区分,观察到创新的正外部性在一个发展行业特别强烈,原因是“产生下一次创新的可能性”(Weizsacker,1981 年,第 150 页)。对在发展行业中进行创新跨期动机的福利评价使得冯·魏茨泽克得到结论“现有者的一种定价行为如果在非发展行业中以合理的标准并不被认为是掠夺行为,则在发展行业中[更]不能被称为是掠夺行为”(1981 年,第 210 页)。

奥多弗与威利格强调的方面有些不太一样,他们在一篇重要文章中,认为事后的“对产品集的操纵作为一种反竞争手段常 339
常能比价格削减更为有效”(Ordover and Willig,1981 年,第 18 页)。两种类型的手段得到考察。第一种需要“导入一种替代对手企业产品的新产品,转移它的销售从而危及它的生存。第二种手段采用系统性对抗的方式,包括限制供应消费者使用对手产品所需要的关键零部件,并导入系统组件以鼓励消费者跳出对对手产品的使用"(第 19 页)。尽管他们评价掠夺的标准和他们规则的可实施性均存在争议,其规则针对策略性研发和事先存在向对手提供辅助要素的涨价或者撤回,但这些问题仍然是以一种有益的方法得到了构造。随后的研究将肯定会采用这种框架。

但是,如果这一期间法律遇到了走在理论前面的问题时应该怎么办?SCM 公司申请强制性许可补偿,指责施乐(Xerox)将 SCM 从平面复印机市场上排挤出来[23],而伯基照片公司(Berkey Photo)认为柯达公司(Kodak)未宣布的产品创新使得它处于不公平的不利地位[24]。FTC 也已经对一些相当有野心的策略行为提起了诉讼。一种商标扩散的串通策略构成了它对即食性谷类食物主要生产商的指控基础(Kellog, General Mills, General Foods, Quaker Oats)[25],而 FTC 随后指控杜邦公司在二氧化钛市场上进行先发制人的投资[26]。

除了明显的保护主义案件(和一些具有保护主义风格的案件)之外,这样的案件没有愉快的选择。换言之,种种权衡大量产生,而我们对它们进行评价的能力非常原始。因此,尽管有些

---

[23] *SCM Corp. v. Xerox Corp.* (DC Conn 1978) 1978 - 2 Trade Cases, Para. 62, 392.

[24] *Berkey Photo, Inc. v. Eastman Kodak Co.* (DC NY 1978) 1978 - 1 Trade Cases, para. 62, 392.

[25] *FTC v. Kellogg et al.*, Docket No. 8883.

[26] *FTC v. E. I. du Pont de Nemours & Co.*, Complaint, Docket No. 9108, 5 April 1978 CCH Trade Regulation Reporter, transfer binder, Federal Trade Commission Complaints and Orders, 1976—1979, Para. 21, 407.

人驳回这些诉讼,并观察到“70 年代高科技案件中原告的论点隐含地依赖于一种原子论式的竞争理论,其中断定一种有组织的经济就是没有技术变化,没有消费者品味的转移,没有人口的变动——没有与过去本质上不同的未来”(Conference Board,1980 年,第 18 页),但其中确有值得讨论的问题。策略行为只有在存在不确定特性的跨期结构下,才是一种有意义的经济问题。高科技案件显然是这种类型,一般涉及策略性的计算,其中私人和社会评价之间存在差异。法庭可以理解地对这一领域内 340
的前进一直比较谨慎。假设随着对这些问题更深入的理解和做出有根有据的权衡的判断能力不断发展,这些是能够进行重新考察的事情,则这么做看起来就是负责任的决定。

B. 事先调整

无论如何,对事后价格和产量行为的首要关注并不意味着事前投资应被完全忽视。事实上,如果尝试进行替代性掠夺定价规则福利状况的全面比较,不同的事前效果如果存在的话,一般应该包括进来。

企业针对不同规则的事先调整已经由斯彭斯(Spence,1977 年),萨洛普(Salop,1979 年),迪克西特(Dixit,1979 年,1980 年)和伊顿与利普西(Eaton and Lipsey,1980 年、1981 年)对于一般性的进入阻止以及威廉姆森(Williamson,1977 年)对适用于掠夺的进入阻止加以了讨论。这里的一般论点是“已有企业可以通过改变初始情况而改变结局使对自己更有利。特别地,不可收回的投资选择使它得以改变自己的进入后边际成本曲线，从而改变进入后均衡”(Dixit，1980年，第96页)。这种推理思路已经应用到掠夺的研究，得到了以下结果：每一种掠夺定价规则可以预期会产生“其市场受到侵入的优势企业方面的进入前价格、产量和投资的调整。规则产生了优势企业进行一种策略型进入前适应性反应的动机，对此的忽视必定会遗漏问题的一种重要方面”。(Williamson，1977年，第293页)。

不过，在这种事先调整的效应是否应加以考虑的问题上并没有达成一致。最近对边际成本/同等效率对手定价规则的支持者(McGee，1980年；Ordover and Willig，1981年)忽视了替代性规则的事先调整问题。这是因为他们相信这并不重要，还是因为这超出了可靠的分析的范围，还不明确。现在，在事先调整动机及其与规则评价的关联方面的问题上仍存在争议。

C. 错误掠夺

在以上所述结构性先决条件不满足的情况下存在掠夺性定价尝试时，产生了一个难题。我将这类事件称为“错误掠夺”，其中即便掠夺者成功地将对手驱离了市场，它除了很短暂的市场
341 支配力收获之外得不到什么东西。当对手有多个而且容易进入时，价格显著超过成本只能维持很短一段时间。出现这种情况时，掠夺尝试是错误的，对净收益的正确评价会揭示出它实际上是负的。

不过，所尝试的掠夺是错误的并不是说它永远不会发生。

当它发生时,牺牲者是否有权利通过提起诉讼和收回损失来得到弥补呢? 应用乔斯科和克莱沃里克(Klevorik)的推理会提议做出否定的回答,其中的危险是竞争行业中企业提起的一些诉讼会因此而具有替这些企业缓解合法竞争而不是掠夺企图的目的。由于错误掠夺可以认为很稀少或者至少不会重复,"错误积极的差错——即……涉及将真正竞争性的价格削减当作了掠夺的差错"(Joskow and Klevorick,1979 年,第 223 页)看来会较高,这就预示着反对允许这类诉讼。不过,一些企业会因此而被牺牲,掠夺的其他研究者可能会对这一危险做出不同评价。

13.5 结　　论

20 世纪 60 年代是反托拉斯专注于集中程度和进入壁垒度量的十年。这样一种狭隘的结构使得实施更为容易——直到斯图尔特法官得到观察结论"我在第 7 条下能够发现的唯一一致性是政府总是赢"的程度——但是有时是以问题的有效福利评价为代价[27]。三种因素对这一情况起到作用。首先,广泛相信垄断者之间的串通容易实现。其次,只要发现了进入壁垒,就认为它们是反竞争和反社会的,很不情愿认识到权衡的意义。第三,商业企业被认为可以用一个赋予利润最大化目标的生产函数来恰当描述。

---

[27] 在 *US v. Von's Grocery Inc*. 384 US 270 (1966)中的异议意见。

这些观点产生了两个不幸的后果。其一是,任何有助于市场支配力的事情——不管能起抵消作用的收益是否存在——均被认为是非法的。其二,和自发市场缔约不同的非标准或不熟悉的商业实践也被认为是可以推定为非法的。如果在两个技术上独立实体之间调节交易的自然方式是通过市场,显然由企业进行的超越自己自然(技术)范围的任何控制扩展必须是由策略性的目标而驱动的。

20世纪70年代事情有了变化,对效率收益的更多了解发
342 展起来,企业作为一种治理结构的概念得到认同。曾经用来对待效率差异的负面敌意让位于对效率收益的正面评价[28],而以前因为不能合适地与将企业当作生产函数的观点相吻合而受到怀疑的商业行动在更宽阔的范围内进行了重新解释,其中——如果不是明确地也是隐含地——导入了交易成本节省。其结果是,60年代的反托拉斯错误和过度实施在70年代被排除或者被逆转过来。

尽管在这些事情上有进展,但是反托拉斯并没有安定下来。最近出现了和策略行为有关的其他反托拉斯难题,而在对策略行为的合法性进行评价的已有标准上产生了活跃的争论。很多

---

[28] 仍然需要保持警惕以避免倒退。例如,政府的首席律师在美国政府诉西方石油公司(*US v. Occidental Petroleum*, Civil Action No. C-3-78-288)案中建议法院,西方石油公司对米德公司的收购应加以反对,理由是这会使米德公司得以建造一座大型的"在新地皮上修建的工厂,这是最有效率和成本效益的处理办法",而这会不利于米德公司的对手。

策略行为问题已得到了显著进展,预期会有更大进展。策略行为的研究在以下重要方法得到了澄清:(a)在声称存在着以策略性方法采取行动的动机之前,需要满足集中程度和进入壁垒两方面严格的结构性先决条件;(b)在评价进入条件时需要注意投资和资产特性——特别是,特殊交易类型而数量不小的不可收回投资具有强烈的阻止效应;(c)在评价对抗时历史起到作用——既在现有垄断者享有的领先优势方面也在比较成本的发生和评价方面;和(d)信誉效应对评价掠夺行为的理性很重要。

最后一种对策略行为问题的两种关键方面产生影响。其一,认为除非可信威胁条件满足否则策略行为可以不予考虑的那些人对情况夸大了。这并不是说可信威胁行动研究不能有效充实策略行为分析。但是如果知识是不完善的,则优势企业可以通过做出姿态(如同客观上满足可信条件一样)而改变预期,其中显示事前承诺的事件并不需要像可信威胁文献中所指示的那样广阔。其二,策略行为的短视评价低估了从事掠夺的动机。注意力集中在消灭一个特定对手的动机的人忽视了另一种常常可能是更强的动机——即,发展出一种信誉,这种信誉随后会在以后的阶段、其他区域市场和其他商业领域中帮助阻止这一个和其他企业。 343

在策略行为研究中处于活跃争论的问题有如下一些:(a)同等效率对手标准是否为一种有效标准[29];(b)掠夺性定价规则的

㉙ 为避免其中的任何疑问,我将其视为一种具有严重缺陷的标准。

评价是否应允许事先调整动机[30]；(c)策略行为应该主要集中在事后应急反应上，还是也能可靠地扩展到包括事前投资[31]；和(d)应该寻找何种补救方法[32]。可以期望，随着20世纪80年代的进展，可以澄清这些问题并廓清前一段所列举的问题。我预期，由于相关学术研究增多，关于策略行为的反垄断执法在这个十年末情况会更好。我进一步期望，对反垄断的持续需要将在这一过程中得到验证——而且，危言耸听者对废除反垄断的呼吁将被证实毫不足信。

㉚ 我认为应该，尽管这使得分析更为复杂。

㉛ 我个人的观点是反垄断最好应该——至少是现在——集中注意力在事后应急性反应上。超过了仅仅是防御性的范围而包含一种惩罚性特别应受谴责，而且一般最容易加以评价。因此，针对的不仅是直接对手而且具有一种教与学方面意义的应急行为，适当地成为反对掠夺的反垄断执法的主要焦点——至少在对策略行为的建模和评价方法的状态从目前的情况开始得到重大改进之前是如此。

㉜ 不仅事前进入阻止行为的福利评价非常难以捉摸(von Weizsacker, 1980, 1981)，而且对事前投资有意义的补救也难以形成。因此，除非明确显示产生了福利损失而有效补救可以构成，则在促使反垄断将事前投资视为非法方面采取谨慎态度看来是必要的。

参考文献

Adelman, M. A. 1961 The Antimerger Act, 1950—60, *American Economic Review*, *Papers and Proceedings*, LI, 236—244.

Aghion, P. and Bolton, P. 1987 Contracts as a barrier to entry. *American Economic Review*, 77, forthcoming.

Alchian, A. A. 1959 Costs and Outputs. In *The Allocation of Economic Resources: Essays in Honor of Bernard Francis Haley*, eds. M. Abramovitz et al. , Stanford, California: Stanford University Press, 23—40.

—— 1961 *Some Economics of Property*. Santa Monica, RAND Corporation.

—— 1965 The basis of some recent advances in the theory of management of the firm. *Journal of Industrial Economics*, 14, 30—41.

—— 1969 Corporate management and property rights. In *Economic Policy and Regulation of Corporate Securities*, ed. H. G. Manne. Washington, DC: American Enterprise Institute for Public Policy Research, 337—360.

—— and Demsetz, Harold 1972 Production, information costs, and economic organization. *American Economic Review*, 62, 777—795.

Areeda, P. and Turner, D. F. 1975 Predatory pricing and related practices under Section 2 of the Sherman Act. *Harvard Law Review*, 88, 697—733.

Arrow, Kenneth J. 1965 *Aspects of the Theory of Risk-bearing*. Helsinki: Yrjo Jahnssonin Saatio.

—— 1969 The organization of economic activity. In *The Analysis and Evaluation of Public Expenditure: The PBB System*. Joint Economic Committee, 91st Congress, 1st Session. Washington, DC: US Government Printing Office.

Baiman, Stanley 1982 Agency research in managerial accounting: A survey. *Journal of Accounting Literature*, 1, 154—213.

Bain, Joe 1956 *Barriers to New Competition*. Cambridge: Harvard University Press.

—— 1958 *Industrial Organization*. New York: John Wiley and Sons.

Barzel, Yoram 1982 Measurement costs and the organization of markets. *Journal of Law and Economics*, 25, 27—48.

Baumol, W. J. 1965 *The Stock Market and Economic Efficiency*, New York: Fordham University Press.

—— 1979 Quasi-permanence of price reductions: A policy for prevention of predatory pricing. *Yale Law Journal*, 89, 1—26.

——, Panzer, John, and Willig, Robert 1982 *Contestable Markets*. New York: Harcourt, Brace, Jovanovich.

——, Heim, Peggy, Malkiel, B. G. , and Quandt, R. E. 1970 Earnings retention, new capital, and the growth of the firm. *Review of Economics and Statistics*, November, 345—355.

Becker, G. S. 1965 A theory of the allocation of time. *Economic Journal*, September, 493—517.

Ben-Porath, Yoram 1980 The F-connection: Families, friends, and firms and the organization of exchange. *Population and Development Review*, 6, 1—30.

Blake, H. M. and Jones, W. K. 1965a In defense of antitrust, *Columbia Law Review*, LXV, 377—400.

—— and—— 1965b Toward a three-dimensional antitrust policy, *Columbia Law Review*, LXV, 422—466.

Bok, D. 1960 *Section 7 of the Clayton Act and the merging of law and economics. Harvard Law Review*, 74, 226—355.

Bork, R. H. 1965 Contrasts in antitrust theory: I. *Columbia Law Review*, LXV, 401—16.

—— 1966. The rule of reason and the per se concept: Price fixing and market division, II. *Yale Law Journal*, 375—475.

—— 1969 Vertical integration and competitive processes, in *Public Policy Toward Mergers*, eds J. Fred Weston and Sam Peltzman. Pacific Palisades, California: Goodyear Publishing Company, 139—149.

—— 1978 *The Antitrust Paradox*. New York: Basic Books.

—— and Bowman, W. S. 1965 The crisis in antitrust. *Columbia Law Review*, LXV, 363—376.

Bridgeman, Percy. 1955 *Reflections of a Physicist*. New York: Philiosophical Library.

Brown Shoe v. United States, 370 US 294(1962).

Brozen, Yale. 1970 The antitrust task force deconcentration recommendation. *Journal of Law and Economics*. October, 279—292.

Buchanan, James. 1975 A contractarian paradigm for applying economic theory. *American Economic Review*, 65, 225—230.

Caves, R. E. and Porter, M. E. 1977 From entry barriers to mobility barriers. *Quarterly Journal of Economics*, 91, 241—262.

Chandler, A. D. , Jr. 1962 *Strategy and Structure*, Cambridge, Mass. : MIT Press.

—— 1966 *Strategy and Structure*. New York: Doubleday and Co. Inc. Anchor Books Edition.

Clarkson, Kenneth W. , Miller, Roger, and Muris, Timothy. 1978 Liquidated damages vs. penalties. *Wisconsin Law Review*, 351—390.

Coase, Ronald H. 1937 The nature of the firm. *Economica*, November. Reprinted in *Readings in Price Theory*, eds G. J. Stigler and K. E. Boulding. Homewood, Ill. , Richard D. Irwin, 331—351.

—— 1960 The problem of social cost. *Journal of Law and Economics*, 3, 1—44.

—— 1972 Industrial organization: A proposal for research. In *Policy Issues and Research Opportunities in Industrial Organization*, ed. V. R. Fuchs. New York: National Bureau of Economic Research.

—— 1984 The new institutional economics. *Journal of Institutional and Theoretical Economics*, 140, 229—231.

Comanor, W. S. 1965 Research and technical change in the pharmaceutical industry. *Review of Economics and Statistics*, XLVII, 182—190.

Commons, John R. 1934 *Institutional Economics*. Madison: University of Wisconsin Press.

De Alessi, Louis 1983 Property rights, transaction costs, and X-efficiency. *American Economic Review*, 73, 64—81.

Demsetz, Harold. 1966 Some aspects of property rights. *Journal of Law and Economics*, 9, 66—83.

—— 1968 Why regulate utilities? *Journal of Law and Economics*, 11, 55—66.

—— 1969 Information and efficiency: Another viewpoint. *Journal of Law and Economics*, 12, 1—22.

Dewey, D. 1961 Mergers and cartels: Some reservations about policy. *American Economic Review*, *Papers and Proceedings*, LI, 255—262.

Director, Aaron and Levi, Edward 1956 Law and the future: Trade regulation. *Northwestern Law Review*, 51, 281—317.

Dixit, A. 1979 A model of duopoly suggesting a theory of entry barriers,

Bell Journal of Economics, 10, 20—32.

—— 1980 The role of investment in entry deterrence. *Economic Journal*, 90, 95—106.

Eaton, B. C. and Lipsey, R. G. 1980 Exit barriers are entry barriers: The durability of capital. *Bell Journal of Economics*, 11, 721—729.

—— and—— 1981 Capital, commitment, and entry equilibrium. *Bell Journal of Economics*, 12.

Edwards, C. D. 1955 Conglomerate bigness as a source of power. *Business Concentration and Price Policy*. Princeton: Princeton University Press.

Fama, Eugene and Jensen, Michael. 1983 Agency problems and residual claims. *Journal of Law and Economics*, 26, 327—350.

Federal Trade Commission Staff Study 1969 *Economic Report on Corporate Mergers*, Washington, DC: Federal Trade Commission.

Fellner, William. 1947 Prices and wages under bilateral oligopoly, *Quarterly Journal of Economics*, 503—532.

—— 1949 *Competition Among the Few*. New York: Alfred A. Knopf, Inc.

Ferguson, C. E. 1964 *A Macroeconomic Theory of Workable Competition*. Durham, NC: Duke University Press.

Fitzroy, Felix and Mueller, Dennis. 1985 Cooperation and conflict in contractual organizations. *Quarterly Review of Economics*, forthcoming.

Friedman, Milton. 1953 *Essays in Positive Economics*. Chicago: University of Chicago Press.

Fuchs, Victor. 1972 *Policy Issues and Research Opportunities in Industrial Organization*. New York: National Bureau of Economic Research.

Fuller, L. 1963 Collective bargaining and the arbitrator. *Wisconsin Law Review*, 3—46.

Furubotn, Eirik and Pejovich, Svetozar (eds) 1974 *The Economics of*

Property Rights. Cambridge: Balinger.

Georgescu-Roegen, Nicholas. 1971 *The Entropy Law and Economic Process*. Cambridge, Mass. : Harvard University Press.

Goldberg, Victor 1976 Regulation and administered contracts. *Bell Journal of Economics*, 7, 426—448.

—— 1980 Rational exchange: Economics and complex contracts. *American Behavioral Scientist*, 23, 337—352.

Grossman, Sanford and Hart, Oliver. 1986 The costs and benefits of ownership: A theory of vertical integration. *Journal of Political Economy*, 94, 691—719.

Hadley, A. T. 1897 The good and evil of industrial combination, *Atlantic Monthly*, LXXIX, 377—385.

Hamburg, D. 1966 *R & D: Essays on the Economics of Research and Development*. New York: Random House.

Harris, Milton and Townsend, Robert 1981 Resource allocation under asymmetrical information. *Econometrica*, 49, 33—64.

Hayek, Friedrich 1967 *Studies in Philosophy, Politics, and Economics*. London: Routledge and Kegan Paul.

Heflebower, R. B. 1960 Observations on decentralization in large enterprises. *Journal of Industrial Economics*, 9, 7—22.

Hirshleifer, J. 1970 *Investment, Interest and Capital*, Englewood Cliffs, New Jersey: Prentice Hall.

Holmstrom, Bengt 1983 Differential information, the market and incentive compatibility. Unpublished manuscript.

Horowitz, I. 1962 Firm size and research activity. *Southern Economic Journal*, XXVIII, 298—301.

Hurwicz, Leonid 1972 On informationally decentralized systems. In *Decision and Organization*, eds C. B. McGuire and R. Radner. Amsterdam: North Holland Publishing Co.

—— 1973 The design of mechanisms for resource allocation. *American Economic Review*, 63, 1—30.

Jensen, Michael 1983 Organization theory and methodology. *Accounting Review*, 50, 319—339.

—— and Meckling, William 1976 Theory of the firm: Managerial behavior, agency costs and ownership structure. *Journal of Financial Economics*, 3, 305—360.

Johnson, R. E. 1966 Technical progress and innovation. Oxford *Economic Papers*, XVIII, 158—176.

Joskow, Paul 1977 Commercial impossibility, the uranium market and the Westinghouse case. *Journal of Legal Studies*, 6, 119—176.

Joskow, P. L. 1980 The political content of antitrust: Comment. In *Antitrust Law and Economics*, ed. O. E. Williamson. Houston, Tex. : Dame Publishers, 196—204.

—— 1985 Vertical integration and long-term contracts: The case of coal burning electric generating plants. *Journal of Law, Economics, and Organization*, 1, 33—79.

—— and Klevorick, A. K. 1979 A framework for analyzing predatory pricing policy. *Yale Law Journal*, 89, 213—270.

—— and Schmalensee, Richard 1983 *Markets for Power*. Cambridge, Mass. : MIT Press.

Kaplow, Louis 1985 Extension of monopoly power through leverage. Program in Law and Economics, discussion paper no. 4. Harvard Law School, Cambridge, Massachusetts.

Kaysen, C. 1965 The present war on bigness: I. *The Impact of Antitrust on Economic Growth*, Fourth National Industrial Conference Board Conference on Antitrust in an Expanding Economy, New York, 31—38.

—— 1968 Models and decision-makers: Economists and the policy process, *Public Interest*, 80—95.

—— and Turner, D. F. 1959 *Antitrust Policy: An Economic and Legal Analysis*, Cambridge, Mass. : Harvard University Press.

Kendrick, J. W. 1961 *Productivity Trends in the United States*. Princeton: Princeton University Press.

Kenney, Roy and Klein, Benjamin 1983 The economics of block booking. *Journal of Law and Economics*, 26, 497—540.

King, Mervyn 1977 *Public Policy and the Corporation*. London: Chapman and Hall.

Klein, Benjamin, Crawford, Robert, and Alchian, Armen 1978 Vertical integration, appropriable rents, and the competitive contracting process. *Journal of Law and Economics*, 21, 297—326.

—— and Leffler, Keith B. 1981 The role of market forces in assuring contractual performance. *Journal of Political Economy*, 89, 615—641.

Knight, Frank H. 1965 *Risk, Uncertainty and Profit*. New York: Harper and Row.

Kreps, D. M. and Wilson, R. 1980 On the chain-store paradox and predation: Reputation for toughness. GSB Research Paper No. 551, Stanford, California.

Kronman, Anthony 1985 Contract law and the state of nature. *Journal of Law, Economics, and Organization*, 1, 5—32.

—— and Posner, Richard 1979 The *Economics of Contract Law*. Boston: Little, Brown and Co.

Leibenstein, H. 1966 Allocative efficiency versus 'X-efficiency'. *American Economic Review*, LVI, 392—415.

Liebeler, W. C. 1978 Market power and competitive superiority in concentrated industries, *UCLA Law Review*, 25, 231—1300.

Llewellyn, Karl 1931 What price contract? —An essay in perspective. *Yale Law Journal*, 40, 704—751.

Macaulay, Stewart 1963 Non-contractual relations in business. *American Sociological Review*, 28, 55—70.

McGee, J. S. 1980 Predatory pricing revisited. *Journal of Law and Economics*, 23, 289—330.

McKenzie, Lionel 1951 Ideal output and the interdependence of firms. *Economic Journal*, 785—803.

Macneil, Ian 1974 The many futures of contract. *University of Southern California Law Review*, 47, 691—816.

Malmgren, H. B. 1961 Information, expectations and the theory of the firm. *Quarterly Journal of Economics*, 399—421.

Manne, Henry G. 1955 Mergers and the market for corporate control. *Journal of Political Economy*, April, 110—120.

Mansfield, E. 1963 Size of firms, market structure, and innovation. *Journal of Political Economy*, LXXI, 556—576.

—— 1964 Industrial research and development expenditures: Determinants, prospects, and relation to size of firm and inventive output. *Journal of Political Economy*, LXXII, 319—340.

March, J. G. and Simon, H. A. 1958 *Organizations*. New York: John Wiley.

Markham, J. W. 1955 Survey of the evidence and findings on mergers. *Business Concentration and Price Policy*. Princeton: Harvard Graduate School of Business, 141—182.

Marschak, Jacob 1968 Economics of inquiring, communicating, deciding. *American Economic Review*, May, 1—18.

Masten, Scott 1984 The organization of production: Evidence from the aerospace industry. *Journal of Law and Economics*, 27, 403—418.

Meade, James E. 1952 External economies and diseconomies in a competitive situation. *Economic Journal*, 54—67.

Mirrlees, James 1976 The optimal structure of incentives and authority within an organization. *Bell Journal of Economics*, 7, 105—131.

Modigliani, F. 1958 New developments on the oligopoly front. *Journal of Political Economy*, 66, 215—232.

Monteverde, Kirk and Teece, David 1982 Supplier switching costs and vertical integration in the automobile industry. *Bell Journal of Economics*, 13, 206—213.

Muris, T. J. 1979 The efficiency defense under Section 7 of the Clayton Act. *Case Western Reserve Law Review*. 30, 381—432.

Muris, Timothy 1981 Opportunistic behavior and the law of contracts. *Minnesota Law Review*, 65, 521—590.

Myerson, Roger 1979 Incentive compatibility and the bargaining problem. *Econometrica*, 47, 61—73.

Nelson, Richard and Winter, Sidney 1982 *An Evolutionary Theory of Economic Change*. Cambridge, Belknap Press.

——, Peck, M. J. and Kalachek, E. D. 1967 *Technology, Economic Growth, and Public Policy*. Washington, DC: Brookings Institute.

Nozick, Robert 1980 *Anarchy, State, and Utopia*. Cambridge, Mass.: Harvard University Press.

Ordover, J. A. and Willig, R. D. 1981 An economic definition of predatory product innovation. In *Strategic Views of Predation*, ed. S. Salop. Washington, DC: Federal Trade Commission.

Ouchi, William 1980 Markets, bureaucracies, and clans. *Administrative Science Quarterly*, 25, 129—141.

Palay, Thomas 1985 Avoiding regulatory constraints: Contracting safeguards and the role of informal agreements. *Journal of Law, Economics, and Organization*, 1, 155—175.

Pollak, Robert 1983 A transaction cost approach to families and households. Unpublished manuscript.

Posner, R. A. 1969 Oligopoly and the antitrust laws: A suggested approach. *Stanford Law Review*, Jun, 1562—1606.

—— 1970 A statistical study of antitrust enforcement. *Journal of Law and Economics*, October, 365—420.

—— 1975 The social costs of monopoly and regulation. *Journal of Political Economy*, 83, 807—825.

—— 1979 The Chicago School of antitrust analysis. *University of Pennsylvania Law Review*, 127, 925—948.

—— and Rosenfield, Andrew 1977 Impossibility and related doctrines in law: An economic analysis. *Journal of Legal Studies*, 6, 83—117.

Radner, Roy 1970 Problems in the theory of markets under uncertainty. *American Economic Review*, 454—460.

Richardson, G. B. 1960 *Information and Investment*. Oxford: Oxford University Press.

Ross, Stephen 1973 The economic theory of agency: The principal's problem. *American Economic Review*, 63, 134—139.

Salop, S. 1979 Strategic entry deterrence. *American Economic Review*, 335—338.

Salop, Steven and Scheffman, David 1983 Raising rival's costs. *American Economic Review*, 73, 267—271.

Scherer, F. M. 1965 Firm size, market structure, opportunity, and the output of patented inventions. *American Economic Review*. LV, 1097—1125.

—— 1970 *Industrial Market Structure and Economic Performance*. Chicago: Rand McNally.

Schmalensee, R. 1978 Entry deterrence in the ready-to-eat breakfast cereal industry. *Bell Journal of Economics*, 9, 305—327.

—— 1980 Economies of scale and barriers to entry. Sloan Working Paper No. 1130—1180, Cambridge, Mass.

Shepherd, W. G. 1984 Contestability vs. competition. *American Eco-*

nomic Review, 74, 572—587.

Simon, Herbert A. 1957 *Models of Man*. New York: John Wiley and Sons.

—— 1957 *Administrative Behavior*. 2nd edn. New York: Macmillan.

—— 1978 Rationality as process and as product of thought. *American Economic Review*, 68, 1—16.

Smith, Vernon 1974 Economic theory and its discontents. *American Economic Review*, 64, 320—322.

Speidel, Richard E. 1981 Court-imposed price adjustments under long-term supply contracts. *Northwestern University Law Review*, 76, 369—422.

Spence, A. M. 1977 Entry, investment and oligopolistic pricing. *Bell Journal of Economics*, 8, 534—544.

—— 1981 The learning curve and competition, *Bell Journal of Economics*, 12.

—— 1983 Reviewing contestable markets and the theory of industry structure. *Journal of Economic Literature*, 21, 981—990.

—— and Zeckhauser, Richard 1971 Insurance, information, and individual action. *American Economic Review*, 61, 380—387.

Stigler, G. J. 1951 The division of labor is limited by the extent of the market. *Journal of Political Economy*, June, 185—193.

—— 1956 Industrial organization and economic progress. In *The State of the Social Sciences*, ed. L. D. White, Chicago: University of Chicago Press, 269—282.

—— 1958 Monopoly and oligopoly by merger. *American Economic Review*, *Papers and Proceedings*, XL, 23—24, reprinted in *Readings in Industrial Organization*, eds R. E. Heflebower and G. W. Stocking. Homewood, Ill. : Richard D. Irwin, 69—80.

—— 1963 United States v. Loew's Inc. : A note on block booking. *Su-*

preme Court Review, 152—163.

—— 1968 *The Organization of Industry*. Homewood, Illinois: Richard D. Irwin.

Stocking, G. W. 1955 Conglomerate bigness: Comment. *Business Concentration and Price Policy*. Princeton: Princeton University Press.

Stuckey, John 1983 *Vertical Integration and Joint Ventures in the Aluminum Industry*. Cambridge, Mass. : Harvard University Press.

Turner, D. F. 1965 Conglomerate mergers and section 7 of the Clayton Act. *Harvard Law Review*, 78, 1313—1395.

—— 1969 The scope of antitrust and other economic regulatory policies. *Harvard Law Review*, April, 1207—1244.

—— and Williamson, O. E. 1971 Market structure in relation to technical and organizational innovation. In *Proceedings of the International Conference on Monopolies, Mergers and Restrictive Practices*, ed. J. Heath. London: HMSO. *United States v. Philadelphia National Bank*, 374 US 312(1963).

von Weizsacker, C. C. 1980 A welfare analysis of barriers to entry. *Bell Journal of Economics*, 11, 399—421.

—— 1981 *Barriers to Entry*, New York: Springer-Verlag.

Wachter, Michael and Williamson, Oliver 1978 Obligational markets and the mechanics of inflation. *Bell Journal of Economics*, 9, 549—571.

Whinston, Andrew 1964 Price guides in decentralized organizations. In *New Perspectives in Organization Research*, eds W. W. Cooper, H. J. Leavitt, and M. W. Shelly. New York: John Wiley, 405—448.

Williamson, O. E. 1964 *The Economics of Discretionary Behavior: Managerial Objectives in a Theory of the Firm*. Englewood Cliffs, N. J. : Prentice Hall.

—— 1965 Innovation and market structure. *Journal of Political Economy*, LXXIII, 67—73.

—— 1967 Hierarchical control and optimum firm size. *Journal of Political Economy*, LXXV, 123—138.

—— 1967 A dynamic stochastic theory of managerial behavior. In *Prices: Issues in Theory, Practice and Public Policy*, eds A. Phillips and O. E. Williamson. Philadelphia: University of Pennsylvania Press, 11—31.

—— 1970 *Corporate Control and Business Behavior*. Englewood Cliffs, NJ: Prentice Hall.

—— 1975 *Markets and Hierarchies: Analysis and Antitrust Implications*. New York: Free Press.

—— 1976 Franchise bidding for natural monopoly—in general and in relation to CATV. *Bell Journal of Economics*, 7, 73—104.

—— 1979a Bork, The antitrust paradox: A policy at war with itself. *University of Chicago Law Review*, 46, 526—531.

—— 1979b Transaction-cost economics: The governance of contractual relations. *Journal of Law and Economics*, 22, 233—261.

—— 1979c Williamson on predatory pricing II. *Yale Law Journal*, 88, 1183—1200.

—— 1981 Cost escalation and contracting. Center for the Study of Organizational Innovation, University of Pennsylvania, discussion paper no. 95.

—— 1981 The modern corporation: Origins, evolution, attributes. *Journal of Economic Literature*, 19, 1537—1568.

—— 1983 Credible commitments: Using hostages to support exchange. *American Economic Review*, 73, 519—540.

—— 1984a The economics of governance: Framework and implications. *Journal of Institutional and Theoretical Economics*, 140, 196—223.

—— 1984b Corporate governance. *Yale Law Journal*, 93, 1197—1230.

—— 1985 *The Economic Institution of Capitalism: Firms, Markets,*

Relational Contracting. New York, Free Press.

—— 1987 Delimiting Anitrust. Unpublished manuscript.

—— Wachter, Michael, and Harris, Jeffrey 1975 Understanding the employment relation. *Bell Journal of Economics*, 6, 250—278.

Wright, J. C. G. 1969 Products and welfare. *Australian Economic Papers*, Dec.

索　引*

（索引中页码均为本书边码）

*　英文索引由 J. 巴林斯基编制。

H

I

R

S

Z

代译后记

交易费用、经济组织与治理机制

——诺贝尔经济学奖得主奥利弗·威廉姆森的学术贡献和借鉴意义

张群群

瑞典皇家科学院把2009年度诺贝尔经济学奖授予了美国的埃莉诺·奥斯特罗姆和奥利弗·威廉姆森，以表彰两位学者对于丰富人们有关经济治理的理解所做出的突出贡献。埃莉诺·奥斯特罗姆是一位政治学家和公共管理学家，对政治学界和公共管理领域影响较为深广；相对而言，作为新制度经济学派的代表人物，奥利弗·威廉姆森则是中国经济学界熟知的一位经济学家。

20世纪80年代以来，中国学术界一直非常关注制度变迁的理论与实践。90年代初期，科斯（1991年度）和诺思（1993年度）先后获得诺贝尔奖，形成了非常积极而深远的影响。新制度经济学的重要论文和经典著作相继译介出版，有关理论和学术思想得到传播和普及。在这一热潮中，奥利弗·威廉姆森的研究成果同样广受关注。

进入21世纪的第二个十年，与过去30年改革攻坚阶段相比，经济理论研究与经济改革实践的社会环境与制度背景已发生显著变化。许多现实的经济治理课题涉及极其复杂的机制设计与公共政策难题，迫切需要进行更加扎实而细致入微的微观分析。同时，囿于单一学科的狭隘见解，有时难免因其片面性而与公共政策的基本原则相抵触，从而难以更为全面地看待制度、组织与治理问题。在上述语境之下，奥利弗·威廉姆森这位既重视微观分析和跨学科研究，同时又取得了开创性学术成果的学者，其理论和思想对我们来说具有特别的启示意义。

这里简略回顾和评述奥利弗·威廉姆森教授在交易费用、经济组织与治理机制方面的主要理论贡献，试图勾勒威廉姆森学术成就的概貌。值得注意的是，瑞典皇家科学院诺贝尔经济学奖委员会对威廉姆森的学术评价，似乎过于强调了他在企业理论方面的贡献，并把他和奥斯特罗姆的成就都简单地归结为对非市场制度/机构的研究。这样的评价似乎存在不够确切之处。本文亦倡导在研究工作中，针对中国改革与发展的实际需要，继续重视对制度、组织与治理问题的跨学科研究。

奥利弗·威廉姆森教授的学术贡献，不只是对纵向一体化或企业边界问题的开创性研究，纵向一体化只是经济组织问题的一个特例。以制度、组织和治理为主线，对威廉姆森的学术生涯、知识谱系、代表性著作的回顾，将揭示他所提出的交易费用经济学的分析方法，特别是匹配交易活动与治理形式的契约关系有效治理的分析框架，具有更大的理论价值和广泛的适用性。

此外，他把产业组织理论与交易费用分析融合在一起，对反垄断和规制等问题的研究成果也独具特色。其理论成果在经验检验、应用经济学和公共政策研究领域具有广阔的应用前景，跨学科研究方法亦具有借鉴意义。

一、职业生涯、知识谱系和学术背景

奥利弗·E. 威廉姆森(Oliver Eaton Williamson)教授是美国新制度经济学派的领军人物之一，是交易费用经济理论的创始人和代表性学者。早在威廉姆森获得诺贝尔奖的 18 年之前，科斯在荣获 1991 年度诺贝尔经济学奖时，就曾感谢奥利弗·威廉姆森等人为交易费用经济学的发展做出的突出贡献。

奥利弗·威廉姆森 1932 年生于美国威斯康星州。2009 年获得诺贝尔经济学奖时，他已有 77 岁。威廉姆森于 1955 年毕业于麻省理工学院，获得理学士学位。毕业后，他先是在华盛顿特区的政府里担任工程师，而后才于 1958 年去了斯坦福大学，并在 28 岁获得工商管理硕士学位。1960 年，威廉姆森来到了卡内基—梅隆大学，31 岁时获得了经济学博士学位，同年他的有关管理决策经济学的学位论文荣获了福特基金会优秀博士论文奖。

威廉姆森在加州大学伯克利校区经济系做了两年经济学助理教授。1965 年，他调入宾夕法尼亚大学经济系，历任副教授、教授，为这所大学服务了 18 年。在此期间，他曾于 1966 年至 1967 年到美国司法部反托拉斯局，担任反托拉斯副检察长、反托拉斯局局长唐纳德·特纳(Donald Turner)的特别经济助理。1983年,他到耶鲁大学担任了为期五年的戈登·B. 特威迪(Gordon B. Tweedy)教席法学、经济学和组织学教授。从56岁开始,他又回到了最初供职的伯克利加州大学,先后担任研究生院的经济学和法学教授、哈斯商学院的埃德加·F. 凯泽(Edgar F. Kaiser)教席管理学教授等职,直至2004年72岁时退休。如今他仍拥有该校研究生院和哈斯商学院的商学、经济学和法学荣休教授的头衔。

在其至今50多年的学术生涯里,威廉姆森教授访问和讲学的足迹遍布五大洲20多个国家,其中还有两段与中国有关的经历。1987年5月25日至6月13日,他应中国社会科学院工业经济研究所之邀来北京讲学,以交易费用经济学为题连续作了9次讲演。2010年6月末至7月初,威廉姆森教授载誉再度访华,先后在北京、成都、深圳等地发表演讲,并与中国经济学家、企业家对话交流。

威廉姆森教授的主要研究领域包括经济学、管理学、法律经济学、产业组织理论与政策等。用他自己的话来概括,他现在的研究领域和兴趣所在是:关于企业、市场、中间型组织和公共机构的经济学理论及其在公共政策和商业战略方面的应用。

对于他自己的学术成就,威廉姆森本人在20世纪80年代撰写的一段文字(Blaug, 1986, pp. 989—990)清晰地说明了他的知识谱系。他首先强调了自己从事跨学科研究的特色和学术背景:“我成为一名具有跨学科兴趣的经济学家,那是因为在一系列错综复杂的经历中，跨学科研究成为一件顺理成章之事。20世纪60年代初期，我在卡内基—梅隆大学读博士研究生，这是一段令人兴奋的经历。从那时起，对处于市场与等级制组织范围之内和两者之间的经济组织，包括标准的和非标准的协约形式的研究，就开始让我着迷。”

威廉姆森接着说明了他的知识谱系：“在我对经济组织问题的研究当中，有四位起关键作用的学界名人，他们是肯尼思·阿罗、小阿尔弗雷德·D.钱德勒、罗纳德·科斯和赫伯特·西蒙。虽然在课堂上我只能见到其中的阿罗和西蒙这两位老师，但我仍然把钱德勒和科斯视为自己的老师。从阿罗那里，我懂得了信息的重要性，还有不应该抱残守缺，把困难的问题硬塞进正统的框架内。钱德勒教导我，组织创新是一种重要的现象，但又受到人们的极大忽视，而这对于理解美国产业具有普遍的影响。科斯教导我，交易费用是经济组织研究的核心，而且应当以比较制度方法进行这种研究。而西蒙则教导我，行为假设是十分重要的，并且不应当受到学科疆界的僵化限定。”

后来在其他场合，甚至是在2009年12月8日瑞典斯德哥尔摩诺贝尔奖学术演讲会上，威廉姆森仍多次着力强调他所接受的学术训练对其日后成长和学术成就的特殊意义。威廉姆森把20世纪60年代初，他在卡内基—梅隆大学读研究生时经受训练和从事研究的特色归结为“卡内基三要素”，即思想活跃、训练严格和多学科相互交叉。此外，还有另外一条最基本的经验——对不适合于各种正统的条条框框的研究题目，都应当给予符合其自身特征的处理。他早年就已经具有正统经济学和交易费用经济学的广博知识，而且，虽然他知道他要研究的组织问题结构不完善，但他也清楚它们非常重要，并坚信只有运用多学科的研究方法才能解决问题；他很早就知道了超越假定去处理实际问题的必要性。

二、代表性的学术著作

（一）管理行为与反托拉斯：非同寻常的起点

在福特基金会的资助下，威廉姆森的博士学位论文《自由处置行为经济学：企业理论视野中的管理目标》于 1964 年出版。这也是他的第一部专著。在他看来，大公司管理层的自主权或者说管理专断是一种常规，不间断的利润最大化(意味着不存在代理成本)却是例外。管理专断理论早于代理理论，而且容易与公共选择、管制、产权以及官僚制度研究挂钩，在组织问题的研究中具有广泛的渗透性。该理论所依据的行为假设同样是有限理性和机会主义，尽管在这部书里还没有明确展开。

威廉姆森的第二本书《公司控制与商业行为：探析组织形式对企业行为的影响》(1970 年)也属于论述管理专断行为的传统。此后，他已开始考虑把管理专断假说导向节约交易费用这条研究思路上来。

威廉姆森学术事业的一个重要起点是反托拉斯研究，有关论文后来收入他于1987年出版的论文集《反垄断经济学》，其中就包括他于1971年发表的经典论文《生产的纵向一体化：市场失效的考察》。关于反托拉斯问题的研究，是他从基本概念、研究框架到公共政策分析，在综合运用正统经济学的多种研究技术的基础上，重点应用交易费用研究方法比较系统而完整的一个典型例子。这一系列研究成果把产业组织理论与交易费用理论融合在一起。其中，纵向一体化（或企业的边界）问题只是这个研究框架中的一个特例，或者说是一个范式问题。一旦确立了分析纵向一体化的研究范式，与之相联系的经济活动组织（如劳动、金融、特许权、公司治理、规制等），就都可以用类似的方式予以考察。

（二）组织·制度·治理三部曲

威廉姆森的成就突出表现在他后来的几本著作中。他应用交易费用经济学理论来研究经济组织的方法引人入胜，其起点是他于1971年发表在《美国经济学评论》5月号上的《生产的纵向一体化：市场失效的考察》一文。从那篇论文开始发展出的《市场与等级制》，是他在经济组织研究方面的第一次系统论述，而《资本主义经济制度》则对这个理论作了进一步的展开和发展。随后于1996年出版的《治理机制》一书，按照威廉姆森本人的说法，是把这项事业变成了三部曲。

1.《市场与等级制：分析与反托拉斯含义》（1975年）

在梳理了“二战”后有关市场失效的文献之后，威廉姆森先是于1971年发表了《生产的纵向一体化》这篇交易费用经济学处女作，然后提出了组织失效分析框架。在1975年的《市场与等级制》一书中，威廉姆森首先追溯各种判例，构造了研究组织失效的框架。他强调交易范式在经济组织研究上的重要性，指出市场与企业都应被看成是经济活动组织的不同方式。在此书中，市场和等级制(或科层制、等级结构组织)都被纳入微观经济组织的研究视野。而且，按照比较制度研究法来看，二者是可以彼此替代的协约方式，必须把两者的比较优势和弱点放在一起来考察。

他在1975年的这本书里强调，内部组织在克服组织失效方面具有一系列潜在优势，这些优势体现在适应有限理性、机会主义、不确定性、小数目交易关系、信息阻塞和交易环境氛围等人的因素与环境因素方面。但与市场相比，等级结构的优势也受到组织规模和交易限度、运用激励与控制工具的有效性等组织形式问题的限制。上述论点的政策含义与反托拉斯问题联系密切。

从总体上看，《市场与等级制》是在组织失效框架内，通过交易费用分析研究市场与等级结构组织。不过，虽然威廉姆森探讨了行为假设、组织形式的替代等内容，并触及了反托拉斯问题，但整个研究侧重的是内部组织分析，而且协约分析的特色还不像他以后的著作那样突出。

2.《资本主义经济制度：企业·市场·关系型协约》(1985年)

在其1985年的著作《资本主义经济制度》中，威廉姆森进一步发展了他的经济组织理论，其中对交易费用经济学、契约人行为假设和契约关系的治理问题的阐述更为细致系统。他把自己的工作总结为，是对过去150年的资本主义经济制度发展的全部范围的组织创新，按照交易费用研究思路进行合理的重新评定。

与其1975年的著作相比，威廉姆森突出强调了资产专用性条件对治理协约模型分析的重要意义。他认为，正是由于忽视资产专用性，以往对经济组织的研究总是局限于竞争性的协约模型。因此，扩展涉及资产专用性的经济组织理论，是新制度经济学研究的当务之急。这本书提出和运用了经济组织的私人裁定研究方法，其特色表现为这样一种观念，即坚持把交易作为基本分析单位，把多样性的契约都作为治理结构看待，以及有所区别地针对交易特性使激励、控制和治理结构与之匹配，以实现效率目标；节约是经济组织的核心，契约型关系的治理通过私人订立的制度来实施是最有效的。

3.《治理机制》(1996年)

《治理机制》一书揭示了人类经济组织的复杂性和适应性这两个特征。一方面，由于不确定性与有限理性和机会主义结合在一起，产生了多种多样的风险，经济组织变得异常复杂。另一方面，由于人类行为主体对风险的洞察力和建构制度的创造性，具有细微差别的各种治理结构与组织形式得以设计和形成，使经济组织能够减轻并抵御各种风险。威廉姆森强调，治理关注的是各种形式的合约风险的鉴别、解释和缓解。其逻辑结构是，在把制度环境视为给定的条件下，为提供具有成本效益的适应不良风险的解决方案而规定治理结构，经济行为主体按照治理结构来调整交易，从而产生节约交易费用的结果。

威廉姆森曾指出，假如把科斯1937年的论文《企业的性质》视为交易费用经济学研究计划的非形式化表述，那么就可以把《市场与等级制》一书视为实施这个计划的前形式化的努力，而把《资本主义经济制度》一书视为半形式化的努力。《市场与等级制》和《资本主义经济制度》两本书一起开创了交易费用经济学所运用的一般方法和基本框架。该学派的完全形式的工作成果，则体现在正处在发展之中的不完全协约理论。《治理机制》一书旨在扩展比较经济组织的分析，展示这种分析的广泛应用，倡导以通过治理机制来缓解风险为特征的研究视角，综合应用法学、经济学和组织理论，研究各种复杂的经济组织。

（三）产业组织理论与交易费用分析的融合

回过头来，我们再看一下《反垄断经济学：兼并、协约和策略行为》。这部论文集紧随《资本主义经济制度》一书，于1987年出版，但远早于《治理机制》一书。此书所围绕的中心议题是反垄断问题，其中汇集了威廉姆森在产业组织理论方面的一系列重要论文。前面已经提及，这本书的研究方法融合了用于研究产业组织的正统经济学分析工具和交易费用分析工具，其微观分析的特色十分鲜明，分析逻辑极其缜密。

《反垄断经济学》一书既有对交易费用经济学基本原理的阐

述，也有对交易费用研究方法的具体运用。威廉姆森着重运用这种方法，同时结合福利效应分析，针对纵向一体化、寡头垄断、企业兼并、联合企业、纵向市场限制、掠夺性定价以及反托拉斯执法中的一些问题，进行了深入细致的研究。这本书连同威廉姆森 1975 年和 1985 年的两本著作一起，表现了其理论探索的大致脉络。这些成果为建构新制度经济学基本理论体系和具体运用交易费用研究方法从事特定研究工作（如对反垄断问题的研究），树立了一种典范。

威廉姆森在本书涉及的研究中所体现出来的严谨态度，值得赞赏。他甚至坦陈，在研究工作一时难以走向深入的情况下，对有关问题的阐述，直言不讳的模糊要比虚假不实的清晰更为可取。对于交易费用研究法与传统微观理论二者之间的关系，威廉姆森强调前者补充了后者，但前者并没有取代后者，这一观点值得重视。

三、理论贡献——从威廉姆森的诺贝尔奖演说谈起

瑞典皇家科学院院士托雷·埃林森（Tore Ellingsen）教授在热情洋溢的颁奖颂词（Ellingsen，2009 年）中说，感谢埃莉诺·奥斯特罗姆和奥利弗·威廉姆森，我们现在对经济治理（economic governance）拥有了比以往更为深入的理解；而这两位社会科学家在知识创新方面的贡献，其经济意义足以与高锟等物理学家在光纤领域所取得的开创性技术成就相媲美。

颁奖颂词评价道，为什么一些经济交易发生于企业内部，而另一些类似的交易却发生在企业之间即市场上，奥利弗·威廉姆森对此提出了可供检验的理论。他认为，企业和其他等级结构组织的存在，主要不是为了实行计划和行政管理，而是为了解决利益冲突问题。该理论解释了当交易复杂且涉及关系特异性资产时企业边界比较宽阔的原因。

埃林森教授赞美道，在未来的岁月里，我们将不得不建立数不胜数的新的规则、协议和实施机制，以确保制度创新能够应对科学发展和技术创新所提出的挑战。而奥斯特罗姆和威廉姆森的贡献为使我们能够胜任此事，打下了宝贵而坚实的基础。

这篇颂词的确让人感动，其思想内涵也很丰富。然而，瑞典皇家科学院诺贝尔经济学奖委员会提供的学术背景资料显示，对威廉姆森教授学术成就的评价，虽然肯定了他对经济治理的研究努力，但仍主要侧重于其对纵向一体化和企业边界问题的研究成果。那么，威廉姆森又是如何回应的呢？

（一）组织、制度与治理以及交易费用分析

威廉姆森教授的诺贝尔奖演说，并不是像瑞典皇家科学院为公布 2009 年诺贝尔经济学奖获得者时准备的学术背景资料那样，直接冠以“经济治理”的名目，而是以“交易费用经济学：自然而然的进展”为题。

威廉姆森教授继承了制度经济学家康芒斯的传统，即把交易作为最基本的分析单位，而不是像正统经济学那样，把经济活

动的物质成果即商品和服务当作研究对象。以契约论范式分析交易活动，由此开启组织和治理研究的新局面，这一理论抉择具有重要而深远的意义。因为这意味着，不是研究经济主体配置资源和生产要素，即人对物的选择行为，而是研究经济行为主体之间即人际的交互活动，从而使得在微观经济层面上，而不是从社会整体上，研究人与人之间的生产关系（包括交换或交易在内），并在更为现实的基础上使复兴契约论的传统成为可能。威廉姆森也的确是把交易关系作为契约（合同）关系，并吸收民法学家麦克内尔的契约分类方法，从而形成了他自己的交易费用分析方法和治理结构研究框架。

新古典企业理论把企业当成按照技术法则，化投入为产出的黑箱。科斯的《企业的性质》（1937 年）和《社会成本问题》（1960 年）以及阿罗的《经济活动的组织》（1969 年）则开辟了交易费用为正的新的研究领域。20 世纪 70 年代以后，威廉姆森在经济组织研究方面所做的工作，就是在这个背景下展开的。他说，故事是从反垄断开始的。

（二）反垄断与生产的纵向一体化课题

为什么反垄断问题是威廉姆森探索交易费用经济学的起点呢？这与 20 世纪 60 年代美国的反垄断实践和他的亲身经历有关。前文提及，威廉姆森曾于 1966 年至 1967 年到美国司法部反托拉斯局，担任反托拉斯副检察长的特别经济助理。他发现，当时绝大多数最优秀的反垄断分析师和从业者，认同的都是那时非常流行的产业组织思考方法，这是以应用价格理论为基础的，而非标准的和不常见的契约与组织形式，都被毫无根据地设想成具有反竞争的性质。

威廉姆森把自己对于纵向一体化这个主题产生兴趣，归功于他在反托拉斯局度过的这一年。从司法部返回宾夕法尼亚大学后，他开设了关于纵向合并关系的研究班课程。他和学生们一起梳理有关纵向一体化和纵向市场限制的研究文献，仔细辨别既有文献的可取之处，确定是否已经有过真正重视组织问题的论述。后来，在主讲组织经济学这门课时，威廉姆森再次回到这个主题上，和学生们一道研究市场失效方面的文献。

1971 年，威廉姆森在《美国经济学评论》上发表了引起广泛反响的论文，即《生产的纵向一体化：市场失效的考察》。现在他对这篇论文新颖之处的自我评价是：采用了契约研究方法的视角；借助西蒙提出的有限理性引入了不完全合约（incomplete contracting）问题；引入了契约中的策略行为问题；把独自和协调采取调整措施（adaptation，一译“适应”）作为市场和等级制两类经济组织共有的核心问题；提出了资产特异性（asset specificity，一译“资产专用性”）这个重要概念。其结论是，如果满足必要的先决条件，那么纵向一体化和纵向市场限制就具有效率基础，即可以节约交易费用，提高效率。这个分析因此取决于交易的属性及其适应性需要，还有市场和等级制结构在适应能力方面的优势和弱点。要进一步发展这个理论，就必须逐步完善效率逻辑的分析框架。

（三）交易费用经济学入门：威廉姆森为何要在瑞典办科普讲座？

在瑞典的诺贝尔奖演讲中，威廉姆森介绍的主要是交易费用经济学形成的理论和现实背景，继承的理论传统和发展脉络，还有他自己所做的贡献。值得注意的是，虽然所用篇幅不大，但他还是利用这个机会，简单地介绍了交易费用经济学最基本的入门知识。

威廉姆森为什么要利用如此正式的场合和机会，再一次做有关交易费用经济学的科学普及工作呢？演讲稿中的一句话，可以让我们准确地窥见其真正意图之所在。这句话是："纵向一体化（企业的边界）只是一个特例，必须把它放到一个更宽广的框架里去。"此言意有所指，针对的正是瑞典皇家科学院对其学术贡献的评价。

诺贝尔奖委员会在公布 2009 年经济学奖获得者的消息时，突出强调了威廉姆森对于企业理论的贡献，说他的研究工作让人们更好地理解了企业的边界问题，认为威廉姆森在企业理论方面的贡献是构建了纵向一体化理论，即他在理论上把企业作为一种解决冲突的机制加以解释。不难看出，对威廉姆森学术贡献的整体评价，仍拘泥于其 1971 年那篇关于纵向一体化的经典论文。

这些评价相对于威廉姆森真正的学术贡献来说，既不够充分，也有失准确。熟悉威廉姆森学术著作的学者们大致能够形成这样的共识，他最重要的学术贡献，还是在于构建了交易费用经济学的基本体系，特别是其中有关交易关系有效治理的分析框架，逻辑性很强，对于分析和研究多种多样的制度、组织和治理机制，具有广泛的适用性。而且，这个分析框架早已超越了过去研究经济组织问题时的企业与市场或者市场与等级制结构这样的“二分法”分析框架，并且可以涵盖理想市场、无保障的契约、采取保障措施的外部采购（外包）或长期协议等众多的混合式组织形式、企业等典型的一体化等级结构组织。

因此，威廉姆森要在自己的演讲中，阐述交易费用经济分析的操作性步骤，说明如何把作为基本分析单位的交易区分为不同的维度，怎样界定和描述各种不同形式的治理结构的属性和特征，把交易活动与对应的治理形式匹配在一起。恰恰是在这样的语境中，威廉姆森强调，纵向一体化或企业的边界，只是更为宏大的组织分析框架中的一个特例而已。

四、应用、借鉴与启示

威廉姆森教授学术成果的借鉴价值和交易费用经济学的应用密不可分。他所开创的交易费用经济分析框架目前的应用的确十分广泛。

（一）交易费用经济学的应用

第一，交易费用分析框架的理论推测可以作为经验检验的对象，而且，交易费用经济学在经验研究方面的确取得了巨大的成功。结合中国经济体制改革的实践经验和现实问题,我们也可以尝试对交易费用经济学的一些理论预见进行经验检验。对于一些大宗商品现代化交易体系的建设、生产与服务外包以及基于互联网和信息技术创新成果的新型商业组织模式的形成及演化等现象,以交易协约分析的新视角来观察和研究,想必能够取得很多非常有价值且富有成效的经验研究成果。

第二,不同类型的交易需要有不同形式的治理结构与之匹配,这一经典命题在许多不同领域内会有丰富多样的表现,因此需要针对具体的制度环境条件、交易特点和可以利用的组织资源,做出具体细致并富有实用性的分析。正如威廉姆森所言,任何可以转化为协约问题的事例,都可以按照节约交易费用这条思路来解释。

第三,在公共政策上的应用,就是采用交易费用分析框架,深入细致地研究工商业政策(如反垄断、规制、公司治理)的设计,厘定公共机构的职能范围和行政与执法方式。

(1)*反垄断/反托拉斯*。反托拉斯是威廉姆森经常触及的研究课题。通过对纵向一体化和纵向市场限制的研究,他细致地考察了交易费用对于实施反托拉斯政策的含义,这些工作一方面促进了交易费用经济学的形成,另一方面扭转了美国反托拉斯执法敌视非标准和不常见商业惯例的倾向。

将交易费用分析应用于研究反垄断政策和司法实践时,必须时刻关注我国经济转型阶段制度环境的特殊性和学术语境上的差异。应防止误用交易费用分析框架,把经济转型过程中的种种不良现象归因于所谓的节约“交易费用”的考虑，并为这些行为披上合法化和合理化的理论外衣。

(2)规制和放松规制。自然垄断的规制和放松规制，就是一个可以从比较经济组织角度加以研究的课题(威廉姆森，2003年，2009年)。尽管已有大量的理论和经验研究文献，但是随着市场、技术的变化和规制手段的改进，维持这些领域的正常运转不会有一套统一的、一劳永逸的解决方案。而在权衡不同方案的利弊得失时，以交易费用分析为特色的比较制度研究，仍不失其严谨细密的微观分析风格，而且的确可以为我们带来难得的深刻见解。

(3)公司治理。威廉姆森(2003年，2009年)还以治理结构的视角来审视企业的债权融资与股权融资这两类融资方式，指出这个问题形成了外部采购/债权与纵向一体化/股权的一一对应关系。其中，债权治理结构类似于市场类型，是一种市场融资模式，而股权治理结构更具有干预性，更类似于管理类型，并以合同风险的方式出现，股权是最后才会使用的金融工具。

此外，交易费用经济学的具体应用还延伸到体制比较、公司战略、博弈论、卫生经济学、国际贸易、经济发展与经济改革、组织理论和经济史等研究领域。

(二) 借鉴威廉姆森的理论成果时需要注意的问题

第一，威廉姆森的理论框架演绎推理的性质较为突出，而在借鉴这些成果时，还应注意到，其理论框架中抽象的演绎推理背后其实暗含着一定的经验基础。

在研究组织化市场或交易组织的存在空间及其变动时，笔者曾依据和借鉴威廉姆森有关契约关系有效治理的分析框架。在具体应用中发现，其理论方法和分析策略具有一些不容忽视的后果——治理结构分类本身具有一定的经验性；直接以交易契约关系特点推证治理结构性质，有可能使对应关系过分简化；某些交易类型和治理结构类型可能隐含了存在交易组织的背景（张群群，1999 年，第 4 章）。在这个例子中，如果要进一步深入研究组织化市场或交易组织的存在空间，就要挖掘威廉姆森的契约关系治理框架的经验因素。

第二，尽管治理这个概念包罗万象，人们在使用时的口径宽窄不一，但在具体运用治理机制的研究框架时，一定要对概念界定所导致的后果保持足够的敏感。

第三，交易费用经济学以比较协约分析这样的微观分析方法为特色，尽管也可用于研究经济发展和改革的制度与治理问题（例如，威廉姆森，1996 年，第 13 章；威廉姆森，2001 年，第 13 章），但始终不失其微观分析的本质和底色，因此在具体应用时，应准确把握微观分析的特质，防止把治理制度层次上的分析工具误用到制度环境层次上的研究中去。

第四，针对中国的经济现实进行比较协约分析时，应当注意我们所面临的不同的制度前提，了解交易分析方法本身的限度。公共选择过程的重要性应当受到更大程度的重视。

第五，威廉姆森所开创的交易费用经济学目前仍在持续发展之中，应用经济学研究者千万不能把交易费用经济学这个正在发展的理论，当成一项已经完成的成果。

（三）启示

威廉姆森的学术成果大多具有跨学科的研究特色，他也的确从跨学科的教学和研究工作中获益良多，从而为人们树立了跨学科研究者的成功范例。他的学术成就为开放社会科学的设想提供了一个鲜活例证。他本人接受大学教育的成长过程，日后从事教学科研活动的经历，在许多方面都和古本根重建社会科学委员会所倡导的开放社会科学的重要主张（华勒斯坦等，1997 年）神髓相通，颇多暗合之处。这可以为正在探索构建社会科学知识创新体系的中国社会科学界，带来许多有益的启示。

经济学研究者在强调本学科的独特方法与思想传统的同时，的确理应对关注同一研究对象的其他学科的研究成果，保持高度敏感，应当对那些研究者保持对话、交流和共同研讨的兴趣与热忱。跨越学科疆界的交流，不仅有助于克服学术政治的局限，超越学术话语权力的狭隘性，而且可以在彼此之间的思想撞击过程中，收获丰硕的理论成果。与此同时，在经济学领域内，坚持不同研究方法的学者，相互之间应抱有更加开放的胸襟。

在瑞典斯德哥尔摩开始发表诺贝尔奖学术讲演时，威廉姆森首先提到学生问过他的一个问题：怎样才能获得并保持从事研究的热情？他借此机会回答说，要在读书学习的过程中，找到自己最感兴趣、让自己真正着迷的问题，而这种浓厚的兴趣和痴迷，会吸引和激励一个人持续不断地深入钻研，从而得以永葆研究学问的激情。正如他过去所说："一开始，我把研究和帮助解决经济组织的各种难题当做一种严肃但是业余的兴趣，但渐渐地，我为之着了迷。然而，因为经济组织的领域是那样色彩纷呈，魅力无穷，我不愿压抑自己那潮涌般的激情。"（威廉姆森，2001 年，第 459 页）这样的回答的确意味深长。

五、补　记

商务印书馆本次出版奥利弗·威廉姆森先生的《反垄断经济学》一书，作为本书译者，我们对这部译著的前世今生约略补记如下。

本书的第一个中译本由经济科学出版社于 1999 年出版，当时的书名是《反托拉斯经济学——兼并、协约和策略行为》（张群群、黄涛译），列入"新制度经济学名著译丛"。这个译本是那个时期国内出版的第一本威廉姆森的著作。此前经济科学出版社策划该套译丛，确定了颇具学术价值的选题，入选书目均属经典之作。大约是在 1997 年末，在出版社组稿和遴选译者阶段，中国社会科学院经济研究所张曙光教授热情举荐，经济科学出版社沙超英编审诚心相邀，我们两位译者有幸承担了威廉姆森这本书的翻译任务。此前我们就十分关注威廉姆森教授的研究成果，在自己的学习和研究实践中，已开始注意从其理论思想中汲取营养。在一定程度上，翻译这本书算是实现了我们译介和传播威廉姆森思想的一份心愿。在本书初译稿的审读和编辑加工过程中，经济科学出版社特约资深编审武士靖先生提出了许多富有见地和建设性的意见与建议，还就某些重要问题和我们一起讨论。在此基础上，我们再次对译稿进行了更加细致的全面修改、润色和加工，并接受了武老师的许多建议。在此谨向为本书首版中译本的出版提供帮助和做出贡献的张曙光教授、武士靖编审和沙超英编审致以崇高敬意。

2009 年 10 月初，在英国伦敦做学术访问期间，我获悉威廉姆森教授荣获了当年的诺贝尔经济学奖。在此期间，沙超英编审与我通过电子邮件联络，分享这个喜讯，共同回顾十多年前大家为翻译出版此书一起努力奋斗的往事，不禁感慨系之。因为曾经为了威廉姆森教授的学术思想在中文世界里的传播略尽绵薄之力，我们都认为自己当年做了一件很有意义和价值的工作。当时，我们都有心愿借此机会推出本书修订新版。然而，事后由于种种原因，此愿未了，徒增遗憾。

两三年后，商务印书馆决定出版奥利弗・威廉姆森的《反垄断经济学》一书，并与英文版原出版方做好了翻译版权方面的安排。因此机缘，我们两位译者终于有机会得以全面修订此书译稿，并有幸出版这个新的中译本。

商务印书馆这次出版的新版中译本，在把握原著语言风格、选择术语译法和再次统一译名等方面做了较多修订。希望译者和编者的共同努力能够使这个译本的质量得到较大提高。此外，本书新译本对编辑体例特别是脚注文献的处理方式，遵循了商务印书馆的一般要求。《反垄断经济学》一书的翻译和修订分工是：中文版序言、英文版前言、第一部分的导言和第 2 章至第 4 章、第二部分(第 5 章至第 7 章)和索引由张群群翻译并修订；第一部分的第 1 章、第三部分(第 8 章至第 10 章)、第四部分(第 11 章至第 13 章)由黄涛翻译并修订。究其极，译本是永远不会完成的作品。希望读者诸君不吝赐教和批评指正，以便再版时进一步修订完善。

我们把本书新译本书名中的“反托拉斯”一词调整为“反垄断”，为此须稍作说明。不同国家的反垄断术语存在差异。一般而言，反托拉斯指的是处理垄断和垄断活动的经济政策和法律领域。反托拉斯法、反托拉斯政策、反托拉斯执法等主要是在美国使用的术语。反托拉斯执法是通过禁止依据反托拉斯法所认定的属于非法的某些惯例，借以创造更具竞争性的环境之过程。一般文献谈及反托拉斯和反托拉斯执法时，集中研究的多为美国的反托拉斯问题和反托拉斯执法，但通常所述及的大部分内容适用于经济合作与发展组织的许多成员国。在反垄断领域，除美国之外的许多其他国家通常使用竞争法或竞争政策这样的术语，也有一些国家采用公平交易法或反垄断法这样的术语。绝大多数反托拉斯法或竞争法、反垄断法都有专门规定处理兼并、垄断、市场支配地位和市场集中等涉及市场结构的垄断问题，以及涉及共谋、固定价格和掠夺性定价等惯例或行为的垄断问题，它们研究和调整的经济问题和经济法律关系大致属于同样的竞争和反垄断领域。有鉴于此，本书新版中译本的书名采用了“反垄断经济学”，希望读者在阅读本书，研习有关美国反托拉斯执法问题的专题研究成果时，既能吸取美国反垄断理论与实践发展的经验教训，又能吸收和借鉴具有普遍适用性的反垄断思想和智慧。

威廉姆森的《反垄断经济学》新版中译本能够面世，得益于商务印书馆领导的大力支持和该馆学术图书中心编辑坚持不懈的努力和巨大的工作热情。我们两位译者如今的工作职责和日常教学科研任务都相当繁重，不再有当年博士刚刚毕业时那样充裕的时间和充沛的精力，译稿的修改校订工作一度拖延许多时日。幸亏有出版方的督促和责任编辑耐心细致的工作，这个新译本才能以今日之风貌面世。当然，本书译稿中的任何不妥和疏漏之处都应由译者担负全责。

最后，我们要对本书作者奥利弗·威廉姆森教授致上崇高敬意和由衷谢忱。威廉姆森教授在耄耋之年，应邀为中文版惠赐新序言。2013 年 12 月 24 日平安夜，我收到了他寄来的这篇言简意深、饱蕴深厚情感的序言。相信中文世界的读者们读后，一定会受到极大鼓舞和深刻启迪。几天后他又发邮件来，叮嘱在出书时一定要把英文版原来的前言附在中文版新序言之后，因为，他认为，英文版序言提供了研究评述，很有参考价值。根据我的理解，原英文版前言的内容，有助于读者了解美国反托拉斯问题理论研究和执法实践的发展脉络，进而充分理解《反垄断经济学》一书的思想实质，特别是那些具有普遍适用性的一般原理。威廉姆森教授热情寄望于后来者努力钻研，以增进对中国经济组织和中国反垄断问题的理解，并随此书送来了他最美好的祝愿。我们也借此机会送上对奥利弗·威廉姆森教授的诚挚祝福，祝愿他健康长寿，永葆学术青春！

主要参考文献：

1.〔美〕哈罗德·德姆塞茨：《企业理论再考察》，载〔美〕奥利弗·E.威廉姆森、西德尼·G.温特编：《企业的性质：起源、演变和发展》，商务印书馆2007年版，第209—235页。

2.经济合作与发展组织：《产业组织经济学和竞争法律术语解释》，崔书锋、吴汉洪译，吴汉洪校，北京：中国经济出版社2006年版。

3.〔美〕伊曼纽尔·华勒斯坦等：《开放社会科学》，刘锋译，北京：生活·读书·新知三联书店1997年版。

4.〔美〕奥利弗·E.威廉姆森：《交易费用经济学讲座》，杨力新译，载《经济工作者学习资料》1987年第50期。

5.〔美〕奥利弗·E.威廉姆森：《反托拉斯经济学——兼并、协约和策略行为》，张群群、黄涛译，北京：经济科学出版社1999年版。

6.〔美〕奥利弗·E.威廉姆森：《治理机制》，王健、方世建等译，陈光金、王志伟校，北京：中国社会科学出版社2001年版。

7.〔美〕奥利弗·E.威廉姆森：《资本主义经济制度——论企业签约与市场签约》，段毅才、王伟译，商务印书馆2002年版。

8.〔美〕奥利弗·E.威廉姆森：《法、经济学和组织学解析》，徐菁译，载吴敬琏主编：《比较》2009年第5期，总第44辑，北京：中信出版社2009年10月版，第67—90页；又见于《比较》总第9辑，2003年11月版，第17—50页。

9.张群群：《论交易组织及其生成和演变》，北京：中国人民大学出版社1999年版。

10. Mark Blaug (ed.), *Who's Who in Economics: A Biographical Dictionary of Major Economists* 1700—1986. (Second Edition) Cam-

bridge, Massachusetts: The MIT Press, 1986, pp. 989—990.

11. The Economic Sciences Prize Committee of the Royal Swedish Academy of Sciences, Economic Governance, Scientific Background on the Sveriges Riksbank Prize in Economic Sciences in Memory of Alfred Nobel 2009.

12. Tore Ellingsen, Presentation Speech, The Sveriges Riksbank Prize in Economic Sciences in Memory of Alfred Nobel 2009, 10 December 2009.

13. Oliver E. Williamson and Sidney G. Winter (eds.), *The Nature of the Firm: Origins, Evolution, and Development*, Oxford University Press, Inc., 1993.

14. Oliver E. Williamson, *Markets and Hierarchies: Analysis and Antitrust Implications (A study in the Economics of Internal Organization)*, New York: Free Press, 1975.

15. Oliver E. Williamson, *The Economic Institutions of Capitalism: Firms, Markets, Relational Contracting*, New York: The Free Press, 1985.

16. Oliver E. Williamson, *Antitrust Economics: Mergers, Contracting, and Strategic Behavior*, New York: Basil Blackwell, 1987.

17. Oliver E. Williamson, *The Mechanisms of Governance*, UK: Oxford University Press, 1996.

18. Oliver E. Williamson, The Theory of the Firm as Governance Structure: From Choice to Contract, *The Journal of Economic Perspectives*, Vol. 16, No. 3 (Summer, 2002), pp. 171—195.

19. Oliver E. Williamson, The Economics of Governance, *The American Economic Review*, Vol. 95, No. 2, 2005, pp. 1—18.

20. Oliver E. Williamson, Transaction Cost Economics: The Natural Progression, 2009 Nobel Prize Lecture. Stockholm, Sweden. 8 December 2009.

图书在版编目(CIP)数据

反垄断经济学:兼并、协约和策略行为/(美)威廉姆森著;张群群,黄涛译.—北京:商务印书馆,2014
ISBN 978-7-100-08808-4

Ⅰ.①反… Ⅱ.①威…②张…③黄… Ⅲ.①垄断经济学—文集 Ⅳ.①F038.2-53

中国版本图书馆 CIP 数据核字(2014)第 273505 号

反垄断经济学

——兼并、协约和策略行为

〔美〕奥利弗·E.威廉姆森 著

张群群 黄涛 译

商 务 印 书 馆 出 版

(北京王府井大街 36 号 邮政编码 100710)

商 务 印 书 馆 发 行

北京市艺辉印刷有限公司印刷

ISBN 978-7-100-08808-4

2014年12月第1版 开本 880×1230 1/32

2014年12月北京第1次印刷 印张 19 1/8

定价: 48.00元